公路工程施工现场管理人员便携系列图书

Celiangyuan Bianxie Shouce

测量员便携手册
（第 2 版）

韩山农　编著

人民交通出版社股份有限公司

北　京

内 容 提 要

本书是依据《公路路基路面现场测试规程》(JTG E60—2008)、《公路路基施工技术规范》(JTG F10—2006)、《公路路面基层施工技术细则》(JTG/T F20—2015)中有关施工测量的相关规定，结合作者多年现场施工实践经验撰写而成。

全书共 11 章，详细介绍了公路工程常用线形施工测量的现场操作技术以及常用公式程序计算技术。本书内容丰富，图文并茂，书中给出了大量的典型算例，实用性和可操作性强。

本书可供从事公路工程建设的测量人员及其他工程技术人员使用，尤其是初入行施工测量人员的案头必备。

图书在版编目(CIP)数据

测量员便携手册 / 韩山农编著. — 2 版. — 北京：
人民交通出版社股份有限公司，2022.8
ISBN 978-7-114-17932-7

Ⅰ.①测… Ⅱ.①韩… Ⅲ.①道路测量—基本知识
Ⅳ.①U412.24

中国版本图书馆 CIP 数据核字(2022)第 067887 号

书　　名：测量员便携手册（第2版）
著 作 者：韩山农
责任编辑：刘国坤
责任校对：孙国靖　宋佳时
责任印制：张　凯
出版发行：人民交通出版社股份有限公司
地　　址：(100011)北京市朝阳区安定门外外馆斜街 3 号
网　　址：http://www.ccpcl.com.cn
销售电话：(010)85285838，85285995
总 经 销：人民交通出版社股份有限公司发行部
经　　销：各地新华书店
印　　刷：北京建宏印刷有限公司
开　　本：880×1230　1/32
印　　张：16.625
字　　数：597 千
版　　次：2009 年 6 月　第 1 版
　　　　　2022 年 8 月　第 2 版
印　　次：2023 年 7 月　第 2 版　第 2 次印刷　总第 5 次印刷
书　　号：ISBN 978-7-114-17932-7
定　　价：58.00 元

（如有印刷、装订质量问题的图书由本公司负责调换）

第二版前言 ZAIBANQIANYAN

本书于2009年第1版第1次印刷。一经上市,即深受广大读者的欢迎。并于几年前脱销。本次再版重印,是响应众多读者的要求和希望。十多年来,本书经受了现场一线的实践检验。这次再版,基本上保留了第1版的内容。另外采纳了读者的宝贵建议;并结合作者十多年的实践经验,对原版作了如下修改。

一、公路施工测量现场操作技术方面

1. 更新了全站仪测量水平角和测距的操作技术。

2. 更新了全站仪坐标放样在一个测站上的操作技术。

二、公路施工测量程序计算技术方面

1. 原版中 CASIO f_x—4800P/4850P 计算器程序全部修改为 f_x—5800P 计算器程序。

2. 删除了原版中第四章第三节三:线路点位坐标分步计算程序及四:直缓点(ZH)和缓直点(HZ)坐标计算程序。这两个程序经现场实践检验,其功能不能完全满足线路非对称曲线、匝道、复曲线等的坐标计算。因此修改为作者实践中潜心编辑的,并经十多年实践检验的两个程序。即三:线路非对称曲线中边桩坐标计算程序;四:线元法程序计算线路中边桩的计算技术。这两个程序,相信会对一线的测量员在坐标计算方面能有很大的帮助和方便。

3. 删除了原版中第三章第三节五(三)1的 D101～D105 导线平差分步计算程序。这几个程序计算导线点坐标分步过于详细,操作运算较麻烦。保留"DXJS"(导线计算)程序,方便读者使用。

4. 应读者要求,作者将潜心研发的多个交点计算全条线路中边桩坐标程序及多个变坡点计算全条线路中边桩高程程序——线路坐标计算全线通程序及线路高程计算全线通程序。奉献给社会,奉献给读者。详见书后附录三及附录四。

5. 为使读者能熟练的掌握 f_x—5800 计算器编程技术，作者以施工支导线点的测设及程序编辑为例，详细介绍了 f_x—5800P 计算器编程方法技术，供读者参考。详见书后附录二。

6. 再版修改后的 f_x—5800P 型计算器的程序，基本上全部适用 f_x—9750 GⅡ型计算器，只是有些程序，例如 XY 程序，应对程序中几句语句参考书后附录五进行修改，就可运算。

再版后的测量员便携手册，相信能够满足现场测量人员的需要，为现场测量技术人员带来更大的方便。

本书在再版修稿中及最后校稿中，适逢寒冬腊月，天寒地冻，虽处江西赣州南方，亦感太冷，幸得老伴彭满秀，女儿韩梅，儿媳余晶晶体贴关怀，无微照顾。今值再版重印之机，对她们表示衷心的感谢。特别要感谢的是人民交通出版社股份有限公司王霞编辑以及她的同事们。由于我的书是手写稿，又很凌乱，编排成书要费很大心血和精力。所以我值此出书之际，向她们问声辛苦了，并衷心感谢她们。并感谢她们与我一道走过了十五个创作春秋。

本人年近八十。2001 年六十岁退休后，在野外公路施工现场从事公路施工测量十余载。一直坚持一边工作，一边著书。十余年来将自己的实践经验写了十余本公路施工测量书籍奉献社会，奉献给后辈晚学。希望能对他们有所助益。同时更是希望老辈同行把自己的丰富经验总结出来，共同促进我国现代公路施工测量技术的发展和进步。

韩山农

二〇一九年一月十六日

前言 QIANYAN

这是一本关于公路工程施工测量现场操作技术和计算技术方面的工具书。

本书是作者根据中华人民共和国交通部颁发的《公路路基施工技术规范》(JTG F10—2006)和《公路路面基层施工技术细则》(JTG/T F20—2015)中有关施工测量的规定,依据公路施工设计图件,考虑公路工程施工实践对测量技术的需求,结合作者现场施工实践经验撰写而成的。

全书共 11 章,详细介绍了公路工程常用线形施工测量的现场操作技术和常用公式程序计算技术。既介绍了先进仪器的新技术、新方法,又介绍了常规仪器的使用技术和方法,既可应用于高等级公路,又可应用于县、乡级公路现场施工测量。

书中介绍的操作技术,都是经过现场实践验证了的实用技术;介绍的程序计算技术都经过现场实践应用验证;书中的算例都是依据施工现场的数据计算;书中的图例都是现场施工实地缩绘或草绘。

书中介绍的计算程序,是依据公路工程常用线形的常用公式,用 CASIO f_x—4800P 型计算器编写的程序清单,对于 CASIO f_x—4500PA(4500P)、f_x—4850P 型计算器同样适用。个别程序在 CASIO f_x—4500PA(4500P)型计算器上运行不通,书中已给出修改说明,例如坐标计算程序 XY,只要把 CASIO f_x—4800P 型计算器的程序中变量 I 和 J 换成 V 和 W 即可运行。为了方便读者学习和使用程序,书中程序计算都以下述模式编写,即常用计算公式──→程序清单──→程序功能及注意事项──→程序执行操作算例──→程序执行操作方法步骤。为便于读者在此基础上掌握编程技巧,可认真阅读书后附录 2《f_x—4800P 型计算器程序编写及操作实例──施工支导线点的测设及程序编写计算方法》;

如要了解更多编程方面的知识，读者可参阅作者编著的《公路工程施工测量常用公式程序编写及应用》一书（人民交通出版社2007年2月第2次印刷）。

鉴于公路工程施工测量提供的施工数据的重要性，书中对每个使用数据都介绍了两个以上程序清单。例如坐标计算程序，书中介绍了 XY—1 和 XY—2 两个程序清单。施工测量员可在现场计算时用其中一个程序计算，用另一个程序验算，从而为我国公路施工快速、准确、及时地提供作业中所需要的各种数据，以满足我国现阶段现代机械化公路建设的高效率、高质量和高精度的要求。

本书内容丰富，图文并茂，语言通俗，操作技术容易掌握，程序计算清楚明了，不仅实用性强，而且可操作性强，便于公路工程施工测量员操作使用，又可供从事公路工程建设的技术员、监理员、管理员参考使用，还可供有关院校路桥工程测量专业师生参考使用。

本书在撰写过程中，得到夫人彭满秀的热情帮助和支持，值此图书出版之际，对其表示衷心的感谢。

由于作者水平、能力有限，书中难免有错谬之处，敬请读者批评指正，以使公路工程施工测量操作技术和程序计算技术不断发展完善。衷心希望更多的同行把自己的丰富经验总结出来，以促进我国公路工程施工测量技术的发展。

韩山农

2009 年 3 月

目 录 MULU

第1章 公路工程施工测量概论

1.1 公路工程施工测量的依据

公路工程施工测量的依据是：

(1)交通部制定的公路工程施工技术规范中有关"测量"的条款规定(详见附录一)。

(2)业主提供的公路工程施工设计文件图表。

为了提高公路工程施工技术水平,保证施工质量,交通部颁布的有关公路路基、路面施工技术规范(以下简称《规范》)主要是：

(1)《公路路基施工技术规范》(JTG F10—2006)；

(2)《公路路面基层施工技术细则》(JTG/T F20—2015)；

(3)《公路路基路面现场测试规程》(JTG E60—2008)。

我国的公路修建,必须按照这些规范规定的条款进行。公路修建过程中的测量工作,必须遵照这些规范中有关"测量"的条款执行。

公路工程施工测量是公路工程建设中的一项重要工作。在公路工程建设的全过程中,都要进行一系列的施工测量。

公路工程施工测量的质量,直接关系着公路修建的质量。只有遵照《规范》中有关"测量"的条款规定,公路工程施工测量的质量才能保证。

交通部的规范规定："公路施工必须按批准的设计文件进行。"

公路施工设计文件是由业主提供给施工单位的。这些设计文件中有关施工测量方面的内容有：

(1)公路平面总体设计图；

(2)路线纵断面图；

(3)路基横断面图；

(4)主线路面结构图(路面横断面结构图)；

(5)路基设计表；

(6)直线曲线及转角表；

(7)纵坡竖曲线要素表；

(8)导线点坐标表；

(9)水准点成果表；

(10)逐桩坐标表；

(11)边沟(排水沟)设计表；

(12)路基防护工程(路堑及路堤)数量表；

(13)公路结构物(盖板涵、通道、圆管涵、倒虹吸、排水沟、防护坡、截水沟、桥梁等)施工图等。

公路施工测量工作就是根据业主提供的上述图表和数据结合现场条件,依据国家公路工程施工《规范》进行的。

1.2 公路工程施工测量的定义

所谓公路工程施工测量,就是在公路施工过程中,利用现代测量技术和仪器设备,依据交通部颁发的有关公路施工技术规范和经过批准的公路施工设计文件、图纸,在公路施工过程中指导施工队伍进行公路铺筑的测量工作。实际上,公路工程施工测量就是普通测量技术在公路工程施工中的应用。

1.3 公路工程施工测量的任务

公路工程属于线形工程。所谓公路线形,简言之就是公路的面貌形象。它是由直线和曲线以及路面宽度、路堑、路堤等平面和高程要素组成的。公路工程施工是在一条狭长地带进行的,短则数公里,长则成百上千公里,宽则几米、几十米。故对测量技术的需求有其特殊性。为了确保公路线形,在公路施工过程中,施工测量技术人员必须按照公路设计文件提供的"逐桩坐标表"和路面中桩设计高程,应用导线测量技术和水准测量技术以及放样技术来实现。

公路工程施工测量的任务就是应用导线测量方法加密线路平面控制施

工导线点,用"坐标法"等放样方法来控制公路的线形外观;用水准测量方法加密线路施工高程控制水准点,用水准测量(放样)方法来控制线路的纵向坡度和横向路拱坡度,从而指导施工人员顺利进行路基路面的铺筑工作,以确保公路工程的质量。

1.4 公路工程施工测量的工作内容

公路工程施工测量贯穿公路工程施工全过程。施工前、施工中、施工结束都要进行施工测量。根据公路工程施工程序及进度,公路工程施工测量的工作内容包括:

在施工前:

(1)根据公路勘测定测导线点,在施工标段现场,结合线路实地情况加密公路施工导线点;

(2)根据公路勘测定测水准点,在施工标段现场,结合线路实地情况加密公路施工水准点。

在施工过程中:

(1)根据施工标段加密的施工导线点,在施工过程中用坐标放样等方法标定线路中桩、边桩等平面点位,以监控线路线形(直线及曲线);

(2)根据施工标段加密的施工水准点,在施工过程中用水准测量(放样)方法标定线路中桩、边桩高程等,以监控施工中挖、填高度和线路纵向高低以及横向坡度。

在施工结束后:

根据规范质量标准和道路设计的要求,用经纬仪、全站仪、水准仪、塔尺、钢尺等仪器工具检测路基路面各部分的宽度、高程、横坡及中线偏差等几何尺寸。

1.5 公路工程施工测量对现场测量技术人员的要求

对于从事公路工程施工的测量技术人员来说,准确的施工测量是保证公路施工顺利进行的关键。这就要求测量人员不仅能适应公路施工专业的特殊性,同时自身必须具备下列素质,才能满足公路工程施工的要求:

（1）必须具备一定的测量专业知识和实际操作能力。能独立处理公路施工中遇到的有关测量方面的问题。在任何艰苦复杂的条件下，都能保证公路施工进度和质量要求。

（2）具备一定的路桥施工知识和排水、防护工程施工知识。能够协助现场施工员处理路桥、涵洞、通道、排水沟、边坡防护工程等施工中遇到的一些问题。

（3）良好的身体素质及敬业奉献精神。公路工程施工大部分是在野外进行的，条件、环境都比城市艰苦，要求测量人员身体健康，能适应野外生活及各种恶劣的气候，并能够在艰苦环境下坚持工作。

（4）要敢于负责，并勇于承担责任，忠诚守信，廉洁奉公。对于施工中出现的虚假、以次充好等不良行为，要敢于制止，以确保公路工程的质量。

（5）必须具备高度的责任心。公路工程施工测量工作是公路施工的基础依据，测量工作过程中的任何一点疏忽和差错，都将影响施工的进度和质量，造成返工事故。因此，施工测量员必须要有高度的责任心，工作中要胆大心细，经常及时校核，发现问题，及时纠正。

（6）能够熟练操作先进测量仪器全站仪、水准仪以及可编程的小型便携式计算器（例如 f_x—5800P、f_x—9750GⅡ等）。现代公路工程施工，机械化程度高，施工速度、进度都很快，因此要求施工测量员必须及时放样。

1.6 公路工程施工测量中常用术语、符号、单位

公路工程施工测量中常用术语、符号、单位如下：

（1）路基宽度：行车道与路肩宽度之和；当设有中间带、变速车道、爬坡车道、紧急停车带时，尚应包括这些部分的宽度。符号：B，单位：m。

（2）路面宽度：行车道、路缘带、变速车道、爬坡车道、硬路肩和紧急停车带的宽度之和。符号：B，单位：m。

（3）单幅道公路沥青路面的宽度：沥青面层与土路肩（或路缘石内边缘）交界的两边缘之间的水平距离。

（4）水泥混凝土路面的宽度：水泥混凝土路面板边缘之间的水平距离。

（5）有路缘石，中央分隔带道路的路面宽度：两侧路缘石靠路面一侧的边缘之间的水平距离。

（6）车道宽度：车道两边缘之间的水平距离。

(7)中央分隔带宽度:中央分隔带两侧路缘石外边缘之间的水平距离。

(8)路基横坡:路槽中心线与路槽边缘两点高程差与水平距离的比值。以百分率表示。

(9)路面横坡:无中央分隔带的道路,是指路拱两侧直线部分的坡度;有中央分隔带的道路,是指路面与中央分隔带交界处及路面边缘与路肩交界处的高程差与水平距离的比值。以百分率表示,符号:i。

(10)路面中线偏位:路面实际中心线偏离设计中心线的距离。符号:Δ_{CL},单位:cm。

(11)纵坡:线路纵断面两相邻变坡点的高程差与其距离的比值。以百分率表示。

(12)纵坡长度:线路纵断面两相邻变坡点之间的距离。单位:m。

(13)纵断面高程:线路纵断面各里程桩的高程。符号:H,单位:m。

(14)中桩高程:线路中线各里程桩的高程。单位:m。

(15)边桩高程:与线路中桩在同一横断面上左右边桩的高程。单位:m。

(16)平整度:路面各层表面经压实成型的平整程度。以规定的标准量规,间断地或连续地量测的道路表面的凹凸情况,即不平整度。符号:σ,单位:mm。

(17)平曲线:平面曲线的简称。线路总是不断地从一个方向转到另一个方向,为了使车辆平稳安全地行驶,必须用曲线连接起来,这种连接不同方向线路的曲线,称为平曲线。平曲线包括圆曲线和缓和曲线两种,圆曲线是具有一定曲率半径的圆弧。

(18)缓和曲线:线路直线与圆曲线之间的过渡曲线。符号:IO、IS 等,单位:m。

(19)平曲线超高:为了提高汽车在小半径弯道上行驶的稳定性,保证行车安全,应在曲线上设置超高。超高横坡度按行车速度、半径大小,结合路面种类、自然条件等情况确定。目前规定:最大超高横坡度一般为 6%,一级公路和平原微丘二级公路的最大超高横坡度可为 8%;冰冻地区和地形陡峻的明弯,一级公路和平原微丘二级公路的最大超高横坡度不宜大于 6%,其他各级公路不宜大于 4%。

当超高横坡度的计算值小于路拱坡度时,设置等于路拱坡度的超高。

当有缓和曲线时,全超高横断面设置在主曲线范围内,超高缓和长度等于缓和曲线长度。

(20)竖曲线:在线路纵断面上,以变坡点[线路纵断面总是由一个坡度改变成另一个坡度,坡度变化点称为变坡点(转坡点)],连接两相邻坡段的曲线称为竖线曲线。竖曲线可以是圆曲线或抛物线。目前,我国公路上的竖曲线采用的是二次抛物线。

竖曲线有凸形和凹形两种形式。顶点在曲线之上者为凸形竖曲线,顶点在曲线之下者为凹形竖曲线。

(21)路床:路面结构层底面以下 80cm 范围内承受由路面传来荷载的路基部分。路床是路面的基础,在结构上分为上路床(0~30cm)和下路床(30~80cm)。

(22)路堤:高于原地面的填方路基。路堤在结构上分为上路堤和下路堤,上路堤是指路面底面以下 0.80~1.5m 范围内的填方部分;下路堤是指上路堤以下的填方部分。

(23)路堑:低于原地面的挖方路基。

(24)填石路堤:用粒径大于 37.5mm 且含量超过总质量 70％的石料铺筑的路堤。

(25)土石路堤:用石料含量占总质量 30％~70％的土石混合材料修筑的路堤。

第2章 公路工程施工测量的准备工作

2.1 资料收集

施工单位可根据所承建的标段来收集有关设计文件图表。这些设计文件图表是由专业交通设计部门设计的,并由业主提供给施工单位,再由施工现场测量员向施工单位下设的工程项目部收集。

通常情况下,公路施工测量员应收集的资料详见1.1节。

2.2 现场勘察

在施工队伍进驻施工工地后,施工测量员应全面熟悉设计图表文件。在此基础上,应会同项目部测量工程师、监理测量工程师到施工现场勘察核对。其主要内容包括:

(1)搞清施工标段路线起点里程桩和终点里程桩的实地位置以及该标段四周的地貌概况,以确定取土、弃土运输便道的位置及制订临时排水措施等。

(2)对照路线设计纵断面图及横断面图查看沿线地形地貌是否相符合,对有误的横断面或漏测横断面应改测或补测。

(3)搞清施工标段内挖方及填方起点里程桩和终点里程桩的实地位置。弄清挖、填方地段。

(4)查看设计图表提交的导线点、交点、水准点等控制性桩点的实地位置,进行现场实地交桩。主要看这些点位完好程度、相邻点位互相通视情况及其密度能否满足施工现场放样需要。做好交桩情况记录,并签字。如发现桩点有误,待会同监理复测后确认。

（5）查看公路设计定测时的中线桩点位实地情况，以及圆曲线和缓和曲线的起、终点的实地完好情况，为恢复桩位做准备。

（6）考察施工标段沿线应加密的施工导线点、施工水准点的实地位置，并拟订联测到已知导线点、已知水准点的方案。

（7）考察施工标段沿线的盖板涵、圆管涵、通道、桥梁等附属构造物的实地位置，考虑并拟订放样方案。

经过实地勘察，如发现施工现场存在与设计图文件不符的内容，应及时向项目部及监理报告，并根据施工现场实况，拟订施工测量方案。

2.3　全面熟悉设计图表

现场施工测量员在收集到本施工标段的设计文件图表和数据后，应及时地全面熟悉这些设计文件图表和数据。

所谓全面熟悉设计图表，就是对所收集到的图、表、数字、文字、符号、图例、比例尺、单位逐项逐条地认真阅读、理解、分析，弄明白并了解设计文件的意图、要求，做到心中有数，以便施工测量工作顺利进行。

2.3.1　全面熟悉"公路平面总体设计图"

图 2-1 为××高速公路第××标段"公路平面总体设计图（局部）"，分析该图如下：

（1）从该图公路平面总体线形外貌可知：线路直线曲线组合；曲线元素图上位置；千米、百米里程桩号、交点、导线点、水准点图上位置；构造物盖板涵、通道等图上位置；路堑、路堤图上位置等。

（2）从图上"曲线要素表"可知：圆曲线要素，如转角、半径、切线长、曲线长、外距等数据，交点桩号和交点编号。

（3）从图上"导线点坐标表"可知：导线点名、纵横坐标值、距离和方位角。

（4）从图上可以了解到该段新建公路沿线的地形、地物，以及挖方、填方段大致情况。

（5）从图上可以了解到支线（改道线路）与主线关系，以及支线线形外貌等。

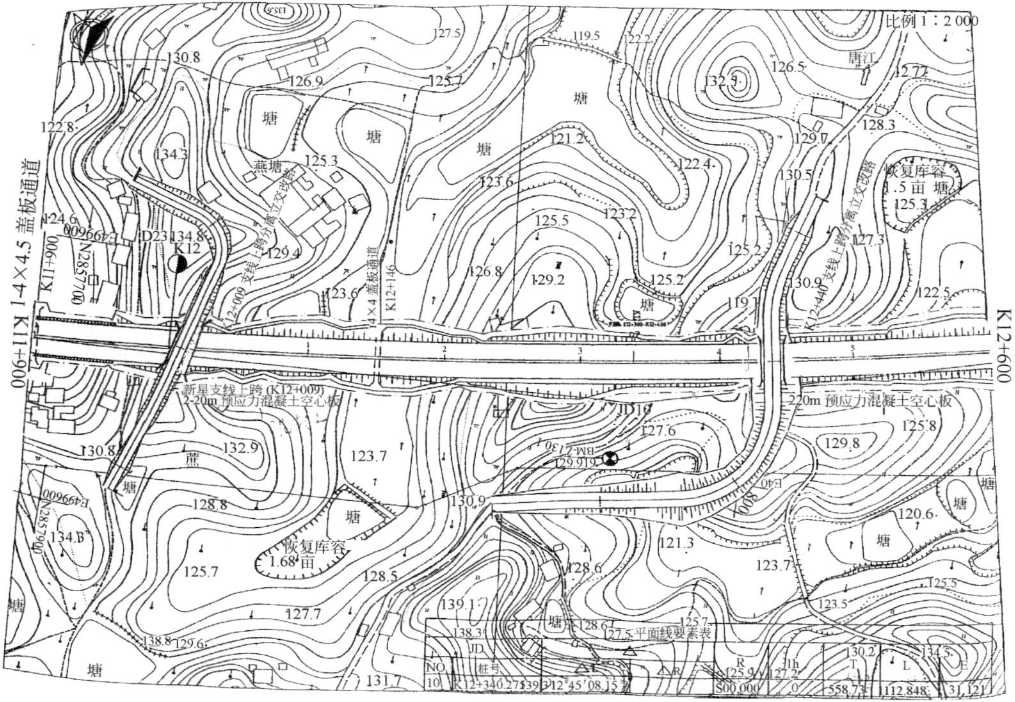

图 2-1 公路平面总体设计图

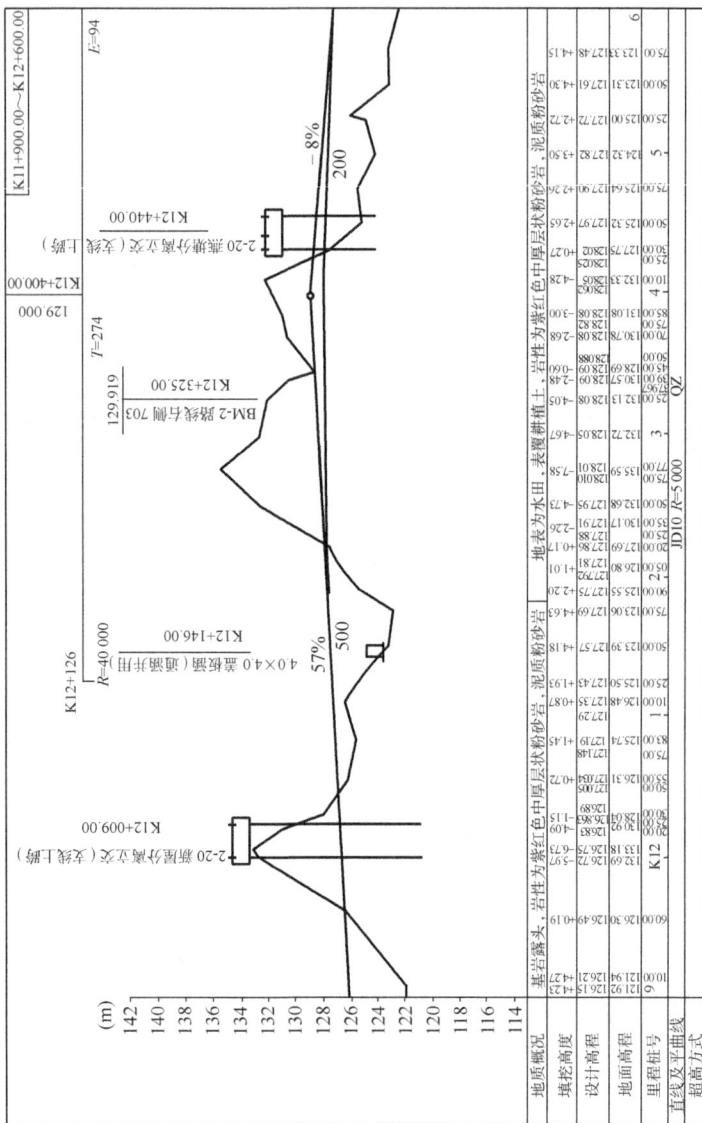

图 2-2 路线纵断面图

2.3.2 全面熟悉"路线纵断面图"

图 2-2 为××高速公路第××标段"路线纵断面图"(局部)。分析该图可知:

(1)线路中线纵向高低起伏情况以及中线纵向原地形高低起伏情况。

(2)线路中线里程桩号及相应的地面高程、设计高程、填挖高度、地质概况、直线及平曲线、超高方式、超高段起、终点里程桩号、超高曲线半径、最大超高段及最大超高横坡度、缓和曲线长度、左右转角等。

(3)竖曲线形式(凸或凹)、竖曲线要素。

(4)线路中线纵坡、变坡点里程桩号及高程。

(5)线路沿线构造物、涵道桥梁等里程桩号。

2.3.3 全面熟悉"路线纵断面图"上竖曲线、超高缓和曲线的形式

1)竖曲线的形式及要素

图 2-3 为凸形竖曲线示意图,图 2-4 为凹形竖曲线示意图。图中,R 为竖曲线半径(m),T 为竖曲线切线长度(m),E 为竖曲线外距(m),H 为变坡点高程(m),K 为变坡点里程桩号(m)。

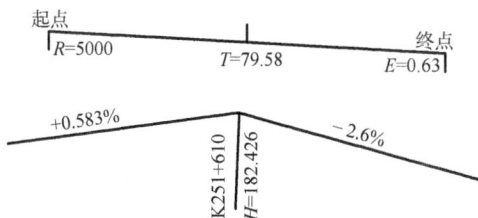

图 2-3 凸形竖曲线

竖曲线有凸形和凹形两种形式,判断竖曲线形式有下述两种方法:

(1)图示法:顶点在曲线之上者为凸形竖曲线(图 2-3),顶点在曲线之下者为凹形竖曲线(图 2-4)。

(2)计算法:以相邻坡段纵坡之差为依据,当 i_1-i_2 为正值时,属凸形竖曲线;当 i_1-i_2 为负值时,属凹形竖曲线。

【算例 2-1】 在图 2-3 中:

$$i_1 - i_2 = 0.583\% - (-2.6\%) = 0.032$$

说明图 2-3 为凸形竖曲线。

【算例 2-2】 在图 2-4 中：

$$i_1 - i_2 = (-0.75\%) - (-0.367\%) = -0.004$$

说明图 2-4 为凹形竖曲线。

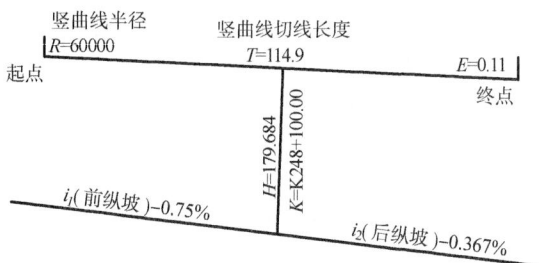

图 2-4 凹形竖曲线

2)超高缓和曲线的形式及要素

图 2-5 为超高缓和曲线在"路线纵断面图"上的表达形式。图中，R 为圆曲线半径，JD16 为交点点号，$\Delta=-44°22'57''$ 为偏角（左偏为负，右偏为正），$L=70.00$(m)为缓和曲线长度（有的设计图亦有用 IS、IO 表示缓和曲线长度）。直缓(ZH)至缓圆(HY)为前缓和曲线长度，圆缓(YH)至缓直(HZ)为后缓和曲线长度。

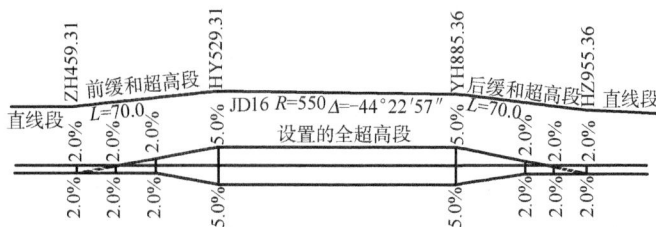

图 2-5 超高缓和曲线示意图

从图 2-5 可知，在缓和超高段，线路弯道超高横坡度是逐渐变化的；在前超高缓和段，超高横坡度逐渐由小变大（图中由 2.0% 逐渐变大到最大超高 5.0%）；在后超高缓和段，超高横坡度逐渐由大变小（图中由最大超高 5.0% 逐渐变小到 2.0%）。在全超高段（主曲线范围内，HY 至 YH），超高横坡度是一设定值（本例超高横坡度设定值为 5.0%，即该超高段的最大超高横坡度)。由于在曲线上设置了超高,弯道处的路面明显向一侧倾斜,即线路左右两边一侧高,一侧低。在计算曲线超高段高程时,必须注意路面哪边高哪边低。

2.3.4 全面熟悉"路基横断面图"

图 2-6 为××高速公路××标段 K128+600.000 路堑横断面图(挖方横断面图)。分析该图可知:

(1)路面以上挖方概况;

(2)路面上原地形两侧的高低;

(3)中桩挖方高度,边桩挖方高度按比例尺可从图上量取,据此和坡度比可定出初挖时堑顶的实地位置;

(4)路面中央有分隔带,路边外是排水沟、碎落台;

(5)从图上可确定中桩至坡脚的距离、边坡比以及挖方面积等。

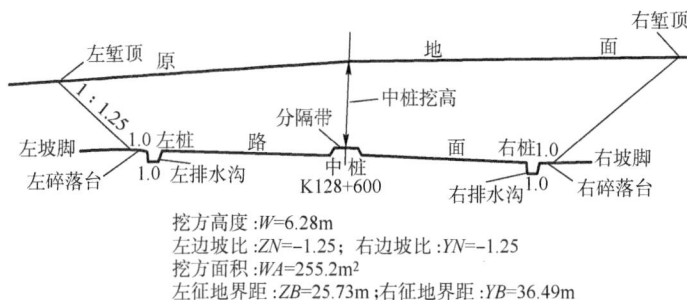

挖方高度:$W=6.28$m
左边坡比:$ZN=-1.25$;右边坡比:$YN=-1.25$
挖方面积:$WA=255.2$m²
左征地界距:$ZB=25.73$m;右征地界距:$YB=36.49$m

图 2-6 挖方横断面图(比例 1:200)

同理,可分析图 2-7 填方横断面图。

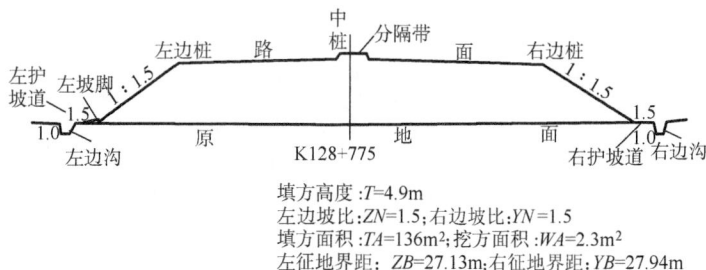

填方高度:$T=4.9$m
左边坡比:$ZN=1.5$;右边坡比:$YN=1.5$
填方面积:$TA=136$m²;挖方面积:$WA=2.3$m²
左征地界距:$ZB=27.13$m;右征地界距:$YB=27.94$m

图 2-7 填方横断面图(比例尺 1:200)

路基横断面图,除上述两种情形外,还有填挖混合横断面图。分析时,应具体问题具体对待。

2.3.5 全面熟悉"路面横断面结构图"

图 2-8 为××高速公路"路面横断面结构图"。分析该图可知,主线路结构层各层厚度及填料要求、中央分隔带宽度、路缘带宽度、行车道宽度、硬路肩宽度、土路肩宽度、路拱坡度、土路肩坡度等。

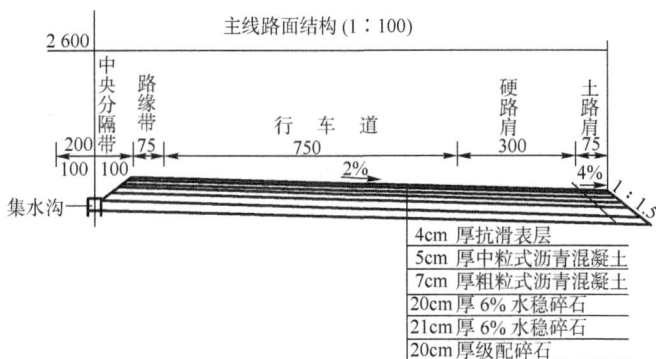

图 2-8 路面横断面结构图(尺寸单位:cm)

依据此图可计算:

(1)路面宽度 B:

$$B = \left(\frac{1}{2}中央分隔带+路缘带+行车道+硬路肩+土路肩\right)\times 2$$
$$= (1.0+0.75+7.50+3.00+0.75)\times 2 = 26.000(m)$$

(2)根据路面宽以及各结构层厚度、边坡比,可计算各结构层施工时的宽度。

①计算路基施工时的宽度:

由图可知,坡度比为 1:1.5,路面各结构层总厚度 h 为:
$$h = 4+5+7+20+21+20 = 77(cm)$$

则路基施工宽度 B' 为:
$$B' = (13.00+0.77\times 1.5)\times 2 = 14.155\times 2 = 28.31(m)$$

②计算底基层施工时的宽度:

已知坡度比为 1:1.5,路面至底基层面厚度 h' 为:
$$h' = 77-20 = 4+5+7+20+21 = 57(cm)$$

则底基层半幅路宽 $B_{底}/2$ 为：
$$B_{底}/2=13.00+0.57\times1.5=13.855(\text{m})$$
或(用此检核计算)：
$$B_{底}/2=B'/2-0.20\times1.5=13.855(\text{m})$$
底基层坡脚为底基层宽 $B_{底}/2$ 延长：
$$0.20\times1.5=0.300(\text{m})$$
同理,可计算基层面施工时宽度。

(3)根据路面中桩设计高程,可计算路面各结构层的施工(放样)高程。

①计算路基中桩设计高程

从"路线纵断面图"或"路基设计表"可知,K128+600 路面中桩设计高程 $H_{中面}=118.02$m；又从图 2-8 可知,路面各结构层厚 0.77m,则 K128+600 路基中桩施工设计高程为：
$$H_{基}=H_{中面}-h=118.02-0.77=117.25(\text{m})$$
②同理,计算底基层 K128+600 中桩设计高程为
$$H_{底}=H_{中面}-h'=118.02-0.57=117.45(\text{m})$$
或用 $H_{底}=H_{基}+$ 底基层厚度计算,以做校核：
$$H_{底}=H_{基}+0.20=117.25+0.20=117.45(\text{m})$$

2.3.6 全面熟悉"路基设计表"

表 2-1 为××高速公路××标段 K12+110 至 K12+693 间的"路基设计表"。分析该表可知：

(1)每一横断面各里程桩号；

(2)每一横断面各里程中桩的地面高程、设计高程、填、挖高度；

(3)路面左、右路幅宽度、中央分隔带宽度；

(4)路面边缘、硬路肩外边缘、行车道外边缘、中央分隔带边缘的设计高程；

(5)变坡点桩号及高程、纵坡度及纵坡坡长；

(6)竖曲线要素 R、T、E 和凹、凸形式等。

2.3.7 全面熟悉"埋石点成果表"

"埋石点成果表"包括"导线点成果表"和"水准点成果表"。通过分析,结合实地勘察可知,该施工标段有哪些已知导线点、水准点可以采用,以便拟订复测方案及确定进一步加密施工导线点、施工水准点的方案。

路 基 设 计 表

表 2-1

桩号	平曲线号	变坡点桩号、高程及纵坡度、坡长	竖曲线	地面高程(m)	设计高程(m)	填挖高度(m) 填	填挖高度(m) 挖	路基宽(m) 左路幅	路基宽(m) 中央分隔带	路基宽(m) 右路幅	设计高程(m) 左路幅 A	B	C	D	右路幅 D	C	B	A
1	2	3	4	5	6	7	8	9	10	11	12	13	14	15	16	17	18	19
K12+110.00				126.48	127.35	0.87		12.00	2.00	12.00	127.10	127.13	127.18	127.35	127.35	127.18	127.13	127.10
K12+125.00				125.50	127.43	1.93		12.00	2.00	12.00	127.18	127.21	127.26	127.43	127.43	127.26	127.21	127.18
K12+150.00				123.39	127.57	4.18		12.00	2.00	12.00	127.32	127.35	127.40	127.57	127.57	127.40	127.35	127.32
K12+175.00			$\dfrac{K12+126}{起点}$	123.06	127.69	4.63		12.00	2.00	12.00	127.43	127.46	127.53	127.69	127.69	127.53	127.46	127.43
K12+190.00				125.55	127.75	2.20		12.00	2.00	12.00	127.50	127.53	127.58	127.75	127.75	127.58	127.53	127.50
K12+205.00				125.80	127.81	1.01		12.00	2.00	12.00	127.56	127.58	127.64	127.81	127.81	127.64	127.58	127.56
K12+220.00		$i=5.7\%$		125.69	127.86	0.17		12.00	2.00	12.00	127.61	127.64	127.70	127.86	127.86	127.70	127.64	127.61
K12+235.00			凸	130.17	127.91		2.26	12.00	2.00	12.00	127.65	127.68	127.75	127.91	127.91	127.75	127.68	127.65
K12+250.00			R=4000	132.68	127.95		4.73	12.00	2.00	12.00	127.70	127.72	127.79	127.95	127.95	127.79	127.72	127.70
K12+277.00			T=274	135.59	128.01		7.58	12.00	2.00	12.00	127.75	127.79	127.85	128.01	128.01	127.85	127.79	127.75
K12+300.00			E=9.4	132.72	128.05		4.67	12.00	2.00	12.00	127.79	127.82	127.89	128.05	128.05	127.89	127.82	127.79
K12+135.00				132.13	128.08		4.05	12.00	2.00	12.00	127.82	127.86	127.92	128.08	128.08	127.92	127.86	127.82
K12+339.00				130.57	128.09		2.48	12.00	2.00	12.00	127.83	127.86	127.93	128.09	128.09	127.93	127.86	127.83
K12+345.00				128.69	128.09		0.60	12.00	2.00	12.00	127.83	127.86	127.93	128.09	128.09	127.93	127.86	127.83
K12+370.00				130.76	128.08		2.68	12.00	2.00	12.00	127.82	127.86	127.92	128.08	128.08	127.92	127.86	127.83

路基边缘(A点)、硬路肩外边缘(B点)、行车道外边缘(C点)、中央分隔带边缘(D点)设计高程(m)

续上表

桩号	平曲线	变坡点高程桩号及纵坡坡度、坡长	竖曲线	地面高程(m)	设计高程(m)	填挖高度(m) 填	挖	路基宽(m) 左路幅	中央分隔带	右路幅	路基边缘(A点)、硬路肩外边缘(B点)、行车道外边缘(C点)、中央分隔带外边缘(D点)设计高程(m) 左路幅 A	B	C	D	右路幅 D	C	B	A
1	2	3	4	5	6	7	8	9	10	11	12	13	14	15	16	17	18	19
K12+385.00				131.08	128.08		3.00	12.00	2.00	12.00	127.82	127.86	127.92	128.08	128.08	127.92	127.86	127.82
K12+410.00				132.33	128.05		4.28	12.00	2.00	12.00	127.79	127.82	127.89	128.05	128.05	127.89	127.82	127.79
K12+430.00				127.75	128.02	0.27		12.00	2.00	12.00	127.76	127.79	127.86	128.02	128.02	127.86	127.79	127.76
K12+450.00				125.32	127.97	2.65		12.00	2.00	12.00	127.71	127.75	127.81	127.97	127.97	127.81	127.75	127.71
K12+475.00				125.64	127.90	2.26		12.00	2.00	12.00	127.64	127.68	127.74	127.90	127.90	127.74	127.68	127.64
K12+500.00		129.00		124.32	127.82	3.50		12.00	2.00	12.00	127.57	127.60	127.65	127.82	127.82	127.65	127.60	127.57
K12+525.00		K12+400 i=-8% L=900		125.00	127.72	2.72		12.00	2.00	12.00	127.46	127.50	127.56	127.72	127.72	127.56	127.50	127.46
K12+528.00				126.19	127.71	1.52		12.00	2.00	12.00	127.46	127.49	127.54	127.71	127.71	127.54	127.49	127.46
K12+550.00				123.31	127.61	4.30		12.00	2.00	12.00	127.36	127.39	127.45	127.61	127.61	127.45	127.39	127.36
K12+575.00				123.33	127.48	4.15		12.00	2.00	12.00	127.22	127.25	127.32	127.48	127.48	127.32	127.25	127.22
K12+620.00				122.21	127.20	4.99		12.00	2.00	12.00	126.95	126.97	127.04	127.20	127.20	127.04	126.97	126.95
K12+650.00				123.30	126.99	3.69		12.00	2.00	12.00	126.74	126.76	126.82	126.99	126.99	126.82	126.76	126.74
K12+675.00			K12+674 终点	124.64	126.80	2.16		12.00	2.00	12.00	126.54	126.57	126.64	126.80	126.80	126.64	126.57	126.54
K12+693.00				126.83	126.66		0.17	12.00	2.00	12.00	126.40	126.43	126.50	126.66	126.66	126.50	126.43	126.40

"导线点成果表"样式详见表 2-2,分析该表可知:

(1)施工标段内导线点的点名;

(2)该导线点横、纵坐标 x、y 值;

(3)相邻导线点间平距及导线边的方位角。

导 线 点 成 果 表　　　　　表 2-2

点名	坐　　标		方位角 (° ′ ″)	边长 (m)	高程 (m)	备注
	X(m)	Y(m)				
GD01	2861422.809	510321.910				GPS点
			309 45 36	262.521		
GD02	2861590.710	510120.102				GPS点
			280 41 15	609.144		
D03	2861703.676	509521.525				
			234 10 59	593.774		
D04	2861356.200	509040.040				
			255 31 15	669.414		
D05	2861188.827	508391.887				
			215 27 04	542.528		
D06	2860746.878	508077.218				
			275 34 02	303.030		
D07	2860776.276	507775.617				GPS点
			231 39 39	736.818		
GD08	2860319.216	507197.692				GPS点
			263 44 36	630.100		
GD09	2860250.547	506571.345				
			234 45 24	350.666		
D10	2860058.195	506284.952				
			242 19 41	293.858		
D11	2859772.401	505759.020				
			286 34 10	477.044		
D12	2859908.444	505301.785				
			211 23 05	351.211		
D13	2859608.619	505118.880				
			271 53 39	195.760		
D14	2859615.89	504923.227				
			255 13 13	563.320		
GD15	2859471.384	504378.545				GPS点
			252 05 34	620.821		
GD16	2859280.496	503787.799				GPS点
			238 18 46	485.833		
D17	2859025.297	503374.389				
			232 32 44	246.934		
DF7-12	2858875.457	503178.792				
			259 00 46	446.700		
DF7-11	2858790.320	502740.280				
			233 39 16	666.792		
DF7-10	2858395.143	502203.207				
			240 32 18	505.709		
GD18	2858146.414	501762.894				GPS点

了解了这些概况,还要实地勘察其所在位置、桩点完好程度、道路中线

通视情况、导线之间的互相通视情况等。

"水准点高程成果表"样式详见表 2-3,分析该表可知:

(1)施工标段内水准点的点名及高程;

(2)水准点所在地及相对路线位置;

(3)了解了这些情况,还要到实地勘察校核,现场交桩,以方便施工(放样)使用。

水准点高程成果表　　　　　　　　　　　　　　　　表 2-3

序号	水准点编号	水准点所在地	相对路线位置	高程(m)
1	BMH7-11	杨坑村曾令桂家屋角处刻原连接线成果资料	线外	130.094
2	BM-16	杨坑村横坑小组朱长兵朱长征家门口刻	K0+610 左侧 170m	136.726
3	BM-15	杨坑村豆腐窝横坑小组朱运窝家门口刻	K0+500 左侧 100m	142.896
4	BM-14	杨坑村靠椅形小组江崇贵家门口的压水井旁刻	K1+325 左侧 90m	133.387
5	BM-13	车头村燕风岗小组肖承通屋角处刻	K2+225 右侧 70m	119.278
6	BM-12	车头村黄宗滨家门前的排水沟顶面上刻	K3+580 左侧 160m 左右	114.372
7	BM-11	塘屋村委会枫树下赖清亮家门口刻	K4+475 左侧 110m 左右	130.942
8	BM-10	塘屋六组谢土煌家门前的压水井旁刻	K5+250 右侧 130m	122.678
9	BM-9	腊树下新层前的水渠顶上刻	K6+475 左侧 80m	113.27
10	BM	大塘村细坑孜曾行海家窗口下刻	K7+250 右侧 70m	121.285
11	BM S= BMF-44-1			114.686

序号	水准点编号	水准点所在地	相对路线位置	高程(m)
12	BM-7	龙江第四小组陈林,陈柏俩兄弟围墙门口刻	K9+056 左侧 6-7m	118.557
13	BM-6	××连接线的起点处	K9+525 左侧 25m	128.061
14	BM-5	左村花排岭村民小组王隆烂屋角处刻	K10+050 左侧 24m	123.253
15	BM-4	距 D-20 前进方向约 20m 的山脚下坟墓上刻	K10+825 左侧 12m	127.031
16	BM-3	横板桥村后背的山坡的坟墓上刻	K11+625 左侧 110m	123.845
17	BM-2	燕窝村的公路旁新建的屋角处刻	K12+325 右侧 70m	129.919
18	BM-1	木塘小学旁的荷花幼儿园大门口刻	K13+615 右侧 120m	127.088
19	BM1-1	唐江镇黄参树	K14+150 右侧 60m	134.486
20	BM1-2	黄参树袁屋黄塘小组李慧琪屋后的平台上刻	K15+250 左侧 15m	118.498
21	BM1-3	××公路木材厂屋和木材厂的挡墙上刻	距终点 K16+305 左侧 200m 左右	115.085
22	BMH-7-2	原平田乡横江村梁和平家门口刻	线外	110.705
23	BMF-47		互通附近	114.744

2.3.8　全面熟悉"直线曲线及转角表"

表 2-4 为××高速公路××标段"直线曲线及转角表"。通过分析该表可知:

(1)该施工标段的交点编号、交点里程桩号、交点间距、交点边方位角、转角(左转角或右转角:左偏为负,右偏为正)及交点的 x、y 坐标值。

表 2-4

直 线 曲 线 及 转 角 表

交点位置	交点间距 (m)	计算方位角 (°′″)	曲线间直线长 (m)	转角 (°′″)	切长长度 T₁ T₂	半径 R₁ Ry R₂	回旋线参数 A₁ A₂	曲线长度 LS₁ Ly LS₂	曲线总长	外距	第一回旋线起点	第一回旋线终点或圆曲线起点	圆曲线中点	圆曲线终点或第二回旋线起点	第二回旋线终点
桩 K10+526.912				右 23 37 48.34	T₁ 1054.613 T₂ 1054.613	5041.533			2079.244	109.124	桩	桩 K9+472.299	桩 K10+511.921	桩	桩 K11+551.543
N 2857864.0000								2079.244			N	N 2858344.1342	N 2857969.2724	N	N 2857800.4948
E 501026.0000											E	E 501064.9780	E 500997.2653	E	E 499973.3008
	1843.345	266 32 51.91	290.001												
桩 K12+340.275				左 12 45 8.15	T₁ 558.731 T₂ 558.731	5000.000			1112.845	31.121	桩	桩 K11+781.544	桩 K12+337.967	桩	桩 K12+894.389
N 2857753.0000								1112.845			N	N 2857786.6449	N 2857722.3356	N	N 2857597.0768
E 499186.000											E	E 499743.7170	E 499191.3123	E	E 498649.4665
	2551.361	253 47 43.76	778.402												
桩 K14+887.020				左 32 59 37.16	T₁ 1214.228 T₂ 1214.228	4100.000			2360.976	176.020	桩	桩 K13+672.791	桩 K14+853.279	桩	桩 K16+033.768
N 2857041.0000								2360.976			N	N 2857379.8507	N 2856892.8791	N	N 2856121.8605
E 496736.0000											E	E 497901.9892	E 496831.0968	E	E 495942.5687
	1487.501	220 48 6.60	273.273												
桩 K16+307.041											桩	桩	桩	桩	桩
N 2855915.0000											N	N	N	N	N
E 495764.0000											E	E	E	E	E

这些要素以及交点所在圆曲线半径是计算线路上任意一点坐标的已知条件，必须彻底弄清楚。

(2)该施工标段是直线或是曲线，或是直线曲线都有，必须搞清直线起点、终点里程桩号和 x、y 坐标值，或圆曲线 ZY、QZ、YZ 的里程桩号及 x、y 坐标值和曲线要素（半径、切线长、曲线长、外距等）。

(3)缓和曲线起点、终点里程桩号和 x、y 坐标值等。

2.3.9　全面熟悉"逐桩坐标表"

"逐桩坐标表"是公路中线每隔一定距离中桩的 x、y 坐标值及方位角一览表。通常情况下，该表所给出的桩号坐标是"路基横断面"中桩的坐标。为了方便施工，施工测量员还要根据施工要求计算出每隔 10m、20m 或 25m（路基为 25m，底基层、基层为 10～20m）的中桩，左、右边桩的 x、y 坐标，编制成放样"逐桩坐标表"，以方便使用。

"逐桩坐标表"样式详见表 2-5。

逐 桩 坐 标 表　　　　　　　　　　　表 2-5

桩　　号	坐标(m)		方向角 (° ′ ″)
	x	y	
K11+750.00	2857788.545	499775.204	266°32′51.9″
K11+775.00	2857787.040	499750.249	226°32′51.9″
K11+795.00	2857785.817	499730.287	266°23′36.8″
K11+824.00	2857788.909	499701.349	266°03′40.5″
K11+830.00	2857783.494	499695.364	265°59′33.0″
K11+845.00	2857782.423	499680.402	265°49′14.2″
K11+870.00	2857780.538	499655.473	265°32′02.8″
K11+890.00	2857778.941	499635.537	265°18′17.8″
K11+910.00	2857777.265	499615.608	265°04′32.7″
K11+960.00	2857772.723	499565.815	264°30′10.1″
K12+000.00	2857768.732	499526.014	264°02′40.0″

桩　号	坐标（m）		方向角
	x	y	（°　′　″）
K12＋005.00	2857768.211	499521.041	263°59′13.7″
K12＋020.00	2857766.617	499506.126	263°45′54.9″
K12＋030.00	2857765.530	499496.186	263°42′02.4″
K12＋055.00	2857762.725	499471.343	263°24′51.0″
K12＋083.00	2857759.436	499443.537	263°05′36.0″
K12＋110.00	2857756.117	499416.742	262°47′02.1″
K12＋125.00	2857754.221	499401.864	262°36′43.3″
K12＋150.00	2857750.934	499377.080	262°19′32.0″
K12＋175.00	2857747.533	499352.312	262°02′20.7″
K12＋190.00	2857745.433	499337.460	261°52′01.9″
K12＋205.00	2857743.389	499322.614	261°41′43.1″
K12＋220.00	2857741.100	499307.774	261°31′24.3″
K12＋235.00	2857738.867	499292.941	261°21′05.5″
K12＋250.00	2857736.589	499278.115	261°10′46.7″
K12＋277.00	2857732.377	499251.446	260°52′12.9″
K12＋300.00	2857728.675	499228.746	260°36′24.1″
K12＋325.00	2857724.533	499204.091	260°19′12.7″
K12＋339.00	2857722.160	499190.294	260°09′35.2″
K12＋345.00	2857721.131	499184.383	260°05′27.7″
K12＋370.00	285716.767	499159.767	259°48′16.4″
K12＋385.00	2857714.091	499145.008	259°37′57.6″
K12＋410.00	2857708.530	499120.427	259°20′46.2″
K12＋430.00	2857705.793	499100.779	259°07′01.2″
K12＋450.00	2857701.978	499081.147	258°53′16.1″
K12＋475.00	2857697.098	499056.627	258°36′04.8″
K12＋500.00	2857692.096	499032.133	258°18′53.5″

桩　　号	坐标(m)		方向角
	x	y	(°　′　″)
K12+525.00	2857686.971	49907.646	258°01′42.2″
K12+528.00	2857686.349	499004.729	258°59′34.4″
K12+550.00	2957681.725	498983.221	257°44′30.8″
K12+575.00	2857676.356	498958.804	257°27′19.5″
K12+620.00	2857666.384	498914.923	256°56′23.1″
K12+650.00	2857659.517	498885.719	256°35′45.5″
K12+675.00	2857653.661	498861.415	256°18′34.2″
K12+693.00	2857649.370	498843.934	256°06′11.7″
K12+725.00	2857641.585	498812.896	255°44′11.6″
K12+745.00	2857636.618	498793.522	255°30′26.5″
K12+775.00	2857629.024	498764.499	255°09′48.9″
K12+800.00	2857622.562	498740.349	254°52′37.6″
K12+825.00	2857615.979	498716.231	254°35′26.3″
K12+850.00	2857609.276	498692.146	254°18′14.9″
K12+875.00	2857602.563	498668.096	264°01′03.6″
K12+900.00	2857595.511	498644.078	253°47′43.8″
K12+925.00	2857588.535	498620.071	253°47′43.8″
K12+950.00	2857581.558	498596.065	253°47′43.8″
K12+975.00	2857574.581	498572.058	253°47′43.8″
K13+000.00	2857567.605	498548.051	253°47′43.8″
K13+025.00	2857560.628	498524.044	253°47′43.8″
K13+050.00	2857553.651	498500.037	253°47′43.8″
K13+075.00	2857546.675	498476.031	253°47′43.8″
K13+100.00	2857539.698	498452.024	253°47′43.8″
K13+125.00	2857532.721	498428.017	253°47′43.8″

综上所述,经过对各种图表的分析,必须掌握如下要点:

(1)路面宽度、路基施工宽度、底基层施工宽度、基层施工宽度等;

(2)线路纵坡度、横坡度、填方边坡坡度、挖方边坡坡度等;

(3)变坡点的桩号里程,高程;

(4)竖曲线要素:半径、切线长度、外距、相邻坡段的纵坡度等;

(5)圆曲线要素:半径、切线长度、曲线长度、外距以及直圆(ZY)、曲中(QZ)、圆直(YZ)的桩号及 x、y 坐标值;

(6)缓和曲线起点(ZH)、终点(HZ)的桩号及 x、y 坐标值,前、后缓和曲线长度,以及超高段的起点、终点桩号和全超高段设定的最大超高横坡度;

(7)施工段的已知导线点、水准点编号、x、y 坐标数据及 H 高程数据,以及实地位置、可利用程度等;

(8)施工段的线形:直线、曲线,还是直曲结合等;

(9)施工段全长、施工段起点、终点里程桩号及实地位置;

(10)施工段内挖方、填方段起点、终点里程桩号及实地位置;

(11)路面结构层各层的厚度;

(12)施工段内交点桩号、坐标、交点间距、交点边(切线)方位角、线路转角等;

(13)施工段线路中桩逐桩的桩号及其坐标值;

(14)施工段线路中桩的地面高程、设计高程及其填、挖高度等。

现场施工测量员只有掌握了这些数据,才能在施工现场顺利地开展工作,指导线路施工顺利进行,保证线路施工的质量。

2.4 公路施工测量的仪器设备及材料准备

2.4.1 公路施工测量的仪器

1)用于导线测量平面放样测量的仪器

(1)全站仪:目前最先进的新型仪器。它具有多功能的特点,在一个测站上,同时可进行测角(水平角、竖直角)、测距(平距、斜距)、测坐标、测高差、放样等工作。由于其价格昂贵,一般情况下,只有工程项目部配备。

(2)测距仪:目前最先进的测距仪器。它亦具有测距、测角(配上经纬仪)、测高差、放样等功能。通常情况下,它是配在经纬仪上使用的。

(3)棱镜:全称为棱镜反射镜。全站仪、测距仪测距、放样时照准的目标。

(4)经纬仪:一种先进的测角(水平角、竖直角)仪器。目前有光学经纬仪、电子经纬仪两类。我国大地地形测量仪器的总代号为 D,经纬仪的代号为 J。按其精度将经纬仪划分为 DJ_{07}、DJ_1、DJ_2、DJ_6、DJ_{15}、DJ_{60} 六个等级。其中,J_{07}、J_1 是高精度;J_2 是较高精度;J_6、J_{15} 是中等精度;J_{60} 是低精度。公路工程测量常用的是 J_2、J_6 两种型号的经纬仪。"J"为经纬仪的汉语拼音第一个字母;"6""2"表示该种仪器一测回方向观测中误差是 $6''$ 和 $2''$。

J_2 型经纬仪用于导线点复测,J_6 型经纬仪可用于导线点复测,常用于施工段导线点的加密测量。

(5)经纬仪配测距仪:将上述测距仪安装在经纬仪支架上的一种组合仪器。作业时,将测距仪装在经纬仪支架上,作业结束后卸下来,用于导线测量测角、测距及放样测量非常方便,价格又较全站仪便宜很多,一般施工队都可购置。

(6)经纬仪配视距尺(水准标尺)或钢卷尺:用于低等级公路导线测量、放样测量,路基施工初期放样测量,路堑堑顶,路堤坡脚放样以及偏角放样,切线支距法放样等。

2)用于水准测量、高程放样测量的仪器

水准仪:一种进行高程测量的主要仪器。目前,公路工程施工测量常用的水准仪有自动安平水准仪和微倾水准仪两种。我国大地地形测量仪器系列化方案中规定,水准仪的代号为"S",按其精度分为 $DS_{0.5}$、DS_1、DS_3、DS_{10}、DS_{20} 五个等级。公路工程施工测量中常用的是 DS_3 型水准仪。"D"和"S"是大地测量和水准仪的汉语拼音的第一个字母。其下标"3"表示该类仪器每公里往、返测高差误差可达到 $\pm 3mm$ 的精度。

3)用于测量作业中联络的设备

对讲机。

2.4.2 公路施工测量的量具

公路施工测量的量具包括:

(1)钢卷尺(简称钢尺):长度为 30m、50m 等;

(2)皮卷尺(简称皮尺):长度为 30m、50m 等;

(3)小钢尺:长度为 2m、5m 等;

(4)计算工具:f_x—5800P型计算器 f_x—9750 GⅡ型计算器等;

(5)标尺:水准尺(双面)一对;塔尺(3m 或 5m)、尺垫;

(6)坡度尺(控制边坡)。

2.4.3 公路施工测量的材料

公路施工测量的材料有:

(1)竹(木)签:根据施工标段线路长度,桩点间距,计算竹(木)签数量,并应在开工前加工好备用;

(2)钢签:根据需要准备一定数量的钢签,基层施工时用于定桩拉线;

(3)钢钉:路面施工时用;

(4)记号笔(油性)、粉笔等;

(5)石灰:用于垫顶、坡脚、修坡放线;

(6)红布(或红塑料袋);

(7)铁锤;

(8)油漆;

(9)细绳;

(10)凿子等。

2.4.4 测量仪器的检验校正

《规范》规定,测量仪器使用前应进行检验、校正。

现阶段公路工程施工测量竣工验收,要求提交仪器检校证明文件,因此公路施工开工前,施工测量员应将仪器送到专业测量仪器检校部门检测。

经过专业测量仪器检验部门检校过的仪器,是监理认可在施工中使用的仪器。一般情况下,测量员不要随意检验、校正仪器,特别是贵重的全站仪、测距仪、精密水准仪。但是,值得强调的是,普通水准仪(例如 S_3 型)应经常注意 i 角的检验,当经常出现在远距离和短距离施测同一点的高程超过 5mm 以上时,应对水准仪进行水准管轴平行于视准轴的检验、校正,即水准仪的 i 角检查。自动安平水准仪和微倾水准仪,i 角的检验方法是一样的,只是校正方法不同。

1)i 角的检验校正

i 角检验的目的:使水准管轴平行于望远镜的视准轴,使不同距离测得的同一点高程小于 3mm。

i 角检验、校正方法：

(1)安置仪器于 A、B 中间位置，A、B 标尺相距 30～50m(视场地情况而定)，读数分别为 a_1、b_1，如图 2-9 所示。

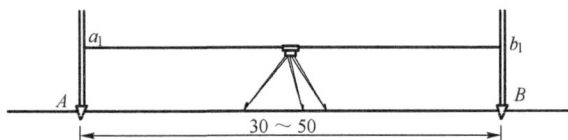

图 2-9 i 角检验,仪器置于 AB 中间位置(单位:m)

(2)将仪器移至距 A 约 2m 处,读数分别为 a_2、b_2,如图 2-10 所示。

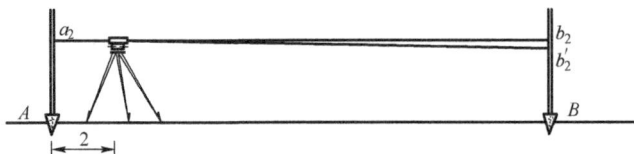

图 2-10 i 角校核,仪器置于距 A 点 2m 处(单位:m)

(3)计算 $b'_2 = a_2 - (a_1 - b_1)$。如果 $b'_2 = b_2$,说明视线水平,无须校正;如果 $b'_2 \neq b_2$ 且 $|b'_2 - b_2| > 3mm$,说明要进行校正。

(4)校正方法。

对于自动安平水准仪:仪器瞄准 B 标尺,取下目镜罩,用改针调整(拨动)分划校正螺钉,使视距中丝读数为 b'_2;重复以上检校步骤,直到 $|b'_2 - b_2| < 3mm$。

对于微倾水准仪:仪器瞄准 B 标尺,用微倾螺旋使视距中线读数为 b'_2,此时水准管气泡不居中(两个半气泡不吻合),用改针调整水准管校正螺旋,使水准管气泡居中(两个半气泡吻合)。重复以上检校步骤,直到 $|b'_2 - b_2| < 3mm$。

2)圆气泡的检验校正

作业中,在整平条件下照准不同方向标尺读数时,常发生圆气泡偏离中心较大情况,此时则应在作业前进行圆气泡的检验校正。

圆气泡检验校正的目的:使圆水准轴平行于竖轴,这样在仪器转动到不同方位圆气泡都能居中,方便观测读数。

自动安平水准仪是自动给出水平视线的仪器,只要圆气泡居中,仪器的视准轴就会自动处于水平位置。因此,只需检校圆气泡,不需考虑管气泡。

对于微倾水准仪,圆气泡的检验与校正方法如下:

(1)检验方法:

①用脚螺旋使圆气泡居中;

②将仪器绕竖轴旋转 180°,若气泡偏离,则需校正。

(2)校正方法:

①旋转脚螺旋,使气泡向中心移动偏距的一半;

②用拨针拨动圆水准器底下的三个校正螺旋,使气泡居中。

以上操作反复数次,直到仪器转动到任何方向气泡都居中为止。

2.5 其 他 准 备

2.5.1 施工进度一览图

1)"路基施工挖填进度一览图"的绘制

路基施工时,为了及时掌握和了解施工进度情况,便于监控挖填工作量,可自绘一张较大比例尺的"路基施工挖填进度一览图"。

"路基施工挖填进度一览图"的绘制,实际上就是"路线纵断面图"的放大。其绘制方法步骤如下(图 2-11):

(1)绘制数据的取用:绘制"路基施工挖填进度一览图"的数据是里程和高程,其数据取用自"路线纵断面图"或"路基设计表"。

(2)绘制比例尺的选用:绘制"路基施工挖填进度一览图"的横坐标是里程,纵坐标是高程。里程比例尺根据施工标段路线的长度及图纸长度,一般选用 1∶1 000 为宜;高程比例尺因为要明显表示挖填方高度宜用大比例尺,一般采用 1∶50 或 1∶100。

(3)绘制实际地面线:根据"路线纵断面图"或"路基设计表"中桩的里程和地面高程,在图上按纵、横比例尺,依次交绘出各中桩的地面位置,再用直线将相邻点一个个连接起来,即绘出实际地面线。为了使绘出的实际地面线位于图上适中位置,首先应合理选定纵坐标的起始高程。

(4)绘制设计的路面中线纵坡线:根据"路线纵断面图"或"路基设计表"中桩的里程和设计高程,用前述(3)的方法,展绘出设计的线路纵坡线。

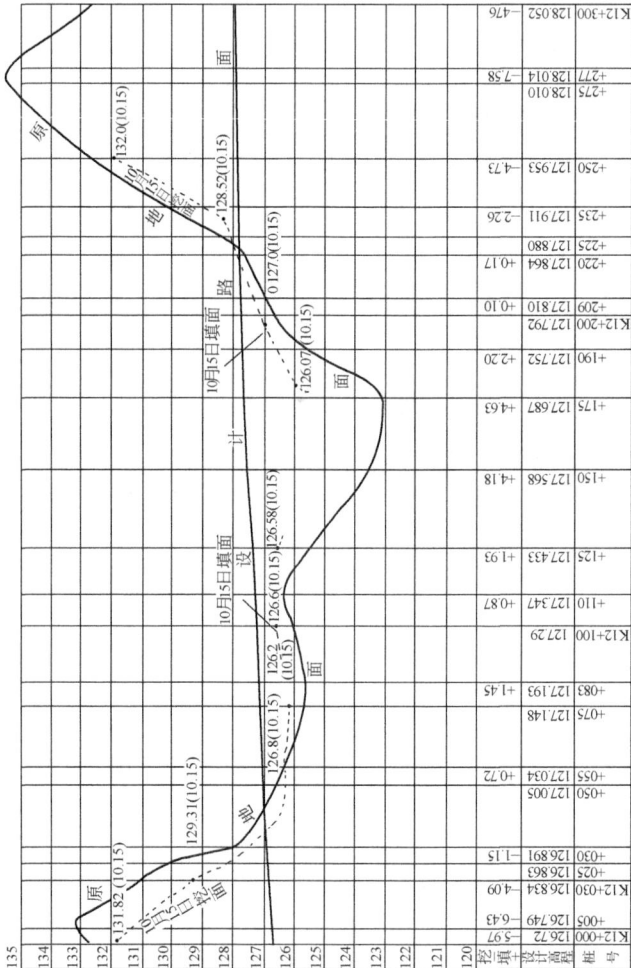

图 2-11 路基施工挖、填进度一览图

注：1. 本例为××高速公路K12+000～K13+000路基施工作业，段局部(K12+000～K12+300)挖填现状；
2. 本例里程桩号比例尺为1:1000，高程比例尺为1:100；
3. 图中实线为原地貌，虚线为挖、填现状。

桩号	设计高程	填±挖
K12+000	126.72	-5.97
+005	126.749	-6.43
K12+030 126.834	126.834	-4.09
+025 126.863		
+030 126.897		
+050 127.005	127.005	-1.15
+050 127.005		
+055 127.034	127.034	+0.72
+075 127.148	127.148	
+083 127.193	127.193	+1.45
K12+100 127.29	127.29	
+110 127.347	127.347	+0.87
+125 127.433	127.433	+1.93
+150 127.568	127.568	+4.18
+175 127.687	127.687	+4.63
+190 127.752	127.752	+2.20
K12+200 127.792	127.792	
+209 127.810	127.810	+0.10
+220 127.864	127.864	+0.17
+225 127.880	127.880	
+235 127.911	127.911	-2.26
+250 127.953	127.953	-4.73
+275 128.010	128.010	
+277 128.014	128.014	-7.58
K12+300 128.052	128.052	-4.76

2)"路基施工挖填进度一览图"的使用

将绘制的"路基施工挖填进度一览图"张贴在办公室墙壁上,施工测量员只需每天或数天把挖、填后的实测高程展绘在图上,这样路基的施工进度情况便可一目了然。

对于底基层,水稳层、沥青面层(或水泥路面层)的"施工进度图",可按施工标段长度,选定合理的比例尺绘制成图 2-12 的形式。图中的"$\frac{260}{8.14}$"字样,表示 8 月 14 日铺筑底基层左幅 260m。随着工程展开,及时填绘。

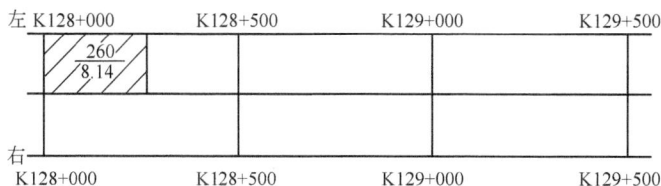

图 2-12 ××线路××B₄ 标段底基层施工进度图(比例尺:1∶1000)

2.5.2 施工标段控制点图

1)"施工标段控制点图"的绘制

路基施工时,为了方便施工测量放样工作的进行,可绘制"施工标段控制点图"。

所谓"施工标段控制点图",即展绘有施工标段平面控制点(导线点及交点)、高程控制点(水准点)以及施工线路中线桩位点的图纸。

"施工标段控制点图"的绘制,可按下述方法步骤进行(图 2-13):

(1)绘制数据的取用:绘制"施工标段控制点图"的数据是坐标和高程。其数据取用自:"导线点坐标表""水准点成果表""逐桩坐标表""直线曲线及转角表"。

(2)绘制坐标的选用:"施工标段控制点图"的坐标,应采用设计图样的坐标系统。

(3)绘制比例尺的选用:图的大小根据施工标段长度选用比例尺。一般情况下,施工段长 500m,宜采用 1∶500 比例尺;1~2km,宜用 1∶1 000 比例尺;2km 以上,宜用 1∶2 000 比例尺。

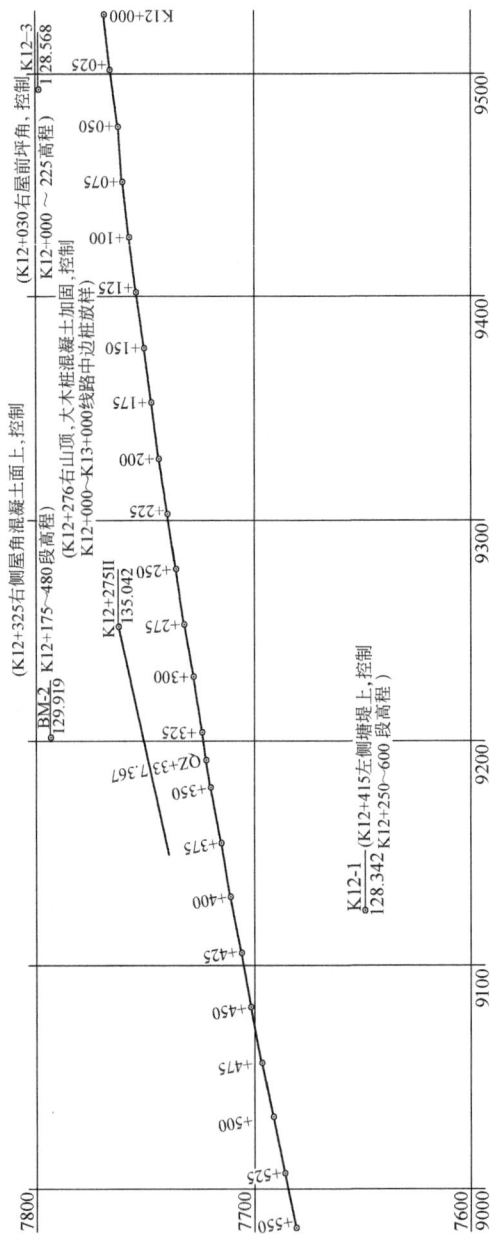

图 2-13 施工标段控制点图

注: 1. 本例为×× 高速公路 K12+000~K13+000 路基施工段 "施工标段控制点图";
2. 比例尺为 1:1000。

(4)绘制坐标方格网:可用丁字尺展绘坐标方格网。展绘坐标网前,应合理选取坐标网西南角的坐标原点,以能够把施工段所用导线点、交点、线路起终点、水准点都展绘于图上来考虑。

(5)展绘点位:可用三棱尺或三角板展绘导线点、交点、线路中桩点、曲线主点(ZY、QZ、YZ 等)。水准点可用全站仪测出其坐标来展绘;水准点没有坐标的,可根据点位在线路里程桩左右两侧距离估绘。

图上若要展现线路全貌,可计算左、右边桩坐标来展绘。

2)"施工标段控制点图"的使用

绘制的"施工标段控制点图"张贴在办公室墙壁上,图上用直线把相邻导线点连接起来,并标出每个导线点的控制范围及每个水准点的控制范围。施工测量员依据此图可充分了解施工段的放样目标。放样前,可据此充分做好放样数据的准备。外业放样时可直达测站,不跑冤枉路。

2.5.3 施工天气一览图

为了统计坏天气对工程进度的影响,为施工总结做准备,应对施工天气逐日记录在案。亦可绘制"施工天气一览图",将每日天气情况用图例符号表示在图上,既醒目又明白。"施工天气一览图"样式如图 2-14 所示。

月份	日 期					
	1	2	3	...	30	31
1	☼	◐	⁂		●	●
2						
⋮						
11						
12						

⁂ 雨　　米 雪　　☼ 晴　　● 阴　　◐ 半晴半阴

图 2-14　××高速公路××标段路基施工天气一览图

2.5.4　施　工　日　志

施工日志是施工全过程的重要记录。其内容有:施工单位名称、标段范围、日期、天气、工作内容、机械台班、车辆运输台班、人工台班、测量工作项目、工程进度以及大事记等。

第3章 公路工程施工控制点的 复测和加密

3.1 公路工程施工控制点概述

公路工程施工控制点包括平面控制导线点和高程控制水准点。导线点是公路施工过程中控制公路线形平面位置的重要依据;水准点是公路施工过程中控制公路路线高程的主要依据。

导线点的任务是把设计图上的"公路线形"放样到实地,水准点的任务是把设计图上"公路路线的高程"放样到实地。施工队伍则是根据这个"放样"进行施工。

3.2 导线点的复测

《规范》规定:施工单位必须根据设计资料认真搞好导线复测工作。

施工单位所采用的导线点是由业主提供的,它是公路设计勘测定测阶段布设的。一般来说,从路线勘察设计到路基正式开工,间隔时间都较长,这期间在路线勘察设计阶段所布设的导线点、交点等难免损坏丢失。为了保证公路施工质量,满足施工需要,必须对业主提供的导线点数据进行复测。

导线点的复测必须按照《公路路基施工技术规范》(JTG F10—2006)中有关条款规定的复测方法、复测仪器、复测精度等执行(规范有关条款详见附录一)。

导线点复测工作由工程项目部测量工程师、监理测量工程师、施工队现场测量员组成"导线复测小组"进行。

3.2.1 实地校对导线点位

实地校对导线点位是根据设计单位提供的导线点成果表,在线路实地逐点校对:

(1)资料上的点名与实地点位是否一致;

(2)实地点位完好程度及可利用程度;

(3)相邻导线点间相互通视情况;

(4)导线点通视线路中边线情况。

实地校对导线点位中,当发现导线点已被破坏、移动或找不到时,可考虑补点:

(1)补点不强调必须恢复原位;

(2)补点应与相邻导线点通视;

(3)从利用价值、方便放样考虑,补点应通视线路中线及边线桩位以利于今后中桩边桩放样。

实践证明,公路勘察设计阶段所布设的导线点位,放样利用率一般都较低。复测导线补点时,应从实际出发,把点位尽可能地补在能够通视线路中线边线的地方。但是,应强调的是:补点应在原导线线路上,即补点应与其他原导线点在同一条导线上,并且在同一坐标系统中。

3.2.2 导线复测的一般规定

导线复测的一般规定有:

(1)复测导线的坐标系统必须采用原导线的坐标系统。

(2)复测导线的起点、终点应与原导线一致。

(3)复测导线的等级应与原导线一致,一般情况下:

①高速公路、一级公路,采用一级导线;

②二级及二级以下公路,采用二级导线;

③三级及三级以下公路,采用三级导线。

(4)导线复测应采用先进的全站仪或其他满足测量精度的仪器,仪器使用前应进行检验、校正。

(5)复测导线时,必须和相邻施工段的导线闭合。

(6)导线测量的技术要求见表3-1。

(7)导线起讫点应与设计单位测定结果比较,测量精度应满足设计要求。当设计未规定时,应满足以下要求:

①角度闭合差($''$)＜±$16\sqrt{n}$，n是测点数；

②坐标相对闭合差＞1/10000。

导线测量技术要求　　表 3-1

等级	附合导线长度（km）	平均边长（m）	每边测距中误差（mm）	测角中误差（"）	导线全长相对误差	方位角闭合差（"）	测回数 DJ₂	测回数 DJ₆
一级	10	500	17	5.0	1/15000	±$10\sqrt{n}$	2	4
二级	6	300	30	8.0	1/10000	±$16\sqrt{n}$	1	3
三级	—	—	—	20.0	1/2000	±$30\sqrt{n}$	1	2

注：n 为观测角个数。

3.2.3　导线复测的外业工作

导线复测的外业工作主要是：测角和测距。

（1）水平角的测量（测角）

①仪器：应使用不低于 J₆ 级经纬仪（全站仪、经纬仪配测距仪）；

②测角方法：应用测回法。对于附合导线，测量左角；对于闭合导线，测量内角。

测角方法详见本章第三节。

（2）导线边长测量（测距）

现阶段导线的边长测量，一般都采用先进的测距仪——红外测距仪来完成的。全站仪和经纬仪配测距仪都具备这种功能。测距时，在测站点（导线点）安置仪器，用望远镜照准另一导线点上安置的棱镜，只要在测距模式按键操作，显示屏即显示出两点间距离。可直接测两点间平距，也可测两点间斜距。为了将斜距 $d_斜$ 改算成平距 $D_平$，尚须测得竖直角 α，则水平距离按下式计算：

$$D_平 = d_斜 \cos\alpha \qquad (3-1)$$

目前，国内外生产的红外测距仪型号很多，它们的基本工作原理和结构大致相同，但具体操作却有差异。因此，在使用前应仔细阅读仪器使用手册。

对于低等级导线的边长测量，可选用：

①钢尺量距；

②经纬仪视距尺测量距离；

③其他测距方法。

3.2.4　导线复测的内业计算工作

复测导线的内业计算，就是用导线的近似平差方法重新计算复测导线点的坐标，以便与设计单位提供的原导线点坐标进行比较，以检查设计单位所提供的导线成果是否满足公路施工精度要求。

复测导线的平差计算方法详见本章第三节。

当复测导线点计算结果与原导线点数据比较，其较差符合上述坐标相对闭合差(1/10 000)精度时，则设计单位提供的导线点成果可作为公路施工阶段的起算数据。

当其较差超限，则应先检查内业计算是否正确，若计算无误，则应进行外业检查，再复测一次，然后重新计算；当确认原成果有误时，可及时报告监理和业主。

3.3　导线点的加密

《规范》规定：原有导线点不能满足施工需要时，可增设满足相应精度要求的施工导线点。

公路施工实践证明，公路勘察设计阶段所布设的交点，导线点位在其分布和数量上都不能满足施工现场的需要。因此，施工单位必须根据所施工标段的实际需要和实际地形来加密施工导线点(也称临时导线点)。

加密施工导线点的目的是为了便于线路平面位置的放样，并保证施工精度。公路施工实践告诉我们，在公路施工过程中，需要多次重复恢复路线中桩及边桩。因为施工中每天都有可能破坏这些桩位，这就需要在挖、填一定高度后，重新放桩以保证路线线形。在施工标段，布设合理的导线点位，能够方便而准确地恢复中桩和边桩。

3.3.1　加密施工导线点的原则

加密施工导线点应遵循如下原则：

(1)公路工程施工测量与其他测量工作一样，也必须遵循由高级到低级的原则,即必须从设计单位提供的导线点引测施工导线点。

(2)施工导线点的坐标系统必须与设计单位提供的导线点的坐标系统一致。

(3)施工导线起点、终点必须是设计单位提供的导线点,其测定结果的限差,应符合规范要求。

(4)施工导线的测量精度必须满足施工放样精度。公路施工放样精度是依据《规范》规定的验收限差确定的。《规范》规定的质量标准见表3-2。

土(石)方路基施工质量标准　　　　　表 3-2

项　　次	检查项目 （mm）	规定值或允许偏差（mm）	
		高速公路、一级公路	其他公路
1	中线偏位	50	100
2	宽度	不小于设计值	

(5)施工导线点的密度应满足施工放样的需要。实践证明,放样点距控制点越远,则放样越不方便,且误差也越大。放样时应一站到位,放样视距不宜超过 500m。

3.3.2　施工导线点的选点要求

(1)通视良好。实践中,施工导线点位一般都选在路埂埂顶的适当位置,以及路线结构物附近不易受施工干扰处。所布设的导线点既要保证导线点间能够通视,又要保证能够通视路线上中桩、边桩及坡脚桩,以便于放线,不需转站。

(2)点位桩要埋设牢固,便于保护。公路施工实践告诉我们,从施工初始到工程竣工,施工导线点使用频繁,路层每一结构面都要反复使用。因此,所布设的施工导线点位桩一定要埋设牢固,并要妥善保护。用大木桩固定桩位时,要打深打牢,并用水泥加固。桩顶上钉一铁钉,用于设站对中。

(3)施工导线点位的密度应能满足施工现场放样需要。为便于施工放样并保证放样的精度,施工导线点间距宜在 400~800m,应视线清晰,视野开阔。放样视距宜控制在 500m 内。

(4)点位桩编号应醒目,易识别。点位桩号码前冠以公路里程,例如:K128+600 左-Ⅱ,则一看便知Ⅱ号点位于 K128+600m 左侧,用于 K128+600 前后线路放样。

3.3.3 施工导线点的测设

1)施工导线点的测设方案

选择施工导线点的测设方案,应考虑如下因素:

(1)施工标段已知导线点的利用及其相互间的通视情况;前后相邻标段导线点分布情况(利于选用与相邻导线点连测的方案)。

(2)施工标段的地形特征及障碍物影响通视情况。

(3)施工放样点的需求。

适用于公路工程加密施工导线点的方案有:

(1)附合导线,如图 3-1 所示。

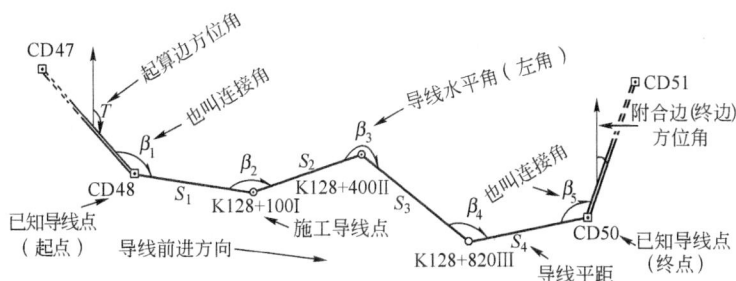

图 3-1 附合导线示意图

(2)闭合导线,如图 3-2 所示。

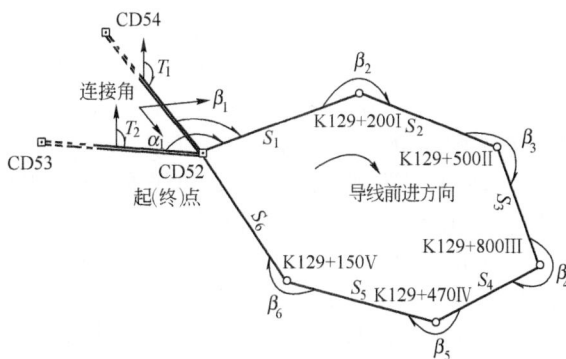

图 3-2 闭合导线示意图

(3)支导线,如图 3-3 所示。

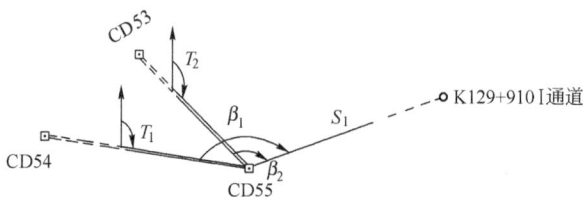

图 3-3　支导线示意图

选择施工导线点方案的条件:

(1)当施工标段有两组起算数据时,可考虑选用附合导线。

(2)当施工标段只有一组起算数据时,可考虑选用闭合导线。

(3)当有特殊需要时,例如涵洞等线路构造物的放样,可考虑选用支导线。

一组起算数据,即一条导线边两个导线点的坐标已知;两组起算数据,即两条不相邻的导线边 4 个导线点的坐标已知。

2)施工导线点的测设方法

导线测量实际上就是测量相互连接折线的夹角和边长,简言之就是测角和测距。

图 3-1 是一条附合导线;图 3-2 是一条闭合导线;图 3-3 是一条支导线。只要用全站仪或经纬仪配测距仪测出图中角 β 和各边的边长 S,然后通过计算,便可求得各导线点的坐标。

在图 3-1 中,CD47—CD48 是一条已知导线边,其坐标和方位角已知;CD50—CD51 是另一条已知导线边,其方位角和坐标已知,此为两组已知数据。施工导线由 CD48 经 Ⅰ、Ⅱ、Ⅲ 附合到 CD50,所以称为附合导线。只要用全站仪"两点间水平角的测量"方法测出导线各角 β_1、…、β_5,用"距离方法"测出导线边 S_1、…、S_4 的平距(如测斜距,则要测竖直角改算为平距),然后通过计算便可求得施工导线点 Ⅰ 点、…、Ⅲ 点各点坐标。

在图 3-2 中,CD52—CD53 为已知导线边,其坐标和方位角已知;导线由 CD52 发展,经 Ⅰ、Ⅱ、Ⅲ、Ⅳ、Ⅴ 导线点又闭合到 CD52 已知导线点,所以称为闭合导线。为了保证精度,若 CD52 通视 CD53,又通视 CD54,则可测连接角 α_1、β_1,由连接角 α_1、β_1 分别计算的方位角 T_1 应相等。这样可校核导线方位角传算的正确性。

闭合导线的角度,距离测量方法同上述附合导线。

图 3-3 为支导线,即不附合、不闭合到已知导线点的导线。在图 3-3 中,由已知导线点 CD55 向通道支出一点 I 通道点,不附合又不闭合,只要测出角 β 和距离 S,就可计算出支点的坐标。这种导线的缺点是无检验条件。为了保证精度,可采取下述两种措施:

(1)若测站通视两个已知导线点,应测两个连接角(图中 β_1 和 β_2),这样由两个夹角算出的同一边方位角应相等,以此进行校核。例:

$$T_{CD55\sim K129+910\,I} = T_{CD53\sim CD65} + \beta_2 - 180° = T_{CD54\sim CD55} + \beta_1 - 180°$$

(2)对同一线路采取两次往测或是一往一返测量。实践作业中常采用往测左角,返测右角,因此,$\beta_{往左} + \beta_{返右}$ 应等于 $360°$,而 $S_往$ 应等于 $S_返$,依此来检验,避免错误。

作业中,我们把这种往返测同一支导线方法,称为复测支导线。

复测时,可以是同一线路[图 3-4a)],也可是两条线路,但起算边和最终边应是同一条边[图 3-4b)]。

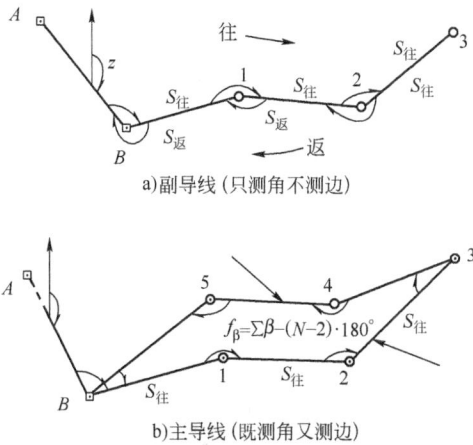

a)副导线(只测角不测边)

b)主导线(既测角又测边)

图 3-4 复测支导线

实际作业中,为了减少作业工作量,既能提高工效又能达到检验的目的,对于由两条线路组成的复测支导线,在往测线路上既测角又测边;而在返测线路上只测角不测边。这样在测角上就有一个内角和的条件可以检查。内业计算时先对角度进行平差,然后根据平差角和边长,沿往测线路计算各点的坐标。这种形式,我们称为主副导线闭合环。其中,既测角又测边的导线称为主导线,只测角不测边的导线称为副导线。

公路施工过程中,常用"引点法"在线路构造物附近增设临时施工导线点。这个点布设在施工现场附近不易被破坏的地方,就近放样,非常方便。

所谓"引点",即由已知导线发展一个一条边的支导线。它可以从同一已知点同时支出一条边的若干个点。只要测出已知边与支点边的夹角和已知点至支点的边长,就可计算出支点的坐标。引点的概念如图 3-5 所示。

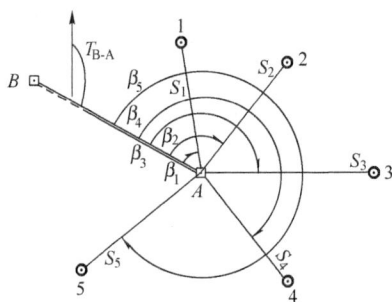

图 3-5 引点

3.3.4 一个导线点(测站)上的测量工作

导线测量在一个导线点(测站)上的测量工作主要内容见表 3-3。

导线测量在一个导线点上的工作内容 表 3-3

序　号	步　骤	工 作 内 容
1	置仪器于测站上	对中,正平
2	观测	测量水平角(照准目标,读取水平角、竖直角),简称读数;测量导线边长,简称测距
3	量高	量仪(器)高,量觇(标)高

导线测量测站上的工作顺序是:**对中→整平→照准→读数→测距→量高**。

下面介绍其操作步骤:

1)对中

对中的目的是使仪器的水平度盘中心与测站的中心标志在同一铅垂线

上。这一任务,靠仪器中心螺旋上的挂钩、垂球或光学对中器来完成。

(1)垂球对中操作步骤

①摆开三脚架,手持两架腿,将三脚架放在测站上(注意:放脚架时,要考虑观测方向以少走动,观测时不骑架腿为佳)。

②将垂球挂在中心螺旋的挂钩上,轻轻移动架腿,使垂球尖大致对准测站中心标志,同时目估使架头大致水平。

③将脚架的脚尖踩入地中(注意:人腿要与架腿方向一致,不可垂直往下踩),一边踩一边顾及架头和垂球,如果架头仍大致水平,垂球仍在测站中心标志附近1cm左右,即将脚尖踩牢稳。

④取出仪器安放在架头上(注意:此时连接螺旋应稍微松开,不应拧紧),大致整平(靠踩脚架或放架腿、旋转脚螺旋,使圆气泡大致居中);轻轻移动仪器,使垂球尖精确对中测站中心标志,此时圆气泡仍大致居中,则可拧紧中心螺旋。

⑤精确整平仪器,再次检查垂球尖是否仍精确对中测站标志中心,若误差小于2mm,则认为对中完成。

(2)光学对中器对中操作步骤

现在生产的经纬仪、全站仪、电子经纬仪都有光学对中器装置。实践证明,光学对中器对中简单、精确,不怕外界风力影响;但如果没有掌握操作规律,则很难将仪器对中。下面介绍一种经验对中方法:

①取出仪器安放在脚架上,拧紧仪器中心固定螺旋,将三个脚螺旋调至适中位置。

②将仪器置于测站点上,目估仪器中心大致于测站点中心上;将一脚腿用脚尖稍许踩牢,两手持另外两脚腿,眼睛观察对中器,轻轻转动两腿,当对中器圆圈套住测站点中心标志时,放下两脚尖于地上踩牢(此时不顾及仪器架头是否大致水平)。

③上述②步操作后,三脚尖已踩入地中,眼睛继续看着对中器,若发现对中器圆圈偏离测站中心标志,则旋转三脚螺旋使对中器圆圈套住测站点中心标志。

④上述操作后,仪器架头不平,此时可伸缩三个脚腿使圆水准气泡居中,仪器架头就粗平了。

⑤重复(3)步、(4)步操作,使仪器气泡居中,且对中器圆圈仍套住测站点中心标志。

⑥用脚螺旋精确整平仪器,即整平仪器的管水准器。

⑦检查对中器圆圈中心、测站点中心是否精确对中,若稍有偏离,则松开中心螺杆,轻移仪器,使对中器圆圈中心与测站中心精确对中后旋紧中心螺杆。

⑧重新整平仪器后对中器中心、测站点中心精确对中即可。

观测员对中时,要靠测工的协助。测工可帮助伸缩架腿、稳定垂球、观察垂球尖。测工与观测员的密切配合,可迅速准确地对中,提高工效。

对中误差是影响测角精度的主要原因。其偏心引起的测角误差与边长成反比,视线长,影响小些;视线短,影响大些。在实际作业中,根据测角视线长度和测角精度,对对中限差都有要求。一般来说加密施工导线点,要求一次对中,其偏心小于 2mm,则认为对中完成。

(3)全站仪对中操作步骤

当采用有"水平检查"功能的全站仪对中时(例如中翰集团生产的 Nikon DTM 750 型全站仪)可按下述方法步骤进行:

按 PWR 键,开机,等待设置;

稍许纵转望远镜,等待片刻,屏幕显示主菜单:

> 1. 观测
> 2. 数据传输
> 3. 卡拷贝
> 4. 初始设置
> 5. 卡格式化
> 6. 水平检查

选择"6",按键盘数字 6 ,屏幕显示圆气泡位置图,若偏离中心,则精确整平仪器后按 Esc 键。

2)整平

整平的目的是使仪器的竖轴竖直,水平度盘处于水平位置。使水平度盘的长管气泡在度盘任何一个位置上都居中。这一任务靠基座上的三个脚螺旋来完成。前提是圆气泡必须居中。

整平操作方法步骤如下:

(1)使仪器长管水准气泡,平行于两个脚螺旋中心的连线方向,两手按相反方向转动脚螺旋使管气泡居中(注意:管气泡移动的方向,与左手大拇

指移动方向一致);

(2)转动仪器 90°,使长管水准器垂直于上述两脚螺旋连线方向,转动第三个脚螺旋使管气泡居中;

(3)重复(1)步、(2)步动作,使管气泡严密居中;

(4)转动仪器 1～2 周,管气泡若在度盘任一位置都居中,则认为整平完成。

注意:角度观测全过程中,要求管气泡始终严密居中。由于观测时绕仪器走动,或其他震动影响,或太阳暴晒等原因,管气泡可能会偏离中心,若偏离中心超过一格,则应在测回间重新整平仪器,同时,应检查对中。当观测方向的垂直角远大于 3°时,在每测回开始前都要检查整平。

3)照准

照准的目的是使望远镜的十字丝竖丝与照准的目标严格在同一视线上。这一任务靠仪器的望远镜来完成。而目标则是花杆或装有棱镜的测杆等。

照准操作步骤如下:

(1)将望远镜物镜对着明朗的天空,转动目镜,使十字丝最清晰。

(2)粗瞄准:用望远镜的粗瞄器瞄准目标,然后在望远镜内看目标,当目标在十字丝交点附近(目标距十字丝竖丝 1cm 左右)时,拧紧水平制动螺旋和垂直制动螺旋。

(3)精瞄准:调节对光螺旋,使目标成像在十字丝面上最清晰;然后按旋进方向转动水平微动螺旋(即压紧弹簧的方向),使十字丝竖丝精确对准目标。若是用竖丝单丝,则单丝与目标竖向中心线重合,即为照准完成。若用竖丝的双丝,则使目标夹在双丝中,目标在双丝中的位置距两边丝相等,即认为照准完成。

(4)照准目标时应注意:上半测回照准目标时应右旋照准部(顺时针);下半测回照准目标时应左旋照准部(逆时针),不得左右来回搜寻目标。若照准部超过了目标,则应按原旋转方向转一周后重新照准目标。以此减弱仪器带动和脚螺旋孔隙带动误差对测角误差的影响。

4)读数

就是在望远镜十字丝竖丝精确照准目标后,从仪器读数设备读出水平度盘的读数。

读数操作步骤如下:

(1)转动度盘反光镜,使读数窗内明亮。

(2)调节读数放大镜(读数显微镜)的目镜,使读数分划最清晰。

(3)读数:读数时要依次报出,顺序是"度—分—秒";读时要有节奏感。例如 44°25′37″,读作"四十四度二十五分三十七秒"。

读数方法因仪器的读数设备不同有所差异,一般来说,识别一部经纬仪的读数系统,可一边看看仪器的使用说明书,一边用仪器现场对照练习。在无仪器使用说明书的情况下,可按下列方法判别读数方法。

(1)北光 DJ$_{6-1}$ 经纬仪读数方法——指标线平分读数法

北光 DJ$_{6-1}$ 经纬仪是光学经纬仪。这类仪器的读数设备是一个复杂的光学系统。度盘读数借助于一系列的透镜和棱镜反射到同一个读数显微镜内。读数显微镜与望远镜目镜并排安装,便于观测读数。只要认真观察和分析,就很易掌握其读数规律。

光学经纬仪最常见的读数设备是平行玻璃板测微器(即测微轮或测微鼓)和分微尺测微器。北光 DJ$_{6-1}$ 经纬仪的读数系统是平板玻璃测微器,其读数方法判别如下:

①转动度盘,仔细辨认度盘刻划、注记和移动方向,心算度盘每一分划值。北光 DJ$_{6-1}$ 经纬仪,度盘分划每度 1 格 1 注记,则度盘 1 格为 1°即 60′(图 3-6c),显示的水平度盘是 44°—45°—46°(图 3-6c)垂直度盘是 85°—86°—87°—88°(图 3-6b)。

②转动测微轮,仔细辨认测微尺上分划、注记和移动方向。数出测微尺分划线格数。北光 DJ$_{6-1}$ 经纬仪,测微尺分划为 60 格,每 5 格注记 1 数字。图 3-6a)显示 30~35。这个"30"和"35"是多少值,需继续观察判别。

③转动测微轮,仔细观察测微尺从第 1 格分划线转到最后 1 格分划线,共是 60 格分划线,而此时度盘上分划正好移动 1 格,即移动了 1′。由此可知:测微轮的 60 格相当于度盘的 1 格,其值是 60=1°,则测微轮每格值为:60′÷60=1′。由此可知(图 3-6a)显示的是 30′~35′。由于测微轮分划每 1 格是 1′,所以估读 0.1′即 6″。

④确定指标线,在转动度盘和测微轮观察时,注意读数窗内那条固定不动的竖直线,即读数指标线。分微尺上为单线,度盘上为双线。

⑤读数时,转动测微轮,使度盘上就近的一条分划线夹在双线指标中间,在指标线对准处读出度盘读数,如图 3-6c)所示,读作:45°。分及分以下的读数在分微尺上根据单线指标读取,如图 3-6a)所示,读作:32′18″(其中 18″是估读,此处是 0.3″,即 60×0.3″=18″)。两者相加即得全部读数:45°+32′18″=45°32′18″。

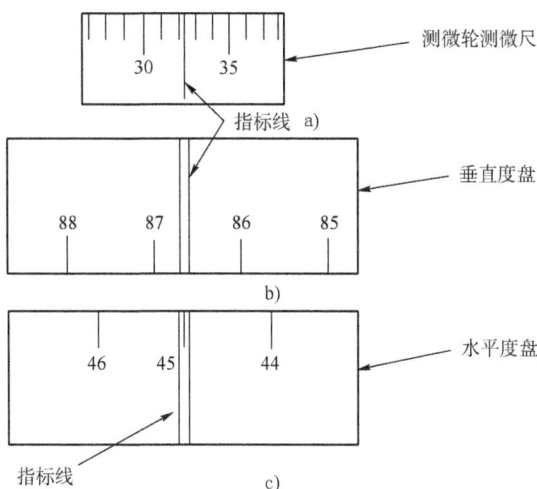

图 3-6　指标线平分读数法

同法,可读取垂直度盘上的竖直角读数。

（2）分划尺读数法

下面介绍装有分微尺测微镜的仪器读数方法。

所谓分微尺测微镜,是用显微镜将度盘分划放大于玻璃平面上。玻璃面上刻有固定不动的若干分划,相当于度盘上的 1 度。读数时,以度分划线作为指标线。先读度数,后用度分划线在分微尺处读出分、秒。

例如,图 3-7 是蔡司 030 经纬仪的读数显微镜内所见到的分划尺和度盘的影像。其上,V 是垂直度盘,H 是水平度盘。在玻璃面的两度盘上各刻有一分划尺,分划尺的长度和度盘上的 $1°$ 长度相等,即分划尺上的 6 大格（60 小格）相当于度盘上的 $1°$。所以分划尺 1 大格的分划值是 $10'（60'\div 6=10'）$;1 小格的分划值是 $1'（10'\div 10=1'）$,估读 $0.1'$,即 $6''$。

读数时,首先在分划尺范围内读取整度数,如图 3-7 水平度盘分划尺范围内是 $261°$ 即读度数:$261°$;然后依 $261°$ 分划作为指标线,在分划尺上读出分、秒、如图 3-7 水平度盘 $261°$ 分划处是 $4.4'$ 即 $4'+（4\times 6''）=04'24''$,两者相加（$261°+4'24''=261°04'24''$）,即是水平度盘读数 $261°04'24''$。

同法,可读出垂直角是 $90°54'36''$。

（3）分划线符合读数法

另外,还有一种读数方法,称为分划线符合读数法。其读数方法如下:

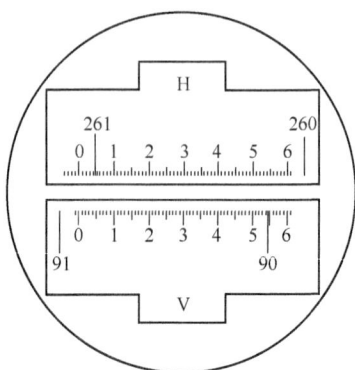

图 3-7　分划尺读数法

①威尔特 T_2(旧)经纬仪的读数方法

通过观察分析知道,该仪器度盘每度分为 3 格,则每格分划值为 $20'$;测微器秒盘共有 600 小格,从 0 到 600 格,相应为度盘上的半格 $10'$。所以直接可读至 $1''$,估读 $0.1''$($10 \times 60'' \div 600 = 1''$)。在读数窗内下排为正像,因此,整度数以下排为准(图 3-8)。

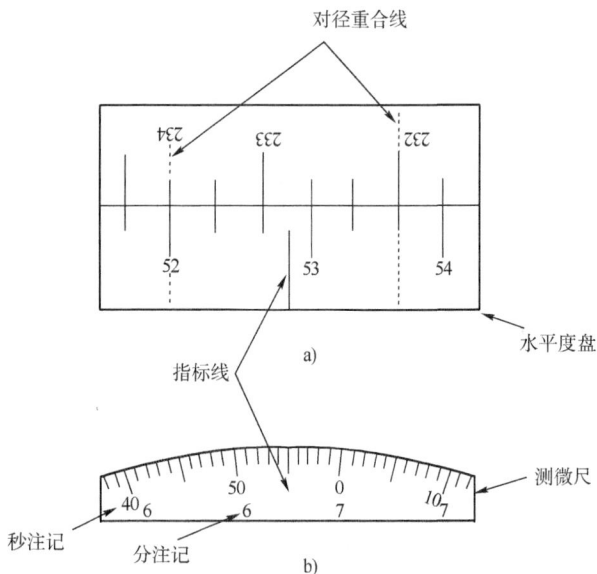

图 3-8　分划线符合读数法(T_2 旧)

具体读数方法如下：

a. 转动测微轮，使度盘上下相差 180° 的分划线精密符合（图 3-8a 52°、232°符合线）。

b. 在指标线的左方，读取整度数，如图 3-8a)所示，指标线处读数为 52°。

c. 数出这条整度分划线与其相对 180° 的分划线之间的格数，每格为 10′，读取整分。如图 3-8a 所示，相对分划线间的格数为 5 格，即 50′。

d. 零数分、秒在测微盘读出：如图 3-8b 所示，读数为 6′55.0″。

e. 以上读数相加即为最后读数：即 52°+50′+6′55.0″=52°56′55.0″。

实际作业中，读数时一边看读数一边心算，一口气报出度、分、秒。若读垂直角，旋转度盘变换开关，读数窗内便显示出垂直度盘读数。

②威尔特 T_2（新）经纬仪的读数方法

新 T_2 经纬仪的读数方法也是分划线符合读数法。直接读出的也是度盘对径读数的平均值，但读取 10′ 整数时不要数格。

该仪器读数视场有三个窗。上面小窗中是度盘对径分划影像。中间大窗中有两排数字，大数是度数，小数是 10′ 数。下面小窗中是测微盘的影像，读分和秒。

读数时，转动测微轮，使上面小窗中分划线精密符合，然后从中间窗中按"▽"指标之上的数字和"▽"指标之下的数字读出度数和 10′ 数（图 3-9 中间窗读数是 94°10′）；再在下面小窗中读出分和秒（图 3-9 下面小窗读数是 2′42″）。则最后读数是：94°12′42″。

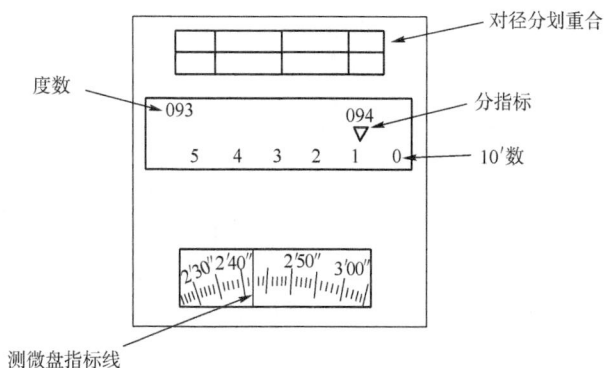

图 3-9　分划线符合读数法（T_2 新）

③蔡司 010 经纬仪的读数方法

该仪器度盘及秒盘格值与旧 T_2 相同,所不同的是度盘刻划为双丝,在读数显微镜内上排是正像;读数时,整度数以上排注记为准,分、秒的读法与 T_2(旧)型仪器一样,即是数出与上排相差 180°的整度刻划线的格数,每一格作为 10′,再与秒盘上读数相加即得全部读数。如图 3-10 中,水平度盘的读数为:$37°26′45.6″$。

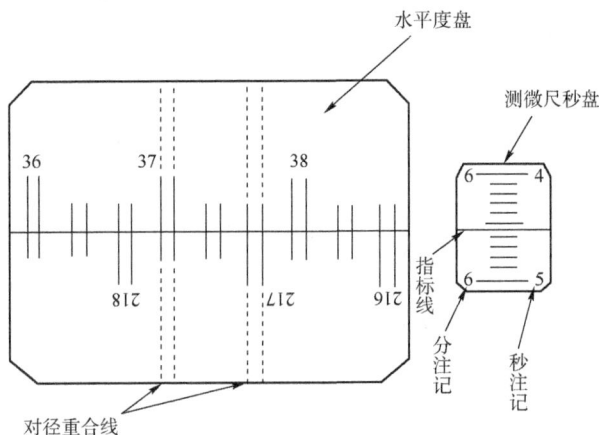

图 3-10 分划线符合读数法(010)

④蔡司 010A 经纬仪的读数方法

该仪器读数系统装置如图 3-11 所示。读数时,转动测微轮,使下部末注数字的双分划线精密符合。读数由整数和零数组成。整数的度数为上部影像的数字,10′为中部小方格中的数字(1、3、5 在左下小方格;0、2、4 在右上小方格),零分数、秒数在测微盘根据指标线读出。如图 3-11 所示,水平度盘读数为:$157°22′46.1″$。

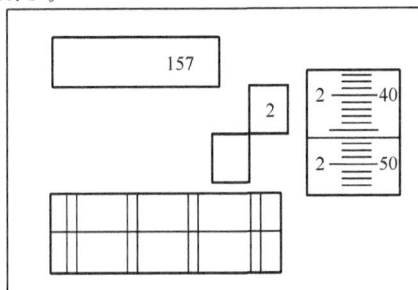

图 3-11 分划线符合读数法(010A)

综上所述,光学经纬仪的读数方法有:

(1)指标线平分读数法,又称平板玻璃测微器读数法;

(2)分划尺读数法,又称分微尺测微器读数法;

(3)分划线符合读数法。

为了方便查用,现将常用的光学经纬仪型号及读数方法汇总见表3-4。

普通测量常规经纬仪读数方法 表 3-4

仪器名称型号	读 数 方 法
西安光学测量仪器厂　JJ_{15}—X_4	游标读数法
上海光学仪器厂　CJW—1	
西安光学测量仪器　DJG_6—X_3	分划尺读数法
上海第三光学仪器厂　DJK—6	
南京华东光学仪器厂　华光 I	
东德卡尔·蔡司 Theo　030　020	
北京光学仪器厂　DJ_6—1	指标线平分读数法
瑞士威尔特 T_1　T_{16}	
匈牙利莫姆　Te—D_1	
苏州第一光学仪器厂　JGJ_2	分划线符合读数法
瑞士威尔特 T_2	
东德卡尔蔡司 Theo　010	

以上所介绍的是部分光学经纬仪测角的读数方法。这是过去传统测量在测角时常用的读数方法。但现代公路施工测量,测角则选用的是先进的测角仪器:全站仪或电子经纬仪。这类仪器不需要测量员直接读数,此时测量员只需精确照准棱镜测杆的下端尖,则仪器会自动将测出的目标读数显示在显示窗屏上。

5)测角

(1)光学经纬仪测量水平角的方法

公路施工导线的水平角,通常情况下只是两个方向之间的夹角。即导线后视边和导线前视边之间的夹角。在图3-1中,水平角 β_1 是导线后视边 CD48—CD47 和导线前视边 CD48—K128+100 I 之间的夹角。根据这一特点,测量公路施工导线的水平角常选用"测回法"和两个"半测回法"测量。

①测回法的操作方法步骤

以图3-1测 β_1 角为例。仪器为西光 DJG_6—X_3 经纬仪。在导线点 CD48

设站置仪。

a. 上半测回：盘左位置(仪器竖直度盘在望远镜的左边)，右旋，顺时针方向照准导线前进方向的后视目标(以下简称后视目标)CD47，置零：即使目标读数为 $0°00'00''$ 或略大于 $0°00'00''$。此例为 $0°00'18''$，见表3-5-①。

置零方法视仪器不同有下述两种：

a)先置零，后照准目标。用仪器度盘变换手轮使仪器水平度盘为 $0°00'00''$ 并镇定，然后转动度盘照准目标，固定度盘，打开度盘变换手轮，此时照准目标读数仍为 $0°00'00''$(见西光 J_6 型经纬仪)。

b)先照准目标，后置零。在照准目标后，按紧并旋转度盘变换手轮，使水平度盘读数为 $0°00'00''$ 后，松开度盘变换手轮。此时，目标读数仍为 $0°00'00''$(见北光 J_6 型经纬仪)。

按上述方法置零后，再检查一次目标是否仍是精确照准，确认精确照准后，松开水平制动螺旋，右旋顺时针转动仪器，精确照准导线前进方向的前视目标(以下简称前视目标)K128+100I，读记该方向水平度盘读数：$91°54'12''$。见表 3-5-②。

至此，上半测回观测完毕。

b. 下半测回：倒转望远镜，盘右位置(仪器竖直度盘在望远镜的右边)，左旋，逆时针方向先照准前视目标 I，读记水平度盘读数：$271°54'18''$，见表 3-5-③。

松开水平度盘制动螺旋，左旋，逆时针方向转动仪器，精确照准后视目标 CD48，读记水平度盘读数 $180°00'24''$。见表 3-5-④。

至此，下半测回观测完毕。

这样上半测回和下半测回合在一起，即为一测回，也称全测回。

c. 第 2 测回及第 3 测回观测。

《规范》规定，公路施工导线测量应按二级导线技术要求，采用 J_6 级经纬仪，水平角应观测 3 个测回。

为了减小度盘分划误差对测角精度的影响，水平角观测在每一测回间应变换 $180°/n$(n 为测回数)。为此，三个测回每测回开始的角度值应为：

a)第 1 测回：$0°00'00''$ 或略大些；

b)第 2 测回：$60°00'00''$ 或略大些；

c)第 3 测回：$120°00'00''$ 或略大些。

d. 测回法记录手簿及水平角计算。

表 3-5 是测回法观测水平角记录表样式。表中①、②、…、⑫是记录顺序及计算顺序和方法。

水平角测回法记录手簿　　表 3-5

测站:CD48　日期:06.5.16　天气:晴　仪器:西光 J_6—X_3　观测者:陈宗湖　记录者:彭　刚		外业观测略图	

照准目标名称	测回数	水平度盘读数		左-右(2C)(")	(左+右)/2 (° ′ ″)	测回角值 (° ′ ″)
		盘左 (° ′ ″)	盘右 (° ′ ″)			
CD47 K128+100I	1	0　00　18①	180　00　24④	−6⑥	0　00　21⑦	
		91　54　12②	271　54　18③	−6⑤	91　54　15⑧	91　53　54⑨
CD47 K128+100I	2	60　00　00	240　00　06	−6	60　00　03	
		151　53　34	331　54　00	−6	151　53　57	91　53　54⑩
CD47 K128+100I	3	120　00　30	300　00　42	−12	120　00　36	
		211　54　18	31　54　24	−6	211　54　21	91　53　45⑪
					中数	91　53　51⑫

其中:①和②是盘左顺时针照准读数;

③和④是盘右逆时针照准读数;

⑤=②−(③−180°)=−6″;

⑥=①−(④−180°)=−6″;

⑦=(①+④)/2;

⑧=(②+③)/2;

⑨=⑧−⑦;

⑫=(⑨+⑩+⑪)/3。

式中,⑤、⑥为 2C 值;在同测回观测中,同一目标的盘左、盘右读数应相差 180°,其差值称为两倍的照准误差,简称"2C"。《规范》规定,一测回 2C 的

变动范围 J_2 仪器应小于 $18''$，J_6 仪器未规定，但不能过大，以控制在 $24''$ 为宜。⑦、⑧为同一目标盘左、盘右读数平均值。其度数取用盘左读数。⑨为一测回角值。⑫为 n 测回角度平均值。

> 综上所述，测回法测角的操作顺序是：
>
> 上半测回：盘左—右旋—顺时针依次照准目标后视点—前视点。
>
> 下半测回：盘右—左旋—逆时针依次照准目标前视点—后视点。
>
> 简言概括如下：
>
> 盘左：后—前；盘右：前—后。

②两个"半测回法"的操作方法

半测回法，即只用盘左位置观测或只用盘右位置观测。观测时，均顺时针旋转仪器。

此法用于公路施工导线测量水平角时，是用第一个半测回观测导线前进方向的左角，然后用第二个半测回观测导线前进方向的右角。因此，用两个"半测回"法测出的左、右角，应满足：

$$\beta_{左} + \beta_{右} = 360°$$

当误差：$V_\beta = (\beta_{左} + \beta_{右}) - 360° \leqslant 18''$ 时，则进行测站平差，取用平差后的左角或右角。因此，这个方法也称作左右角观测法。

"半测回法"的操作步骤如下：

以图 3-1 测 β_1 角为例。仪器：西光 DJG_6—X_3 型经纬仪。在导线点 CD48 设站置仪。用盘左观测。

a. 第 1 个"半测回"：将仪器水平度盘置零，顺时针旋转仪器，精确照准后视目标 CD47，读数：$0°00'12''$，见表 3-6-①；松开水平制动螺旋，右旋，照准前视目标 I 并读数：$91°54'00''$，见表3-6-②。此为左角。

至此，第 1 个"半测回"观测完成。

b. 第 2 个"半测回"：不倒转望远镜，仍是盘左位置，右旋，将水平度盘置零时变动 $10'$ 或略大些，即将度盘固定为 $0°10'00''$ 或略大些，顺时针方向照准前视目标：I，读数：$0°10'00''$，见表 3-6-③；松开水平制动螺旋，右旋，照准后视目标 CD47 并读数：$268°16'00''$，见表 3-6-④，此为右角。

至此，第 2 个"半测回"观测完成。

c. "半测回法"记录手簿及水平角计算。

表 3-6 是"半测回法"观测水平角记录手簿样式。表中①、②、…、⑥是记录顺序及计算顺序和方法。

日期:2005.6.11　天气:晴 仪器:西光 施工标段:K128+600—K129+100 观测者:陈宗湖 记录者:彭　刚	观测略图	

测站	半测回数	照准 目标	水平角读数 盘左 (° ′ ″)	角值 (° ′ ″)	平差角值 (° ′ ″)
CD48	1	CD47	0　00　12①	91　53　48⑥	左: 91　53　54
		K128+100Ⅰ	91　54　00②		
CD48	2	K128+100Ⅰ	0　10　00③	268　06　00⑤	右: 268　06　06
		CD47	268　16　00④		

其中:①和②是左角读数;

　　　③和④是右角读数;

　　　⑤=④-③=268°06′00″是右角值;

　　　⑥=②-①=91°54′48″是左角值。

平差角值计算:

$$V=(⑤+⑥)-360°=359°59′48″-360°=-12″$$

则

$$左角_平=⑤+(-V/2)=91°53′48″+6″=91°53′54″$$

$$右角_平=⑥+(-V/2)=268°06′00″+6″=268°06′06″$$

检核计算:左平差+右平差=360°

$$左_平+右_平=91°53′54″+268°06′06″=360°$$

综上所述,"半测回法"测角操作顺序是:

第 1 个"半测回",盘左测左角:依次照准后视目标—前视目标,读数;

第 2 个"半测回",盘左测右角:依次照准前视目标—后视目标,读数。

注意:每半测回之间度盘位置应变动 10′。

(2)全站仪测量水平角的方法

用先进的全站仪测量公路施工导线的水平角,可选用"测回法"或"两个半测法"。测角操作顺序基本上与光学经纬仪相同。由于全站仪采用光电扫描度盘及自动归算液晶显示系统,在测角观测时,照准目标需人为操作,目标的角度值则不需人为读数,而是由自动归算功能将角度值显示在显示窗口上。这一自动测角功能,大大方便了测量员测角的观测工作。只要测量员按照仪器说明书介绍的方法,按键操作,并掌握了精确照准目标技巧,就能测出高质量的导线水平角。

鉴于国内外全站仪种类型号较多,而测角按键不尽相同,下面将全站仪测量水平角一测回的操作步骤综述如下(以图 3-1 测 β_1 为例):

①在导线点 CD48 置仪(对中、整平);

②设置度盘(水平度盘,竖直度盘设置):按仪器说明书操作;

③按键选择"测角模式";

④右旋照准后视点 CD47,按键设置 $0°00'00''$ 或稍大些;

⑤右旋照准前视点 K128+100 Ⅰ,此时水平度盘读数显示在显示窗口上;

⑥倒转望远镜、左旋照准前视点 K128+100 Ⅰ,此时显示窗的数值与(5)步值相差 180°;

⑦左旋照准后视点 CD48,此时显示窗的数值与(4)步值相差 180°。

至此,一测回测角完成。

利用相当于 J₂ 级经纬仪的全站仪测量公路施工导线水平角只需测一测回。

为了能熟练掌握全站仪测角技术,应详细阅读仪器使用说明书,并结合仪器多练习。

(3)全站仪测量水平角的操作技术

下面介绍日本拓普康 GPT-7000 型全站仪测量水平角的操作技术。

①按"POWER"键(开/关键,绿色椭圆形,在右手电池上方)开机,显示图 3-12。

稍许后,显示"正在备份数据",接着显示图 3-13。

②点击"常规测量",显示图 3-14。

③点击"观测",显示图 3-15。

④在"角度模式",可进行水平角观测(HR),垂直角(天顶距 V)观测,平距观测等。

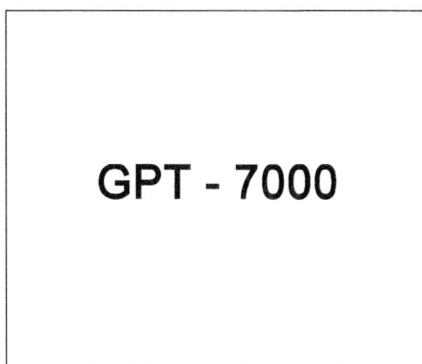

图 3-12　拓普康 7000 型型号

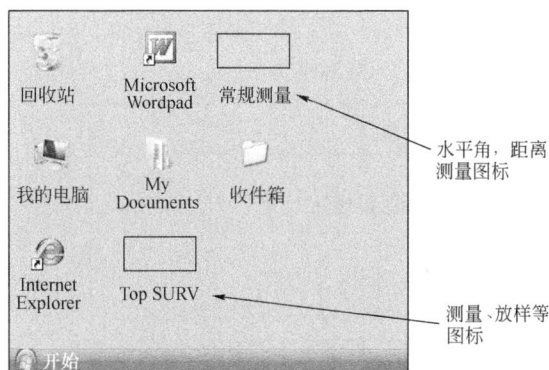

图 3-13　拓普康 7000 型操作图例

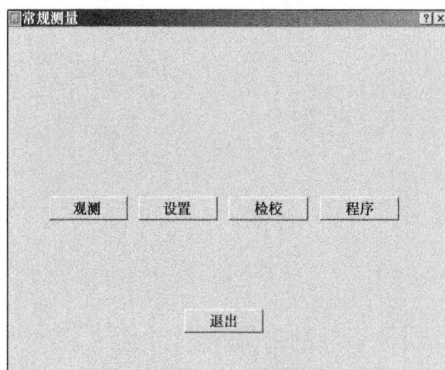

图 3-14　常规测量图例

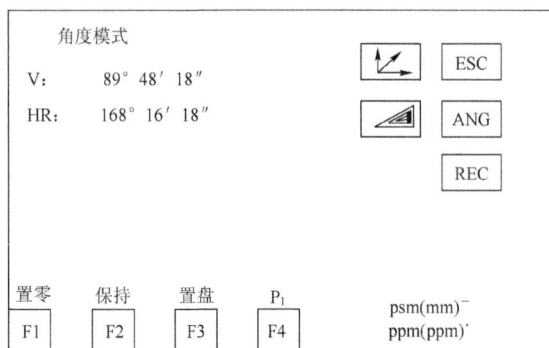

图 3-15 角度模式

若进行水平角观测,可转动度盘,盘左照准后视目标,置零。

"置零"方法:

点击图 3-15"置零"(F1),显示图 3-16。

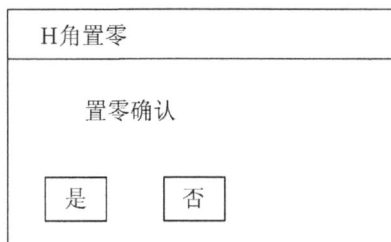

图 3-16 置零"确认"

⑤点击"是",屏幕显示图 3-17。

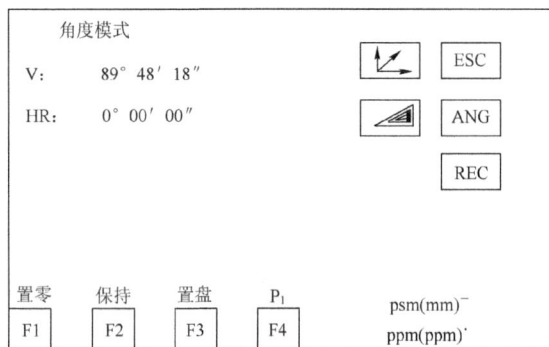

图 3-17 "确认"后视目标为 0°00′00″

⑥至第(5)步(图 3-17),后视目标水平角读数即为:0°00′00″。接着松开度盘制动螺旋,右旋照准前视目标,则前视目标水平角读数自动显示在屏幕 HR 右方。

以下操作,按照测回法操作顺序进行。

测角完成后,点击图标▟(注意:必须精确照准棱镜中心),则可测量导线点之间平距。

若要结束观测,则点击 Esc 退出。此时,屏幕显示图 3-14,接着点击"退出",则屏幕显示图 3-13,然后按"POWER"绿色键关机。

注意:水平角观测,全站仪望远镜竖丝可精确照准棱镜杆下端尖中心,则水平角值仍可显示在屏幕上。

6)测距

测量导线边长的仪具有:钢卷尺(简称钢尺),皮卷尺(简称皮尺),横基线尺,竖基线尺,视距仪配视距尺,全站仪配棱镜,经纬仪配测距仪、棱镜。

选用测量导线边长的仪具,应考虑下述因素:

(1)公路等级;

(2)导线等级;

(3)地形条件:平坦、丘陵、山地;

(4)障碍物:河、沟等;

(5)施工单位现有的测量设备。

通常情况下,各级公路选用测距仪具情况如下:

(1)高速公路、一级公路,《规范》规定其平面控制网等级是一级导线,应尽可能选用全站仪或经纬仪配测距仪测量导线边长。

(2)二级公路,《规范》规定其平面控制网等级是二级导线,应优先选用全站仪,或经纬仪配测距仪测量导线边长,无此条件时选用钢卷尺丈量导线边长。

(3)三级及三级以下公路,《规范》规定其平面控制网等级是三级导线,不强调选用全站仪或经纬仪配测距仪,施工单位有这种仪器,当然可以用,在无此条件时,优先选用钢卷尺丈量导线边长。

(4)乡村公路、平面控制网等级《规范》没有明确规定,根据作业实践,应优先考虑选用钢卷尺丈量导线边长;但实践中,县级交通设计部门多采用皮卷尺丈量导线边长。亦有用视距法测量的。

(5)丘陵、山地、跨河、跨沟,且是三级及三级以下的公路,可选用横基线尺,竖基线尺测量导线边长。

下面介绍各种仪具测量导线边长的方法。

(1)钢卷尺测量导线边长的方法

用钢卷尺丈量导线边长,可根据实地地形倾斜情况,选用"平距法"或"斜距法"。一般情况下,在地表倾角大于6°时采用"斜距法";地表倾角小于6°时,采用"平距法"。

实践中,用下述方法选取钢卷尺丈量方法:

①在导线水平角观测结束后,立即将望远镜置于水平位置,使垂直度盘读数为0°00′00″。

②照准目标,此时,目标若在望远镜横(中)丝上部,则可考虑用"平距法",否则应用"斜距法"。

平距法和斜距法是导线测量外业作业中常采用的两种量距方法。

a.平距法

如图3-18所示,欲量取某导线 AB 边的水平距离,如果 AB 边短于一整尺,则可直接量得 AB 边的平距;如果 AB 边长于一整尺段,则应按下法进行:

a)A 站水平角观测结束后,立即置垂直度盘为0°00′00″,使望远镜视线水平。

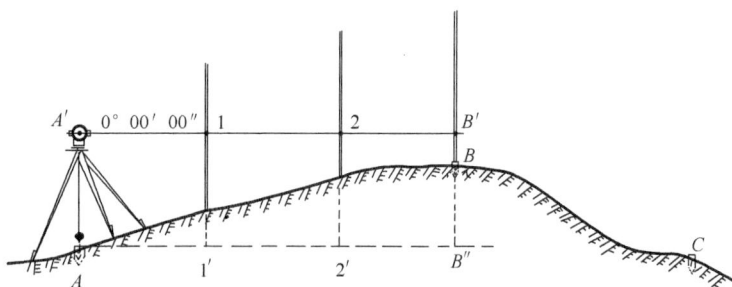

图 3-18 平距法量距

b)旋转照准部,照准目标 B,此时,望远镜水平中丝切于目标 B' 处,做一记号(划线或扎红布条)。

c)在 $A'B'$ 视线上,先定立标杆(或钢钎)2,再定立标杆1,并在视线切目标处做记号。此时将 AB 边分成 A'—1、1—2、2—B' 三个尺段(注意,每尺段应小于一整尺长度)。此项工作称为走近定向。

d)量平距:丈量工作由五人小组进行,两人读数,两人拉尺(拉力:用弹簧秤或人估拉力)，一人记录并测温度。丈量时，读数员用手轻托尺面，待拉力稳定且钢尺某刻划与标杆记号重合时立即读数，先读毫米，再读厘米、分米，最后读整米数。每尺段最少用尺子的不同位置读测三次，三次测得结果的较差不得超过3mm;否则重测。如在限差以内，则取三次结果的平均值，作为此测段的往测值。

同法，丈量各尺段。并在每一尺段测一次温度，估读至0.5℃。

随后按上述方法步骤进行返测。

e)导线边长丈量手簿

表3-7是导线边长丈量手簿样式。

导线边长丈量手簿　　　　　　　　表3-7

年　月　日　　　　　读尺员：　　　　记簿员：

测点	照准点	垂直角			(A—B)边长(平斜)距(m)		
		盘左读数			R号：　　往(返)测		距离(m)
		盘右读数	线段	读数次数	钢尺读数		
		指标差=$\frac{(左÷右)-360°}{2}$			前端（m）	后端（m）	前一后（m）
仪器高（m）	觇标高（m）	垂直角（°′″）					
			A—B	1	②29.561	①0.320	⑧29.241
A	B		A	2	④29.430	③0.189	⑨29.241
			1	3	⑥29.480	⑤0.240	⑩29.240
			1	中数			⑪29.241
1.422	0.562	0′00′00″		温度	⑦		
			1	1	26.681	0.120	26.561
			1	2	26.740	0.180	26.560
			1	3	26.845	0.284	26.561
			2	中数			26.561
				温度			
			1	1	28.617	0.610	28.007
			2	2	28.716	0.710	28.006
			1	3	28.818	0.812	28.006
			B	中数			28.006
			A—B	温度		Σd	83.808
辅助计算		①尺长改正：$\Delta d=(\Delta e/e)\times d$　　　③倾斜改正：$\Delta k=-h^2/2d-h^4/8d^3$					
		②温度改正：$\Delta t=\alpha(t-t_0)\times d$　　　　　　　　　$\Delta h=-h^2/2d-h^4/8d^3$					

注：此例为三级乡村公路导线边长丈量，故不需进行尺长、温度、倾斜改正。

表中,①、②、…、⑥是丈量读数记录顺序,⑦是测段温度读数记录,⑧、⑨、…、⑪是尺段计算顺序和方法:

⑧=②－①

⑨=④－③

⑩=⑥－⑤

⑪=(⑧+⑨+⑩)/3

温度改正、尺长改正按整条边长计算,详见表 3-7 下部辅助计算。

b.斜距法

如图 3-19 所示,欲量某导线 AB 边长。由于地形起伏较大,无法丈量平距,此时可按下述步骤用斜距法量出 AB 边的斜边长度 $A'B'$,并测出垂直角 γ,然后通过计算,将其改算为 AB 边的水平距离 $A''B''$。

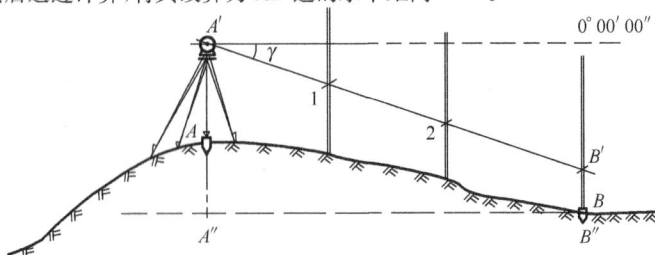

图 3-19　斜距法量距

a)在 A 站水平角观测结束后,立即在 B 点标杆适当处选一 B' 点,作记号;选 B' 点时不应偏低或过高,以便于丈量、拉尺、读数为原则。并量出觇高 BB' 和仪器高 AA',记于手簿。

b)用望远镜的横(中)丝照准 B 点标杆的标记 B',测出垂直角 γ(正、倒镜测一测回),记于手簿。

c)在 $A'B'$ 视线上,用走近法标定标杆 2、1,并在切点处做记号。将 $A'B'$ 分为 A'—1、1—2 和 2—B' 三段(注意:每段距离应短于一整尺段)。

d)用钢卷尺量出上述三段的斜距,记于手簿。丈量方法同平距法的"(4)"。

e)用下式计算 AB 边边长的平距及 AB 两点的高差:

$$D = d \cdot \cos\gamma \qquad (3\text{-}2)$$

$$h = d \cdot \sin\gamma + n - t \qquad (3\text{-}3)$$

式中:D——平距;

　　　d——斜距;

γ——丈量斜距时的垂直角；

h——两点之高差；

n——仪器高；

t——觇标高。

f)表 3-8 为导线边长丈量手簿(斜距)，表 3-9 为平距及高差计算。

导线边长记录手簿

表 3-8

前读尺员： 后读尺员： 记录： 年 月 日

测点	照准点	垂直角			边长(平、斜)(m)		
		盘左读数	线段	读数次数	尺号：往、返、测		距离(m)
		盘右读数			钢尺读数		
		指标差=$\dfrac{(左+右)-360°}{2}$			前端 (m)	后端 (m)	前一后 (m)
仪器高 (m)	觇标高 (m)	垂直角 (° ′ ″)					
A	B	118 05 00	A—B	1	36.612	0.100	36.512
		241 54 30	A	2	36.723	0.210	36.513
		−15″	1	3	36.812	0.300	36.512
		−28 05 15	1	中数			36.512
1.303	0.824			温度			
			1	1	38.414	0.000	38.414
			1	2	38.515	0.100	38.415
			1	3	38.614	0.200	38.414
			2	中数			38.414
				温度			
			1	1	33.293	0.000	33.293
			2	2	33.493	0.200	33.293
			1	3	33.394	0.100	33.294
			B	中数			33.293
			A—B	温度		Σd	108.219
辅助 计算		①尺长改正：$\Delta d=(\Delta e/e)\times d$ ③倾斜改正：$\Delta h=-h^2/2d-h^4/8d^3$ ②温度改正：$\Delta t=\alpha(t-t_0)\times d$ ④$D=d+\Delta d+\Delta t+\Delta h$					

表 3-9

导线斜距改算平距及高差计算表

边名	往返	斜距 (m)	平距 (m)	cosγ	γ (° ′ ″)	sinγ	h′ (m)	i (m)	t (m)	h (m)
A—B	往	108.219	95.474	0.882230	−28 05 15	0.470819	−50.952	1.303	0.824	−50.473
	返	108.164	95.491	0.882838	+28 00 48	0.469677	+50.802	1.110	1.430	50.482
	中数		95.482							
辅助 计算	①$D=d \cdot \cos\gamma$　　　　　②$h'=d \cdot \sin\gamma$ ③检验：$D=\sqrt{d^2-h'^2}$　　④$h=h'+i-t$									

注：此例为三级以下导线的边长丈量，不需进行尺长改正、温度改正、倾斜改正。

g) 斜距改算为平距的程序计算清单。

用公式(3-2)，将斜距改算为平距时，要翻查六位函数表，麻烦且易出错。若将其编写为程序计算，则方便且不易出错。下面写出程序清单，供参考（本程序适用 f_x—5800P/9750GⅡ型计算器）。

文件名：XGP(斜距改平距)

```
LbI 0 ↵
"S"? S:"Z"? Z:"I"? I:"T"? T ↵
"D=":S cos(Z) ◢            （Z输入时应带符号）
"K=":S sin(Z) ◢           （未考虑仪器高和觇标高的高差）
"H=":K+I−T ◢
"DZ=":√(S²−K²) ◢
Goto 0
```

程序中：S——斜距；

$\qquad Z$——倾角；

$\qquad I$——仪器高；

$\qquad T$——觇标高；

$\qquad D$——平距；

$\qquad H$——改正后的高差；

$\qquad DZ$——平距检验计算；$DZ=D$ 说明计算正确。

算例见表 3-9。

程序执行方法步骤：略。

c. 钢尺量距精度评定

《规范》中"导线测量技术要求"：一级导线每边测距中设差应不大于 17mm；二级导线每边测距中误差应不大于 30mm；三级导线每边测距中误差没规定。据此，钢尺量距还应进行精度评定，若量边精度满足规范要求，则导线全长相对误差就能保证。一般情况下，导线钢尺量距应计算导线单一丈量的中误差，导线每边全长中误差和导线全长的相对误差。

a)单一丈量的中误差公式为：

$$m = \pm \sqrt{\frac{[VV]}{n-1}} \qquad (3-4)$$

b)导线每边测距中误差公式为：

$$M = \pm \frac{m}{\sqrt{n}} = \pm \sqrt{\frac{[VV]}{n(n-1)}} \qquad (3-5)$$

c)导线全长(每边)相对误差为：

$$f = \frac{|D_{往} - D_{返}|}{D_{平}} = \frac{|\Delta D|}{D_{平}} = \frac{1}{D_{平} / |\Delta D|} \qquad (3-6)$$

上述三式中：V——导线边长往、返测中数减往测或返测之差；

$\qquad n$——往测和返测的次数；

$\qquad D_{往}$——导线边长往测距离；

$\qquad D_{返}$——导线边长返测距离；

$\qquad D_{平}$——导线边长往测、返测的中数(即算术平均值)。

d)导线边长算术平均值(中数)及精度评定在表 3-10 中进行。

导线边长算术平均值及精度评定计算表 表 3-10

观测次数	改正后的导线长度 (m)	$\Delta D = \|D_{往} - D_{返}\|$ (m)	$V = D_{中} - D_{往(返)}$ (m)	VV (m)
往返	95.474	0.017	0.008	0.000 064
	95.491		−0.009	0.000 081
平均值	95.482		$[VV]$	0.000 145
精度评定	①单一丈量中误差：$m \pm \sqrt{\frac{[VV]}{n-1}} = \pm \sqrt{\frac{0.000\ 145}{2-1}} = \pm 0.012$m			
	②每边测距中误差：$M = \pm \sqrt{\frac{[VV]}{n(n-1)}} = \pm \sqrt{\frac{0.000\ 145}{2(2-1)}} = \pm 0.009$m			
	③导线每边全长相对误差：$f = \frac{1}{D_{平} / |\Delta D|} = 1/5\ 600$			

d. 钢卷尺丈量导线边长注意事项

a）丈量导线边长的钢卷尺，必须是经过检定的。施工开始前，应将钢卷尺送到检测部门检定，取得检定书。

b）二级以上导线的边长，采用平距法丈量距离时，只需对丈量结果进行尺长改正及温度改正。改正计算时，可按整条边的全长进行改正。

采用斜距法丈量距离时，可按导线边全长进行尺长改正，温度改正和倾斜改正。

c）计算倾斜改正数，尺长改正数，温度改正数公式如下：

计算倾斜改正数 Δh 的公式为：

$$\Delta h = -\frac{h^2}{2d} - \frac{h^4}{8d^3} \tag{3-7}$$

计算尺长改正数 Δd 的公式为：

$$\Delta d = \Delta e / e \times d \tag{3-8}$$

计算温度改正数 Δt 的公式为：

$$\Delta t = \alpha(t - t_0) \cdot d \tag{3-9}$$

改正后的导线边长计算公式为：

$$D = d + \Delta h + \Delta d + \Delta t \tag{3-10}$$

上述公式中：h——用前述斜距法量边时，h 为导线两端点的高差；当分段量边倾角不同时，h 为每尺段的，实测高差；

d——为导线边斜距；

e——为钢尺名义长度；

Δe——为钢尺检定时整尺段的改正数；

α——为钢尺膨胀系数，其值约为 0.000 011 6～0.000 012 5；

t——为量距时每尺段的温度，用全长改正时取用各尺段的平均值；

t_0——为钢尺检定时的温度。

说明：用公式（3-7）计算的倾斜改正数，若是用前述"斜距法"丈量边长，则可按全长进行改正。若是分段丈量的倾角不同时，则需按每尺段的实测高差计算，分段改正，此时公式（3-7）的 d 为分段丈量的倾斜距离。

d）丈量时，应注意尺面平伸不可扭曲，且不可黏上泥水等杂物；两端拉力要均匀，凭经验拉尺时，用力不可过强。应尽量避免风力大时量距及太阳暴晒下量距。

e)量距读数时,应在钢尺稳定时进行,钢尺来回错动不稳定时,不可勉强读数。

(2)其他测距方法

用钢尺量距虽然精度较高,但外业量大,劳动强度高,又很烦琐,在地表条件复杂的情况下,困难很多,有时甚至无法进行。实践证明,钢尺量距,费时费力,效率很低。广大测量工作者,为解决这一问题,发明了许多测量距离的方法,例如视距法、横基尺法、竖基尺法、短基线法等。尤其是随着科学技术的发展,一种新的测距方法——电磁波测距法得到迅速的发展,出现了各种类型的电磁波测距仪器。下面介绍的几种方法,在三级以下公路以及山区乡村公路施工测距中,非常适用。

①视距测量

所谓视距测量,就是用视距仪和视距尺,同时测定两点间水平距离和高差的测量方法。

视距仪有经纬仪、水准仪及平板仪。这些仪器的望远镜十字丝的水平丝上、下各装有互相平行并且和水平丝等距的两根横丝,如图 3-20 所示。

视距标尺是视距仪测距时照准的目标,它是用结实干燥轻便的木料、铝料制成,尺面上有红白或黑白厘米分划。图 3-21 是一种常用的视距尺。

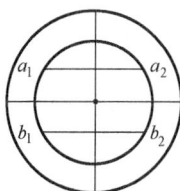

图 3-20　视距丝

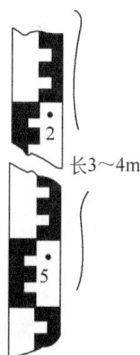

长3~4m

图 3-21　视距尺

用视距仪测量距离的操作方法步骤如下:

a.如图 3-22 所示,欲测 AB 两点间平距及高差,可在 A 点架置视距经纬仪,在 B 点垂直竖立视距尺。图 3-22a)为平坦地区视距测量;图 3-22b)为倾斜地区视距测量。

a)平坦地区

b)倾斜地区

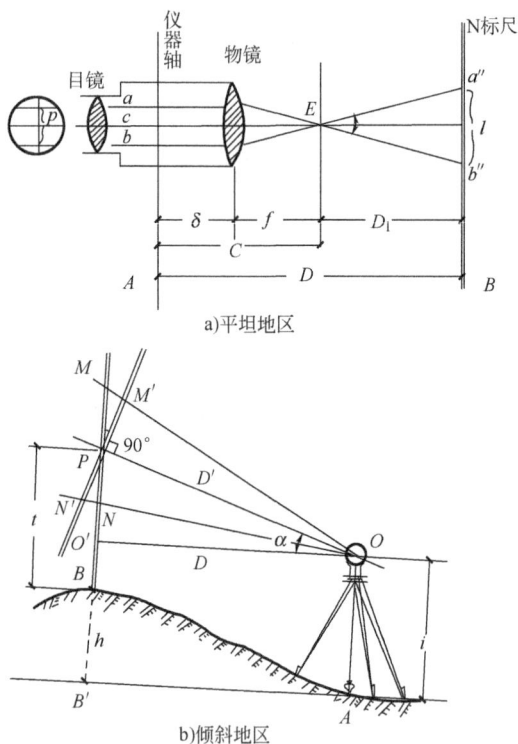

图 3-22 视距测量示意图

b. 照准视距尺,固定望远镜制动螺旋,调节垂直度盘气泡居中,读取上、中、下三丝分划读数(上、下丝读数算距离,中丝读数是觇标高)。

对于平坦地区,当置垂直角为 $0°00'00''$ 时,上、下丝分划差乘以 100,即是两点间平距。

对于倾斜地区,上、下丝读数乘以 100,可视为斜距,利用中丝垂直角改算为平距。

实际作业中,是将下丝切于标尺一整分划的,例如 1.000m 处,则用上丝分划直接读出两点间距离。

c. 不改变望远镜照准位置,在垂直气泡居中时,读取中丝垂直角。

d. 两点间平距及高差计算:

a)视距法平距计算通用公式(适用于平坦地区和倾斜地区,仪器选用内对光经纬仪）：

$$D=KL\cos^2 E=100\mathrm{Abs}(A-B)(\cos E)^2 \qquad (3\text{-}11)$$

式中：K——仪器乘常数，通常 $K=100$，即 $K=f/p=$ 物镜焦距/上下视距间隔$=100$；

L——上下丝在标尺上所截取的分划数值；$L=A-B=\mathrm{Abs}(A-B)$，A 为上丝读数，B 为下丝读数，Abs 绝对值符号；

E——竖直角（垂直角），在读取 L 时，仪器中丝位置竖盘测得的垂直角。

b)视距法高差计算公式：

$$h=\frac{1}{2}KL\sin^2 E+I-T \qquad (3\text{-}12)$$

或

$$h=D\tan E+I-T \qquad (3\text{-}13)$$

式中：I——仪器高，用小钢尺量至 mm；

T——觇标高，在读取 L 时的中丝读数，可直接读至 mm 单位；

D——公式(3-11)计算的平距。

c)视距法平距,高程计算程序清单。

过去视距法平距,高差计算靠翻查"视距计算表",或用"视距计算盘","视距计算尺"计算,费时费力速度慢效率低。现在可将其编程计算,又快又准,非常方便,下面列出其程序清单:(适用 f_x—5800/9750 计算器)

文件名:SJ

```
LbI 0 ↵
"H"? H："A"? A："B"? B："E"? E："I"? I："T"? T↵
"D="：100Abs(A−B)(cos(E))²→D ◢
"M="：H+Dtan(E)+I−T ◢
Goto  0
```

程序中：H——测站点已知高程；

I——测站点仪器高度,小钢尺量至 mm；

A、B——标尺上、下丝读数,单位为 m；

T——中丝读数,单位为 m,即觇标高；

E——中丝位置仪器竖盘所测垂直角；

D——测站点至标尺立点间平距；

M——计算的标尺立点处 B 的高程;

Abs——绝对值符号。

d)视距法测距的应用。

视距法测距与钢尺量距、视距法测高与水准仪测高比较,具有速度快、操作简单方便的优点,它测距不受地形起伏大的影响,测高不受两点间高差不能太大的限制,跨河、跨沟测距、测高也很方便。但是它的测量精度较低,测距精度一般在 $1/400 \sim 1/300$,测定高差精度,一般是:$M_h = \pm 3cm$。这 测量精度,在公路施工实践中,可用于路基施工初期的放样(路堤坡脚,路堑堑顶,线路填、挖高度等)。在山区乡村公路施工中可用于中线测设、施工放样等。

②横基线尺测距

横基线尺测距,又称视差法测距。它是用经纬仪和横基线尺来测定两点间水平距离的方法。

横基线尺是一个已知定长的尺子,一般为 2m,也有 1m 或 3m 的。它水平安放在测点上,所以称为水平基线尺或称为横基线尺。其尺外形为一个金属管,内部有一钢钢丝,两端用弹簧拉紧。尺两端有三角形觇牌,两觇牌间距一般为 2m;中间为一照准器,用来使尺子垂直于观测的视线。尺上装有水准气泡,可使尺子水平;尺中部有一圆轴可插入专门的座架中,以便固定在三脚架上,如图 3-23 所示。

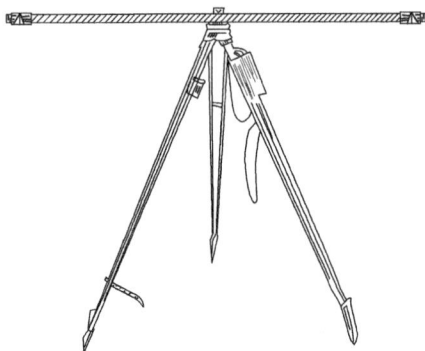

图 3-23 横基线尺

如果没有专用的横基线尺,在低等级公路导线跨河、跨沟测边时,可用 3m 水准标尺代替,测距时把它水平放在三脚架或长木凳上(可用木工水平尺使标尺置平)。

下面介绍用横基尺测距的方法:

a. 端点法

a）如图 3-24 所示，欲求地面 AB 两点间的平距，可在 A 点安置经纬仪，在 B 点水平放置横基线尺，要求横基线尺垂直于边长；

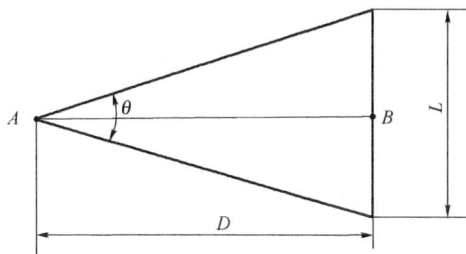

图 3-24 端点法

b）用经纬仪测出尺子两端点 A 的夹角 θ；

c）用下式计算两点间平距：

$$D = \frac{L}{2} \cdot \cot \frac{\theta}{2} \tag{3-14}$$

式中：L——横基线尺定长；

θ——视差角，用 J_2 级经纬仪测得。

这种将横基线尺安置在边长一端的方法，称为端点法。

b. 中点法

若将横基线尺安置在 AB 边中部或大致在中部，且与 AB 边垂直对称时，则按下式计算边长：

$$D = D_1 + D_2 = \frac{L}{2} \left(\cot \frac{\theta_1}{2} + \cot \frac{\theta_2}{2} \right) \tag{3-15}$$

式中：L——横基线尺定长；

θ_1、θ_2——视差角，用 J_2 级经纬仪在 A、B 两点置仪测得。

这种将横基尺安置在 AB 边大致中部的方法，称为中点法，如图 3-25 所示。

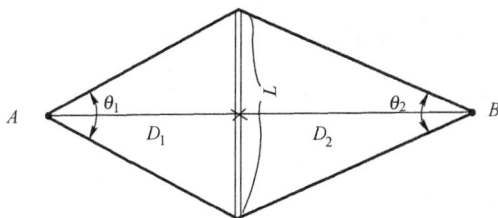

图 3-25 中法点

c. 短基线法

当施测较长边长时,可用横基线尺测定一短边的长度(或用钢尺直接丈量),通过此短边长(这一短边长称作短基线)与待测边长构成的几何图形来计算出两点间距的方法,称为短基线法。

作业中,用短基线法测定边长的几何结构形式较多,常用的有短基线端点法和短基线中点法。

a)短基线端点法。

在图 3-26 中,在待测边长一端用横基线尺(或用钢尺)测得短基线 K,则边长 AB 按下式计算:

当 γ 为直角时:

$$D = K \cdot \cot\theta_2 \tag{3-16}$$

当 γ 不为直角时:

$$D = K \cdot \frac{\sin(\gamma + \theta_1)}{\sin\theta_2} \tag{3-17}$$

式中:γ——短基线 K 与边长 AB 的夹角;

K——为短基线,其值:$K = \dfrac{L}{2} \cdot \cot\dfrac{\theta_1}{2}$;

θ_1、θ_2——为视差角。

b)短基线中点法。

在图 3-27 中,将短基线 K 设在待测边长 AB 大致中间处,观测视差角 θ_1、θ_2 和 θ_3,以及短基线 K 与边长 AB 的夹角 γ,其边长 AB 按下式计算:

当 γ 为直角时:

$$D = D_1 + D_2 = K \cdot (\cot\theta_2 + \cot\theta_3) \tag{3-18}$$

当 γ 不为直角时:

$$D = D_1 + D_2 = K \cdot \sin\gamma(\cot\theta_2 + \cot\theta_3) \tag{3-19}$$

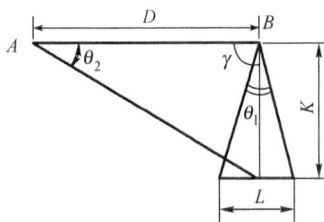

图 3-26　短基线端点法　　　　图 3-27　短基线中点法

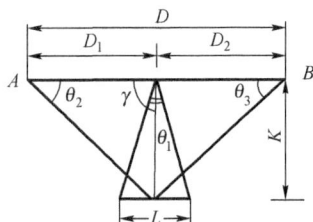

视差角 θ 所对的短基线长度按下式确定：

短基线端点法：

$$K \approx \sqrt{2LD} \tag{3-20}$$

短基线中点法：

$$K \approx \sqrt{LD} \tag{3-21}$$

式中：K——短基线长度；

　　　L——横基线尺长度；

　　　D——所测导线边长。

实践证明,横基线尺测距及短基线法测距是一种既迅速又简便的方法。而且不论地形高低起伏、跨河、跨沟等,都可直接测得两点间水平距离。这是横基线尺及短基线法测距的优点。过去在普通测量的导线测量中,常用此种方法测量导线边长。现在由于有红外测距仪测距,这种方法很少用了。但是对于没有红外测距仪的单位,这种方法仍有实用价值。为了便于选用,现将横基尺视差角法测量各种不同距离的精度列于表 3-11。

横基线尺、短基线测距精度一览表　　　表 3-11

距离	横基尺端点法		横基尺中点法		短基线端点法		短基线中点法	
D(m)	$m_{\theta}=\pm 1''$	$m_{\theta}=\pm 5''$	$m_{\theta}=\pm 1''$	$m_{\theta}=\pm 5''$	$m_{\theta}=\pm 1''$	$m_{\theta}=\pm 5''$	$m_{\theta}=\pm 1''$	$m_{\theta}=\pm 5''$
20	1：21 000							
30	1：14 000	1：2 750						
50	1：8 200	1：1 650						
80	1：5 200		1：15 000	1：2 900				
100	1：4 100		1：12 000	1：2 300	1：21 000	1：4 100		
150	1：2 800		1：7 800		1：17 000	1：3 370	1：28 000	1：5 700
200	1：2 100		1：5 800		1：15 000	1：2 900	1：24 000	1：4 900
300			1：3 900		1：12 000	1：2 400	1：20 000	1：4 000
400			1：2 900		1：10 000		1：17 000	1：3 500
500			1：2 300		1：9 200		1：15 000	1：3 100

注：1. 表中右上左下斜线表示测距精度不够；

　　2. 左上右下斜线表示测距短,不需设置该种视差环节；

　　3. 短基线理想长度应按 $K \approx \sqrt{L \cdot D}$ 或 $K \approx \sqrt{2LD}$ 估算；

　　4. 视差角应大于 $5°$,小于 $10°$,在 $5°\sim 10°$ 之间变通；

　　5. 视差角观测精度是提高横基线尺测距精度的关键,作业中应选用不低于 J_2 级经纬仪,同时观测时应精确,照准标志；

　　6. 视差角用测回法观测③测回。

③竖基线尺测距(正切法测距)

竖基线尺测距,就是用经纬仪和竖基线尺测定两点间水平距离的方法。

竖基线尺是一个已知定长的尺子,一般长 2m。使用时,将它垂直地自由悬挂在测点上,所以称为竖基线尺,也称纵长基线尺或垂直基线尺。该尺目前国内还未见成型产品。在生产实践中,各生产单位或用废钢尺,或用碳素钢丝($\phi 1.0 \sim 1.5$)自制,如图 3-28 所示。在山区乡村公路跨沟测量导线中,也有用水准标尺代替竖基尺测量边长的。

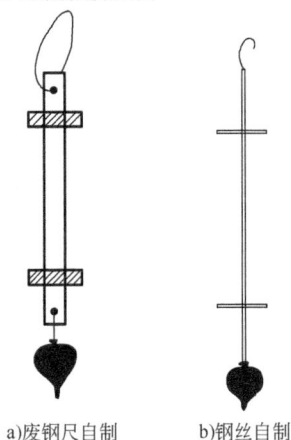

a)废钢尺自制   b)钢丝自制

图 3-28　废钢尺、钢丝做的竖基线尺

早在 20 世纪 50 年代,就有人用此法代替钢卷尺在矿山井下巷道进行导线边长测量,以解决钢尺量距工作繁重、速度慢、效率低等问题。但由于此法精度问题尚在探讨,所以长期以来一直没有得到普遍的推广和实际上的应用。

现将竖基线尺测距方法简介如下:

a. 在图 3-29(平坦地区)和图 3-30(倾斜地区)中,欲测 AB 边的平距,可在 A 点架置经纬仪,在 B 点垂直自由悬挂竖基线尺。

b. 用经纬仪观测竖基线尺两端点 M、N 的倾角 α_1 和 α_2。

c. 用下式计算两点间平距:

$$D = \frac{l}{\tan\alpha_1 + \tan\alpha_2} \tag{3-22}$$

$$D = \frac{l}{\tan\alpha_1 - \tan\alpha_2} \tag{3-23}$$

式中:l——竖基线尺定长,一般为:$l = 2\text{m}$;

α_1、α_2——竖基线尺两端点之倾角。

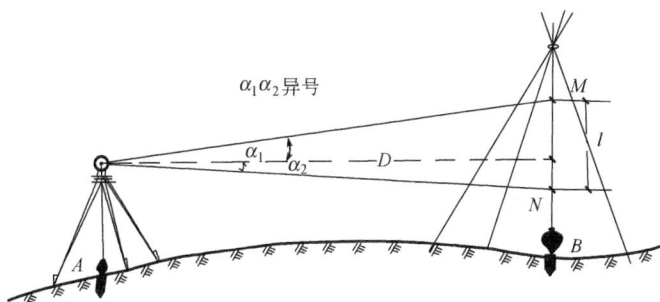

图 3-29 平坦地区正切法测距

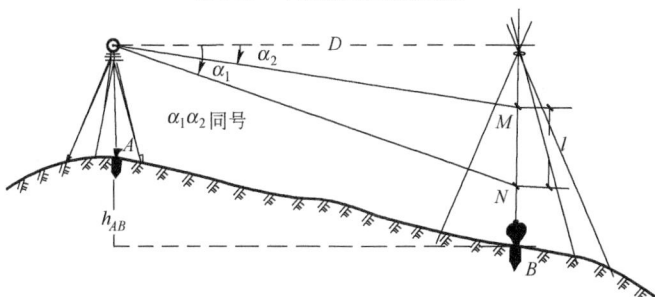

图 3-30 倾斜地区正切法测距

当 α_1 和 α_2 异号时(即一正一负),用公式(3-22)计算两点间平距;当 α_1 和 α_2 同符号时(即二正或二负),用公式(3-23)计算两点间平距。

分析公式(3-22)及公式(3-23),可称竖基线尺测距为经纬仪正切法测距。

从图 3-29 及图 3-30 可知,如果量得仪器高和觇标高,则用此法同时可测得两点间高差:

$$h = D\tan\alpha_1 \quad 或 \quad \alpha_2 + i - t \qquad (3-24)$$

式中:D——用公式(3-22)或公式(3-23)计算的平距;

α_1、α_2——符号意义同上;

i——仪器高;

t——觇标高。

【算例 3-1】 ××县××乡—××村在乡村改道导线测量时,用竖基线尺法测一跨谷导线边,数据如下:

往:$\alpha_上$ —27°38′46″　　　　返:+29°15′54″

　　$\alpha_下$ —28°48′22″　　　　　　+28°06′53″

往:仪高:　　　　　　　　返:仪高:

　　觇标高:　　　　　　　　　觇标高:

仪器:北光 DJ$_2$—1,竖基尺:1.5m(自制)计算该边平距和高差。

计算结果见表 3-12。

经纬仪正切法测距、平距及高差计算表

表 3-12

竖基尺长:i=1.5m

边名	往 测		返 测		平距与高差	最后高程(m)
	$\alpha_上$	$\tan\alpha_上$	$\alpha_上$	$\tan\alpha_上$	$D_中$	
	$\alpha_下$	$\tan\alpha_下$	$\alpha_下$	$\tan\alpha_下$	$h_往$	
	$D=L/\Delta$	$\Delta=\tan\alpha_下\pm\tan\alpha_上$	$D=L/\Delta$	$\Delta=\tan\alpha_下\pm\tan\alpha_上$	$h_返$	
	$h'=D\tan\alpha_{上-下}$	i	t	i	t	$h_中$	
Ⅰ—Ⅱ	$-27°38'46''$	0.523 813	$+29°15'54''$	0.560 371	57.502	155.718
	$-28°48'22''$	0.549 894	$+28°06'53''$	0.534 281	-30.528	
	57.513	0.026 081	57.492	0.026 090	-30.548	
	-31.626	$+1.628$	-0.530	30.716	$+1.132$	-1.300	-30.538	125.180

注:返测计算的高差($h_返$)的符号,以往测为准。

d. 竖基线尺测距平距高差计算程序清单。

文件名:FJXC

```
"Z"? Z:"L"? L:"H"? H↵
If Z<0:Then Goto 1:IfEnd↵
If Z>0:Then Goto 2:IfEnd↵
LbI 1↵
"M"? M:"N"? N:"I"? I:"T"? T↵
"D=":L÷(Abs(tan(M))+Abs(tan(N)))→D◢
"K=":D tan(N)+I-T→K◢
"V=":H+K◢              (往测高程计算值)
"VF=":H-K◢            (返测高程计算值)
Goto 1↵
LbI 2↵
"M"? M:"N"? N:"I"? I:"T"? T↵
"D=":L÷Abs(tan(M)-tan(N))→D◢
"K=":Dtan(N)+I-T→K◢
"V=":H+K◢              (往测高程计算值)
"VF=":H-K◢            (返测高程计算值)
Goto 2
```

程序中:L——竖基线尺定长;

　　　　H——测站点高程;

　　　　I——测站点仪器高,输入时不带符号;

　　　　Z——程序执行条件控制,$Z<0$,程序执行 Goto 1,即 M、N 为异号;

　　　　　　$Z=1$,程序执行 Goto 2,即 M、N 为同号;

$M?$、$N?$ ——M 为竖基线尺上端点倾斜角;N 为竖基线尺下端点倾斜角,输入 M、N 时要带符号;

　　$T?$ ——觇标高,从测点上量至竖基线尺下端点,输入时不带符号;

　　$K=$ ——测站点与测点间高差,注意返测高差符号应以往测为准;

　　$V=$ ——测点高程;

　　$D=$ ——测站点至测点间平距。

程序执行操作方法步骤:略。

e.竖基线尺的应用。

实践证明,竖基线尺测距可满足三级及三级以下导线边长的测量精度。在山区乡村公路中线测设时,遇有跨沟、跨谷不便丈量的困难地段,用竖基线尺测距更显其优点。

作业中,为提高竖基尺测距精度,可采取下述措施:

a)优先采用 J_2 级经纬仪测倾斜角,可用测回法测 2 个测回。在没有 J_2 级经纬仪情况下,用 J_6 级经纬仪测回法测 4 个测回。测倾角时,应准确照准竖基尺上下两端点。

b)架置竖基尺于测点时,应使尺下垂球尖精确对中测点中心。

c)在风大尺子晃动情况下,禁测。

④全站仪测距

全站仪测距不但外业省时省力,操作容易,测量速度快,测距精度高,不受地形起伏高低、跨河、跨谷等影响,而且内业量小,计算简单方便,是现代测量行业中最先进的测量距离仪器。施工单位若有全站仪,应优先选用这种仪器测量导线边长。

现阶段我国公路工程施工测量现场用的全站仪,不管是进口的,还是国产的,都具有测距功能,而且精度都很高,1km 测距误差多在 $3\sim5$mm 以下。

通常情况下,在进行导线测量时,全站仪测角测距是同时进行的,在测角后,只要按(或点击)测距键就可测出距离。

为了熟练地掌握不同型号的全站仪的测距操作技术,应结合仪器实物认真阅读使用说明书进行练习。

实践证明,影响全站仪测距精度的主要因素是全站仪与棱镜的不配套。例如全站仪的棱镜常数为零,而用的棱镜常数是－30或－40。遇到这种情况,就应进行棱镜常数的测定。

下面介绍作者实践中常用的棱镜常数检定方法:

a. 在一平坦地段选一长约100m的直线,如图3-31所示。

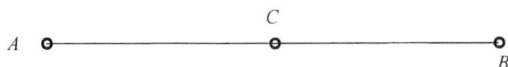

图3-31　用钢卷尺丈量长度测定棱镜常数

b. 用一经过检定的钢卷尺精确丈量AC、CB、$AC+CB=AB$的长度,读数计至mm。

c. 在A设置全站仪,精确对中、整平;在C、B分别架设单棱镜组(或双叉式中杆棱镜)精确对中、整平,要求棱镜中心与仪器同高。

d. 分次将仪器棱镜常数设置为0、－30、－40几种情况,用全站仪测距功能测出$AC_{往}$和$AB_{往}$的平距。要分别记录清楚明白。此为往测。

e. 在B设置全站仪,在C、A架设单棱镜组(或双叉式中杆棱镜),精确对中整平,同上述(4)操作方法测出$BC_{返}$和$BA_{返}$。此为返测。取用(往+返)÷2的中数。

f. 将全站仪架在C,棱镜架在A和B,按上述(4)法测出AC和BC的平距。

g. 将上述各组测出的平距与钢卷尺丈量的平距比较判断棱镜的常数。

⑤经纬仪配测距仪测量导线边长

经纬仪配测距仪测量导线边长不但同样具有全站仪的优点,而且因其体积小、重量轻、易搬迁,价格便宜更具优势。

目前国内外生产的红外测距仪型号很多,虽然它们的基本工作原理和结构大致相同,但具体操作则有较大的差异。因此在使用时,应认真阅读仪器使用手册,严格按照其要求进行操作。

7)量仪器高和量觇标高(简称量"两高")

量仪器高和量觇标高的目的是为了计算测站点和待测点之间的高差。对于导线测量来说则是为了计算导线边两端点之间的高差。

量仪器高和量觇标高工作,是一个测站点上的主要工作内容之一。实践证明,在结束观测工作,取下仪器前,检查是否量取仪器高和觇标高是必不可少的一项工作。作业中经常因忘量这"两高"而返工的现象时有发生,而因量错或记错这两高引起返工的现象也屡见不鲜。因此,对量"两高"工作应高度重视,不可忘记,应认真量取,记录清楚。

(1)量仪器高(简称量仪高)

仪器高是指经纬仪水平轴中心至测站点标志面中心的垂直距离。量仪高用小钢尺在观测开始前或观测结束后取下仪器前量取,一般精确到mm。量取时,钢尺应垂直拉紧,应认真细致,防止粗差,记录时,各测站点不可记错,弄混。

(2)量觇标高(简称量觇高)

觇标高是指用经纬仪观测垂直角时望远镜水平线切准的目标记号至待测点标志面的垂直距离。

①如图3-18所示,用钢尺平距法量边长时,觇高是指 B' 至 B 那一段垂直距离;

②如图3-19所示,用钢尺斜距法量边时,觇高是指 B' 至 B 那一段垂直距离;

③用视距法测距时,觇高是望远镜中丝在标尺处的读数(图3-22);

④用横基线尺测距时,觇高是望远镜中丝照准中心面至测点标志面那段垂直距离;

⑤用竖基尺测距时,觇高是竖基线尺下端点至测点标志面的那段距离;

⑥用全站仪测距时,觇高是棱镜中心或觇牌中线至测点标志面那段垂直距离;

⑦用经纬仪配测距仪测距时,觇高同全站仪觇高。

上述介绍的各种测边方法,都可在测量水平角和测量导线边长的同时测量垂直角,因而都要量仪高和觇高。然后通过计算,求得两点间高差;再根据一个点的已知高程,计算出另一点的高程。这种方法叫做间接高程测量。因为是用经纬仪测高的,所以也叫经纬仪高程测量。

关于经纬仪高程测量方法详见第五节。

3.3.5 施工导线的计算

所谓施工导线的计算,就是依据起算数据(一个点的坐标,一条边的方位角)和观测要素(导线水平角、边长),通过平差计算,求得导线边的方位角和导线点的平面坐标 x、y 值。从而获得公路施工沿线基本平面的控制测量成果。

由于观测角和边长不可避免的存有测量误差,所以计算结果就带有角度闭合差和纵、横坐标闭合差。用这种带有误差的坐标增量计算出来的导线点坐标就存在误差。为了消除这些误差,就要对观测角和坐标增量进行改正,这种改正工作就称为导线测量平差计算。

导线平差计算有严密平差和近似平差两种方法。公路施工导线测量采用近似平差方法。

所谓导线测量近似平差,是将角度闭合差平均分配于各观测角,然后用平差角和导线边长(平距)计算坐标增量,再对坐标增量进行改正,最后求得各导线点的最后坐标。

导线平差的目的,就是为了消除测角,测边误差,并在平差后使测量结果的精度有一定的提高。

用于公路工程现场施工测量导线近似平差的计算工具,在过去传统的计算中用的计算工具是:

(1)六位函数表或六位对数表;

(2)算盘等。

现在这些计算工具已成为历史,取代它们的是先进的计算工具:

(1)普通函数型计算器;

(2)可设程序的先进的科学计算器,例如 f_x —5800P 型计算器等。

1)公路施工导线近似平差计算方法步骤

(1)观测要素的准备

导线观测要素包括:

①导线每点水平角;

②导线每边边长;

③若要计算导线点高程,则观测要素还有:垂直角、仪器高和觇标高。

这些数据取用自导线记录手簿。为保证所用数据准确无误,应对外业记录手簿进行 200% 检查,主要检查:观测成果是否满足技术要求;各项计算是否正确。确认无误后方可取用。

观测要素要进行测站平差计算。

对测回法,水平角平差值为:

$$\beta_平 = \frac{\beta_1 + \beta_2}{2} \tag{3-25}$$

式中:β_1、β_2——第 1、2 测回水平角值;

$\quad\quad$ 2——观测测回数。

对左右角法,水平角平差值为:

$$V = (\beta_左 + \beta_右) - 360° \tag{3-26}$$

$$\beta_{左平} = \beta_左 + (-V/2) \tag{3-27}$$

$$\beta_{右平} = \beta_右 + (-V/2) \tag{3-28}$$

式中:$\beta_左$、$\beta_右$——导线前进方向的左水平角、右水平角;

$\quad\quad V$——$\beta_左$、$\beta_右$ 角观测误差;

$\beta_{左平}$、$\beta_{右平}$——左、右角平差值。

而导线边长,按规定进行了往、返观测,则导线边长平差值为:

$$D_平 = \frac{D_往 + D_返}{2} \tag{3-29}$$

(2)起算数据的准备

导线平差计算的起算数据:

①附合导线是两组已知数据,即起始边的方位角和起始点的 x、y 坐标值与附合边(终止边)的方位角和终点的 x、y 坐标值。

②闭合导线是一组已知起算数据,即起点、终点为同一点的 x、y 坐标值,起、终边为同一边的方位角。

③复测支导线亦只有一组起算数据。

施工导线近似平差的起算数据取用自移交来的"导线成果表"。如果已知成果只给出了 x、y 坐标值,则要进行坐标反算,求出方位角和边长。

为了方便查用,应将起算数据抄录于"起算数据表"中。"起算数据表"样式见表 3-13。表中"备注"栏应注明起算数据出处,以便校核。

起 算 数 据 表 表 3-13

点名	x (m)	y (m)	方位角	平距 (m)	备　　注
D47	31 533. 526	69 624. 215	161°51′21″	216. 510	起算数据
D48	31 327. 782	69 691. 638			抄自××高
D49	31 245. 827	70 397. 376	306°32′13″	139. 920	速公路××
D50	31 329. 127	70 284. 954			段"导线成果 表"第3页

(3)绘制导线草图

导线草图是导线平差计算的辅助工具。

在导线草图上抄录观测要素和起算数据,并标明导线前进方向,可以直观地看出导线的传算路线形式,并能方便观测角平差和进行方位角计算。其样式见图 3-32。

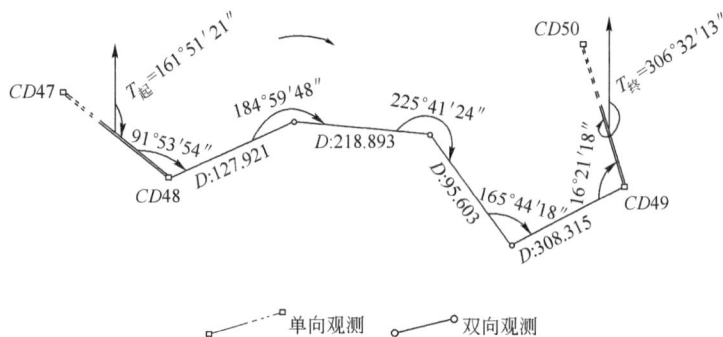

图 3-32　导线平差草图

(4)对观测角进行改正(平差)

①常规手算在导线平差草图上进行;

②利用 f_x—5800P 型计算器编程计算。

(5)计算导线边方位角

①常规手算在导线平差草图、导线平差计算表中进行;

②利用 f_x—5800P 型计算器程序计算。

(6)计算坐标增量及坐标增量闭合差

①常规手算在导线平差计算表中进行；

②利用 f_x—5800P 型计算器程序计算。

(7)对坐标增量进行改正(平差)

①常规手算在导线平差计算表中进行；

②利用 f_x—5800P 型计算器程序计算。

(8)计算导线点坐标平差值

①常规手算在导线平差计算表中进行；

②利用 f_x—5800P 型计算器程序计算。

(9)导线精度评定计算

①常规手算在导线平差计算表中进行；

②利用 f_x—5800P 型计算器程序计算。

(10)编制施工导线点成果表

注:常规手算可采用普通函数型计算器。

2)公路施工导线近似平差计算的基本公式

(1)角度闭合差的计算公式

①附合导线角度闭合差的计算公式为:

$$f_\beta = T_起 + \sum \beta_左 - n \cdot 180° - T_终 = T_起 - T_终 + \sum \beta_左 - n \cdot 180° \qquad (3\text{-}30)$$

或

$$f_\beta = T_{终计} - T_{终已} \qquad (3\text{-}31)$$

以上式中: $T_起$——附合导线已知起始边的方位角;

$T_{终已}$——附合导线已知附合边(终止边)的方位角;

$T_{终计}$——附合导线终止边计算的方位角: $T_{终计} = T_起 + \sum \beta_左 - n \cdot 180°$;

$\sum \beta_左$——附合导线所有观测角(左角)之和;

n——附合导线观测角个数。

②闭合导线的角度闭合差计算公式:

内角闭合差:

$$f_\beta = \sum \beta_内 - (n-2) \cdot 180° \qquad (3\text{-}32)$$

外角闭合差

$$f_\beta = \sum \beta_外 - (n+2) \cdot 180° \qquad (3\text{-}33)$$

式中：　　$\sum\beta_{外}$——闭合导线实测的 n 个内角（或外角）总和；

　　　　　　n——测角个数；

$(n-2)\cdot 180°$——闭合导线内角理论值；

$(n+2)\cdot 180°$——闭合导线外角理论值。

（2）观测角改正数 V_{β} 的计算公式

导线测量近似平差法观测角改正数是将角度闭合差 f_{β} 以相反的符号平均分配到各观测角中，并遵守短边的夹角多分配，长边的夹角少分配的原则，即：

$$V_{\beta}=-\frac{f_{\beta}}{n} \tag{3-34}$$

则

$$\sum V_{\beta}=-f_{\beta} \tag{3-35}$$

（3）观测角平差值计算公式

观测角平差值计算公式为：

$$(\beta_i)=\beta_i+V_{\beta} \tag{3-36}$$

式中：(β_i)——为观测角平差值；

　　　β_i——为观测角；

　　　V_{β}——为观测角改正数。

（4）导线边方位角计算公式（适用于左角）

导线边方位角的计算公式为：

$$T_{i\sim(i+1)}=T_{(i-1)\sim i}+\beta_i-180° \tag{3-37}$$

当 $T_{i-1\sim i}+\beta_i<180°$ 时，则用下式：

$$T_{i\sim(i+1)}=T_{(i-1)\sim i}+\beta_i+360°-180°=T_{(i-1)\sim i}+\beta_i+180° \tag{3-38}$$

式中：$T_{i\sim(i+1)}$——导线前一边的方位角（即所求边的方位角）；

　　　$T_{(i-1)\sim i}$——导线后一边的方位角（即已知边的方位角）；

　　　β_i——导线点的水平角（即观测角）。

当计算结果大于 360° 时，则减去 360°，即导线前一边的方位角等于后一边（以导线前进方向所示，面向前进方向为导线前一边背向导线前进方向为后一边）的方位角加上导线点的左角减去 180°；不够减 180°，则加 360°，计算结果大于 360°，则减 360°。

(5)坐标增量计算公式

纵坐标增量 Δx：

$$\Delta x = D \cdot \cos T \qquad (3-39)$$

横坐标增量：

$$\Delta y = D \cdot \sin T \qquad (3-40)$$

式中：D——导线边长（平距）；

T——该导线边方位角。

(6)坐标增量闭合差的计算公式

①对于附合导线

$$f_x = \sum \Delta x_{计} - \sum \Delta x_{理} = \sum \Delta x_{计} - (x_{终} - x_{起}) \qquad (3-41)$$

$$f_y = \sum \Delta y_{计} - \sum \Delta y_{理} = \sum \Delta y_{计} - (y_{终} - y_{起}) \qquad (3-42)$$

式中：　$x_{终}$、$y_{终}$——附合导线终止点的坐标值；

$x_{起}$、$y_{起}$——附合导线起始点的坐标值；

$\sum \Delta x_{计}$——整条导线计算的纵坐标增量之和，即 $\sum \Delta x_{计} = \Delta x_1 + \Delta x_2 + \cdots + \Delta x_n$；

$\sum \Delta y_{计}$——整条导线计算的横坐标增量之和，即 $\Delta y_{计} = \Delta y_1 + \Delta y_2 + \cdots + \Delta y_n$；

$\sum \Delta x_{理}$、$\sum \Delta y_{理}$——导线纵、横坐标的理论总和，其值等于导线终点与起点的坐标差值，即 $\sum \Delta x_{理} = x_{终} - x_{起}$，$\sum \Delta y_{理} = y_{终} - y_{起}$。

②对于闭合导线

其纵、横坐标增量的理论值应为：

$$\sum \Delta x_{理} = 0 \qquad (3-43)$$

$$\sum \Delta y_{理} = 0 \qquad (3-44)$$

则纵、横坐标增量的计算值总和即为坐标增量闭合差：

$$f_x = \sum \Delta x_{计} \qquad (3-45)$$

$$f_y = \sum \Delta y_{计} \qquad (3-46)$$

(7)坐标增量改正数 V_x、V_y 的计算公式

导线测量近似平差计算坐标增量改正数 V_x、V_y，按边长比例将增量闭合差反号分配到各增量中。导线任一边的增量改正数为：

$$V_x = -\left(\frac{f_x}{\sum D}\right) \cdot D_i \qquad (3\text{-}47)$$

$$V_y = -\left(\frac{f_y}{\sum D}\right) \cdot D_i \qquad (3\text{-}48)$$

因此：

$$\sum V_x = -f_x \qquad (3\text{-}49)$$

$$\sum V_y = -f_y \qquad (3\text{-}50)$$

(8)导线点坐标平差值计算公式

$$(x) = x + \Delta x + V_x \qquad (3\text{-}51)$$

$$(y) = y + \Delta y + V_y \qquad (3\text{-}52)$$

(9)导线测量的精度评定计算公式

①方位角闭合差允许值(角度闭合差允许值)：

一级导线：$\pm 10\sqrt{n}$；

二级导线：$\pm 16\sqrt{n}$；

三级导线：$\pm 30\sqrt{n}$。

注：n 为导线观测角个数。

②附(闭)合导线的测角中误差：

$$m_\beta'' = \pm \sqrt{\frac{1}{N}\left(\frac{f_\beta^2}{n}\right)} \qquad (3\text{-}53)$$

式中：f_β——为附(闭)合导线的角度闭合差；

$\quad n$——为计算 f_β 时的测站数，即观测角个数；

$\quad N$——为附(闭)合导线的个数。

③复测支导线的测角中误差：

$$m_\beta'' = \pm \sqrt{\frac{1}{N}\left(\frac{\Delta T^2}{n_1 + n_2}\right)} \qquad (3\text{-}54)$$

式中：ΔT——为两次测量的方位角之差；

$\quad n_1$、n_2——复测支导线第 1 次和第 2 次测量的角数；

$\quad N$——复测支导线个数。

④导线全长绝对闭合差：

$$f_s = \sqrt{f_x^2 + f_y^2} \qquad\qquad (3\text{-}55)$$

⑤导线的全长相对闭合差:

$$\frac{1}{T} = \frac{f_s}{[D]} = \frac{1}{\dfrac{[D]}{f_s}} \qquad\qquad (3\text{-}56)$$

式中:$[D]$——为导线边长的总和。

3)导线平差计算程序(适用 f_x—5800P 型计算器,以下简称 5800P)

(1)导线近似平差分步计算程序

①文件名:DXJS(导线计算)

②程序清单

---

1. "P="? P:"A="? A:"B="? B:"I="? I:"J="? J: "K="? K:"L="? L ↵
                    (已知起算数据)

2. 12→DimZ ↵
     (添加额外变量;n=12=2(P+2):P=4 为导线未知点个数)

3. P+2→P:0→N:A→M ↵

4. 10 $\sqrt{\ }$ (P)÷3600→W ↵
        (角度闭合差允许值计算:10";按导线等级设置)

5. "W=":W▶DMS ◢   (角度闭合差允许值)

6. LbI 0 ↵

7. N+1→N ↵

8. "C"? C ↵   [外业观测角(左)]

9. C→Z[2N−1]:C+M→M ↵   (方位角计算)

10. If M>180:Then M−180→M:Else M+180→M:IfEnd ↵

11. M>360⇒M−360→M ↵

12. "M=":M▶DMS ◢
        (平差前计算的方位角。若不显示,则删除此行)

13. If N<P:Then Goto 0:IfEnd ↵

14. M−B→F ↵   (方位角闭合差计算)

15. "F=":F▶DMS ◢   (方位角闭合差)

16. If Abs(F)≤W:Then−F÷P→F:Else Goto E:IfEnd ↵

17. "F=":F▶DMS ◢   (观测角改正值)

18. 0→N:A→M ↵

19. LbI 1 ↵

---

20. $1+N \to N$ ： $Z[2N-1]+F \to Z$ ↵

　　"Z=" ： Z▶DMS ◣

　　$M+Z[2N-1]+F \to M$ ↵

21. If M>180 ： Then M−180→M ： Else M+180→M ： IfEnd ↵

22. M>360⇒M−360→M ↵

23. "M=" ： M▶DMS ◣　　　　　　　　　　（平差后的方位角）

24. M→Z[2N−1] ↵

25. If N<P ： Then Goto 1 ： IfEnd ↵

26. 0→N ： 0→M ： 0→G ： 0→H ： P−1→P ↵

27. LbI 2 ↵

28. N+1→N ↵

29. "D"? D ↵　　　（导线边长）

30. D→Z[2N] ： M+D→M ↵

31. "X=" ： Dcos(Z[2N−1])→X ◣ ⎫

32. "Y=" ： Dsin(Z[2N−1])→Y ◣ ⎭　（平差前坐标增量计算）

33. G+X→G ： H+Y→H ↵

34. X→Z[2N−1] ： Y→Z[2N] ↵

35. If N<P ： Then Goto 2 ： IfEnd ↵

36. G+I−K→G ： H+J−L→H ↵　　　（坐标增量闭合差计算）

37. "G=" ： G ◣ ⎫

38. "H=" ： H ◣ ⎭　　　　　　（坐标增量闭合差）

39. $\sqrt{\ }(G^2+H^2) \to T$ ↵

40. "T=" ： T ◣　　　　　　　　（导线全长绝对闭合差）

41. M÷T→Q ↵

42. "Q=" ： Q ◣　　　　　　　（导线全长相对闭合差分母）

43. If Q>15000 ： Then−G÷M→G ： −H÷M→H ： Else Goto E ： IfEnd ↵

　　　　　　　　　（15000 ： 一线导线相对闭合差分母）

44. 0→N ： I→X ： J→Y ↵

45. LbI 3 ↵

46. "N=" ： N+1→N ◣　　　　　　（导线点序号）

47. $\sqrt{\ }((Z[2N-1])^2+(Z[2N])^2) \to D$ ◣　　　（导线边长）

48. "DG=" : DG ◢ ⎫
49. "DH=" : DH ◢ ⎬ （坐标增量改正值计算）

50. "V=" : Z〔2N−1〕+DG→V ◢ ⎫
51. "U=" : Z〔2N〕+DH→U ◢ ⎬ （坐标增量平差值）

52. "X=" : X+V→X ◢ ⎫
53. "Y=" : Y+U→Y ◢ ⎬ （平差后坐标值）

54. X→Z〔2N−1〕 : Y→Z〔2N〕↵

55. If N<P : Then Goto 3 : IfEnd ↵

56. LbI E

程序中:P=? ——导线未知点点数;

    A=? ——导线起始边正方位角;

    B=? ——导线终止边正方位角;

I=?,J=? ——导线起点 x,y 坐标值;

K=?,L=? ——导线终点 x,y 坐标值;

    C? ——导线点观测角值(左角);

    D? ——导线边边长。

程序执行中显示的字符意义如下:

    W——角度闭合差允许值;

    M——第1次显示,为平差前计算的方位角;第2次显示,为平差后计算的方位角;

    F——第1次显示,为方位角闭合差;第2次显示,为观测角改正值;

    Z=——改正后的观测角;

X=,Y=——第1次显示,为改正前坐标增量;第2次显示,为平差后导线点的坐标值;

G=?,H=?——坐标增量闭合差;

    T=?——导线绝对误差;

    Q=?——导线全长相对闭合差分母,分子为1;

    N=?——导线点序号;N=1,表示第1个未知点;

DG=?,DH=?——坐标增量改正值;

    V=?、U=?——改正后的坐标增量;

    LbI E——程序重新开始执行。

③程序功能及注意事项

a. 本程序可分步计算附合及闭合导线未知点坐标平差值。

b. 程序执行时,可分步显示:角度闭合差允许值;平差前方位角;方位角闭合差;观测角改正数;平差后方位角;平差前坐标增量;坐标增量闭合差;坐标增量改正数;改正后的坐标增量;导线点坐标平差值;导线全长绝对闭合差;导线全长相对闭合差分母等。这样显示,与手算导线平差计算同步,亦与监理要求上报的资料同步。

c. 程序中要求输入导线左观测角;如测右角,则需输入左角=360°−右角。

d. 程序执行前,应将下述几行进行修正:

a)$10\sqrt{(P)} \div 3\,600 \rightarrow W \hookleftarrow$,此行按一级导线方位角闭合差允许值设置;计算时应按照导线的实际类型和级别修正。

b)If $Q > 15\,000$:……↵,此行按一级导线相对误差设置,计算时应按照导线的实际等级修正。

c)$12 \rightarrow \mathrm{Dim}Z \hookleftarrow$,此语句按 4 个未知点设置,计算前应按公式 $n = 2(P+2)$ 修正。如 $P=4$,则 $n = (4+2) \times 2 = 12$。

e. 本程序还可分步计算闭合导线未知点坐标平差值。此时应将闭合导线改成为附合导线形式进行平差计算。在将闭合导线改为附合导线时,应注意导线两端点的连接角的取用。

所谓导线连接角,其实也是导线点的转折角,只不过它是导线已知边(起始边、终止边)与未知边之间的夹角,起到已知点与未知点连接作用,所以叫连接角。(详见图 3-35)。

f. 这个程序根据覃辉老师 f_x—4800 型计算器程序改编。改编的 f_x—5800P 计算器程序语句短,容易输入,不易出错。原 4800 程序,只显示最后导线点平差结果,改编成的 5800P 程序,可分步显示业主导线计算表中所要求显示的数据,可与业主表格要求同步,实践中更为实用。

(2)复测支导线计算程序清单

①文件名:FCDXJS(复测导线计算)

②程序清单

> 1. "Z"? Z:"P"? P:"Q"? Q:"W"? W↵
>
> (已知起始边方位角、观测角)
>
> 2. If Z+P>180:Then Z+P−180→E:Else Z+P+180→E:
> IfEnd↵
>
> 3. "E="：E▶DMS ◢ (未知边方位角计算)

4. If E+Q>180：Then E+Q−180→F：Else E+Q+180→F：If End ↵

5. "F="：F▶DMS ◢   （未知边方位角计算）

6. If F+W>180：Then F+W−180→T：Else F+W+180→T：If End ↵

7. "T="：T▶DMS ◢   （未知边方位角计算）

8. "M"? M："N"? N："C"? C："D"? D："L"? L ↵

　　　　　　　　　　　　　　　（已知坐标边长）

9. M+Ccos(E)→X ↵   （坐标计算,下同）

10. N+Csin(E)→Y ↵

11. X+Dcos(F)→A ↵

12. Y+Dsin(F)→B ↵

13. A+Lcos(T)→V ↵

14. B+Lsin(T)→U ↵

15. "X="：X ◢   （未知导线点坐标值,下同）

16. "Y="：Y ◢

17. "A="：A ◢

18. "B="：B ◢

19. "V="：V ◢

20. "U="：U ◢

21. Goto 0

程序中：　　　　　Z? ——起始边方位角；

　　　　　P?、Q?、W? ——观测角；

　　　　　E=、F=、T= ——计算的导线边方位角；

　　　　　M?、N? ——导线起始边的纵、横坐标；

　　　　　C?、D?、L? ——导线边长；

X=、Y=；A=、B=；V=、U= ——计算的导线点 X、Y 坐标值。

（3）程序功能及注意事项

①本程序可一次性计算复测支导线 3 个未知点的坐标,三条边的方位角；

②在输入起始边方位角时,应输入起始边的正方位角。

4）复测支导线计算程序 2

（1）文件名：FCDXJS2（复测导线计算 2）

(2)程序清单 2

① "P"？P∶"F"？F∶"B"？B∶"C"？C ←

② n→Dim Z ←　　　　（n＝P×2,例如 P＝3 则 n＝6）

③ P→P ←

④ 0→N∶F→M ←

⑤ LbI 0 ←

⑥ N+1→N ←

⑦ "T"？T ←

⑧ T→Z〔2N−1〕∶T+M→M ←

⑨ If M＞180∶Then M−180→M∶Else M+180→M∶IfEnd ←

⑩ "M="∶M▶DMS ◢

⑪ M→Z〔2N−1〕←

⑫ If N＜P∶Then Goto 0∶IfEnd ←

⑬ 0→N ←

⑭ LbI 1 ←

⑮ N+1→N ←

⑯ "S"？S ←

⑰ S→Z〔2N〕←

⑱ If N＜P∶Then Goto 1∶IfEnd ←

⑲ 0→N∶B→X∶C→Y ←

⑳ LbI 2 ←

㉑ "N="∶N+1→N ◢

㉒ "X="∶X+Z〔2N〕cos(Z〔2N−1〕)→X ◢

㉓ "Y="∶Y+Z〔2N〕sin(Z〔2N−1〕)→Y ◢

㉔ If N＜P∶Then Goto 2∶IfEnd ←

㉕ "OK"

程序中:P? ——未知导线点个数;

　　　　F? ——已知起算边正方位角;

　　　　B? ——复测支导线起点的 x;

　　　　C? ——复测支导线起点的 y;

　　　　T——复测支导线左观测角;

　　　　S——复测支导线点间距离;

X＝,Y＝——未知导线点坐标。

（3）程序功能及注意事项

①本程序可计算复测支导线点坐标；

②程序执行前应将序号②语句：n→DimZ 重新设置。语句中的 n 等于复测支导线未知导线点数的 2 倍。例如,P＝3,则 n＝3×2＝6,即 6→DimZ。

（4）支导线坐标计算程序(引点坐标计算程序)

①文件名:ZDXJS(支导线计算)

②程序清单

---

1. "A"? A："B"? B："C"? C："D"? D↵

2. P01(C－A,D－B)↵

3. "I＝"：I◢

4. If J<0：Then J＋360→J：Else J→J：IfEnd↵

5. "J＝"：J▶DMS◢

6. LbI 0↵

7. "P"? P："S"? S↵

8. If J＋P>180：Then J＋P－180→K：Else J＋P＋180→K：IfEnd↵

9. "K＝"：K▶DMS◢

10. "X＝"：C＋Scos(K)◢

11. "Y＝"：D＋Ssin(K)◢

12. Goto 0

程序:A?、B?、C?、D? ——已知导线边(即后视定向边)两端点 x、y 坐标；

　　　　　　　I＝：——已知导线边两端点间距离；

　　　　　　　J＝：——已知导线边正方位角；

　　　　　　　　P? ——已知导线边与各支点边之间夹角；

　　　　　　　　S? ——测站点与各支点间平距；

　　　　　　　　　K——支导线边方位角；

　　　　X＝,Y＝——支点的纵、横坐标值。

③程序功能及注意事项

a. 本程序可计算支点的坐标。

b. 当由一个测站支设 *n* 个支点时,程序中 A?、B?、C?、D? 为定值常量；计算下一个支点时,不需重新输入这些数据；此时只要输入下一个支点夹角

P?、边长 S?,就可计算出该支点的 X、Y。

5)导线平差计算案例

(1)选择导线平差计算方法的依据

一个施工标段进行导线平差计算时,可根据本施工段公路等级、导线等级按表 3-14 选择导线平差计算方法。

导线平差计算方法选择的依据 表 3-14

公路等级	导线等级	测角中误差	导线全长相对闭合差	方位角闭合差	测回数		导级平差方法
					DJ2	DJ6	
高速公路、一级公路	一级	5".0	1/15000	$\pm 10\sqrt{n}$	2	4	近似平差或严密平差
二级公路	二级	8".0	1/10000	$\pm 16\sqrt{n}$	1	3	近似平差
三级及三级以下公路	三级	20".0	1/2000	$\pm 30\sqrt{n}$	1	2	近似平差

注:n 为测站数

当一个施工标段布设二条或二条以上同精度的导线时,导线平差计算应采用同一种方法,不应两种方法混用。

(2)导级平差程序的选用及修改

导线近似平差计算可选用 f_x—5800P 分步计算程序:DXJS 程序。

导线严密平差计算可选用 f_x—5800P 严密平差计算程序:DXYMJS程序。

程序执行前,应按前述第三节程序功能及注意事项的要求,对程序进行修改。否则,程序执行中,不能正常运行。

(3)附合导线平差计算案例

采用 5800P 导线近似平差程序计算

①案例

本案例是江西省交通运输厅德兴至南昌高速公路建设项目 B4 合同段,张家口路桥建设集团有限公司项目部的测量室布设的 4 条施工加密附合导线中的一条。

导线等级:一级;

测角方法:测回法测左角 2 测回;

测距方法:全站仪测距功能往返各 3 次读数;

测量仪器:日本尼康 DTM-402 型全站仪。

②5800P 导线近似平差程序计算方法步骤

a.备导线平差计算表格。

要求:应是业主下发的表格!

表 3-15"导线点计算成果表"是江西省交通运输厅下发的表格,编号 ZJ104。

b.备观测要素;观测角(左);导线边长。

要求:应在经过 200%检查后的外业观测记录表上抄取。取用的数据一定要正确无错!

观测要素应抄在:

a)"导线点计算成果表"相应栏下;例如在表 3-15 第 2 栏抄观测角;在第 5 栏抄导线边长。

b)利用"外业观测草图"进行导线方位角闭合差计算时,可将观测角抄在相应的导线点,见图 3-33。

c)准备起算要素:

(a)起始边方位角及起始点坐标

(b)终止边方位角及终止点坐标

要求:应在复测过的"导线点成果表"上抄取。取用的数据一定要正确无错!

起算数据应抄在:

"导线点计算成果表"相应栏及相应点号下。例如起始边方位角 86°48′08″应抄在表 3-15 点号 GB04～GB56 即第 4 栏第 2 行;终止边方位角 129°30′12.8″应抄在表 3-15 点号 GB54～GB53 即第 4 栏第 8 行。

起算点坐标 x=3648.912、y=5920.823 应抄在点号 GB56 即第十一、十二栏第 2 行。

终止点坐标 x=3222.499;y=6702.710 应抄在 GB54 即第十一、十二栏第 7 行。

利用"外业观测草图"进行导线方位角闭合差计算时,起、终边方位角及起、终点坐标应在略图相应位置,详见图 3-33。

③绘制观测草图

附合导线外业观测草图样图见图 3-33。

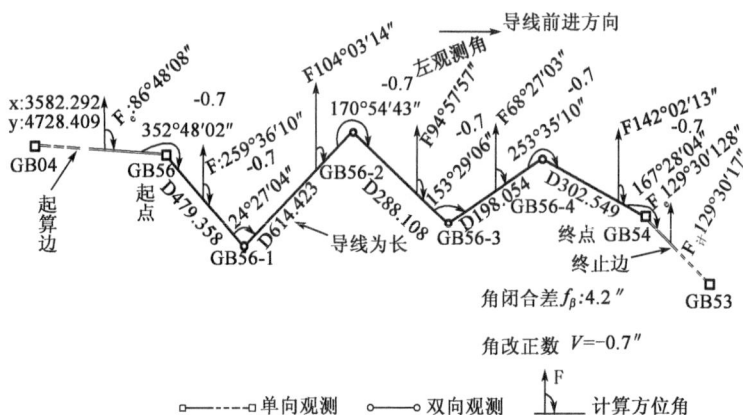

图 3-33 附合导线草图

导线草图是导线外业观测和导线平差计算的辅助工具。

绘制的导线草图上,应在相应位置正确抄录有关数据:

①已知起始边点号、坐标、方位角;

②已知终止边点号、坐标、方位角;

③加密导线点的点号、观测角及边长;

④标明导线前进方向;

⑤用 5800P"DXJS"程序进行导线平差计算。

a. 程序执行操作流程

开机、搜寻"DXJS"文件名——按程序要求,输入相应数据——按程序显示的计算结果抄录在"导线草图"或"导线点计算成果表"中相关栏中。

b. 程序执行操作方法步骤

■ 按 AC 键,开机,清除上次关机时屏幕上保留的内容;

■ 按 FILE ▼ ▲ 键,选用文件名:DXJS;

■ 按 EXE 键,显示:P=?,输入未知导线点数:4;

■ 按 EXE 键,显示:A=?,输入起始边 GB04～GB56 方位角:86°48′08″;

■ 按 EXE 键,显示:B=?,输入终止边 GB54～GB53 方位角:129°30′12″8;

■ 按 EXE 键,显示:I=?,输入起点 GB56X 坐标:3648.912;

■ 按 EXE 键,显示:J=?,输入起点 GB56Y 坐标:5920.823;

■ 按 EXE 键,显示:K=?,输入终点 GB54X 坐标:3222.499;

■ 按 EXE 键,显示:L=?,输入终点 GB54Y 坐标:6702.710;

■ 按 EXE 键,显示:W=0°0′12″25(角度闭合差允许值);

■ 按 EXE 键,显示 C?,输入连接角:352°48′02″;

■ 按 EXE 键,显示:M=259°36′10″(计算的 GB56～GB56-1 边平差前方位角,抄写在导线草图上);

■ 按 EXE 键,显示:C?,输入 GB56-1 点观测角:24°27′04″;

■ 按 EXE 键,显示:M=104°03′14″(计算的 GB56-1～GB56-2 边平差前方位角,抄写在导线草图上);

■ 按 EXE 键,显示:C?,输入 GB56-2 点观测角:170°54′43″;

■ 按 EXE 键,显示:M=94°57′57″(计算的 GB56-2～GB56-3 边平差前方位角,抄写在导线草图上);

■ 按 EXE 键,显示:C?,输入 GB56-3 点观测角:153°29′06″;

■ 按 EXE 键,显示:M=68°27′03″(计算的 GB56-3～GB56-4 边平差前方位角,抄写在导线草图上);

■ 按 EXE 键,显示:C?,输入 GB56-4 点观测角:253°35′10″;

■ 按 EXE 键,显示:M=142°02′13″(计前的 GB56-4～GB54 边平差前方位角,抄写在导线草图上);

■ 按 EXE 键,显示:C?,输入连接角 167°28′04″;

■ 按 EXE 键,显示:M=129°30′17″(计前的 GB54～GB53 边平差前方位角,抄写在导线草图上);

■ 按 EXE 键,显示:F=0°0′04″2(计算的方位角闭合差);

■ 按 EXE 键,显示:F=−0°0′00″7(计算的观测角改正数);

■ 按 EXE 键,显示:Z=352°48′01″3(计算的 GB56 点平差角);

■ 按 EXE 键,显示:M＝259°36′09″3(GB56～GB56-1 边平差方位角);

■ 按 EXE 键,显示:Z＝24°27′03″3(GB56-1 点平差角);

■ 按 EXE 键,显示:M＝104°03′12″6(GB56-1～GB56-2 平差方位角);

■ 按 EXE 键,显示:Z＝170°54′42″3(GB56-2 点平差角);

■ 按 EXE 键,显示:M＝94°57′54.9″(GB56-2～GB56-3 平差方位角);

■ 按 EXE 键,显示:Z＝153°29′05.3″(GB56-3 点平差角);

■ 按 EXE 键,显示:M＝68°27′00.2″(GB56-3～GB56-4 平差方位角);

■ 按 EXE 键,显示:Z＝253°35′09.3″(GB56-4 点平差角);

■ 按 EXE 键,显示:M＝142°02′09.5″(GB56-4～GB54 平差方位角);

■ 按 EXE 键,显示:Z＝167°28′03.3″(GB54 点平差角);

■ 按 EXE 键,显示:M＝129°30′12.8″(GB54～GB53 平差方位角);

至此,导线观测角平差、方位角平差计算结束。从上计算知,平差后的 GB53～GB54 边的方位角 M＝129°30′12.8″等于终止边已知的方位角: 129°30′12.8″,说明计算正确。程序可继续执行下去,接着进行坐标增量平差计算。

■ 按 EXE 键,显示:D?,输入 GB56～GB56-1 导线边长 479.358;

■ 按 EXE 键,显示:X＝－86.512(GB56～GB56-1 边平差前 Δx);

■ 按 EXE 键,显示:Y＝－471.487(GB56～GB56-1 边平差前 Δy);

■ 按 EXE 键,显示:D?,输入 GB56-1～GB56-2 导线边长:614.423;

■ 按 EXE 键,显示:X＝－149.199(GB56-1～GB56-2 边平差前 Δx);

■ 按 EXE 键,显示:Y＝596.033(GB56-1～GB56-2 边平差前 Δy);

■ 按 EXE 键,显示:D?,输入 GB56-2～GB56-3 导线边长:288.108;

■ 按 EXE 键,显示:X＝－24.936(GB56-2～GB56-3 边平差前 Δx);

■ 按 EXE 键,显示:Y＝287.027(GB56-2～GB56-3 边平差前 Δy);

■ 按 EXE 键,显示:D?,输入 GB56-3～GB56-4 导线边长:198.054;

■ 按 EXE 键,显示:X=72.748(GB56-3～GB56-4 边平差前 Δx);

■ 按 EXE 键,显示:Y=184.210(GB56-3～GB56-4 边平差前 Δy);

■ 按 EXE 键,显示:$D^?$,输入 GB56-4～GB54 导线边长:302.549;

■ 按 EXE 键,显示:X=−238.529(GB56-4～GB54 边平差前 Δx);

■ 按 EXE 键,显示:Y=186.118(GB56-4～GB54 边平差前 Δy);

■ 按 EXE 键,显示:G=−0.01534(Δx 坐标增量闭合差);

■ 按 EXE 键,显示:H=0.01366(Δy 坐标增量闭合差);

■ 按 EXE 键,显示:T=0.0205(导线全长绝对闭合差);

■ 按 EXE 键,显示:Q=91632(导线全长相对闭合差分母,分子为1);

至此,导线平差前的坐标增量及坐标增量闭合差、导线精度计算结束,若计算的 Q 大于允许的相对误差分母,则程序继续计算下去。以下程序执行计算坐标增量改正数计算及增量改正计算、导线点坐标平差值计算。

■ 按 EXE 键,显示:N=1(导线平差点序号,下同),

    479.358(导线边长,可不显示。程序㊼序号后删掉 ▲ 即可,下同);

■ 按 EXE 键,显示:DG=0.004(Δx−86.512 的改正数);

■ 按 EXE 键,显示:DH=−0.004(Δy−471.487 的改正数);

■ 按 EXE 键,显示:V=−86.508(改正后 Δx,下同);

■ 按 EXE 键,显示:U=−471.490(改正后 Δy,下同);

■ 按 EXE 键,显示:X=3562.404(点号1,即 GB56-1 点 x 平差值,下同);

■ 按 EXE 键,显示:Y=5449.333(点号1,即 GB56-1 点 y 平差值,下同);

■ 按 EXE 键,显示:N=2,

    614.423;

■ 按 EXE 键,显示:DG=0.005;

■ 按 EXE 键,显示:DH=−0.005;

■ 按 EXE 键,显示:V=−149.194;

■ 按 EXE 键,显示:U=596.028;

■ 按 EXE 键,显示:X=3413.210(点号 2,即 GB56-2x 平差值);

■ 按 EXE 键,显示:Y=6045.361(点号 2,即 GB56-2y 平差值);

■ 按 EXE 键,显示:N=3,

　　　　　　288.108;

■ 按 EXE 键,显示:DG=0.002;

■ 按 EXE 键,显示:DH=−0.002;

■ 按 EXE 键,显示:V=−24.934;

■ 按 EXE 键,显示:U=287.025;

■ 按 EXE 键,显示:X=3388.276(点号 3,即 GB56-3x 平差值);

■ 按 EXE 键,显示:Y=6332.386(点号 3,即 GB56-3y 平差值);

■ 按 EXE 键,显示:N=4,

　　　　　　198.054;

■ 按 EXE 键,显示:DG=0.0016;

■ 按 EXE 键,显示:DH=−0.001;

■ 按 EXE 键,显示:V=72.749;

■ 按 EXE 键,显示:U=184.208;

■ 按 EXE 键,显示:X=3461.025(点号 4,即 GB56-4x 平差值);

■ 按 EXE 键,显示:Y=6516.594(点号 4,即 GB56-4y 平差值);

■ 按 EXE 键,显示:N=5,

　　　　　　302.549;

■ 按 EXE 键,显示:DG=0.002;

■ 按 EXE 键,显示:DH=−0.002;

■ 按 EXE 键,显示:V=−238.526;

■ 按 $\boxed{\text{EXE}}$ 键,显示:U=186.116

■ 按 $\boxed{\text{EXE}}$ 键,显示:X=3222.499(点号 5,即终止点 x 平差值);

■ 按 $\boxed{\text{EXE}}$ 键,显示:Y=6702.710(点号 5,即终止点 y 平差值);

■ 按二下 $\boxed{\text{EXE}}$ 键,程序重新显示 P=?,又开始执行计算。

至此,程序执行结束。程序计算结果见表 3-15。

计算的终止点 x、y 值,等于已知的 x、y 值,说明平差计算正确。按 $\boxed{\text{SHIFT}}$ $\boxed{\text{AC}}$ 键关机。

⑥编制施工导线点成果表

此表业主监理没有下发样表。可自己根据习惯编制。

由于施工导线点成果表中数据,是外业进行平面位置放样的依据,所以表中数据必须填写正确无误。

实践中,该表应包括下述内容:

a.导线点名及其 x、y 坐标值;

b.该导线点与邻点间边长及方位角;

c.该点在实地位置。

(4)闭合导线平差计算案例

①案例

本案例是江西省兴国县滨江西道路延线工程。按城市Ⅱ级次干道标准设计,相当于公路等级二级。由于业主只提供了一组起算数据,施工队据此,并根据施工段地理环境,采用闭合导线形式,加密施工段沿线导线点。

导线等级:二级。

测角方法:左、右角法各半测回,观测角取测站平差值;关于左、右角法(即两个半测回法)测角方法及观测角测站平差,见 2.4 节;

测距方法:全站仪测距功能往返各 3 次读数。

测量仪器:南方测绘全站仪。

导线形式:闭合导线,如图 3-34 所示。

导线全长约 2km,加密导线点 6 点。

②导线平差计算

由于本案例属二级公路二级导线,故选用导线近似平差计算程序计算。

采用 5800P 导线近似平差程序(DXJS 程序)计算方法步骤同上述附合导线。程序执行操作方法步骤亦同上。平差计算结果见表 3-16。

表3-15

江西省交通厅德兴至南昌高速公路建设项目(附合)导线点计算成果表

承包单位:张家口路桥建设集团有限公司　　合同段:B4　　气温:℃

监理单位:江西科力咨询监理有限公司　　本表编号:　　气压:hPa

点号	观测角 (°′″)	改正数 (″)	方位角 (°′″)	边长 (m)	坐标增量 Δx(m)	坐标增量 Δy(m)	改正后坐标增量 Δx(m)	改正后坐标增量 Δy(m)	坐标 x(m)	坐标 y(m)	点号
GB04			86 48 08						3582.292	4728.409	GB04
GB56	352 48 02	−0.7	259 36 09.3	479.358	−86.512 (5)	−471.487 (−4)	−86.508	−471.491	3648.912	5920.823	GB56
GB56-1	24 27 04	−0.7	104 03 12.6	614.423	−149.199 (5)	596.033 (−5)	−149.194	596.028	3562.404	5449.332	GB56-1
GB56-2	170 54 43	−0.7	94 57 54.9	288.108	−24.936 (2)	287.027 (−2)	−24.934	287.025	3413.210	6045.360	GB56-2
GB56-3	153 29 06	−0.7	68 27 00.2	198.054	72.748 (2)	184.210 (−1)	72.750	184.209	3388.276	6332.385	GB56-3
GB56-4	253 35 10	−0.7	142 02 09.5	302.549	−238.529 (2)	186.118 (−2)	−238.527	186.116	3461.026	6516.594	GB56-4
GB54	167 28 04		129 30 12.8						3222.499	6702.710	GB54
GB53									2920.758	7068.705	GB53

辅助计算	1. 角闭合差 f_β:4.2"	5. 测角中误差允许值:$m_{\beta允}=\pm5"$	9. $f_x=-0.015$	13. 导线全长绝对闭合差:±0.021
	2. 角改正数 V:−0.7"	6. $\sum D$:1882.492	10. $\sum\Delta y_计$:781.901	14. 导线全长相对闭合差计:1/91632
	3. 角闭合差允许值:$f_{\beta允}=\pm12.25"$	7. $\sum\Delta x_计$:−426.428	11. $\sum\Delta y_已$:781.887	15. 导线全长相对闭合差允许值:1/15000
	4. 测角中误差:$m_\beta=\pm1.7"$	8. $\sum\Delta x_已$:−426.413	12. $f_y=0.014$	
	注:增量右上角数字为增量改正数,单位:mm			
监理意见:				
				监理工程师: 年 月 日

记录:刘朗晴   计算:罗泽群   复核:张 铮   日期:2009 年 8 月 31 日

注:采用近似平差方法。

ZJ104

表 3-16

江西省交通厅德兴至南昌高速公路建设项目(附合)导线点计算成果表

承包单位:张家口路桥建设集团有限公司　　合同段:B4　　气温:℃

监理单位:江西省科力咨询监理有限公司　　本表编号:　　气压:hPa

点号	观测角 (° ′ ″)	改正数 (″)	方位角 (° ′ ″)	边长 (m)	坐标增量 Δx(m)	Δy(m)	改正后坐标增量 Δx(m)	Δy(m)	坐标 x(m)	y(m)	点号
E172			193 30 56						1054.056	949.733	E172
E171	68 10 53	-1.75	81 41 47.25	397.566	-16 / 57.415	2 / 393.398	57.399	393.400	924.336	918.553	E171
D1	267 02 13	-1.75	168 43 58.5	239.768	-10 / -235.147	1 / 46.847	-235.157	46.848	981.735	1311.953	D1
D2	218 31 15	-1.75	207 15 11.75	458.204	-19 / -407.339	2 / -209.823	-407.358	-209.821	746.579	1358.801	D2
D3	282 45 27	-1.75	310 00 37	354.237	-14 / 227.748	2 / -271.320	227.733	-271.3187	339.221	1148.980	D3
D4	187 16 24	-1.75	317 16 59.5	76.052	3 / 55.877	0 / -51.592	55.873	-51.591	566.954	877.662	D4
D5	146 14 50	-1.75	283 31 47.5	112.074	5 / 26.220	1 / -108.964	26.215	-108.963	622.827	826.070	D5
D6	292 39 50	-1.75							649.0429	717.107	D6

点号	观测角 (° ′ ″)	改正数 (″)	方位角 (° ′ ″)	边长 (m)	坐标增量		改正后坐标增量		坐 标		点号
					Δx(m)	Δy(m)	Δx(m)	Δy(m)	x(m)	y(m)	
D6	292 39 50	−1.75	36 11 35.75								D6
E171	157 19 22		13 30 56	341.136	−14 275.307	2 201.444	275.293	201.446	924.336	918.553	E171
E172											E172

辅助计算

1. 角闭合差 $f_β$:14″
2. 角闭合改正数 $V_β$:−1.75
3. 角闭合差允许值: $f_{β允}$=±45″
4. 测角中误差:$m_β$=±4.9″
5. 测角中误差允许值: $m_允$=±8″
6. $ΣD$:1979.037
7. $ΣΔx_计$:0.080
8. $ΣΔx_已$:0.0
9. f_x=0.080
10. $ΣΔy_计$:−0.010
11. $ΣΔy_已$:0.0
12. f_y=−0.010
13. 导线全长绝对闭合差:±0.081
14. 导线全长相对闭合差计:1/24436
15. 导线全长相对闭合差允许值:1/10000

注:增量右上角数字为增量改正数,单位:mm

监理意见:

记录:　　　　　　监理工程师:

日期:　　年　月　日　　　　年　月　日

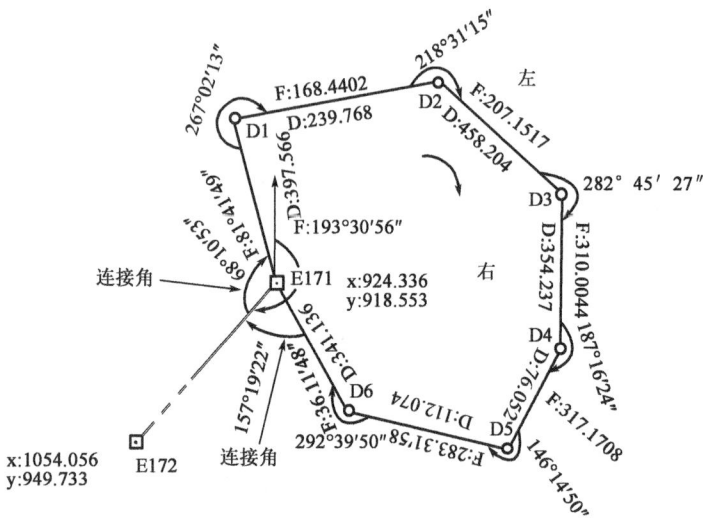

图 3-34 兴国滨江西延线工程闭合导线示意图

这里应特别提醒注意的是：

①程序"DXJS"执行前，应将下述几行修正为：

a. 程序中序号 4，按二级导线方位角闭合差修改为：

$$16\sqrt{(P)} \div 3600 \rightarrow W \hookleftarrow$$

b. 程序中序号 43，按二级导线相对误差修改为：

$$\text{If } Q > 10000 : \cdots\cdots \text{ If End} \hookleftarrow$$

c. 程序中序号 2，按 6 个未知导线点修改为：

$$16 \rightarrow \text{DimZ} \hookleftarrow$$

②用"DXJS程序"计算闭合导线时，应将闭合导线改成附合导线。

本例是闭合导线，外业作业草图如图 1-34 所示，根据其改成的附合导线如图 3-35 所示。

在改成附合导线时，应注意导线起、终点的连接角用左角。

左角的判断方法如下：

面向导线前进方向，左手一侧的观测角为左角，右手一侧为右角。

(5)复测支导线计算案例

①案例

本案例选自广东省南雄自江西大余某国道Ⅲ标一复测支导线。该标段在施工一改路工程时,采用复测支导线加密施工平面控制点。

导线等级:三级。

测角方法:左、右角法各半测回,观测角取测站平差值。

测距方法:全站仪测距功能往返各 3 次读数。

测量仪器:北光博飞 BTS-3082C 型全站仪。

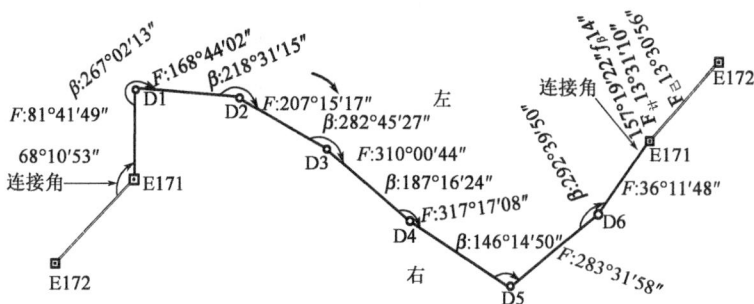

图 3-35 把图 3-34 改成附合导线示意图

F-平差前方位角;β-左观测角

导线形式:复测支导线;略图见表 3-17 左上角。

复测支导线计算表

表 3-17

略图				起算数据	点名	x(m)	y(m)	方位角(° ′ ″)	边长(m)
					GD46	422.809	321.910		
								309 45 36	262.521
					GD47	590.710	120.102		

点号	观测角(° ′ ″)	方位角(° ′ ″)	边长(m)	坐标增量		坐标	
				Δx(m)	Δy(m)	x(m)	y(m)
GD46						422.809	321.910
		309 45 36					
GD47	62 42 15					590.710	120.102
		192 27 51	196.278				
Ⅰ	149 33 24					399.058	077.740
		162 01 15	201.548				
Ⅱ	155 33 39					207.352	139.952
		137 34 54	187.508				
Ⅲ						068.926	266.433

导线全长:约 600m,加密导线点 3 点。

②复测导线计算

选用 5800P 复测支导线程序(FCDXJS 程序)计算。计算结果见表 3-17。

程序执行操作方法步骤:

■ 按 $\boxed{\text{AC}}$ 键,开机,清除上次关机时屏幕上的内容;

■ 按 $\boxed{\text{FILE}}$ 键, $\boxed{\blacktriangledown}$ $\boxed{\blacktriangle}$ 键,选用文件名:FCDXJS;

■ 按 $\boxed{\text{EXE}}$ 键,显示:Z?,输入起始边方位角:309°45′36″;

■ 按 $\boxed{\text{EXE}}$ 键,显示:P?,输入连接角:62°42′15″;

■ 按 $\boxed{\text{EXE}}$ 键,显示:Q?,输入观测角:149°33′24″;

■ 按 $\boxed{\text{EXE}}$ 键,显示:W?,输入观测角:155°33′39″;

■ 按 $\boxed{\text{EXE}}$ 键,显示:E=192°27′51″(导线第 1 边方位角);

■ 按 $\boxed{\text{EXE}}$ 键,显示:F=162°01′15″(导线第 2 边方位角);

■ 按 $\boxed{\text{EXE}}$ 键,显示:T=137°34′54″(导线第 3 边方位角);

■ 按 $\boxed{\text{EXE}}$ 键,显示:M?,输入起始点 GD47 的 x:590.710;

■ 按 $\boxed{\text{EXE}}$ 键,显示:N?,输入起始点 GD47 的 y:120.102;

■ 按 $\boxed{\text{EXE}}$ 键,显示:C?,输入 C 导线边长:196.278;

■ 按 $\boxed{\text{EXE}}$ 键,显示:D?,输入 D 导线边长:201.548;

■ 按 $\boxed{\text{EXE}}$ 键,显示:L?,输入 L 导线边长:187.508;

■ 按 $\boxed{\text{EXE}}$ 键,显示:x=399.058(支导线第 1 点纵坐标值);

■ 按 $\boxed{\text{EXE}}$ 键,显示:y=77.740(支导线第 1 点横坐标值);

■ 按 $\boxed{\text{EXE}}$ 键,显示:A=207.352(支导线第 2 点纵坐标值);

■ 按 $\boxed{\text{EXE}}$ 键,显示:B=139.952(支导线第 2 点横坐标值);

■ 按 $\boxed{\text{EXE}}$ 键,显示:V=68.926(支导线第 3 点纵坐标值);

■ 按 $\boxed{\text{EXE}}$ 键,显示:U=266.433(支导线第 3 点横坐标值)。

至此,程序执行结束。若继续计算另一条复测支导线,按 $\boxed{\text{EXE}}$ 键,若停止计算,按 $\boxed{\text{SHIFT}}$ $\boxed{\text{AC/ON}}$ 键,关机。

上述案例在采用 5800P"FCDXJS2 程序"计算时,只要按程序提示:

① $P^?$ 输入复测支导线未知导线点个数:3;

② $F^?$ 输入书籍起算边正方位角:309°45′36″;

③ $B^?$ 输入起始点 $x=590.710$;

④ $C^?$ 输入起始点 $y=120.102$;

⑤ $T^?$ 按提示每输入一个左观测角,就可计算一个方位角;

$T^?$ 输入 62°42′15″,计算得方位角 $M=192°27′51″$;

$T^?$ 输入 149°33′24″,计算得方位角 $M=162°01′15″$;

$T^?$ 输入 155°33′39″,计算得方位角 $M=137°34′54″$;

⑥ $S^?$ 按提示输入:196.278,201.548,187.508;

则程序计算得:

$N=1$:$X=399.058$;$Y=077.740$;

$N=2$:$X=207.352$;$Y=139.952$;

$N=3$:$X=68.926$;$Y=266.433$。

当显示"OK"时,程序执行结束。

读者可按前述提示,用"FCDXJS2 程序"练习计算。

(6)支点(引点)坐标计算案例

①案例

本案例是广东省中山市东部快线工程榄横路右幅桥桩柱施工中,向基坑内放桥柱底中心点位时,为了方便放样,采用日本拓普康 7001 型全站仪用支点法在基坑附近测设的部分施工导线点,其算例数据及用 5800P 支导线程序:ZDXJS 程序计算的结果见表 3-18。

支导线(引点)坐标计算表 表 3-18

起算数据	点名	x (m)	y (m)	方位角 (° ′ ″)	边长 (m)
	667	1239.866	8071.203	65 54 01	304.287
	666	1364.115	8348.967		

点号	观测角 (° ′ ″)	方位角 (° ′ ″)	边长 (m)	Δx (m)	Δy (m)	x (m)	y (m)
666-1	174 54 25	60 48 26	149.132		1436.854		8479.157
666-2	181 37 29	67 31 30	89.145		1398.194		8431.341
666-3	351 31 15	237 25 16	51.945		1336.144		8305.196

②程序执行操作方法步骤

■ 按 AC 键,开机,清除上次关机时屏幕上保留的内容;

■ 按 FILE ▼键,选用文件名:ZDXJS;

■ 按 EXE 键,显示:$A^?$,输入后视导线点 667 的 X:1239.866;

■ 按 EXE 键,显示:$B^?$,输入后视导线点 667 的 Y:8071.203;

■ 按 EXE 键,显示:$C^?$,输入测站点 666 的 X:1364.115;

■ 按 EXE 键,显示:$D^?$,输入测站点 666 的 Y:8348.967;

■ 按 EXE 键,显示:$I=304.287$(导线起算边边长);

■ 按 EXE 键,显示:$J=65°54'01''$(导线起算边方位角);

■ 按 EXE 键,显示:$P^?$,输入第 1 个支点的观测角:174°54'25'';

■ 按 EXE 键,显示:$S^?$,输入第 1 个支点的边长:149.132;

■ 按 EXE 键,显示:$K=60°48'26''$(第 1 个支点的方位角);

■ 按 EXE 键,显示:$X=1436.854$(第 1 个支点的 x 值);

■ 按 EXE 键,显示:$Y=8479.157$(第 1 个支点的 y 值);

■ 按 EXE 键,显示:$P^?$,输入第 2 个支点的观测角:181°37'29'';

■ 按 EXE 键,显示:$S^?$,输入第 2 个支点的边长:89.145;

■ 按 EXE 键,显示:$K=67°31'30''$(第 2 个支点的方位角);

■ 按 EXE 键,显示:$X=1398.194$(第 2 个支点的 x 值);

■ 按 EXE 键,显示:$Y=8431.341$(第 2 个支点的 y 值)。

以下循环计算,只要按 EXE 键,即显示:$P^?$、$S^?$,就可计算下一点的 $K=$、$X=$、$Y=$。

3.4 水准点的复测和加密

3.4.1 水准点的复测

《规范》规定:使用设计单位设置的水准点之前应仔细校核,并与国家水准点闭合,超出允许误差范围时,应查明原因并及时报告有关部门。

施工单位所采用的水准点是由业主提供的,是公路设计勘测定测阶段布设的。一般来说,从路线勘察设计到路基正式开工,间隔时间都较长,这期间在路线勘察设计阶段所布设的水准点难免损坏丢失。为了保证公路施工质量,满足施工需要,必须对业主提供的水准点成果进行复测校核。

水准点复测工作由工程项目部测量工程师,监理测量工程师,施工队现场测量员组成"水准点复测小组"进行。

(1)实地校核水准点位

根据设计单位提供的水准点成果表,在线路实地逐点勘察校对:

①资料上的点名与实地点位是否一致;

②实地点位完好程度,可利用程度;

③实地点位密度能否满足施工现场放样需要;

④初步考虑水准点加密方案。

实地勘察校核点位中,当发现水准点已被破坏、移动或找不到桩位等情况,应会同监理、项目部工程师拟订补点方案。补点应方便线路高程放样,其高程应与原水准点闭合。

(2)水准点复测的一般规定

①水准点复测的高程系统必须采用原水准点的高程系统。

②复测水准点的等级应与原水准点一致。即高速公路、一级公路应用四等水准;二级及二级以下公路应用五等水准。

③水准点复测应使用不低于 S_3 型的水准仪,四等水准应用 3m 双面水准标尺,五等水准可用塔尺。

④复测水准点时,必须与相邻施工段水准点闭合,以满足全线路高程一致的要求。

(3)水准测量等级及精度

各级公路水准测量等级见表 3-19,水准测量精度见表 3-20。

水 准 测 量 等 级　　表 3-19

公 路 等 级	水准测量等级	水准路线最大长度(km)
高速公路、一级公路	四等	16
二级及二级以下公路	五等	10

水 准 测 量 精 度 要 求　　表 3 20

等级	每公里高差中数中误差(mm)		往返较差、附合或环线闭合差(mm)		检测已测测段高差之差(mm)
	偶然中误差 M_Δ	全中误差 M_W	平原微丘区	山岭重丘区	
四等	±5	±10	$±20\sqrt{L}$	$±6.0\sqrt{n} ±25\sqrt{L}$	$±30\sqrt{L_i}$
五等	±8	±16	$±30\sqrt{L}$	$±45\sqrt{L}$	$±40\sqrt{L_i}$

注:1.计算往返较差时,L 为水准点间的路线长度(km)。

2.计算附合或环线闭合差时,L 为附合或环线的路线长度(km)。

3.n 为测站,L_i 为检测测段长度(km)。

(4)实地复测水准点

实地复测水准点,实践中有下述几种情况:

①施工标段只有一个已知水准点的(这种情况常发生在小施工队承包的不足 1 000m 的施工标段),应用附合水准测量方法,连测到相邻路段的另一已知水准点。

②施工标段只有两个已知水准点的,应用附合水准测量方法,从一个已知水准点联测到另一个已知水准点。

③施工标段有三个以上水准点的,可从路段两端的已知水准点做起,组成附合水准路线,把其余已知水准点视为路线上的待求点。然后用附合水准测量方法联测,再通过对整条路线平差,用计算值与已知水准点的原高程比较。

④与相邻施工路段联测,可采用支水准路线方法。

(5)复测水准点的精度

复测水准点的计算值与原水准点的高程值比较,其较差应符合"水准测量精度要求"(表 3-20)。若出现超过限差现象,则先检查计算,再检查记录手簿,最后实地检查,重新复测,若还是超限,则及时报告主管部门及监理。

3.4.2 水准点的加密

《规范》规定:沿路线每500m宜有一个水准点。在结构物附近,高填深挖路段,工程量集中及地形复杂路段,宜增设水准点。

在施工标段增设加密合理的水准点位,既能很方便地就近控制路线的高程,方便高程放样,又能保证施工中的高程精度。公路施工实践证明,公路勘察设计阶段所布设水准点的分布和密度都不能满足施工现场的需要。因此,施工单位必须根据该作业路段的实际需要、实际地形来加密水准点。我们把加密的水准点称为施工水准点,也可称为临时水准点。

(1)加密施工水准点原则

①加密施工水准点的原则是从高级到低级,即必须从设计单位提供的水准点发展施工水准点。

②施工水准点的高程系统必须与设计单位提供的水准点的高程系统一致,不得自行选择高程系统。

③施工水准点的起、终点必须是设计单位提供的水准点。其测定结果的限差,应符合《规范》要求。

④施工水准点测量精度必须满足高程放样精度。公路高程放样精度是依据《规范》规定的验收限差确定的。《规范》规定的各级公路纵断高程质量标准见表3-21。

路堤施工质量标准　　　　　表 3-21

项次	检 查 项 目	规定值或允许偏差(mm)			检查方法和频率
		高速、一级公路	二级公路	三、四级公路	
1	土质路堤纵断高程	+10,-15	+10,-20	+10,-20	每200m测4个断面
2	填石路堤纵断面高程	+10,-20	+10,-30	+10,-30	每200m测4个断面

注:检查仪器——水准仪。

⑤施工水准点的密度应能满足高程放样的需要。应一站就能放出所需点位高程,测量视距宜控制在80m以内。施工水准点间距宜在160m以内。

（2）施工水准点的选点要求

①施工水准点的密度：施工水准点的密度应保证只架设一次仪器就可以放出或测量出所需要的高程。公路施工实践告诉我们，在一个测站上水准测量前后视距最好在80m，超过80m则要转站才能继续往前测，如果多次转下去，误差便会因积累而增大。因此从实际需要出发，同时又为了保证放样的测量精度，施工水准点间距最好控制在160m范围内。在纵坡较大地段，水准点间距可根据实际地形缩短。施工实践证明，根据上述要求加密的水准点，完全可以满足施工进度的需要，同时又为高程施工放样带来了很大方便；由于放样距离较近，也就保证了精度满足《规范》要求。

②在重要结构物附近，宜布设两个以上的施工水准点。放样时，用一点放样，用另一点检查，从而保证放样高程的准确性。实践证明，这种布设水准点的方法，能避免错误的发生。

③施工水准点位布设地点：公路施工实践中，加密施工水准点位一般布设在填方路段的两侧20m范围内的田坎等，与挖方段交接的山坡脚等易于保存的地方。当路基工程基本完成，挖方段的排水沟或坡脚砌体业已施工完毕，这时水准点位可布设在其水泥抹面上。埋设好的水准点要做点标记，方便以后使用。

④施工水准点应埋设牢固，并要妥善保护。施工实践证明，施工水准点自开工到竣工验收，从路基到路面都要反复使用，所以点位一定要埋设牢固。用大木桩做点位桩时，要打深打牢，并用水泥加固，桩顶上钉一水泥钉，测水准时标尺立在钉面上。

⑤施工水准点位编号要醒目、清晰、易识别。施工中多用"公里数＋号码来编号"，例如K128＋125左-1、K128＋275右-2等，并把高程用红漆写在点号旁边。这样就能很明显地知道该点是控制哪一段的，并可校核所用点高程是否用错。

（3）施工水准点的测设

①施工水准点的测量方案

选择施工水准点的测量方案，应考虑如下因素：

a.施工标段已知水准点的分布、利用情况，前、后相邻标段水准点的分布情况（利于选用与相邻路段水准点联测方案）。

b.施工标段内挖方段、填方段情况。施工初期先加密填方段施工水准点，随着挖方段工程进展，再在挖方段增设施工水准点。

c. 施工高程放样的需要。

根据施工规范,结合实测经验,适用于公路工程加密水准点的施工方案有:

a)单一附合水准路线。

b)单一闭合水准路线。

c)复测支水准路线,即往返测水准路线。

当施工标段只有一个已知水准点时,宜采用闭合水准路线测量;如特殊需要,例如涵洞高程放样等可考虑选用复测支水准路线,当施工标段有两个已知水准点,可采用附合水准路线测量方案。

图 3-36 是一条附合水准测量路线。图中 BMC-46 是起始已知水准点, BMC-47 是终止已知水准点。其间 1、2、3 是转点,K128＋1、K128＋2 和 K129＋1 是欲加密的施工水准点。只要测出 BMC-46 和转 1 点的高差,再测出转 1 点和转 2 点的高差……然后,通过平差计算,就可算出线路各点的高程。

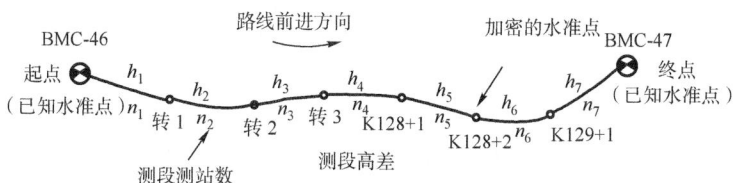

图 3-36 附合水准路线示意图

图 3-37 是一条闭合水准路线。图中 BMC-48 是该路线起点,又是终点,即由该点出发,中间经过许多点(待求点)又回到该点。只要测出各段高差,然后经过平差计算就可算出各点高程。

图 3-38 是一条复测支水准路线。图中 BMC-48 是已知水准点,从此点出发向外支出转 1 转 2、K129＋3、K129＋2 各点,此时可往返测出各点之间高差,然后通过计算就可算出各点高程。为了保证观测质量,所测往返值较差应符合水准测量精度要求。

②施工水准点的测量方法

施工水准点的高程用水准测量方法测定。水准测量就是用水准仪、水准标尺或塔尺(公路施工测量常用的尺子)测定两点间高差的方法。只要知道一点的高程,就可计算出另一点的高程。普通测量常用的水准测量方法有中间法、向前法（前视法）和复合水准测量方法。公路施工测量采用向前法和复合水准测量法。向前法用于路线高程放样，复合水准测量法用于建立施工标段的高程控制系统。

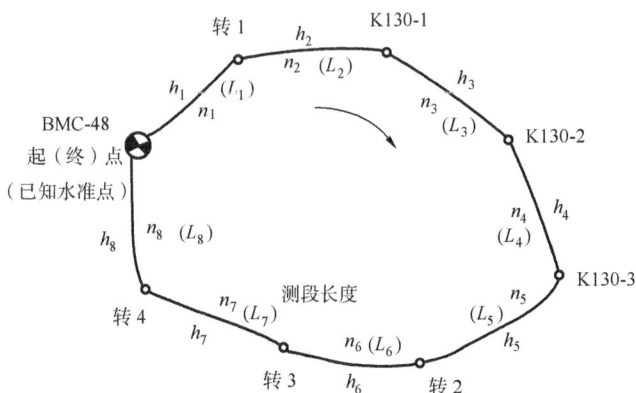

图 3-37　闭合水准路线示意图

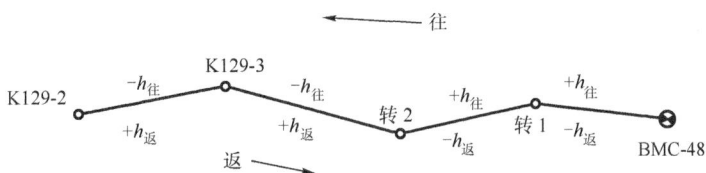

图 3-38　复测支水准路线示意图

由于公路施工是一条狭长地带，每个施工路段多则几公里，少则数百米，这就需要用复合水准测量方法来加密施工高程控制点。

a. 中间法

中间法水准测量的概念如图 3-39 所示。它是把水准仪架在两标尺之间测得两点间高差的。

图中 A、B 是地面两个点，要知两点间高差，可把水准仪架在两点之间，只要读得两点的标尺读数 a 和 b，则 AB 两点间高差为：

$$h_{AB} = a - b \qquad (3\text{-}57)$$

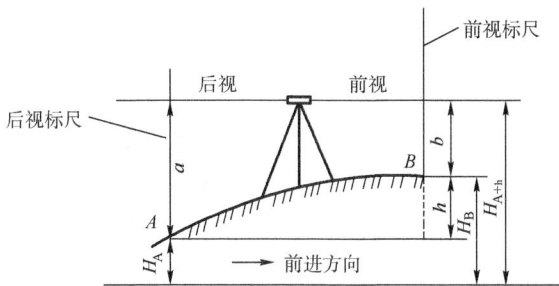

图 3-39 中间法

设定前进方向是 $A \rightarrow B$，则在此路线中，A 标尺为后视，其读数 a；B 标尺为前视，其读数为 b，则两点间的高差等于后视读数减前视读数，简称后视减前视。

如果后视大于前视，则高差为正号，说明前视点高于后视点，如果后视小于前视，则高差为负号，说明前视点低于后视点。

如果 A 点高程 H_A 已知，则 B 点高程为：

$$H_B = H_A + (a - b) = H_A + h_{AB} \tag{3-58}$$

若前视点低于后视点，则：

$$H_B = H_A - h_{AB} \tag{3-59}$$

式中，$(H_A + a)$ 为仪器的水平视线高。

b. 复合水准测量法

前述中间法水准测量，设置一次仪器（叫一个测站）只能测得 AB 两点间高差。若 AB 两点较远，或 AB 两点坡度大，则需连续设置多次仪器才能测得 A、B 两点的高差，这种方法我们称为"复合水准测量法"。这是水准测量中最常用的一种方法。

复合水准测量的概念如图 3-40 所示。

由图知：

$$h_{AB} = h_1 + h_2 + h_3 + \cdots h_n + h_{n+1} \tag{3-60}$$

$$H_B = H_A + h_{AB} \tag{3-61}$$

c. 向前法（前视法）

向前法（前视法）水准测量的概念如图 3-41 所示。它是把水准仪架在一个适当位置，后视一个已知点，前视多个（n 个）待求点，通过计算而求得这些待求点的高程。

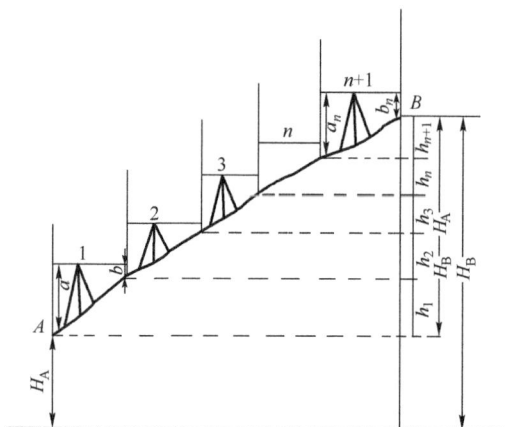

图 3-40　复合水准测量法

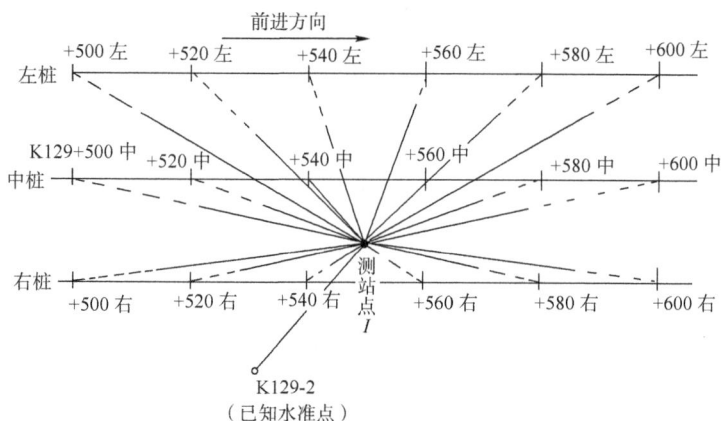

图 3-41　前视法

公路施工实践中,大量而繁复的工作是用前视法测量路线中桩,边桩高程并对这些点位进行高程放样。实践证明,"前视法"是公路施工测量一项很重要的工作。

③施工水准测量的仪器和作业组织

a. 仪器

a)S_3 型水准仪及脚架;

b)双面水准标尺 1 对,用于四等水准测量;

c)塔尺(3m 或 5m),用于五等水准测量及公路施工高程放样测量;

d)尺垫,用于转点;

e)计算工具:普通函数型计算器,$f_x-5800\mathrm{P}$ 或 f_x-9750 GⅡ型计算器等。

b.作业组织

a)观测员 1 人(实践中观测员常兼记簿员);

b)记簿员 1 人;

c)立尺员 2 人或 1 人(双面水准标尺 2 人,塔尺 1 人)。

共计 2~5 人组成水准测量小组。

(4)一个测站上的水准测量工作

①水准测量小组成员分工

观测员:摆站(架仪器)、看仪器(照准标尺)、读数(读取标尺分划数)。

记录员:听取观测员读数、记录、计算各种限差(前、后视距差;红黑面读数差、红黑面所测高差之差等)、计算测站高差。若这些计算符合规范限差要求,通知观测员迁站(搬站),若其中某项超限,则通知观测员重测。

立尺员:将水准标尺垂直立于测点上,听命于观测员的指挥而行动。

水准测量工作是一项集体性质的工作,小组成员只有分工合作,各尽其责才能测出优秀成果。

②一个测站上的操作方法步骤

a.摆站(架置水准仪):将水准仪安置在 A—Ⅰ 的中间部位,如图 3-42 所示。以仪器水平视线为依据,仪器或摆在 A—Ⅰ 连线上,偏左或偏右都可。整平仪器,使望远镜绕竖轴旋转时,符合水准气泡两端影像分离错位不大于 1cm(目视估计)的要求。若用自动安平水准仪,则只须圆气泡居中即可。

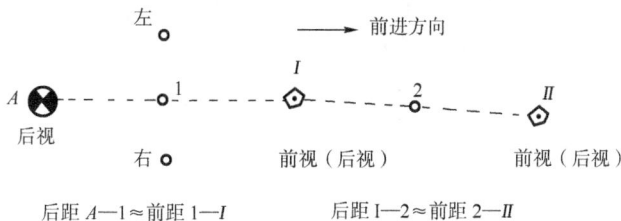

图 3-42　水准测量摆站和立尺

b.立尺:后立尺员将尺垂直立在 A 点上。前立尺员趁观测员摆站时,目估或步量仪器至后视点的距离 A—1,在水准路线前进方向大约等于后视距离处,临时选择 I 点,放下尺垫,立尺其上,待观测员读取后视中丝和距离后,即照准前视标尺先读距离,指挥前视立尺员调整距离,当前视距离 1—I 与后视距离 A—1 之差在《规范》限差内,即将尺垫踩牢。然后将尺立在尺垫圆球顶部。

　　要求:前、后扶尺员在放置水准标尺于尺垫圆球顶部时,应小心轻放,不要狠力砸下,转动尺面时,应将尺轻轻提起转动尺面轻放下去。

　　c.照准及读数。

　　a)照准后视标尺黑面,三丝读数(简称后—黑);

　　b)照准前视标尺黑面,三丝读数(简称前—黑);

　　c)转尺面,照准前视标尺红面,中丝读数(简称前—红);

　　d)照准后视标尺红面,中丝读数(简称后—红)。

以上照准顺序简称为:后—前—前—后。

　　相应的读数顺序简称为:黑黑红红。合称为:后黑前黑前红后红。

　　注意:读视距时用上下丝。实践中常借用倾斜螺旋使下丝切准其附近一整分画,例如 1.00m、1.50m 等,直接读出距离。或在气泡居中情况下读三丝,用上丝减下丝读数,计算距离。

　　在每次读中丝读数以前,观测员须用倾斜螺旋使管水准气泡严密居中(即两个半气泡严密吻合)。

　　读数时,标尺应是垂直位置。读数要准,一口气报四位数,例如:1 384,读至 mm,不报小数点。

　　d.手簿记录及站上的计算。

　　水准记录手簿见表 3-22。表中(1)~(8)表示原始记录次序,(9)~(18)表示测站上的计算次序。现将这些计算说明如下:

　　a)计算同一标尺黑红面之差。

$$(9)=(4)+K-(7);(10)=(3)+K-(8)$$

式中:K——标尺红黑面常数差。在本例中,1 号尺 $K=4\,787$mm,2 号尺 $K=4\,687$mm。

　　b)计算标尺黑面之差和红面之差。

$$(11)=(3)-(4);(12)=(8)-(7)$$

实际作业中,在观测员报出后视红面读数(8)后,记簿员只要将(8)读数与事先算出的(3)+K值(4 787)之和进行比较,若在限差内,即可通知观测员迁站。例如,表中(3)+4 787＝6 171,读数员报 6 171,其差不大于 3mm,即叫观测员迁站。以下的各项计算,再抽空算出。所以要求记簿员要算的准而快(可靠计算器帮助完成)。

三、四等水准测量手簿

表 3-22

测自 BM-47 至 BM-48　　　　　　　　　　　观测者:陈宗湖

2007 年 3 月 10 日　　　　　　天气:晴　　记簿者:彭　刚

始　9 时 10 分　　　　　　　成像:清晰

终　11 时 30 分

测站编号	后尺 下丝 上丝 / 后距 视距差	前尺 下丝 上丝 / 前距 Σd	方向及尺号	标尺读数 黑面	标尺读数 红面	$K+$ 黑－红	高差中数	备注
	(1)	(5)	后	(3)	(8)	(10)		
	(2)	(6)	前	(4)	(7)	(9)		
	(15)	(16)	后—前	(11)	(12)	(13)	(14)	
	(17)	(18)						
	1 571	0739	后 I	1 384	6 171	0		
	1 197	0363	前 II	0551	5 239	−1		
	37.4	37.6	后—前	+0.833	0.932	+1	0.832 5	
	−0.2	−0.2						

c)黑红面高差的验算。

$$(13)=(11)-(12)\pm100=(10)-(9)$$

式中:100——两标尺的常数之差,$4\,687-4\,787=-100$ 或 $4\,787-4\,687=$
$\qquad$ 100;如果以起始分划线 4 787 为后视标尺,则应加 100;如果以
$\qquad$ 起始分划线 4 687 为后视标尺,则应减 100。

d)黑红面高差中数的计算。

$$(14)=\frac{1}{2}\left[(11)+(12)\pm100\right]$$

高差中数取至 0.1mm。

e)视距计算。

$$(15)=(1)-(2);(16)=(5)-(6)$$

f)本站前后视距差及本站的视距累积差之计算。

$$(17)=(15)-(16)$$

$$(18)=(17)+前一站的(18)$$

g)手簿之逐页检核计算。

每天外业观测结束后,应在手簿上逐站检查

$$(13)=(11)-(12)\pm100=(10)-(9)$$

检查无误后,再用下式检核高差中数

$$(14)=\frac{1}{2}\big[(11)+(12)\pm100\big]=(11)-\frac{1}{2}(13)=(12)\pm100+\frac{1}{2}(13)$$

此外,应求出 $\sum 3$、$\sum 4$、$\sum(11)$、$\sum(8)$、$\sum(7)$、$\sum(12)$ 和 $\sum(14)$ 之值,并用下式检核

$$\sum(11)=\sum(3)-\sum(4)$$

$$\sum(12)=\sum(8)-\sum(7)$$

当该页手簿为偶数站时

$$\sum(14)=\frac{1}{2}\big[\sum(11)+\sum(12)\big]$$

当该页手簿为奇数站时

$$\sum(14)=\frac{1}{2}\big[\sum(11)+\sum(12)\pm100\big]$$

③第二测站及以后各测站上的水准测量的操作方法步骤

在第 2 测站,原第一测站的前视标尺的尺垫 I 保持在原来位置不动,只要翻转尺面即为后视尺(简称前转后)。而原第 1 测站的后视标尺员,亦用目估或步量第二站仪器至后视尺的距离 2—I,选定第二测站的前视点 II,放下尺垫踩稳踩牢(图 3-42 中 I—2—II 部分)。

以下各测站的水准测量仿上述方法进行。

最后,根据公式 $h=a-b$ 算出各段的高差。

$$\left.\begin{array}{l} h_1=a_1-b_1 \\ h_2=a_2-b_2 \\ \cdots \\ h_n=a_n-b_n \end{array}\right\} \tag{3-62}$$

把各段的高差相加,便可得到 A、B 两点的高差 h_{AB}

$$h_{AB} = h_1 + h_2 + \cdots + h_n \tag{3-63}$$

或

$$h_{AB} = (a_1 - b_1) + (a_2 + b_2) \cdots + (a_n - b_n) = \sum_1^n a - \sum_1^n b \tag{3-64}$$

即终点对于起点的高差等于各段高差的代数和,它等于后视读数的总和减去前视读数的总和。由此,可以检查外业观测记录、手簿计算的正确性。

若已知 A 点的高程,则 B 点的高程

$$H_B = H_A + h_{AB} = H_A + (\sum_1^n a - \sum_1^n b) \tag{3-65}$$

以上介绍的是采用双面标尺进行水准测量的操作方法步骤。

当用单面水准标尺时,其操作方法步骤如下:

a. 摆站及立尺。同双面水准标尺的方法。

b. 照准及读数。

a)照准后视标尺,三丝读数;

b)照准前视标尺,三丝读数;

c)变换仪器高 10cm 以上,重新整平仪器,此时,标尺立原位;

d)照准前视标尺,中丝读数;

e)照准后视标尺,中丝读数。

以上的照准读数顺序简称为:后—前—变高—前—后。

手簿记录及手簿上的计算参照双面水准标尺的水准测量。

(5)水准测量有关各项限差

水准测量过程中,应严格控制各项限差,只要每项限差符合《规范》要求,水准测量的质量就一定能保证。水准测量时的各项限差要求见表3-23。

水准测量的限差要求   表 3-23

等级	仪器类型	标准视线长度(m)	前后视距差(m)	前后视距差累计(m)	红黑面读数差(mm)	红黑面所测高差之差(mm)	检测同间点高差之差(mm)
三等	S_3	75	2.0	5.0	2.0	3.0	3.0
四等	S_3	100	3.0	10.0	3.0	5.0	5.0
五等	S_3	100	大致相等	—	—	—	—

(6)水准测量的注意事项

水准测量工作中的粗心、大意和疏忽,都会导致发生错误,为公路工程建设带来损失,例如附合气泡不吻合、尺子立的不垂直或前倾后仰、立尺点变动等都会使测量结果产生错误。因此在进行水准测量时,应精力集中、仔细认真。为了保证水准测量质量,在进行水准测量时应特别注意以下几点:

①用复合法测量路线施工水准点高程时,每测站应尽量架在两点中间。用"向前法"进行高程测量或放样时,仪器要校正好"i 角"。

②仪器要安置稳妥,在松散地方架设仪器,脚架一定要踩牢。来回走动照准标尺读数时不要碰动脚架。架设仪器尽量避免骑腿;随时检查脚螺旋有没有拧紧。

③测设施工控制水准线路,应使用 3m 水准标尺一对。尽量避免使用塔尺。旧的塔尺接头处分画误差很大。一般情况下,塔尺可用于等外水准测量。

④扶尺员一定要把尺子立在点位上,且要立垂直。为避免尺子前倾后仰,左歪右斜,可在尺边挂垂球控制。

⑤读数时,一定要用微倾螺旋使附合气泡两个半边气泡吻合。读数时,要果断,要稳、准,切不可三心二意拿不定主张,而且不准凑数。用自动安平水准仪读数时,一定要使圆气泡居中。

⑥转点要选在坚硬牢固的路边石等处,若用尺垫一定要踩牢踩稳,转动尺面要提起尺子。

⑦用塔尺进行水准测量时,一定要每节拉到位。测量过程中要经常检查抽出的尺有没有滑落。

⑧读数后必须立刻记在手簿上,不应记在心中或随便什么纸上,不准靠回忆补记。记录要整洁、清晰、真实。记错应整齐划掉,重新记录,不准涂改。

⑨转站时,一定要检查本站记录、计算正确无误,各项限差符合《规范》要求,才可挪动仪器迁站。

⑩为了避免仪器受烈日暴晒,测量时要打伞。夏季中午气流不稳定,仪器横丝跳动,不宜进行水准测量。

⑪施工水准点的测量精度必须满足《规范》规定的"水准测量精度要求",详见表 3-20。水准测量作业过程中的各项限差必须满足"水准测量的

限差要求",详见表 3-23。

（7）施工水准路线的计算

公路施工实践中,施工水准测量常采用水准近似平差法。其计算步骤如下:

①仔细认真检查外业各项记录和高差计算值,如发现问题,应查明原因予以纠正。

②绘制外业水准路线草图,在草图上注明已知水准点名及高程（从水准点成果表中抄取）;注明各相邻点间的实测高差及距离（从水准测量手簿上抄取）。标明水准线路往返测方向。

③计算高差闭合差。

④计算高差改正数。

⑤计算改正后的高差。

⑥计算施工水准点高程。

⑦编制施工水准点成果表。

公路施工水准路线近似平差基本计算公式:

计算水准路线实测高差总和 $\sum h_{测}$。

$$\sum h_{测} = h_1 + h_2 + h_3 + \cdots\cdots + h_i \tag{3-66}$$

式中: h_i——水准路线每测段实测高差或每测站高差。

计算路线起、终点已知高差 $\sum h_{已}$。

对于附合水准路线

$$\sum h_{已} = H_{终} - H_{起} \tag{3-67}$$

对于闭合水准路线

$$\sum h_{已} = H_{终（起）} - H_{起（终）} = 0 \tag{3-68}$$

计算路线的高差闭合差 Δh。

对于附合水准路线

$$\Delta h = \sum h_{测} - \sum h_{已} \tag{3-69}$$

对于闭合水准路线

$$\Delta h = \sum h_{测} - 0 = \sum h_{测} \tag{3-70}$$

对于支水准路线

$$\Delta h = \sum h_{往} - \sum h_{返} \tag{3-71}$$

计算路线允许的高差闭合差 $\Delta h_{容}$。

各等级水准测量的高差容许闭合差的限差值见表 3-24。水准测量的高差闭合差在表 3-24 规定的范围内,则认为是合格的。超过规定的限差,应先检查计算,再检查手簿记录及计算,最后外业返工。

高差容许闭合差的限差要求 表 3-24

等　　级	路 线 种 类	
	路线往返测闭合差(mm)	附(闭)合路线闭合差(mm)
三等	$\pm 12\sqrt{K}$	$\pm 12\sqrt{L}$
四等	$\pm 20\sqrt{K}$	$\pm 20\sqrt{L}$
五等	$\pm 30\sqrt{K}$	$\pm 30\sqrt{L}$

注:K 为相邻两水准点间距离,单位:km;L 为附(闭)路线的长度,单位:km。

计算高差改正数 V_h。

水准测量近似平差一般以相反的符号按相邻两点间的测站数成正比改正,或按路线距离成正比改正。即

$$V_h = -\frac{\Delta h}{\sum n_i} \cdot n_i \tag{3-72}$$

或

$$V_h = -\frac{\Delta h}{\sum D_i} \cdot D_i \tag{3-73}$$

式中:Δh——高差闭合差;

$\quad n_i$——相邻两水点间测站数;

$\quad \sum n_i$——路线测站数总和;

$\quad D_i$——相邻两水点间的距离;

$\quad \sum D_i$——路线距离总和。

计算改正后的高差(h_i)。

$$(h_i) = h_i + V_{h_i} \tag{3-74}$$

检查:

$$\sum (h_i) = \sum h_{已} \tag{3-75}$$

式中:$\sum (h_i)$——改正后高差的总和。

计算施工水准点高程(平差值)。

$$\left. \begin{aligned} H_1 &= H_{已起} + h_1 \\ H_2 &= H_1 + h_2 \\ &\cdots \\ H_{终计} &= H_i + h_i \end{aligned} \right\} \tag{3-76}$$

检查

$$H_{终计} = H_{终已} \tag{3-77}$$

式中:$H_{已起}$——水准路线起点已知高程;

　　$H_{终已}$——水准路线终点已知高程;

　　$H_{终计}$——水准路线经平差后的终点计算高程。

(8)公路施工水准测量近似平差计算程序清单

本节所介绍的公路施工水准测量近似平差计算程序,是依据上述基本计算公式,采用 f_x-5800P 型计算器编程功能编辑的。

①单一水准路线的平差计算程序

公路施工是在一条狭长地带进行的,根据这一特点,施工标段复测、加密水准点时常用单一附合水准路线。闭合水准路线则少用。

a. 文件名:SZJS(水准计算)

b. 程序清单

1. "P"? P:"D"? D:"A"? A:"B"? B↵

2. 8→Dim Z↵

3. D+1→D↵

4. 0→N:0→F:0→M↵

5. Lbl 0↵

6. N+1→N↵

7. "C"? C:"K"? K↵

8. C→Z〔2N-1〕:F+C→F↵

9. K→Z〔2N〕:M+K→M↵

10. If N<D:Then Goto 0:IfEnd↵

11. If P=1:Then 0.02 $\sqrt{(M)}$→W:Else 0.025 $\sqrt{(M)}$→W:IfEnd↵

12. "W=":W ◣　　　　　　　　　　　(高差闭合差允许值)

13. "F=":F+A-B→F ◣　　　　　　　　(高差闭合差)

14. If Abs(F)<W:Then-F÷M→V:Else Goto E:IfEnd↵

15. 0→N:A→G↵

16. Lbl 1↵

17. "N=":N+1→N ◣　　　　　　　　　(未知水准点序号)

18. "H=":VZ〔2N〕→H ◣　　　　　　　(高差改正数)

19. "G=":G+Z〔2N-1〕+VZ〔2N〕→G ◢

20. If N<D:Then Goto 1:IfEnd ↵

21. B→G ↵

22. LbI E

程序中:P? ——P=1代表平坦地区,其余数字代表山地;

P? ——P=1代表平坦地区,其余数字代表山地;

D? ——未知水准点数量;

A? ——水准路线起始点高程;

B? ——水准路线终止点高程;

C? ——测段高差;

K? ——测段路线长度(km)或测站数;

W——规范规定的高差闭合差允许值;

F——实测的高差闭合差;

N——未知水准点序号;

H——高差改正数;

G——未知水准点平差后的高程。

c.程序功能及注意事项

a)本程序可进行单一附合水准路线平差计算,也可计算单一闭合水准路线。只是在计算闭合水准路线时,需将路线终点高程输入为起点高程。

b)程序执行时,P? 输入1,计算平坦地区水准路线,此时 K 应输入测段路线长,单位为 km,例如 170m,应输入 0.170。

P? 输入2,计算山岭重丘区的水准路线,此时 K 可输入测段测站数,也可输入测段路线长,但应按规范规定设置高差闭合差允许值。

c)程序执行前,应对下述两行重新设置:

8→DimZ,程序中是按3个未知点设置的。计算时应根据实际的未知点数,进行修改。例如:未知点个数为 n,则应将其修改为数值 2(n+1);例如:n=5,则修改为:12→DimZ。

程序中水准路线高程闭合差的允许值是按照四等水准测量设置的,即 P=1,0.02 $\sqrt{(M)}$→W,P=2,0.025 $\sqrt{(M)}$;计算时应按水准路线的实际等级修改。

②复测支水准路线计算程序

a. 文件名:FCSZJS(复测水准计算)

b. 程序清单

1. "P"? P:"A"? A ↵

2. n→DimZ ↵

3. P→P ↵

4. 0→N:0→K ↵

5. LbI 0 ↵

6. N+1→N ↵

7. "B"? B ↵

8. B→Z[2N−1]:K+B→K ↵

9. If N<P:Then Goto 0:If End ↵

10. 0→N:A→Q ↵

11. LbI 1 ↵

12. "N=":N+1→N ◣

13. "Q=":Q+Z[2N−1]→Q ◣

14. If N<P:Then Goto 1:IfEnd ↵

15. A→Q ↵

16. "OK"

程序中:P——未知水准点个数;

A——支水准路线起始点高程;

B——支水准路线上水准点间高差;

N——未知水准点(加密点)的序号;

Q——未知水准点高程。

c. 程序功能及注意事项

a)本程序可计算复测支水准路线上加密的水准点高程。

b)程序执行前,应对添加额外变量重新设置,程序中:n→DimZ;n 等于未知水准点数×2,例如,P=5,则 n=10,即 10→DimZ。

在公路工程施工水准测量中,水准路线高程闭合差的限差:高速、一级公路为 $\pm 20\sqrt{L}$(mm);二级以下公路为 $\pm 30\sqrt{L}$(mm)。其中,L 为水准路线长度,单位为 km。

（9）公路施工水准测量近似平差计算案例

①附合水准测量近似平差程序计算案例

表 3-25 中的图是××高速公路××标段加密施工水准点外业测量略图。图中，BM44 是该水准路线起点，BM46 是该水准路线终点。全长 0.8km，加密施工水准点 3 点：K129－1、K129－2、K129＋3。

这是一条典型的单一附合水准路线。在公路工程施工测量中，常用这种形式加密施工水准点。

选用 SZJS 程序进行单一附合水准路线平差时，可按下述方法步骤进行：

a. 将 SZJS 程序中有关字符标在外业草图的相关位置上，例如："A"标在 BM44 旁，"B"标在 BM46 旁，"C"标在 h_1 旁等。这样做方便程序输入数字，不易输错。对于初涉程序计算的新手来说，这样很有帮助。

b. 将外业草图上，或水准记录手簿上有关测量数据整理在"施工水准测量计算表"中。

c. 用 SZJS 程序计算平差高程。

操作方法步骤（表 3-25）。

（附合）施工水准点平差计算表 表 3-25

点名	高程(m)
BM44	114.684
BM46	108.010

外业草图：

BM44 114.684 A，h_1 0.835 C，S:3 0.17km；K129-1 D T:4 0.21km；h_2 -4.294 U:2 0.25km K129-2 V:3 0.17km；E h_3 1.098 K129-3 B BM46 108.010；h_4 F 4.325

点名	高差(m)	测站(个)	距离(m)	高程(m)	所在地
BM44				114.684	K129＋000 右小道石上
	2 0.835	3	170		
K129-1				115.522	K129＋180 右井沿上
	3 －4.294	4	210		
K129-2				111.232	K129＋391 左田坎木桩
	4 1.098	2	250		
K129-3				112.332	K129＋650 左田坎木桩
	3 －4.325	3	170		
BM46				108.010	K129＋670 左路桥头
					控制 K128＋900～K129＋760 施工段

辅助计算	①$\sum h_{计}=-6.686$m　4.$N=12$ ②$\sum h_{已}=-6.674$m　5.$\sum D=0.800$km ③$\Delta h_{计}=-0.012$m　6.$\Delta h_{容}=\pm20\sqrt{L}=\pm0.018$m	检查计算 $\Delta h=-\sum V=-0.012=$ 0.012m 观测：×××　计算：×××

注:高差右上角为高差改正数。

■ 按 AC 键,开机,清除上次屏幕上保留的内容;

■ 按 FILE ▼ 键,选择文件名:SZJS;

■ 按 EXE 键,显示:P?,输入 P=1,(平坦地区);

■ 按 EXE 键,显示:D?,输入未知水准点数 3;

■ 按 EXE 键,显示:A?,输入起点高程:114.684m;

■ 按 EXE 键,显示:B?,输入终点高程:108.010m;

■ 按 EXE 键,显示:C?,输入测段高差:0.835m;

■ 按 EXE 键,显示:K?,输入测段长度:0.170km;

■ 按 EXE 键,显示:C?,输入第二测段高差:−4.294m;

■ 按 EXE 键,显示:K?,输入第二测段长度:0.210km;

■ 按 EXE 键,显示:C?,输入第三测段高差:1.098m;

■ 按 EXE 键,显示:K?,输入第三测段长度:0.250km;

■ 按 EXE 键,显示:C?,输入第四测段高差:−4.325;

■ 按 EXE 键,显示:K?,输入第四测段长度:0.170;

■ 按 EXE 键,显示:W=0.018(规范规定的限差);

■ 按 EXE 键,显示:F=−0.012(实测高差闭合差);

■ 按 EXE 键,显示:N=1(未知水准点序号 1);

■ 按 EXE 键,显示:H=0.00255(高差改正数);

■ 按 EXE 键,显示:G=115.52155(未知点 1 的高程平差值);

■ 按 EXE 键,显示:N=2(未知水准点序号 2);

■ 按 EXE 键,显示:H=0.00315(高差改正数);

■ 按 EXE 键,显示:G=111.23070(未知点 2 的高程平差值);

■ 按 EXE 键,显示:N=3(未知水准点序号 3 的序号);

■ 按 EXE 键,显示:H=0.00375(高差改正数);

■ 按 EXE 键,显示:G=112.33245(未知点 3 的高程平差值);

■ 按 EXE 键,显示:N=4(未知水准点序号(终点));

■ 按 EXE 键,显示:H=0.00255(高差改正数);

■ 按 EXE 键,显示:G=108.01000(计算的终点高程,等于设计的终点高程);

计算结束。按 EXE 键,开始计算另一条路线或按 SHIFT AC 键关机。

注意:①计算结果见表 3-25。

②计算中的高差改正数,可记乘在表 3-25 高差数的右上角;例如:

2 4   4   3

0.835;—4.294;1.098;—4.325;

由于程序计算中的四舍五入问题,高差改正数有 1mm 误差!

③程序在使用前,应按程序功能及注意事项②,对程序有关语句,进行重新设置!

计算完成后,应编制施工水准点成果表,以方便查用。其样式见表 3-26。

施工水准点高程成果表 表 3-26

控制:K128+900
至 K129+760 段

序　号	编　　号	高程(m)	相对路线位置	所 在 地
1	BM44	114.684	K129+000 右 30m 小道	小道右边
2	BM46	108.010	K129+670 左 100m 桥	桥西头
3	K129-1	115.522	K129+180 右 25m	水井沿上
4	K129-2	111.232	K129+391 左 31m	田坎头
5	K129-3	112.332	K129+650 右 41m	田坎中部

②闭合水准测量近似平差程序计算案例

算例数据见表 3-27。

（闭合）施工水准点平差计算表

表 3-27

控制：K12＋000
至 K12＋600 段

点名	高程	备注
BM42	129.919	拟自高程成果
		表第 1 页
		K11＋980 左屋
		下石墩上

外业草图

点名	高差(m)	测站(个)	距离(m)	高程(m)	所在地
BM2				129.919	K11＋980 左屋下石墩上
	−2 −1.390	2	195		
K12＋200 左				128.527	K12＋200 左水沟
	−1 −0.401	1	96		
K12＋350 左				128.125	K12＋350 左平台
	−1 −0.139	1	103		
K12＋500 左				127.985	K12＋500 左平台
	−1 −0.913	1	95		
K12＋330 右				127.071	K12＋330 右水沟
	−1 −0.719	1	101		
K12＋220 右				126.351	K12＋220 右水沟
	−1 −0.544	1	98		
K12＋100 右				125.806	K12＋100 右平台
	−4 4.117	4	392		
BM2				129.919	

辅助计算	①$\sum h_计 = 0.011$m	④$N = 11$ 个	⑦$\sum D = 1.08$km
	②$\sum h_已 = 0.000$m	⑤$\Delta h_容 = \pm 20\sqrt{1.08} = \pm 0.021$m	
	③$\Delta h_计 = 0.011$m	⑥$\sum Vh = -0.011$m	观测者：×××　计算者：×××

此例是××高速公路××施工段加密的一条施工水准路线。此水准路线从已知水准点 BM42 开始，发展了 6 个施工水准点，最后又闭合到已知水

133

准点 BM42。

这是一条典型的单一闭合水准路线。在公路工程施工测量中,常用这种形式加密施工水准点。

采用"SZJS"程序计算前,应先将程序做如下修改:

a. 将程序中第 2 句:8→DimZ,修改为:2(6+1)→DimZ,即 14→DimZ;

b. 此例用距离分配高程闭合差,因此 K? 输入测段距离,单位 km;

c. 此例为闭合水准路线,在输入路线终点高程时应注意将其输入为起点高程。

SZJS 程序执行操作方法步骤如下:

■ 按 AC 键,开机;

■ 按 FILE ▼ 键,将光标移至文件名 SZJS 旁;

■ 按 EXE 键,显示:P?,输入 1;

■ 按 EXE 键,显示:D?,输入未知点数 6;

■ 按 EXE 键,显示:A?,输入起点高程 129.919;

■ 按 EXE 键,显示:B?,输入终点高程 129.919;

■ 按 EXE 键,显示:C?,输入测段高差−1.390;

■ 按 EXE 键,显示:K?,输入测段距离 0.195;

■ 按 EXE 键,显示:C?,输入测段高差−0.401;

■ 按 EXE 键,显示:K,输入测段距离 0.096;

■ 按 EXE 键,显示:C?,输入测段高差−0.139;

■ 按 EXE 键,显示:K?,输入测段距离 0.103;

■ 按 EXE 键,显示:C?,输入测段高差−0.913;

■ 按 EXE 键,显示:K?,输入测段距离 0.095;

■ 按 EXE 键,显示:C?,输入测段高差−0.719;

■ 按 EXE 键,显示:K,输入测段距离 0.101;

■ 按 EXE 键,显示:C?,输入测段高差−0.544;

■ 按 EXE 键,显示:K?,输入测段距离 0.098;

■ 按 EXE 键,显示:C?,输入测段高差 4.117;

■ 按 EXE 键,显示:K?,输入测段距离 0.392;

■ 按 EXE 键,显示:W=0.021(水准路线高程闭合差限差);

■ 按 EXE 键,显示:F=0.011(水准路线高程闭合差);

■ 按 EXE 键,显示:N=1(第 1 个未知点);

■ 按 EXE 键,显示:H=−0.002(高差改正数);

■ 按 EXE 键,显示:G=128.527(第 1 个未知点平差值);

■ 按 EXE 键,显示:N=2(第 2 个未知点);

■ 按 EXE 键,显示:H=−0.001(高差改正数);

■ 按 EXE 键,显示:G=128.125(第 2 个求知点平差值);

■ 按 EXE 键,显示:N=3(第 3 个未知点);

■ 按 EXE 键,显示:H=−0.001(高差改正数);

■ 按 EXE 键,显示:G=127.985(第 3 个未知点平差值);

■ 按 EXE 键,显示:N=4(第 4 个未知点);

■ 按 EXE 键,显示:H=−0.001(高差改正数);

■ 按 EXE 键,显示:G=127.071(第 4 个未知点平差值);

■ 按 EXE 键,显示:N=5(第 5 个未知点);

■ 按 EXE 键,显示:H=−0.001(高差改正数);

■ 按 EXE 键,显示:G=126.351(第 5 个未知点平差值);

■ 按 EXE 键,显示:N=6(第 6 个未知点);

■ 按 EXE 键,显示:H=−0.001(高差改正数);

■ 按 EXE 键,显示:G=125.806(第 6 个未知点平差值);

■ 按 EXE 键,显示:N=7(起、终已知点);

■ 按 $\boxed{\text{EXE}}$ 键,显示:H＝－0.004(高差改正数);

■ 按 $\boxed{\text{EXE}}$ 键,显示:G＝129.919(起、终点计算值,应与已知值相等);

计算结束。按 $\boxed{\text{EXE}}$ 键,开始计算另一条路线或按 $\boxed{\text{SHIFT}}$ $\boxed{\text{AC}}$ 关机。

③复测支水准路线高程程序计算案例

作者曾在××县××乡××村公路改造工程中测设-施工复测支水准路线,路线全长 1.1km,发展 6 个施工水准点,其外业草图,观测数据,用 FCSZJS 程序计算结果见表 3-28。

复测支水准高程计算表   表 3-28

点名	$h_{往}$(m)	$h_{返}$(m)	中数(m)	高程(m)	所在地
BMI				841.704	看林房前石上 K12＋626 右
1	11.750	－11.754	11.752	853.456	K12＋512 左大树下
2	17.775	－17.776	17.776	871.232	K12＋404 右树桩
3	－0.163	0.165	－0.164	871.068	K12＋129 右树桩
4	－1.373	1.374	－1.374	869.694	K12＋010 左石上
5	7.591	－7.593	7.592	877.286	K11＋856 左石上
6	2.657	－2.652	2.655	879.941	K11＋511 右石上

注:计算时高差符号以往测为准。

采用 FCSZJS 程序(复测水准计算)计算操作方法步骤:

a. 设置程序第 2 行:n→DimZ ↵;本例加密水准点 6 个,则 n＝12,即 12 →DimZ ↵

b. 执行程序

■ 按 $\boxed{\text{AC}}$ 键,开机,清除上次屏幕上保留的内容;

■ 按 FILE ▼ 键,选择文件名:FCSZJS;

■ 按 EXE 键,显示:P?,输入未知水准点个数:6;

■ 按 EXE 键,显示:A?,输入复测水准路线起点高程 841.704;

■ 按 EXE 键,显示:B?,输入第 1 测段间高差:11.752;

■ 按 EXE 键,显示:B?,输入第 2 测段间高差:17.776;

■ 按 EXE 键,显示:B?,输入第 3 测段间高差:-0.164;

■ 按 EXE 键,显示:B?,输入第 4 测段间高差:-1.374;

■ 按 EXE 键,显示:B?,输入第 5 测段间高差:7.592;

■ 按 EXE 键,显示:B?,输入第 6 测段间高差:2.655;

■ 按 EXE 键,显示:N=1［未知水准点(加密点)序号］;

■ 按 EXE 键,显示:Q=853.456(序号 1 点高程);

■ 按 EXE 键,显示:N=2(序号 2);

■ 按 EXE 键,显示:Q=871.232(序号 2 点高程);

■ 按 EXE 键,显示:N=3(序号 3);

■ 按 EXE 键,显示:Q=871.068(序号 3 高程);

■ 按 EXE 键,显示:N=4(序号 4);

■ 按 EXE 键,显示:Q=869.694(序号 4 高程);

■ 按 EXE 键,显示:N=5(序号 5);

■ 按 EXE 键,显示:Q=877.286(序号 5 高程);

■ 按 EXE 键,显示:N=6(序号 6);

■ 按 EXE 键,显示:Q=879.941(序号 6 高程);

■ 按 EXE 键,显示:OK 程序计算结束。

若继续计算下一条水准路线,则按 EXE 键;若结束计算,则按 SHIFT AC 键关机。

3.5 经纬仪高程测量

3.5.1 经纬仪高程测量在公路施工中的应用

笔者在多年路基施工实践中,常用经纬仪高程测量方法代替水准仪测量方法在下述作业中测定点位高程。

(1)路堑堑顶放样中测量堑顶放样点的实地高程。

(2)路堤坡脚放样点的实地高程测量。

(3)路堑平台、路堤平台放样点的实地高程测量。

上述三处高挖、高填坡度大,爬山水准测量难度大,且耗时耗力,速度慢,跟不上施工进度,此时此地用经纬仪高程测量方法速度快,且能满足这些点位高程放样精度。

(4)挖方路堑施工初期、中期下挖过程中控制下挖高度。

(5)填方路堤施工初期、中期上填过程中控制上填高度。

上述两处路基施工初期、中期,对高程要求不高,且作业段装土车、挖机、推土机、铲车跑来跑去,填、挖面一时一个样。在这种情况下,在用经纬仪或全站仪放样中桩、边桩的同时,测出放样点的高程,指导挖、填工作,非常快捷、方便。

3.5.2 经纬仪高程测量的概念

经纬仪高程测量的概念如图 3-43 所示。A 点的高程已知,B 点的高程未知。欲求 B 点的高程,可将经纬仪安置在 A 点上。只要测得 A 对 B 的垂直角(倾斜角)α_{AB} 和 AB 间距离(可以是平距,也可测斜距),便可通过计算求得 AB 两点间之高差,从而求得 B 点的高程。这种方法叫作经纬仪高程测量。由于是用经纬仪测得倾角和距离,通过计算间接求得未知点高程的,所以普通测量中也称为间接高程测量。在三角控制测量中,通过三角边长用这种方法传递高程,所以又叫三角高程测量。

3.5.3 经纬仪高程测量的方法

经纬仪高程测量在公路工程施工中常用的方法有:端点法和中间法。

(1)端点法经纬仪高程测量

端点法经纬仪高程测量方法如图 3-43 所示。笔者常用此法在公路路基施工初、中期进行线路点位高程测量和高程放样。

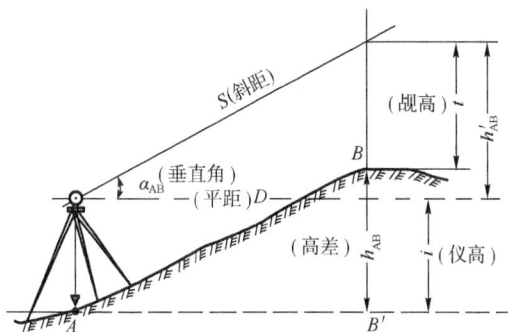

图 3-43　经纬仪端点法高程测量示意图

图中，A 为已知高程点，在公路工程施工测量中它可以是施工路段的水准点，也可以是有高程的导线点；B 为公路路基施工中任意待求高程的未知点。例如路基施工初、中期的线路中桩、边桩、坡脚、堑顶等需要高程的点。

端点法经纬仪测高时，在 A 点安置经纬仪，在 B 点竖立视距标尺，只要测得垂直角 α 和距离（斜距 S、平距 D），量得仪高 i 和觇高 t，就可计算出 B 点的高程。

施工单位有全站仪或经纬仪配测距仪的，可在 A 点安置这种仪器，在 B 点竖立棱镜，测得垂直角 α 和距离（S 或 D），量得仪高和觇高即可计算 B 点的高程，并且可大大提高测高精度。

在山地用全站仪布设施工导线用水准仪测高难以进行时，可用经纬仪端点法传递导线高程。此时，应对同一边进行往、返测量，在图 3-43 中，A 对 B 为往测，也称直觇；B 对 A 为返测，也称反觇。

对同一边进行往测和返测，称为双向观测，如果只往测，则称为单向观测。

端点法经纬仪测高差计算基本公式是：

①当距离为平距时

$$h_{AB} = D_{AB}\tan\alpha_{AB} + i - t \tag{3-78}$$

式中:D_{AB}——AB 两点间平距;

    α_{AB}——A 对 B 的垂直角;仰角为正,俯角为负;

    i——仪器高,永为正;

    t——觇高程,永为负。

②当距离用视距法求得时

$$h_{AB} = \frac{1}{2}KL\sin 2\alpha_{AB} + i - t \tag{3-79}$$

或

$$h_{AB} = D_{AB}\tan\alpha_{AB} + i - t = KL\cos^2\alpha_{AB} + i - t \tag{3-80}$$

式中:K——仪器乘常数,通常 $K=100$;

    L——标尺上、下丝的读数差;

    α_{AB}——A 对 B 的垂直角;仰角为正,俯角为负。

③当距离用卷尺丈量的斜距时

$$h_{AB} = S_{AB}\sin\alpha_{AB} + i - t \tag{3-81}$$

式中:S_{AB}——卷尺丈量的斜距;

    α_{AB}——A 对 B 的垂直角,仰角为正,俯角为负。

B 点高程:

$$H_B = H_A + h_{AB} \tag{3-82}$$

式中:H_A——已知点高程。

(2)中间法经纬仪高程测量

中间法经纬仪高程测量方法如图 3-44 所示。

图中欲求 A、B 两点间高差,将经纬仪安置在通视 A 与 B 的任意点 M;只要测得后视 AM 的距离和倾角 α_1、前视 BM 的距离和倾角 α_2,即可通过下式计算 AB 两点间高差。

①当距离为平距时

$$h_{AM} = D_{AM}\tan\alpha_1 + i - t \tag{3-83}$$

$$h_{BM} = D_{BM}\tan\alpha_2 + i - t \tag{3-84}$$

则

$$h_{AB} = h_{BM} - h_{AM} \tag{3-85}$$

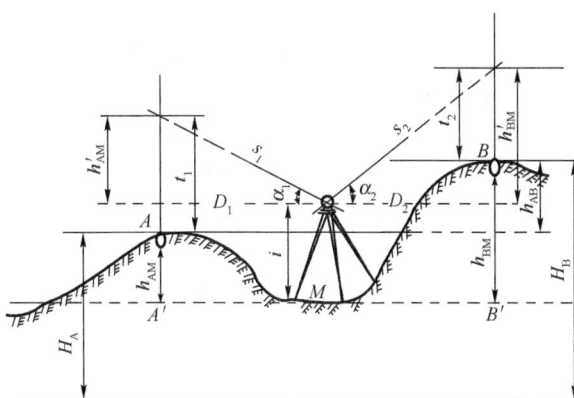

图 3-44 中间法经纬仪高程测量示意图

②当距离用视距法求得时

$$h_{AM} = \frac{1}{2} KL_{AM} \sin 2\alpha_1 + i - t \qquad (3-86)$$

$$h_{BM} = \frac{1}{2} KL_{BM} \sin 2\alpha_2 + i - t \qquad (3-87)$$

则

$$h_{AB} = h_{BM} - h_{AM}$$

式中：K——仪器乘常数，通常 $K = 100$；

L——标尺上、下丝的读数差。

③当距离用卷尺丈量斜距时

$$h_{AM} = S_{AM} \sin \alpha_1 + i - t \qquad (3-88)$$

$$h_{BM} = S_{BM} \sin \alpha_2 + i - t \qquad (3-89)$$

则

$$h_{AB} = h_{BM} - h_{AM}$$

式中：S_{AM}、S_{BM}——卷尺丈量的斜距；

i——仪器高，永为正；

t——觇高程，永为负。

若 A、B 两点 A 点高程已知，则：

$$H_B = H_A + h_{AB} \qquad (3-90)$$

实践中,可用中间法经纬仪高程测量方法放样中桩两侧堰顶,设 M 为中桩,则其设计高程、实地高程都已知,这样用中间法可测得 A、B 的实地高程,与堰顶 A、B 设计高程比较,以确定 A、B 的实地位置。

上述高差计算公式,没有考虑大气折光差和地球曲率差(简称两差)对于高程的影响。这是由于上述测距短(视矩测量,卷尺量距都较短,一般不会超过150～200m)的缘故。另外,这样短的距离投影至高斯平面上的距离改正数很微小,所以作业中实地测量的距离,可不做改正,而直接采用。

实际作业中,如果距离较长,一般在超过300m以上时,应加两差改正。此时高差计算公式为:

$$h = D\tan\alpha + i - t + f \tag{3-91}$$

式中,f 为两差改正数。不论垂直角是正还是负,f 恒取正值。如果作业中采取双向观测,因往返测高差的符号相反,故两差改正值可以彼此抵消。如果作业中采取单向观测,两点间距离又超过300m,则要加两差改正。作业中,两差改正数是以距离 D 为引数,在预先编制的《地球曲率和折光差改正数用表》中查取,为了便于作业中引用,现将此表抄录如下(表3-29),供参考。

地球曲率及折光差改正数 f 用表　　　　表3-29

D(m)	000	100	200	300	400	500	600	700	800	900
000	0.0	0.0	0.0	0.01	0.01	0.02	0.02	0.03	0.04	0.05
1 000	0.07	0.08	0.10	0.11	0.13	0.15	0.17	0.20	0.22	0.25
2 000	0.27	0.30	0.33	0.36	0.39	0.42	0.46	0.50	0.53	0.57
3 000	0.61	0.65	0.70	0.74	0.79	0.84	0.88	0.93	0.98	1.04
4 000	1.09	1.15	1.20	1.26	1.32	1.38	1.44	1.51	1.57	1.64
5 000	1.70	1.77	1.84	1.92	1.99	2.06	2.14	2.22	2.29	2.37

3.5.4　经纬仪高程测量的仪器

经纬仪高程测量的仪器是装有垂直度盘及垂直度盘气泡的经纬仪。普通测量规范要求,进行经纬仪高程测量的仪器,其垂直度盘最小读数不应小于30″。按照这一要求,结合公路施工初、中期点位测高放样对高程的要求不高的现状。实际作业中,公路施工用经纬仪测高的仪器有:

(1)J_2 型经纬仪,视距尺、卷尺;

（2）J₆型经纬仪、视距尺、卷尺；

（3）前述经纬仪配测距仪、棱镜；

（4）全站仪、棱镜。

施工单位可根据自己现有设备情况任选一种使用。一般来说，J₆型经纬仪的精度即可满足路基施工初、中期测量高程和进行点位高程放样。

3.5.5 一个测站上的经纬仪高程测量工作

经纬仪高程测量在一个测站上的工作内容主要有：

（1）置仪于测站上；

（2）观测垂直角；

（3）测距；

（4）量仪高和觇高。

置仪测距和量两高的方法详见本章第三节"四"。下面介绍观测垂直角的方法：中丝法和三丝法。

（1）中丝法

中丝法是用望远镜的十字丝的水平中丝照准目标测定垂直角的方法。其操作方法步骤如下：

①盘左：松开水平度盘和望远镜的制动螺旋，旋转照准部和望远镜照准目标，当目标位于十字丝交叉左侧附近约 1cm 左右，旋紧水平度盘和望远镜的制动螺旋。用望远镜的微动螺旋，使水平中丝切准目标的标记（如花杆顶部），如图 3-45a）和图 3-45b）所示。

a) 盘左目标置于十字丝　　　b) 精确切准目标　　　c) 盘右目标置于十字丝
　　交叉左侧附近　　　　　　　　　　　　　　　　　　交叉右侧用水平丝精确
　　　　　　　　　　　　　　　　　　　　　　　　　　切准目标

图 3-45　中丝法观测垂直角

②旋转垂直度盘气泡螺旋，使气泡两半部分相吻合。

③读取垂直度盘读数。读数方法与同架仪器的水平度盘读数一样。参阅本章第三节"四"。

④盘右：用盘左方法照准同一目标，使目标在十字丝交叉右侧约 1cm

处,用水平中丝切准目标的标记读数,如图 3-45c)所示。

在一个测站上,观测垂直角的点不只一个,通常是 1、2、3…n 个点,在这种情况下,为了观测方便,可在盘左时顺时针依次照准目标 1、2、3…n 点,每照准一个目标,都在垂直气泡居中情况下读数。然后纵转望远镜,在盘右位置反时针依次照准目标 n…3、2、1 点。同样,每照准一个点在垂直气泡居中下读数。

以上盘左、盘右观测为一测回。一般情况下,用中丝法应观测三测回。

(2)三丝法

三丝法是用望远镜三根水平丝顺次照准同一目标测定垂直角的方法。其操作方法步骤如下:

①盘左:操作方法基本上同中丝法,只是在照准目标时用望远镜的三根水平丝依上、中、下次序顺次照准目标标记,并各在垂直气泡居中下读数,如图 3-46a)所示。

②盘右:依下、中、上的次序切准目标标记读数,如图 3-46b)所示。

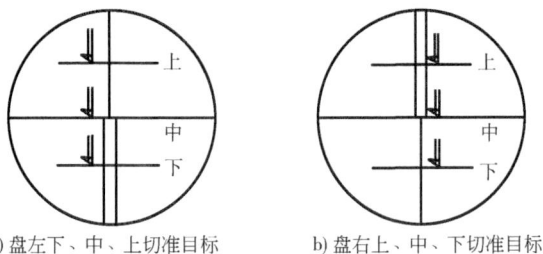

a) 盘左下、中、上切准目标　　　　b) 盘右上、中、下切准目标

图 3-46　三丝法观测垂直角

(3)垂直角观测记录、计算

中丝法观测垂直角的记录、计算

中丝法的观测记录、计算见表 3-30 上部分。

表中,①—②表示原始记录次序,③—④表示测站上计算的次序。

①垂直度盘指标差的计算。

用 J_2、J_6 型经纬仪时,盘左加盘右减 360°除以 2,计算公式:

$$i = \frac{1}{2}\left[(L+R) - 360°\right] \tag{3-92}$$

式中:L——盘左垂直度盘读数;

R——盘右垂直度盘读数。

垂直角观测手簿

表 3-30

测站仪高（m）	照准点名	竖盘读数		指标差 $i=$（左＋右－360）÷2（″）	垂直角（° ′ ″）	照准点	
		盘左（° ′ ″）	盘右（° ′ ″）			觇标高（m）	照准位置
A $i=$ 1.425	1	①86 49 48	②273 10 00	③－6″	④3 10 06	2.00	旗杆顶
	1	86 49 54	273 10 00	－3″	3 10 03		
				中数	⑤3 10 04		
	2	92 03 42	267 56 00	－9″	－2 03 51	2.00	旗杆顶
	2	92 03 42	267 56 06	－6″	－2 03 48		
				中数	－2 03 50		
		以下	三丝法	算例			
	1	①86 32 30	⑥272 53 00	⑨－17′15″	⑫3 10 15		
		②86 49 42	⑤273 10 18	⑧0′00″	⑪3 10 18		
		③87 06 54	④273 27 24	⑦＋17′09″	⑩3 10 15		
				中数	⑬3 10 16		
	2	91 46 42	267 39 00	－17′09″	－2 03 51		
		92 03 48	267 56 12	0′00″	－2 03 48		
		92 21 00	268 13 42	＋17′21″	－2 03 39		
				中数	－2 03 46		

时间:2003.6.11 上午　　　　　仪器:西安 DJG$_6$-X$_3$

天气:晴　　　　成像:清晰　　　观测者:周吉祥　　　记录者:陈代球

若 $L+R\neq360°$,说明垂直度盘存在指标差,即当望远镜视线轴处于水平位置,垂直度盘的指标不在零位。当 $L+R>360°$ 时,指标差 i 为正值;$L+R<360°$ 时指标差 i 为负值。表中指标差等于:

$$③=[①+②-360°]/2=(86°49′48″+273°10′00″-360°)/2$$

$$=-0′06″$$

实践中,在测站上计算指标差是眼看心算,当观测员报出盘右 $273°10′00″$ 时,即心算出 $12″/2=-6″$。

垂直角的计算。

垂直角计算公式：

正角（仰角）盘左

$$\alpha_{正} = 90° - (L - i) \tag{3-93}$$

或盘右

$$\alpha_{正} = (R - i) - 270° \tag{3-94}$$

检查验算

$$[(L - i) + (R - i)] = 360° \tag{3-95}$$

负角（俯角）盘左

$$\alpha_{负} = (L - i) - 90° \tag{3-96}$$

或盘右

$$\alpha_{负} = 270° - (R - i) \tag{3-97}$$

检查验算同公式(3-93)。

表中 1 点为仰角：

$$\alpha_{正} = ④ = 90° - (① - i) = 90° - [86°49'48'' - (-6'')] = 3°10'06''$$

或

$$\alpha_{正} = ④ = (② - i) - 270° = [273°10'00'' - (-6'')] - 270° = 3°10'06''$$

验算：

$$(L - i) + (R - i) = [86°49'48'' - (-6)''] + [273°10'00'' - (-6'')]$$
$$= 360°$$

表中 2 点为俯角：

$$\alpha_{负} = 92°03'42'' - (-9'') - 90° = 2°03'51''$$

或

$$\alpha_{负} = 270° - [267°56'00'' - (-9'')] = 2°03'51''$$

验算：

$$[92°03'42'' - (-9'')] - [267°56'00'' - (-9'')] = 360°$$

②三丝法观测垂直角的记录、计算。

三丝法的观测记录、计算见表 3-30 下部分。

表中，①～⑥是原始记录次序，⑦～⑬是在测站上计算的次序。记簿时应注意，要把同一根丝的正倒镜读数记在表中同一横行。

三丝法的垂直角计算方法基本上与中丝法计算方法相同。需要注意的是，由于仪器上、下丝与中丝间有 17' 夹角，故上、下丝计算出的指标差应是 ±17'。

例如 1 点上丝的指标差：

$$i = (86°32'30'' + 272°53'00'' - 360°)/2 = -17'15''$$

则，1 点上丝垂直角

$$\alpha_上 = 90° - [86°32'30'' - (-17'15'')] = 3°10'15''$$

1 点下丝的指标差：

$$i = (87°06'54'' + 273°27'24'' - 360°)/2 = +17'09''$$

则，1 点上丝垂直角

$$\alpha_下 = 90° - [87°06'54'' - (-17'09'')] = 3°10'15''$$

1 点中丝的指标差：

$$i = (86°49'42'' + 273°10'18'' - 360°)/2 = 0'00''$$

则，1 点垂直角

$$\alpha_中 = 90° - [86°49'42'' - (0'00'')] = 3°10'18''$$

三丝法同方向垂直角，最后结果是三丝垂直角的平均值，即：

$$\alpha_1 = (\alpha_上 + \alpha_下 + \alpha_中)/3 = (3°10'15'' + 3°10'15'' + 3°10'18'')/3 = 3°10'16''$$

③垂直角观测的限差与重测。

a. 垂直角互差不大于 $10''$，指标差互差不大于 $15''$。

b. 垂直角互差的比较方法。

同一照准目标，由各测回各丝所测得的全部垂直角结果互相比较。

例如：1 点中丝，第 1、2 测回垂直角为：$3°10'06''$、$3°10'03''$其互差为 $±3''$；2 点三根丝同一测回垂直角为：$-2°03'51''$、$-2°03'48''$、$-2°03'39''$，其互差为 $±3''$、$±12''$、$±9''$。其中，上丝、下丝测得的垂直角互差 $±12''$ 大于限差 $10''$，应重测。

c. 指标差互差的比较方法。

同一照准目标，各测回同一根水平丝所计算的指标差互相比较。或一测回内各方向同一根水平丝所计算的指标差互相比较。

例如：1 点中丝，第 1、2 测回指标差为 $-6''$、$-3''$，其较差为 $±3''$。这是同方向，不同测回的同一根中丝所测指标差比较。

不同方向、同一测回、同一根水平丝 i 的比较，如：1 点第 1 测回中丝 i 为 $-6''$，而 2 点第 1 测回，中丝 i 为 $-9''$，其较差为 $±3''$。

需指出的是,指标差的比较,必须是同一测站同根水平丝的比较,而不同测站的同一根水平丝所测指标差是不能比较的。

d. 重测规定垂直角或指标差互差超限,则应重测。某方向超限,则重测某方向。中丝法超限,重测一测回;三丝法超限,用中丝法重测二测回。

3.5.6　经纬仪高程导线测量

在山地或重丘地布设的经纬仪导线点的高程,用水准测量方法无法施测时,可考虑采用经纬仪高程导线方法测设。

所谓经纬仪高程导线测量,就是在测设经纬仪导线的同时,测量垂直角,并测量仪高和觇高,然后通过导线路线计算高程的方法。

经纬仪高程导线的外业工作。

(1)观测垂直角,在测量导线水平角后进行;

(2)距离测量:经纬仪高程导线的距离即是经纬仪导线的边长;

(3)测量仪高和觇高。

经纬仪高程导线的内业计算:

(1)200%手簿检查;

(2)计算高差 h;用公式(3-89)计算各导线点高差,应往返测计算,若较差在限差内,则取中数;

(3)经纬仪高程导线的计算。

经纬仪高程计算是将高程闭合差按距离成比例分配给各段高差,然后用改正后的高差,计算各导线点的高程。

经纬仪高程计算方法,与水准测量近似平差计算方法相同。详情参阅本章第四节"(七)"。

3.5.7　全站仪或经纬仪配测距仪在高程导线测量中的应用

全站仪具有自动测距和测角功能,且精度很高。有这种先进仪器的施工单位,可用其代替水准测量进行施工段的导线点的高程测设。

以图 3-43 为例,介绍全站仪测高方法。

(1)在 A 点置仪,在 B 点竖立反射棱镜。

(2)在测距状态,盘左照准棱镜,测量 AB 斜距三次,读记竖直度盘读数。

(3)盘右照准棱镜,只读记竖直度盘读数,不测距。

以上完成一个测回的观测,一般情况下,四等导线测三个测回;五等导线测二个测回。

（4）量仪高：观测前、后各量一次取中数。

（5）量觇高：由立棱镜者用对讲机报给测站观测记簿者。

全站仪测高记簿样表如表 3-31。

全站仪高程测量手簿　　　　　　　　　　　表 3-31

2003.5.16.上午　　　　　　　　　　观测者：　　　记簿者：

测站 仪高 （m）	照准点	觇高 （m）	测回数	垂直度盘				距离		高差 （m）
				盘位	读数 （°′″）	指标差 i（″）	垂直角 （°′″）	斜距 （m）	平距 （m）	
A $i=$ 1.425	B	2.00	1	左	92 03 42			135.147	135.058	−5.442
				右	267 56 00	−9″	−2 03 51	135.145		
			2	左	92 03 42	−6″	−2 03 48	135.146		
				右	267 56 06	中数	−2 03 50	135.146		
计算 公式	1. 指标差 $i=[$（左+右）−360°$]/2$　　　3. 平距 $D=S\cos\alpha$ 2. 垂直角：$\alpha_{正}=90°-($左$-i)$　　　4. 高差：$h=D\tan\alpha+i-t$ 　　　　　　$\alpha_{负}=($左$-i)-90°$									

全站仪测高的主要技术要求见表 3-32。

全测仪高程测量技术要求　　　　　　表 3-32

等　　级	仪器型号	竖直角 测回数	较　差		对向观测 高差较差 （mm）	备　　注
			指标差 （″）	竖直角互差 （″）		
四等	DJ$_2$	3	7	7	$\pm30\sqrt{D}$	仪器、觇高量 精确到毫米
五等	DJ$_2$	2	10	10	$\pm40\sqrt{D}$	

注：D 为测距仪测距长度，单位：km。

全站仪测高的计算，可用下述通用公式：计算 AB 边平距：

$$D = S\cos\alpha \qquad\qquad (3-98)$$

式中：S——全站仪测得的 AB 边斜距；

α——全站仪测得的 A 对 B 垂直角。计算 AB 点间高差：

$$h_{AB} = D\tan\alpha + i - t \qquad\qquad (3-99)$$

式中：i——仪高；

t——觇高；

D——公式(3-98)计算的平距；

α——A 对 B 的垂直角。

则导线点 B 的高程：

$$H_B = H_A + D\tan\alpha + i - t = H_A + h_{AB} \qquad (3\text{-}100)$$

当采用经纬仪配测距仪测设导线点高程时，可用经纬仪观测垂直角，用测距仪测量斜距，并量仪高和觇高，然后通过前述公式(3-98)、公式(3-99)、公式(3-100)计算各导线点的高程。

全站仪或经纬仪配测距仪测设导线点高程的平差计算方法与水准测量平差计算方法相同。

第4章 公路工程施工测量放样数据的计算

4.1 公路工程施工测量放样的数据

施工单位进驻工地后,施工测量员一方面要做好现场勘察、导线点与水准点的复测和加密工作,另一方面必须做好施工放样数据的准备工作。

公路施工是分层(路基、底基层、基层和路面层)分标段(每个施工单位只承建每层的某一段)进行的,施工测量员应根据本单位所承建的任务(例如路基等)计算所需要的放样数据。

公路工程施工测量放样数据包括两大部分:

(1)平面放样数据;

(2)高程放样数据。

平面数据控制公路在实地的线形形状;高程数据控制公路在实地的路面的高低。

一般情况下,设计单位提供的公路施工数据只是每隔一定距离(例如25m)的线路路面中桩的坐标和高程。施工单位为了施工还必须计算出本施工段与中桩相对应的边桩的坐标及高程。另外还要根据施工现场需要计算加桩的坐标和高程。

计算高程施工放样数据的依据是:

(1)"路线纵断面图"提供的里程桩号及相应的路面设计高程、中线纵坡、变坡点里程桩号及高程、竖曲线要素、缓和曲线超高要素等。

(2)"路面横断面结构图"提供的路面各层的厚度、路拱(横坡)及路宽。

(3)"路基设计表"提供的路面设计高程、变坡点高程及桩号、纵坡度、竖曲线要素等。这些数据可与"路线纵断面图"的相关数据对照校核。

计算平面施工放样数据的依据是：

（1）逐桩坐标表；

（2）导线点坐标；

（3）"路面横断面结构图"提供的路面宽度及边坡比；

（4）交点里程桩及坐标和曲线元素等。

公路施工放样数据是公路施工的重要依据。计算时如果因粗心、疏忽等造成计算错误，会为公路建设造成重大经济损失。所以施工测量员在计算施工放样数据时，应特别认真仔细，计算的成果要全部检查；若有条件，则最好两人对算。或采用不同方法，不同起算数据验算。对计算的成果，应整理在施工放样专用笔记本上，不应随便乱记在别的地方。

4.2　公路施工高程放样数据的准备

公路线形由直线、圆曲线、竖曲线、缓和曲线超高段等组成。计算高程放样数据时，应分别计算。

（1）线路直线段、圆曲线段（不设超高）高程放样数据的计算

①计算依据

设计图上的线路直线段是前后相邻变坡点之间的距离；圆曲线是直圆（ZY）、到圆直（YZ）之间的距离。计算线路直线段、圆曲线段上任一中桩设计高程的依据是线路直线变坡点的里程、变坡点的高程及纵坡度。计算边桩设计高程的依据是中桩设计高程、中桩至边桩的距离及横坡度（路拱）。当该施工标段没有变坡点时，可采用该标段起点或终点的里程桩号、设计高程及纵坡度为起算数据。

②计算范围

图 4-1 是设计图上表示相邻纵坡段连接示意图。图中 K251＋240、K251＋610、K251＋900 是前、中、后三个变坡点，其相应高程是 180.269m、182.426m、174.886m，连接相邻纵坡段的是三条竖曲线。由于竖曲线上的设计高程需另行计算，所以计算相邻纵坡段设计高程时，必须弄清楚计算范围。

由图 4-1 知，中间变坡点（K251＋610）的前纵坡段计算范围是 364.68m 至 530.42m 这一直线段，即前竖曲线终点里程桩至中间竖曲线起点里程桩

之间的 530.42−364.68＝165.74m。

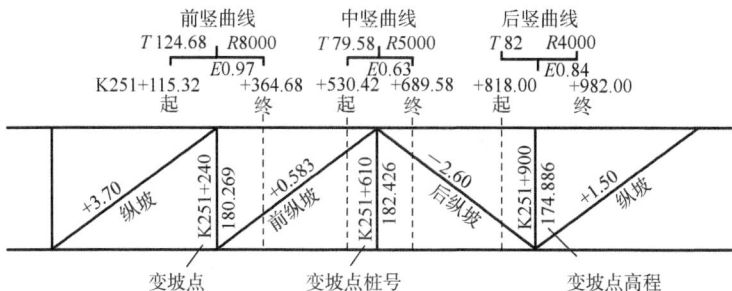

图 4-1　竖曲线相邻纵坡段连接示意图

中间变坡点后纵坡段计算范围是 689.58m 至 818.00m 这一直线段,即中间竖曲线终点里程桩至后竖曲线起点里程桩之间的 818.00−689.58＝128.42m。

弄清了纵坡段的计算范围,还必须弄清前纵坡及后纵坡的坡度大小。图 4-1 中,中竖曲线的前纵坡度是−0.583％,后纵坡度是−2.60％;对于后竖曲线前纵坡度是＋2.60％,后纵坡度是＋1.5％;对于前竖曲线前纵坡度是−3.70％,后纵坡度是＋0.583％。

③计算公式

中桩设计高程计算公式:

$$H_i = H_变 + (N_i - M_变) \cdot i \tag{4-1}$$

与中桩同一横断面左右两边桩设计高程计算公式:

$$H_边 = H_{左边} = H_{右边} = H_i + B \cdot E \tag{4-2}$$

式中:$H_变$——线路纵坡变坡点高程;

N_i——直线段、圆曲线段上任一点的里程桩号,即所求点桩号;

$M_变$——变坡点里程桩号;

i——N_i 所在坡段的设计纵坡度,上坡取正,下坡取负;

B——路面半幅宽度;

E——路拱,即路面横坡度,取负值。

④f_x—5800 程序清单、程序功能及注意事项

文件名:ZY-H

```
"H"? H : "M"? M : "I"? I : "B"? B : "E"? E ↵
LbI 0 ↵
"N"? N ↵
Abs(M－N)→D ↵
"A="：H+DI→A ◢
"C="：A+BE ◢
Goto 0
```

程序中：H?——线路直线段、平曲线线段上任一点的已知高程,这个点可以是
纵坡变坡点,也可是直线、平曲线段上任一已知高程的点;

M?——已知高程点的桩号;

I?——线路直线、平曲线段所在纵坡的纵坡度;

B?——线路直线、平曲线段上任一中桩至边桩的距离;

E?——路拱,取负值;

N?——线路直线、平曲线段上任一点的里程桩号,即所求点的桩号;

D——N 点至 M 点间距离;

A=——N 点中桩设计高程;

C=——与 N 同断面的左、右边桩设计高程。

程序功能及注意事项:本程序只能计算线路直线段、平曲线段上任意
一点中桩及左、右边桩的设计高程。超出直线段、平曲线段外的任一点的
设计高程则不能计算。在计算两竖曲线之间的直线段、平曲线段上点的高
程时,必须弄清楚两个竖曲线的起、终点的里程桩号,以便正确确定计算
范围。

⑤实操案例

××二级公路 A2 标段,相邻纵坡段连接如图 4-2 所示。图中 K251＋
240、K251＋610、K251＋900 是前、中、后三个变坡点,其相应高程分别是:
180.269、182.426、174.886;连接相邻纵坡段的是三个竖曲线,称其为前竖
曲线、本竖曲线、后竖曲线。计算竖曲线间直线段、平曲线段设计高程,则首
先必须弄清楚:

a.纵坡计算范围

以图 4-1 本竖曲线来说,前纵坡段计算范围是 K251＋364.68～K251＋
530.42,其长度为:

$$Abs(364.68－530.42) = 165.74(m)$$

后纵坡段计算范围是 K251＋689.58～K251＋818.00,其长度是：

$$\text{Abs}(689.58-818.00)=128.42(\text{m})$$

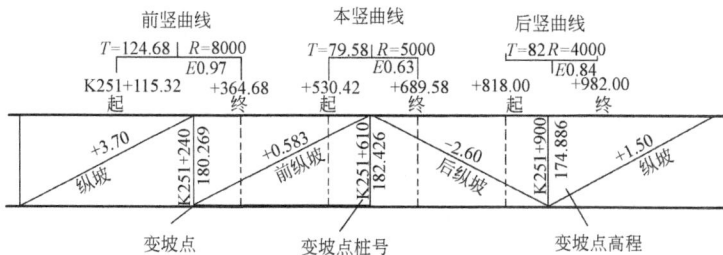

图 4-2 竖曲线相邻纵坡段连接示意图

b.纵坡坡度及符号

对本竖曲线来说,前纵坡坡度为－0.583％,后纵坡坡度为－2.60％。

c.变坡点里程桩号及高程

对于本竖曲线,变坡点里程桩号是 K251＋610,变坡点高程是 182.426m。

本算例是计算本竖曲线前纵坡直线段每隔 25m 的中桩及边桩设计高程。其计算数据见表 4-1。

线路纵坡设计高程计算数据 表 4-1

桩　　号	左　桩	中　桩	右　桩	备　　注
K251＋375	180.896	181.056	180.896	$H=182.426$m 变坡点里程桩号： K251＋610
K251＋400	181.042	181.202	181.042	
K251＋425	181.187	181.347	181.187	
K251＋450	181.333	181.493	181.333	$I=-0.00583$ $B=8.0$m $E=-0.02$
K251＋475	181.479	181.639	181.479	
K251＋500	181.625	181.785	181.625	
K251＋525	181.770	181.930	181.770	

⑥ZY－H 程序操作步骤

ZY－H 程序操作步骤如下：

按 AC 键,开机,清除上次关机时屏幕保留的内容;

按 FILE ▼ ▲ ,选用文件名:ZY－H;

按 EXE 键,显示:H?,输入变坡点高程:182.426;

按 EXE 键,显示:M?,输入变坡点桩号:610;

按 EXE 键,显示:I?,输入前纵坡坡度:－0.583÷100;

按 EXE 键,显示:B?,输入中桩至边桩距离:8.0;

按 EXE 键,显示:E?,输入路拱:－0.02;

按 EXE 键,显示:N?,输入所求点桩号:375;

按 EXE 键,显示:A=181.056(所求点 375 中桩设计高程);

按 EXE 键,显示:C=180.896(所求点 375 左、右边桩设计高程);

按 EXE 键,显示:N?,输入另一所求点桩号;

以下重复计算,略。

读者可自表 4-1 中任一桩号及高程为起算点手算来验算,只是要注意"I"的符号。例如选用 K251＋375 及其高程 181.056 为起算点,此时 I 为＋0.00583;如果选用 K251＋525 及其高程为起算点,此时 I 为－0.00583。

⑦验算

为了保证计算成果正确无误,可用下述方法验算:

方法 1,用不同起算数据,再重新计算一次。

由图 4-2 知,本例计算的 K251＋364.68 至 K251＋530.42 这一直线段是前变坡点与本变坡点间的共用边,是同一纵坡,只是方向相反,对前变坡点来说,是上坡,纵坡度是＋0.583%,对本变坡点来说,是下坡,纵坡度是－0.583%。所以可以用前变坡点的里程桩号(K251＋240)及高程(180.269),纵坡度＋0.583%为起算数据,再用 H-ZY 程序重新计算这一段,若计算结果较差不大于 0～1mm,则说明计算成果正确,数据可用于现场放样。

方法 2,逐点传递法验算。

所谓逐点传递法,即后一点以前一点(面向线路前进方向)为起算点逐点传算下去。

此例中,K251＋375 是第一点,它对于变坡点 K251＋240 来说,其

156

高程为：

$$H_{K251+375} = H_{变} + (251\,375 - M) \times I$$

$$= 180.269 + (135 \times 0.00\,583)$$

$$= 181.056\text{m}_{\circ}(M = 251240)$$

K251＋375 以后每隔 25m 一个桩号，所以每隔 25m 高差为一常数：

$$\Delta h = 25 \times 0.00\,583 = 0.1\,458(\text{m})$$

因此，K251＋375 以后的各点均在前一点加上 $\Delta h = +0.1\,458$m 就是其中桩设计高程。例如：

$$H_{K251+400} = H_{K251+375} + 0.1\,458 = 181.202(\text{m})$$

以下各点同理计算。

(2)竖曲线段高程放样数据的计算

①竖曲线概念

竖曲线的定义详见第一章第六节"(20)"。

竖曲线概念见图 4-3。

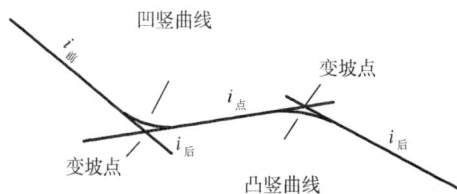

图 4-3　竖曲线示意图

竖曲线形状有凸形与凹形两种。判断竖曲线凸凹形式方法如下：

a.计算法

当 $i_{前} - i_{后}$ 为正值时，是凸形竖曲线；

当 $i_{前} - i_{后}$ 为负值时，是凹形竖曲线。

式中，$i_{前}$、$i_{后}$ 是相邻纵坡的坡度；上坡时 i 取正值，下坡时 i 取负值。计算 $i_{前} - i_{后}$ 时要考虑 i 的符号，其计算结果为代数和。例如图 4-1 的本竖曲线：

$$i_{前} - i_{后} = 0.005\,83 - (-0.026) = 0.032$$

计算结果为正值，因此本竖曲线为凸形竖曲线。

再如图 4-1 的后竖曲线：

$$i_{前} - i_{后} = -0.026 - (0.015) = -0.041$$

计算结果为负值，因此后竖曲线为凹形竖曲线。

b. 图示法

凸竖曲线在"路线纵断面图"上的表示形式是：

凹竖曲线在"路线纵断面图"上的表示形式是：

或如图 4-3 所示，变坡点在曲线之下者为凹型竖曲线，变坡点在曲线之上者为凸型竖曲线。

②竖曲线要素及竖曲线起终点里程桩号计算程序

a. 竖曲线要素及计算公式

a)竖曲线要素

竖曲线半径 R；竖曲线切线长度 T；竖曲线长度 L；竖曲线外距 E。

b)竖曲线要素常规计算公式

《公路工程技术标准》(JTG B01—2003)根据公路等级及地形条件规定了竖曲线半径 R 的极限最小值和一般最小值，其他要素是根据竖曲线半径以及两相邻纵坡的坡度计算出来的。其计算公式是：

坡度转角 Z：　　　　　　　　$Z = \arctan I - \arctan J$

切线长度 T：　　　　　　　　$T = R\tan\dfrac{Z}{2}$

曲线长度 L：　　　　　　　　$L = 2T$

外距 E：　　　　　　　　　　$E = T^2 \div (2R)$

竖曲线起点桩号 A：　　　　$A = B - T$

竖曲线终点桩号 D：　　　　$D = B + T$

式中，B 是变坡点桩号。

b. f_x—5800 程序清单

文件名：F-TLE

```
LbI 0 ↵
"I"? I："J"? J："R"? R："B"? B↵          （常量）
Abs(tan⁻¹(I)−tan⁻¹(J))→Z ↵          （坡度转角）
"T＝"：Rtan(Z÷2)→T ◢          （切线长）
"L＝"：2T ◢          （曲线长）
"E＝"：T²÷(2R) ◢          （外距）
"A＝"：B−T ◢          （竖曲线起点桩号）
"D＝"：B+T ◢          （竖曲线终点桩号）
Goto 0
```

程序中：$I^?$——前纵坡坡度，输入时要带符号；

$J^?$——后纵坡坡度，输入时要带符号；

$B^?$——变坡点桩号；

$R^?$——竖曲线半径。

c. 程序功能及注意事项

a）本程序起算数据是：竖曲线变坡点两侧的纵坡坡度 I 和 J，竖曲线半径 R，变坡点桩号。

b）本程序可计算竖曲线要素 T、L、E 和竖曲线起点桩号 A 及终点桩号 D。

d. 实操案例及程序执行操作步骤

算例起算数据及计算结果见表4-2。

竖曲线要素及起、终点桩号计算 表 4-2

变坡点桩号	竖曲线半径 R(m)	前纵坡度 I(%)	后纵坡度 J(%)	竖曲线切线长度 T(m)	竖曲线长度 L(m)	竖曲线外距 E(m)
K251＋900	4000	−2.6	1.5	82.000	164.000	0.841

竖曲线起点桩号 A	竖曲线终点桩号 D
K251＋818	K251＋982

程序执行操作步骤,略。

③竖曲线上点位高程计算的依据

a.计算竖曲线上中桩点的高程,要依据变坡点里程桩号及高程,相邻坡段的纵坡度以及竖曲线的半径和切线长。

b.计算竖曲线上左右边桩的高程,要依据竖曲线中桩高程、中桩至边桩距离和路拱(横坡)。

④竖曲线上点位高程计算的范围

计算竖曲线上各点高程时,只能在竖曲线范围内计算,竖曲线外则是直线或平曲线。

计算竖曲线范围是依据竖曲线切线长度 T 和变坡点里程桩号,这些数据是从"路线纵断面图"上获取的。例如,××高速公路,×段有一凹形竖曲线,变坡点的里程桩号是 K129+400,竖曲线切线长度 $T=263$m,则该竖曲线的范围是:

$$竖曲线起点=K129+400-263=K129+137$$

$$竖曲线终点=K129+400+263=K129+663$$

则该竖曲线计算范围是:K129+137 至 K129+663

⑤竖曲线上点位高程计算公式

$$H_竖 = H_切 \pm y \tag{4-3}$$

式中:$H_切$——竖曲线切线(纵坡)上相应于 $H_竖$ 的高程。$H_切=H_变+x \cdot i = H_变+\mathrm{Abs}(M-N)I$,即坡度线上各点的高程;

y——竖曲线上相应于 $H_竖$,$H_切$ 点的高程差,即 $y=H_切-H_竖=\dfrac{x^2}{2R}$,凸竖曲线用负,凹竖曲线为正。$x$ 为竖曲线上各点里程桩号与竖曲线起(终)点里程桩号之间的距离,R 为竖曲线半径;

$H_竖$——竖曲线上各点的高程。

在凸竖曲线内:

$$H_竖 = H_切 - y \tag{4-4}$$

在凹竖曲线内:

$$H_竖 = H_切 + y \tag{4-5}$$

⑥竖曲线上点位高程计算程序清单

a. 程序清单 I

只计算竖曲线起、终点间的竖曲线上任意一点的设计高程。

文件名:FGJS

```
"H"? H : "A"? A : "T"? T : "R"? R : "I"? I : "B"? B :
"E"? E : "Q"? Q↵
A－T→M↵
A＋T→N↵
"M="：M ◣
"N="：N ◣
Lbl 0↵
"P"? P↵
If P≤0：Then Goto 1：IfEnd↵
Abs(A－P)→X↵
H＋QXI＋Q(T－X)²÷(2R)→Z↵
Z＋BE→C↵
"Z="：Z ◣
"C="：C ◣
Goto 0↵
Lbl 1↵
"H="? H : "A="? A : "T="? T :
"R="? R : "I="? I : "B="? B :
"E="? E : "Q="? Q↵
Goto 0
```

程序中:H?——变坡点高程;

　　　　A?——变坡点桩号;

　　　　T?——竖曲线切线长度;

　　　　R?——竖曲线半径;

　　　　I?——所求点所在纵坡坡度,上坡取正,下坡取负;

　　　　B?——所求点中桩至边桩的距离;

　　　　E?——路拱,取负值;

　　　　Q?——控制竖曲线凹、凸条件,凹取＋1,凸取－1;

　　　　M=——竖曲线起点桩号;

N=——竖曲线终点桩号；

　　　P?——竖曲线上任一点(所求点)桩号；

　　　Z=——P 点中桩设计高程；

　　　C=——P 点边桩设计高程。

b. 程序清单Ⅱ

直线、平曲线、竖曲线联算程序，计算其间任一点的高程。

文件名：ZFLS

"H"? H："B"? B："R"? R："I"? I：

"J"? J："N"? N："M"? M："E"? E↵

Abs(tan^{-1}(I)−tan^{-1}(J))→Z↵ （坡道转角）

Rtan(Z÷2)→T↵ （竖曲线切线长）

B−T→A：B+T→D↵

"A="：A ◢

"D="：D ◢

LbI 0↵

"L"? L↵

If L≤0：Then Goto 1：IfEnd↵ （从头开始显示）

B−L→C↵

1→F↵ （凹竖曲线条件）

I>J⇒−1→F↵ （凸竖曲线条件）

If L<B−T：Then 0→Z：I→P： （前纵坡条件）

Else If L<B：Then 1→Z：I→P： （竖曲线内条件）

Else If L<B+T：Then 1→Z：J→P： （竖曲线内条件）

Else If L>B+T：Then 0→Z：J→P： （后纵坡条件）

IfEnd：IfEnd：IfEnd：IfEnd↵

H−N−CP+ZF(T−Abs(C))^2÷(2R)→G↵

G+ME→U↵

"G="：G ◢

"U="：U ◢

Goto 0↵

LbI 1↵

"H"? H："B"? B："R"? R："I"? I："J"?

J："N"? N："M"? M："E"? E↵　（给 L 输入 0，重新显示常量）

Goto 0

程序中:H?——变坡点高程;

B?——变坡点里程桩号;

R?——竖曲线半径;

I?——前纵坡坡度,输入时要带符号;

J?——后纵坡坡度,输入时要带符号;

N?——路面层至施工层(如路基、底基层等)的厚度,知道了N,就可
计算出各施工层的设计高程;N输入0,则计算的是路面层
设计高程;

M?——所求点 L 至边桩的距离;

E?——路拱,取负值;

A=——竖曲线起点桩号;

D=——竖曲线终点桩号;

L?——直线段、平曲线段、竖曲线段上任一点(所求点)的里程桩号;

G=——所求点中桩设计高程;

U=——与中桩同一横断面左、右边桩设计高程。

⑦程序功能及注意事项

a.程序清单 I:FGJS 程序功能及注意事项

a)FGJS 程序只能计算竖曲线起点至终点之间的竖曲线上任意一点的
中桩及左、右边桩的设计高程。

b)FGJS 程序是将一个竖曲线分为前、后两个半竖曲线来计算竖曲线上
任意一点的高程。

前半竖曲线计算范围是:竖曲线起点桩号至变坡点桩号,纵坡坡度用前
纵坡度,但要反号。

后半竖曲线计算范围是:竖曲线终点桩号至变坡点桩号,纵坡坡度用后
纵坡度。

当计算完前半竖曲线,只要给"P?"输入 0,则程序自动重新显示:H?、
A?、T?、I?、B?、E?、Q?,此时只要给 I? 输入后纵坡坡度,即可计算后半竖
曲线。

c)应用 FGJS 程序,必须事先判明竖曲线的凹凸形式。凹,$Q?$ 输入 1;
凸,$Q?$ 输入 -1。

b.程序清单 II:ZFLS 程序功能及注意事项

a)计算范围。以图 4-4 为例,图 4-4 为×××公路"路线纵断面图"上
一段施工线路设计示意图。图上有 3 个竖曲线,称为前竖曲线、本竖曲线

（或称中间竖曲线）和后竖曲线。假定以本竖曲线变坡点里程桩号K251＋610为起点，则向前可计算至前竖曲线的终点桩号K251＋364.68，向后可计算至后竖曲线的起点桩号K251＋818.00。即用"直竖联算程序"可计算的范围是：K251＋364.68～K251＋818.00，在这段范围内的直线、圆曲线、缓和曲线超高段、竖曲线上任意一点的中桩设计高程都可以计算。边桩高程除缓和超高段需另行计算外，其他直线、圆曲线、竖曲线亦可一并计算。

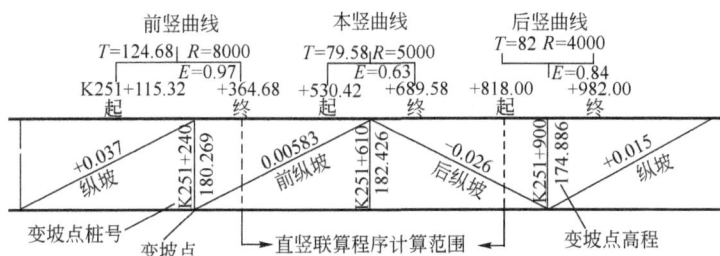

图 4-4 "直竖联算程序"计算范围示意图

概言之，"直竖联算程序"的计算范围是：公路线路前竖曲线终点桩号至后竖曲线起点桩号之间那一段线路上任意一点的中桩设计高程。

b）计算时，以变坡点里程桩号及高程为起点，计算所需要素是该变坡点相邻两坡段的前纵坡度 I、后纵坡度 J 和变坡点所在竖曲线的半径 R。例如在图 4-4 中，用本竖曲线计算，其变坡点里程桩号是 K251＋610，变坡点高程是 182.426，前纵坡度 $I＝＋0.00583$，后纵坡度 $J＝－0.026$，竖曲线半径 $R＝5000$。

c）L 为计算范围内任意一点里程桩号，计算过程中，只要输入 L 的桩号，就可算出所需点的中桩高程。

d）当 L 输入 0 时，计算自动中止，需重复输入起算要素：H?，B?，R?，I?，J? 等。这一功能可帮助使用者检查输入的起算数据是否正确，或是进行下一个竖曲线计算时，不需再重新找寻文件名，方便操作。这是此程序的一个特点。

e）本程序在计算中桩设计高程的同时，很容易且很方便地计算：

与中桩同一横断面的左、右边桩高程。此时只要输入所需路宽 M 和路拱坡度 E 就可以了（不含缓和超高段的边桩高程）。

计算出路面各结构层的中桩、边桩高程。此时只要输入各结构层至路面层的厚度 N 就可以了。例如路基至路面层厚度为 0.77,输入:$N=0.77$,则计算的结果就是路基的设计高程。

由于公路建设是分层施工的,而设计单位提供的是路面设计高程,施工单位所需要的却是本施工层的设计高程。所以程序追加的这一功能,就能很方便、准确地计算出所需设计高程(放样数据)。这是此程序的又一特点。

f)对于缓和曲线超高段,用本程序只能计算其中桩设计高程,左、右边桩设计高程则需另外计算,这一点应特别注意。

⑧实操案例

a. FGJS 程序计算实操案例

××二级公路 A2 标段,有一凹竖曲线,其形式及要素见图 4-5。因施工放样需要,需计算出该竖曲线上每隔 10m 的设计高程。

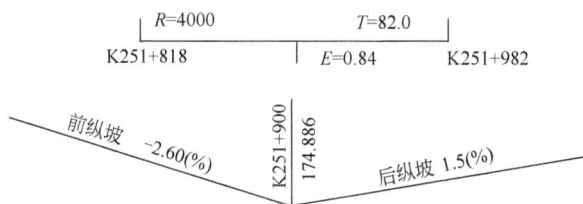

图 4-5 ××线路"路面纵断面图"上凹竖曲线

用 FGJS 程序计算的结果见表 4-3。

程序执行操作步骤:

按 AC 键,开机,清除上次关机时屏幕保留的内容;

按 FILE ▼ ▲ 键,选用文件名:FGJS;

按 EXE 键,显示:H?,输入变坡点高程:174.886;

按 EXE 键,显示:A?,输入变坡点桩号:900;

按 EXE 键,显示:T?,输入竖曲线切线长:82.000;

按 EXE 键,显示:R?,输入竖曲线半径:4000;

竖曲线高程计算表 表 4-3

桩　　号	$H_左$	$H_中$	$H_右$	备　　注
K251+818	176.858	177.018	176.858	
K251+820	176.807	176.967	176.807	
K251+830	176.564	176.724	176.564	
K251+840	176.347	176.507	176.347	1. 变坡点桩号:K251+900;
K251+850	176.154	176.314	176.154	2. $H_变$=174.886;
K251+860	175.987	176.147	175.987	3. R=4000;
K251+870	175.844	176.004	175.844	4. T=82.0;
K251+880	175.727	175.887	175.727	5. E=0.84;
K251+890	175.634	175.794	175.634	6. 前纵坡:−0.026;
K251+900	175.567	175.727	175.567	7. 后纵坡:0.015;
K251+910	175.524	175.684	175.524	8. 路拱 E=−0.02;
K251+920	175.507	175.667	175.507	9. 路宽 B=8.0;
K251+930	175.514	175.674	175.514	10. 此竖曲线为:
K251+940	175.547	175.707	175.547	$W=-0.026-(0.015)$
K251+950	175.604	175.764	175.604	$=-0.041$
K251+960	175.687	175.847	175.687	凹形
K251+970	175.794	175.954	175.794	
K251+980	175.927	176.087	175.927	
K251+982	175.956	176.116	175.956	

注:前半曲线计算范围 K251+818～K251+900,纵坡度用 0.026;后半曲线计算
　　范围 K251+900～K251+982,纵坡度用 0.015。

按 $\boxed{\text{EXE}}$ 键,显示:I?,计算前半个竖曲线,输入前纵坡:0.026(注意符号);

按 $\boxed{\text{EXE}}$ 键,显示:B?,输入中桩至边桩距离:8.0;

按 $\boxed{\text{EXE}}$ 键,显示:E?,输入路拱:−0.02;

按 $\boxed{\text{EXE}}$ 键,显示:Q?,凹竖曲线,输入:1;

按 $\boxed{\text{EXE}}$ 键,显示:M=818.000(竖曲线起点桩号);

按 $\boxed{\text{EXE}}$ 键,显示:N=982.000(竖曲线终点桩号);

按 $\boxed{\text{EXE}}$ 键,显示:P=?,输入前半竖曲线任一桩号:818;

按 $\boxed{\text{EXE}}$ 键,显示:Z=177.018;(818点中桩设计高程);

按 $\boxed{\text{EXE}}$ 键,显示:C=176.858。(818 点边桩设计高程);

按 $\boxed{\text{EXE}}$ 键,显示:P=?,输入另一所求点桩号:820;

按 $\boxed{\text{EXE}}$ 键,显示:Z=176.967;(820 点中桩设计高程);

按 $\boxed{\text{EXE}}$ 键,显示:C=176.807。(820 点边桩设计高程);

以下重复计算,略。

当计算完前半竖曲线上各点高程后,给 P? 输入 0,则程序自动从头重新开始显示:H?、A?、T?、R?、I?、B?、E?、Q?,此时只要给 I? 输入后半个竖曲线的后纵坡度 0.015,其余各变量符号数据与前半竖曲线相同,不需重新输入。而 P? 则要输入后半竖曲线上所求点桩号。例如给 P 输入 980,则 Z=176.087,C=175.927。

b.ZFLS 程序计算实操案例

算例起算数据见图 4-4 本竖曲线及表 4-4 备注栏,用 ZFLS 程序计算结果见表 4-4 桩号栏及 $H_{左8.0}$、$H_{中}$、$H_{右8.0}$ 栏。

计算步骤:

a)弄清计算范围

例如:该施工段是 K251+000~K252+000,全长 1000m;1000m 长的线路设置了三个竖曲线、一个圆曲线。利用直竖联算程序计算该段路基各桩号设计高程时,必须弄清楚(见图 4-4):

(a)三个变坡点各自的桩号和高程;

(b)三个竖曲线各自的起点桩号及终点桩号,以及各自的要素;

(c)三个竖曲线各自的计算范围:

前竖曲线计算范围:K251+000~K251+530.42;

本竖曲线计算范围:K251+364.68~K251+818.00;

后竖曲线计算范围:K251+689.58~K252+000。

这样三个竖曲线,有两段重复计算,它们是:

(a)K251+364.68~K251+530.42;

(b)K251+689.58~K251+818.00。

利用此重复计算,可校核计算成果是否正确,以保证计算质量。

b)路基施工尚需注意事项

(a)路面层至路基的厚度,本例中 N=0.77m;

(b)路基宽度、路基横坡度,本例中 M=8.0,E=-0.02。

桩　　号	$H_{左8.0}$	$H_中$	$H_{右8.0}$	备　　注
K251+375	180.126	180.286	180.126	
+400	180.272	180.432	180.272	
前直线段　+425	180.417	180.577	180.417	1.变坡点高程：H=182.426 m；
+450	180.563	180.723	180.563	2.变坡点桩号：
+475	180.709	180.869	180.709	B=251610m；
+500	180.855	181.015	180.855	3.竖曲线要素：
+525	181.000	181.160	181.000	R=5000m；
+550	181.108	181.268	181.108	T=79.58m；
+575	181.093	181.253	181.093	E=0.63；
本竖曲线　+600	180.954	181.114	180.954	4.起点桩号：+530.42；
+625	180.689	180.849	180.689	5.终点桩号：+689.58；
+650	180.299	180.459	180.299	6.前纵坡：I=0.00583；
+675	179.785	179.945	179.785	7.后纵坡：J=-0.026；
+700	179.156	179.316	179.156	8.路面层至路基厚度：
+725	178.506	178.666	178.506	N=0.77m；
后直线段　+750	177.856	178.016	177.856	9.路基宽：M=8.0m；
+775	177.206	177.366	177.206	10.路拱：E=-0.02
+800	176.556	176.716	176.556	
+818	176.088	176.248	176.088	

程序执行操作步骤：

按 AC 键，开机，清除上次关机时屏幕保留的内容；

若程序较多，可按 SHIFT FILE ALPHA 键，并输入"ZFLS"直接呼出 ZFLS程序执行；

按 EXE 键，显示：H?，输入变坡点高程：182.426；

按 EXE 键，显示：B?，输入变坡点桩号：610；

按 EXE 键，显示：R?，输入竖曲线半径：5000；

按 EXE 键，显示：I?，输入前纵坡度：0.00583；

按 EXE 键，显示：J?，输入后纵坡度：-0.026；

按 EXE 键，显示：N?，输入路面至施工层路基厚度：0.77；

按 $\boxed{\text{EXE}}$ 键,显示:M?,输入路基中桩至边桩宽:8.0;

按 $\boxed{\text{EXE}}$ 键,显示:E?,输入路拱:-0.02;

A=530.433

D=689.567

按 $\boxed{\text{EXE}}$ 键,显示:L=?,输入计算范围内任一所求点桩号:375;

按 $\boxed{\text{EXE}}$ 键,显示:G=180.286(375 中桩设计高程);

按 $\boxed{\text{EXE}}$ 键,显示:U=180.126(375 边桩设计高程);

以下重复循环计算,略。

为了验算计算是否正确,给 L? 输入桩号 818,则 G=176.248,176.248 $+0.77=177.018$,与表 4-3 计算相同;边桩 U=176.088,176.088$+0.77=$ 176.858,与表 4-3 计算相同。说明计算正确。

读者可用图 4-4 前竖曲线要素和后竖曲线要素,重新计算共用边上各点高程,来检验计算的正确性。

实践证明,直竖联算程序计算线路设计高程方法,在公路施工测量中非常适用,是一个优秀的计算程序。

⑨用普通函数型计算器计算

鉴于可编程式科学计算器在乡村公路建设中应用不广泛,下面介绍用普通函数型计算器计算竖曲线上点位高程的方法步骤:

计算在表 4-5 上进行。起算要素见图 4-5。

a.计算范围及曲线上每隔 10m 点的桩号。

竖曲线起点:K251+900-82=K251+818。

竖曲线终点:K251+900+82=K251+982。

根据竖曲线计算范围,将竖曲线上每隔 10m 的所求点里程桩号填入第 2 栏。

b.判断竖曲线凸凹形式如下。

$$W = i_{前} - i_{后} = -0.026 - (+0.015) = -0.041$$

计算结果为负值,说明该竖曲线为凹形。

c.计算竖曲线起(终)点至所求点之间距离 x,填入第 6 栏。计算变坡点至所求点之间距离 x',填入第 3 栏。

$$x = |所求点桩号 - 竖曲线起(终)点桩号|$$

$$x' = |变坡点桩号 - 所求点桩号|$$

d.将相邻坡段纵坡 $i_{前}$、$i_{后}$ 填入第 4 栏。

e. 计算切线上各点高程 $H'_{切}$ 填入第 5 栏。

$$H'_{切}＝i\cdot x'_i＋H_{变} \qquad (i\ 上坡用正，下坡用负)$$

普通计算器计算竖曲线上任一桩点的高程 表 4-5

点各	桩号	x'	i	$H'=H_{变}\pm x'i$	x	$y=\dfrac{x^2}{2R}$	$H=H'\pm y$	$h=bE$	$H_{左边}=H_{右边}$	备注
1	2	3	4	5	6	7	8	9	10	11
起点	K251+818	82		177.018	0	0	177.018	-0.16	176.858	变坡点桩
	+820	80		176.966	2	0	176.966	-0.16	176.806	号:K251+900
	+830	70		176.706	12	0.018	176.724	-0.16	176.564	$H_{变}=174.886$
	+840	60		176.466	22	0.060	176.506	-0.16	176.346	$R=4\,000$
	+850	50	+0.026	176.186	32	0.128	176.314	-0.16	176.154	$T=82$
	+860	40		175.926	42	0.220	176.146	-0.16	175.986	$E=0.84$
	+870	30		175.666	52	0.338	176.004	-0.16	175.844	前纵坡
	+880	20		175.406	62	0.480	175.886	-0.16	175.726	:-2.690
	+890	10		175.146	72	0.648	175.794	-0.16	175.634	后纵坡
变坡点	K251+900			174.886	82	0.840	175.726	-0.16	175.566	:+1.590
	+910	10		175.036	72	0.648	175.684	-0.16	175.524	路拱
	+920	20		175.186	62	0.480	175.666	-0.16	175.506	:-0.02
	+930	30		175.336	52	0.338	175.674	-0.16	175.514	路宽:16m
	+940	40		175.486	42	0.220	175.706	-0.16	175.546	
	+950	50	+0.015	175.636	32	0.128	175.764	-0.16	175.604	此竖曲线
	+960	60		175.786	22	0.060	175.846	-0.16	175.686	为 :w=-0.026
	+970	70		175.936	12	0.018	175.954	-0.16	175.794	-0.015=-0.041
	+980	80		176.086	2	0	176.086	-0.16	175.926	凹形
终点	K251+982	82		176.116	0	0	176.116	-0.16	175.956	

f. 计算切线上与竖曲线上高程差 y，填入第 7 栏。

$$y=\frac{x_i^2}{2R}$$

g. 在凸形取负值，凹形取正值。

h. 计算竖曲线上所求点高程 H_i,填入第 8 栏。

$$H_i = H'_{切i} + y_i$$

i. 路拱坡度×半幅路宽,填入第 9 栏。

$$h_半 = E \cdot b$$

j. 计算边桩高程 $H_{边i}$,填入第 10 栏。

$$H_{边i} = H_左 = H_右 = H_i - h_i$$

计算前,依据"路线纵断面图",将竖曲线要素 R、T;变坡点里程桩号、高程;前纵坡、后纵坡;路宽、路拱等填入备注栏,以方便使用。

在计算 $H'_切$ 时,因为切线上的坡度相同,故只需计算 10m 的高差,然后用逐点传进法由变坡点的两相邻坡段逐点计算 $H'_切$,例如:前纵坡每 10m 高差:$x' \cdot i = 10 \times 0.026 = 0.26$m,后纵坡每 10m 高差:$x' \cdot i = 10 \times 0.015 = 0.15$m,则由变坡点高程向两侧逐点传算,至竖曲线起、终点时,再用公式 $H' = H_变 + x_i$ 计算起(终)点的 H'[式中 x 为竖曲线起(终)点至变坡点之距离 82m]。例如:竖曲线起点 $H' = 174.886 + (82 \times 0.026) = 177.018$m,竖曲线终点 $H' = 174.886 + (82 \times 0.015) = 176.116$m。

在计算 y 值时,因 x 值对于变坡点来说是对称的,所以只要计算一个坡段的 y 值,则另一坡段的 y 值是相同的。

(3)缓和曲线超高段高程放样数据计算

①缓和曲线超高段设计高程计算概述

弯道超高由下述三段组成(图 4-6):

a. 前缓和曲线超高段:直缓(ZH)至缓圆(HY)段;

b. 全超高段,也称最大超高段,其超高横坡度是设定的,即是已知的。全超高设置在主曲线内,主曲线是缓圆(HY)至圆缓(YH)段;

c. 后缓和曲线超高段:圆缓(YH)至缓直(HZ)段。

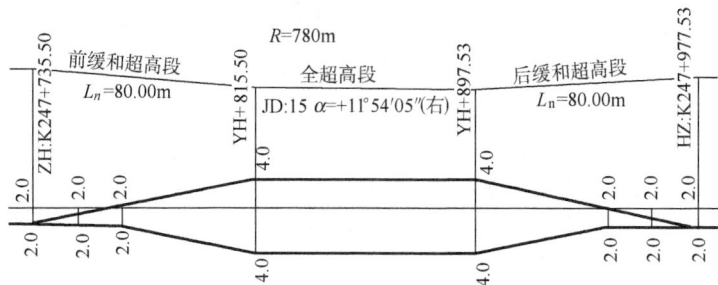

图 4-6 弯道超高示意图

弯道超高横坡度在全超高段其值是设计单位按计算行车速度、半径大小,结合路面种类、自然条件等情况设定的,其两侧的缓和曲线段的超高横坡度是逐渐变化的。

弯道超高段的抬高边,其超高横坡度由路拱坡度逐渐变大至设定的最大超高横坡度,经由全超高段再逐渐变小至路拱坡度。

弯道超高段的降低边,其超高横坡度由路拱坡度逐渐变小至设定的最小超高横坡度,经由全超高段再逐渐变大至路拱坡度。

通常情况下,设计单位提供的"线路纵断面图"上的弯道超高段只给出了部分中桩设计高程,没有提供与中桩同一横断面的左、右边桩高程。因此,必须依据中桩设计高程、中桩至边桩距离和超高横坡度才能计算出边桩高程。

在弯道超高段,中桩高程除设计单位提供外,还可用"直竖联算程序"计算加桩的设计高程。由于线路中桩至边桩距离是已知的,所以要计算弯道超高边桩高程的关键是计算超高横坡度。这是公路施工测量的一项很重要的工作。

②缓和曲线超高段超高横坡度计算公式

绕中轴旋转计算公式(一):

$$I = \frac{\text{Abs}(B-A)(E+D)}{C-E} \tag{4-6}$$

公式(二):

$$\left.\begin{aligned} I &= \text{Abs}(B-A) \times \frac{2E}{Q-E} \\ I &= \frac{(\text{Abs}(B-A)-Q)(D-E)}{(C-Q)+E} \end{aligned}\right\} \tag{4-7}$$

以上式中:I——缓和曲线内任一横断面超高横坡度;

$\qquad$ B——缓和曲线超高段内任意一点里程桩号;

$\qquad$ A——缓和曲线起点直缓(ZH)或终点(HZ)的里程桩号;

$\qquad$ E——直线段路拱坡度(取正值);

$\qquad$ D——全超高段设定的最大超高横坡度,取正值;

$\qquad$ C——缓和曲线长度;

$\quad$ Abs——绝对值符号;

Q——缓和曲线起点或终点至超高变坡临界面距离:$Q=2E/(E+D)\times C$。所谓临界面即抬高边 $I=0.02$,降低边 $I=-0.02$ 处,即抬高值=降低值处,但符号相反。

③缓和曲线超高段计算超高横坡度及设计高程的程序清单

a. 程序清单一

文件名:ZHD-1

LbI 0 ↵

"E="? E:"D="? D:"C="? C:

"A="? A:"L="? L↵　　　　[常量:路拱,最大横坡度,超高曲线长,超
　　　　　　　　　　　　　　　高段起(或终)点桩号,中桩至边桩的距离]

LbI 1 ↵

"B"? B↵　　　　　　　　　　　　　　　　　　(变量:所求点桩号)

If B>0:Then Goto 2:　　　　　　　　　　(条件转移,计算 I)

Else If B≤0:Then Goto 5:　　　(重复显示 E?、D?、C?、A?、L?)

IfEnd:IfEnd↵

LbI 2 ↵

Abs(B−A)(E+D)÷C−E→I　　　　　　　　　　　　　(计算 I)

"I=":I◤　　　　　　　　　　　　　(显示 B 横断面的横坡度)

If I≤E:Then Goto 3:　　　　　　　　　　　　　(条件转移)

Else If I≤D:Then Goto 4:

IfEnd:IfEnd↵

LbI 3 ↵　　　　　　[计算超高段起(或终)点至 Q 的 I 值及边桩高程]

"H"? H↵　　　　　　(B 断面中桩设计高程用 ZFLS 程序计算)

"M=":H−LE◤　　　　　　　　　　　　(B 断面降低边高程)

"N=":H+LI◤　　　　　　　　　　　　(B 断面抬高边高程)

Goto 1 ↵

LbI 4 ↵　　　　　　[计算超高段 Q 至 HY(或 YH)的 I 值及边桩高程]

"H"? H↵　　　　　　(B 断面中桩设计高程,用 ZFLS 程序计算)

"P=":H−LI◤　　　　　　　　　　　　(B 断面降低边高程)

"S=":H+LI◤　　　　　　　　　　　　(B 断面抬高边高程)

Goto 1 ↵

LbI 5 ↵

"E="? E:"D="? D:"C="? C:"A="? A:"L="L?　↵

　　　　　　　　　　　　　　　　　　　　　　(重复显示常量)

Goto 1

程序中:L=? ——中桩至边桩的距离;

    H? ——B断面中桩设计高程,事先用 ZFLS 程序算出;

   M=、N=——ZH(或 HZ)点至 Q 点间与中桩同一横断面的边桩
         高程;

   P=、S=——Q 点至 HY(或 YH)点间与中桩同一横断面的边桩
         高程。

其他符号含义同前述。

b.程序清单二

文件名:ZHD-2

LbI 0 ↵

"E="? E:"D="? D:"C="? C:"A="? A:"L="? L ↵

2E÷(E+D)×C→Q ↵

LbI 1 ↵

"B="? B ↵

If B≤0:Then Goto 3:IfEnd ↵

If Abs(B−A)>Q:Then Goto2:IfEnd ↵

Abs(B−A)×2E÷Q−E→I ↵

"I=":I ◣

"H="? H ↵

"F=":H−LE ◣

"T=":H+LI ◣

Goto 1 ↵

LbI 2 ↵

(Abs(B−A)−Q)(D−E)÷(C−Q)+E→I

"I=":I ◣

"H="? H ↵

"F=":H−LI ◣

"T=":H+LI ◣

Goto 1 ↵

IbI 3 ↵

"E="? E:"D="? D:"C="? C:

"A="? A:"L="? L ↵

Goto 1 ↵

程序中:F=、T=——与中桩同一横断面的边桩高程;

   E、D、C、A、L、B、I、H、Q 符号含义同前。

174

c. ZHD－1、ZHD－2 程序功能及注意事项

a)此程序可计算(绕中轴旋转)：

缓和曲线起点(ZH)至全超高段起点(HY)之间任意一横断面的超高横坡度及左、右边桩高程。

缓和曲线终点(HZ)至全超高段终点(YH)之间任意一横断面的超高横坡度及左、右边桩高程。

不计算全超高段(HY 至 YH)的超高横坡度及边桩高程,此段超高横坡度是设定的已知值,其边桩高程可据此及中桩高程、中桩至边桩的距离另外计算。

b)计算时,前缓和曲线超高段起点(ZH)的桩号为 A,后缓和曲线超高段终点(HZ)的桩号亦为 A。当前缓和曲线超高段的 I 计算至 HY 时,可转入计算后缓和曲线超高段的 I,此时则要重新输入 E?、D?、C?、A?、L?,只要给 B 输入 0 就可转换过来,不需重新选择文件名。

c)计算的超高横坡度 I 的正负符号按下列方法确定：

抬高边 I 为正值,按实际计算值取用；

降低边 I 为负值,当 I 的计算值小于路拱坡度时,设置等于路拱坡度的超高。

判断弯道抬高边、降低边的方法：

以偏角正负判断:在"线路纵断面图"下方的"超高"栏内给出了偏角正负,据此判断弯道抬高边、降低边。

右偏角为"＋",则弯道右低左高；

左偏角为"－",则弯道左低右高。

由于在曲线弯道处设置的超高路面明显向一侧倾斜,路基外缘抬高,路基内缘则降低,所以在计算缓和曲线内的超高横坡度应特别注意正负号。

d)缓和曲线超高段的中桩设计高程,应在计算 I 前,用直竖联算程序逐桩算出。

e)缓和曲线超高段的边桩设计高程,必须在计算出 I 后,输入与边桩同横断面的中桩设计高程,才能算正确。这一点应特别注意。

④实操案例

算例起算数据见图 4-6 和表 4-6 上部分。计算结果见表 4-6。

图 4-6 是 323 国道某施工段中的一个弯道超高段,路宽 15m。由图 4-6 知：

a. 偏角 $\alpha = +11°54'05''$,为右偏,弯道为右低左高。

b. 缓和曲线长度：$L_n = 80m$。

检核：$L_n = HY - ZH = HZ - YH = 80m$。

弯道超高横坡度计算及边桩高程计算　　　　表 4-6

已知	$E=-0.02$		$C=80.0$	JD:15	$L=7.75$	起点：ZH K247+735.50	
条件	$D=0.04$		$\alpha=+11°54'05''$（右）		$R:780$	终点：HZ K247+977.53	
$H_{左7.75}$	$i(\%)$		桩号	$H_中$	$i(\%)$	$H_{右7.75}$	备注
1	2		3	4	5	6	7
182.383	-2.0		K247+700	182.537	-2.0	182.383	
182.233	-2.0	↓	+720	182.388	↓ -2.0	182.233	直线段
182.117	-2.0		ZH+735.50	182.272	-2.0	182.117	
182.109	-1.66		+740	182.238	-2.0	182.083	前缓和曲线超高段
182.076	-0.163		+760	182.089	-2.0	181.934	
182.044	+1.34		+780	181.940	-2.0	181.785	
182.011	+2.84		+800	181.791	-2.84	181.571	
181.985	+4.00	↓	HY+815.50	181.675	↓ -4.00	181.365	
181.952	+4.00		+820	181.642	-4.00	181.332	全超高段
181.802	+4.00		+840	181.492	-4.00	181.182	
181.653	+4.00		+860	181.343	-4.00	181.033	
181.504	+4.00		+880	181.194	-4.00	180.884	
181.373	+4.00	↑	YH+897.53	181.063	↑ -4.00	180.753	
181.341	+3.815		+900	181.045	-3.815	180.749	后缓和曲线超高段
181.075	+2.32		+920	180.896	-2.32	180.717	
180.809	+0.81		+940	180.746	-2.0	180.591	
180.544	-0.69		+960	180.597	-2.0	180.442	
180.311	-2.0		HZ+977.53	180.466	-2.0	180.311	
180.293	-2.0	↓	+980	180.448	↓ -2.0	180.293	直线段

c. 前缓和曲线超高段：

ZH＝K247+735.50 起至 HY＝K247+815.50 段 80m。

后缓和曲线超高段：

HZ＝K247+977.53 起至 YH＝K247+897.53 段 80m。

d. 全超高段设定最大超高横坡度：$D=\pm0.04$，全超高段 HY 点至 YH 点全长：$897.53-815.50=82.03m$。

e. 路拱坡度为-0.02，程序计算中用正值。

f. 弯道超高段内中桩设计高程已用 ZFLS 程序算出。

程序执行操作步骤（用 ZHD-1 计算，用 ZHD-2 验算）：

按 AC 键，开机，清除上次关机时屏幕保留的内容；

按 FILE ▼ ▲ 键，选用文件名：ZHD-1；

按 $\boxed{\text{EXE}}$ 键,显示:E? 输入路拱:0.02;

按 $\boxed{\text{EXE}}$ 键,显示:D? 输入最大超高横坡度:0.04;

按 $\boxed{\text{EXE}}$ 键,显示:C? 输入缓和曲线长:80.000;

按 $\boxed{\text{EXE}}$ 键,显示:A? 输入终点桩号:977.53;

按 $\boxed{\text{EXE}}$ 键,显示:L? 输入中桩至边桩距离:7.75;

按 $\boxed{\text{EXE}}$ 键,显示:B? 输入后超高段任一桩号,如 940;

按 $\boxed{\text{EXE}}$ 键,显示:I=0.008148;(940 点断面超高横坡度,抬高边取用 0.008148,降低边取用 -0.02);

按 $\boxed{\text{EXE}}$ 键,显示:H?,输入 940 点中桩设计高程:180.746;

按 $\boxed{\text{EXE}}$ 键,显示:M=180.591;(940 点断面降低边高程);

按 $\boxed{\text{EXE}}$ 键,显示:N=180.809;(940 点断面抬高边高程);

按 $\boxed{\text{EXE}}$ 键,显示:B?,输入后超高段另一所求点桩号;

以下重复计算,略。

当计算完后缓和曲线超高段,给 B? 输入 0,则程序自动转入前缓和曲线超高段 I 的计算。

验算:

弯道超高段高程放样数据非常重要,当用一种方法计算后,应用另一种方法检验校核,以确保计算成果正确。

上述计算用 ZHD-1 程序计算,可用 ZHD-2 程序验算。

ZHD-2 程序计算操作步骤同上,读者可自行验算。

4.3　公路施工平面位置放样数据的准备

公路施工平面位置放样前,应事先计算出放样数据。计算平面位置放样数据就是根据放样方法所需的要素计算出坐标、长度和角度(水平角或方位角)。

当使用常规仪器,如经纬仪,钢尺(皮尺),采用极坐标法放样时,则需计算出所需的长度和角度。

当使用经纬仪配测距仪，采用极坐标法放样时，亦需计算出所需要的长度和角度。

当使用先进的全站仪，采用坐标法放样时，则需计算出所需要的坐标。

当用偏角法放样时，则需计算偏角值。

当用切线支距法放样时，则需计算出该系统的 x 与 y 值。

4.3.1　极坐标法平面位置放样数据的计算

1）极坐标法放样点位平面位置概述

极坐标法放样点位平面位置的概念详见图 4-7。

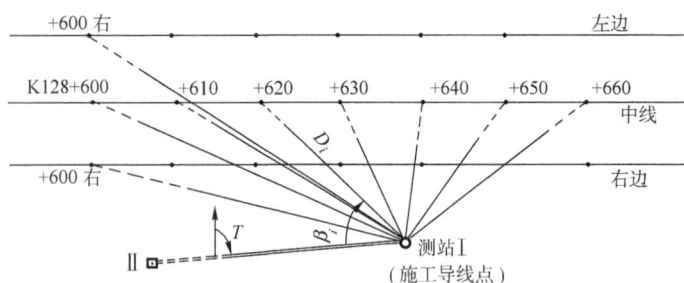

图 4-7　极坐标法放样点的平面位置示意图

图中，Ⅰ 和 Ⅱ 是施工导线点，K128＋600 等是施工线路要放出的中桩和边桩。要放出 K128＋600 等桩位，必须要计算出：

（1）边长 D：已知点至待放样点间的平距；

（2）夹角 β：已知边与待放样边间的夹角，或是待放样边的方位角。

边长 D 和夹角 β 是极坐标法放样点位平面位置必备的两个要素。

为了计算边长 D，夹角 β 这两个要素，必须知道两个条件：

（1）必须已知一组起算数据，即已知一条边的方位角和一个已知点的 x、y 坐标值。这个数据从《导线点或成果表》中抄取。

（2）必须已知待放样点的坐标 x、y 值。这个数据从《逐桩坐标表》中抄取。但是左右边桩和施工需要的加桩坐标，则需自己计算。

图 4-7 是 323 线国道××标段施工现场用极坐标法放样点位平面位置示意图。只要将仪器架置于 Ⅰ 点，后视导线点 Ⅱ，拨角 β_i，量距 D_i，就可在实

地放出 K128＋600 等线路桩位。

由此可知,计算夹角 β 和距离 D 是极坐标法放样的关键。

2)极坐标法放样要素常规计算公式

(1)夹角 β 的常规计算公式

$$\tan T_{导-放} = \frac{y_放 - y_导}{x_放 - x_导} = \frac{\Delta y_{放-导}}{\Delta x_{放-导}} \tag{4-8}$$

$$\beta = T_{导-放} - T_{I-II} \tag{4-9}$$

当放样时直接用方位放样方向线,则不需计算 β。

(2)边长 D 的常规计算公式

$$D = \frac{y_放 - y_导}{\sin T_{导-放}} = \frac{x_放 - x_导}{\cos T_{导-放}} = \sqrt{(\Delta y_{放-导})^2 + (\Delta x_{放-导})^2} \tag{4-10}$$

以上式中: $y_放$、$x_放$——待放样点横、纵坐标值;

$y_导$、$x_导$——施工导线点(测站)横、纵坐标值;

$\Delta y_{放-导}$、$\Delta x_{放-导}$——测站点,待放样点间纵横坐标增量;

T_{I-II}——后视已知边方位角。

应用公式(4-8)计算的 T 值,根据 Δy、Δx 所在象限来判断方位角。判断方法见表 4-7。

根据 Δy、Δx 所在象限判断方位角 表 4-7

象　　限	Δy	Δx	方位角	备　　注
Ⅰ 0°—90°	＋	＋	$T = T'$	
Ⅱ 90°—180°	＋	－	$T = 180° - T'$	
Ⅲ 180°—270°	－	－	$T = 180° + T'$	
Ⅳ 270°—360°	－	＋	$T = 360° - T'$	

3)极坐标法放样要素计算程序清单

(1)程序清单 I

文件名:JZBF-1

```
"A"? A："B="? B："M="? M ↵
LbI 0 ↵
"C"? C："D"? D ↵
C－A→X：D－B→Y ↵
Pol(X,Y) ↵
I→S ↵
"S=":S ◣
J→F ↵
If J<0：Then J+360→F：
Else J→F：IfEnd ↵
"F="：F  ▶DMS ◣
F－M→Z ↵
"Z="：Z  ▶DMS ◣
Goto 0
```

程序中：A?、B? ——测站点(已知施工导线点)的 X、Y 值；

M? ——已知导线边(后视边)的正方位角；

C?、D? ——待放样点的 X、Y 值；

X、Y——测站点与待放样点间坐标增量；

S——测站点至待放样点间的平距；

F——测站点至待放样边的方位角；

Z——已知导线边与待放样边的夹角。

(2)程序清单Ⅱ

文件名：JZBF-2

```
"A="? A："B="? B："C="? C："D="? D ↵
C－A→M：D－B→N ↵
Pol(M,N) ↵
J→F ↵
If J<0：Then J+360→F：
Else J→F：IfEnd ↵
"F="：F  ▶DMS ◣
```

LbI 0 ↵

"X="? X : "Y="? Y ↵

X−A→E : Y−B→V ↵

Pol(E,V) ↵

I→S ↵

"S=" : S ◣

J→Z ↵

If J<0 : Then J+360→Z :

Else J→Z : IfEnd ↵

"Z=" : Z　▶DMS ◣

Z−F→P ↵

"P=" : P　▶DMS ◣

Goto 0

程序中：A?、B?——测站点（施工导线点）的 X、Y 值；

　　　　C?、D?——后视点（施工导线点）的 X、Y 值；

　　　　　M、N——测站点、后视点间坐标的增量；

　　　　　　F——测站—后视边之方位角；

　　　　X?、Y?——待放样点的 X、Y 值；

　　　　　S=——测站点至待放样点间的平距；

　　　　　Z=——测站点至放样边的方位角；

　　　　　P=——已知后视边与放样边的夹角。

4）程序功能及注意事项

（1）JZBF-1 和 JZBF-2 程序，可计算用极坐标法放样点位平面位置的要素：距离和角度（方位角和夹角），还可应用于坐标为已知的两点的反算。

（2）JZBF-1 程序和 JZBF-2 程序不同之处：

①JZBF-1 程序执行前应已知后视边方位角。

②JZBF-2 程序执行前则已知后视点的坐标，后视边方位角是程序本身计算的，这样程序在执行前可减少计算后视方位角这一工作。

（3）现场施工放样时，可直接用方位角定向，用夹角校核检查；也可用夹角放样，用方位角校核检查。

5)实操案例

××高速公路××标段一段弯道采用极坐标法放样的计算数据及计算结果详见表 4-8。

极坐标法放样数据计算表　　　表 4-8

放样方法：
经纬仪配测距仪极坐标法
放样段起点桩号：K128＋600
放样段终点桩号：K129＋100
放样段长：500m

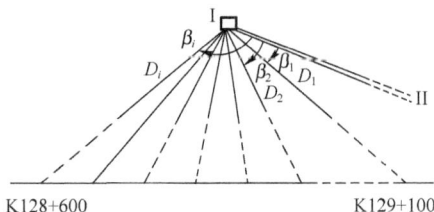

K128＋600　　　　　　　　　　　　　　K129＋100

测站点	后视点	放样点桩号	中桩坐标		边长	方位角	夹角
			X(m)	Y(m)	(m)	(° ′ ″)	(° ′ ″)
K128＋850 I			363.567	814.454	218.895	78 45 11	
	K129＋080 II		406.260	1029.145			
		K128＋600	354.618	553.341	261.266	268 02 14	189 17 03
		K128＋625	351.890	578.192	236.550	267 10 14	188 25 03
		K128＋650	349.288	603.056	211.880	266 08 09	187 22 58
		K128＋675	346.809	627.932	187.273	264 51 58	186 06 47
		K128＋700	344.455	652.821	162.759	263 15 23	184 30 12
		K128＋725	342.226	677.721	138.388	261 07 44	182 22 33
		K128＋750	340.121	702.633	114.253	258 09 29	179 24 18
		K128＋775	338.140	727.554	90.544	253 41 26	174 56 15
		…	…	…	…	…	…
		K129＋100	323.066	1052.163	241.135	99 40 09	20 54 58

6)程序执行操作步骤

程序执行操作步骤此处略。读者可自行用 JZBF-1 计算，用 JZBF-2
验算。

实际作业中,平面放样数据非常重要,必须计算正确。为了避免放错点位,造成不必要的损失,当用一个程序计算出成果后,应用另一个程序来验算。

4.3.2　坐标法放样点位平面位置数据计算

1)坐标法放样点位平面位置数据计算概述

"坐标法"放样是我们对"全站仪坐标放样测量"工作的习惯叫法。它是利用先进的"全站仪"在施工现场测设出其坐标值为已知的待放样点。请注意,这里的关键词是:"坐标值为已知的点"。这个"坐标值"就是坐标法放样的要素。

在一个测站上,采用坐标法放样点位平面位置时:

(1)可事先把计算好的待放样点的坐标值逐个输入仪器储存起来,然后在测站上再逐点放出各个待放样点的实地位置;

(2)也可以在测站上用现算现输入的办法逐点放样。

但是不论采用何法,都必须要计算出待放样点的坐标值。

现代公路设计应用计算机进行辅助计算。由设计单位提供的施工设计图表:直线、曲线及转角表,导线点坐标及逐桩坐标表等均给出了交点要素、导线点的坐标,直线及曲线,还给出每隔一定距离的中线桩位坐标值以及曲线要素。据此,我们可根据施工现场需要计算出任一加桩及左、右边桩的坐标值。

2)坐标法放样要素的计算公式

(1)线路直线段上点的坐标计算公式

已知数据:交点的桩号、坐标及前切线的正方位角;

未知点的坐标计算公式(符号用 $f_x-5800\text{P}$ 型计算器输入字符表示):

$$\left.\begin{array}{l} X_{\text{中}} = W + (Q-H)\cos(F+180) \\ Y_{\text{中}} = K + (Q-H)\sin(F+180) \end{array}\right\} \tag{4-11}$$

式中:$X_{\text{中}}$、$Y_{\text{中}}$——线路直线段上任一点的中桩坐标值;

　　　W、K——交点的 x、y 值;

　　　Q——交点的里程桩号;

　　　H——所求点(待放样点)的里程桩号;

　　　$(Q-H)$——交点至所求点间距离;

　　　　F——前切线正方位角。若要计算边桩坐标,则要$(F+180)\pm$
　　　　90,并要知道中桩至边桩距离S。

　　用f_x—5800P计算器"坐标变换"功能计算:

$$\left.\begin{array}{l}\text{Rec}(Q-H,F+180)\\X=W+I\\Y=K+J\end{array}\right\} \tag{4-12}$$

式中:I,J——计算器算出的纵、横坐标增量。

　　例如,计算直缓(ZH)点坐标:

$$\left.\begin{array}{l}\text{Rec}(T,F+180)\\Z[1]=W+I\\Z[2]=K+J\end{array}\right\} \tag{4-13}$$

式中:　　T——有缓和曲线的圆曲线切线长;
　Z[1]、Z[2]——直缓点(ZH)的坐标值。

　　又例如,计算缓直(HZ)点坐标:

$$\left.\begin{array}{l}\text{Rec}(T,F+GN)\\Z[3]=W+I\\Z[4]=K+J\end{array}\right\} \tag{4-14}$$

式中:　　N——转向角,即线路偏角;
　　　　G——控制转向角的条件,左转角用"—"号,右转角用"+"号;
　Z[3]、Z[4]——缓直(HZ)点坐标值。

　　直缓点(ZH)坐标:Z[1],Z[2]是第一缓和曲线上任一点切线支距法坐标转换的起点。

　　缓直点(HZ)坐标:Z[3],Z[4]是第二缓和曲线上任一点切线支距法坐标转换的起点。

　　(2)线路曲线段上点的坐标计算公式

　　缓和曲线、有缓和曲线的圆曲线上任一点的坐标计算,一般按两步进行:第一步,先计算出曲线上点的切线支距法坐标;第二步,将其转换成线路施测中统一采用的坐标。

　　例如:第一缓和曲线上任一点的坐标计算:

　　第一步,用公式:

$$\left.\begin{array}{l}X=Z-Z^5/(40R^2V^2)+Z^9/(3\,456R^4V^4)\\Z=Z^3/(6RV)-Z^7/(336R^3V^3)+Z^{11}/(42\,240R^5V^5)\end{array}\right\} \tag{4-15}$$

计算曲线上任一点的支距法坐标。

第二步,将第一步支距法坐标换算成线路统一采用的坐标。

坐标转换常用公式是:

$$X = X_{ZH} + X\cos F - Z\sin F \atop Y = Y_{ZH} + X\sin F + Z\cos F \Big\} \qquad (4\text{-}16)$$

以上式中:Z——$Z = H - A$,即第一缓和曲线上所求点桩号 H—ZH 点桩号 A;

$\qquad$ R——曲线半径;

$\qquad$ F——前切线(第一直线段)正方位角;

$\qquad$ V——缓和曲线长度;

$\qquad$ X、Z——曲线上所求点支距法坐标;

X_{ZH},Y_{ZH}——第一缓和曲线起点坐标,$X_{ZH} = Z[1]$,$Y_{ZH} = Z[2]$。

将公式(4-16)用计算器"坐标变换"功能计算,编入程序则为:

$\qquad$ Rec(X,F) $\qquad\qquad\qquad$ (X 为公式(4-15)计算的 x)

$\qquad$ X=Z[1]+I:Y=Z[2]+J

$\qquad$ Rec(Z,F+90G) $\qquad\qquad$ (Z 为公式(4-15)计算的 Z)

$\qquad$ X=X+I:Y=Y+J

第二缓和曲线上任一点坐标计算:

第一步,计算公式同公式(4-15),只是式中 Z 要用曲线上所求点到缓直(HZ)的长度,另外在第二步计算坐标转换时要注意方位角,并用 HZ 点坐标 $Z[3]$,$Z[4]$:

$$X = Z - Z^5/(40R^2V^2) + Z^9/(3\,456R^4V^4) \atop Z = Z^3/(6RV) - Z^7/(336R^3V^3) + Z^{11}/(42\,240R^5V^5) \Big\} \qquad (4\text{-}17)$$

$\qquad\qquad$ Rec(X,$F+GN+180$)

$\qquad\qquad$ X=Z[3]+I:Y=Z[4]+J

$\qquad\qquad$ Rec(Z,$F+GN+180-90G$)

$\qquad\qquad$ X=X+I:Y=Y+J

对于有缓和曲线的圆曲线上任一点坐标计算,第一步用下式计算圆曲线上点的支距法坐标:

$$X = Z - Z^3/(6R^2) + Z^5/(120R^4) + M \atop Z = Z^2/(2R) - Z^7/(24R^3) + Z^6/(720R^5) + P \Big\} \qquad (4\text{-}18)$$

式中:X、Z——圆曲线上所求点切线支距法坐标;

Z——圆曲线上任一点桩号 $H-ZH$ 点桩号 A，即 $Z=H-A$；

M——加设缓和曲线后使切线增长距离：$M=V/2-V^3/(240R^2)$；当 $V=0$ 时，则 $M=0$，为没有缓和曲线的圆曲线；

P——加设缓和曲线后，圆曲线相对于切线的内移量：$P=V^2/(24R)$ $-V^4/(2\,688R^3)$，当 $V=0$ 时，则 $P=0$，为没有缓和曲线的圆曲线；

R——圆曲线半径。

第二步，坐标转换计算同第一缓和曲线上点的坐标转换。

概言之，公路线路直线、曲线（含圆曲线、缓和曲线、有缓和曲线的圆曲线）上任一点坐标计算，除直线段可用常用坐标计算公式计算外，其余曲线上的点位坐标计算，应先算出其切线支距法坐标，然后将其转换成线路施测中统一采用的坐标。由于线路桩位数量较多，计算过程又较繁杂，这一计算工作若用手算来完成，很难满足施工现场放样的需要。只有将其计算公式设计成程序，利用先进的可设程序的计算器来计算，才能满足施工现场放样工作的需要。

3）坐标法放样点位 x,y 计算程序清单

文件名：XY

```
"R="? R："V="? V："N="? N：
"Q="? Q："W="? W："K="? K：
"F="? F："G="? G↵

          （常量半径缓和曲线长转角，交点桩号及坐标，方位角，转角条件）
4→DimZ ↵                              （增加额外变量）
V÷2－V³÷（240R²）→M ↵                  （切线增值）
V²÷（24R）－V⁴÷（2688R³）→P ↵          （内移量）
RNπ÷180＋V→L ↵             （曲线长，已知数据，不需显示）
（R＋P）tan（N÷2）＋M→T ↵    （切线长，已知数据，不需显示）
Q－T→A：A＋V→B：A＋L→D：D－V→C↵

              （ZH、HY、HZ、YH 点桩号，已知数据，不需显示）
W＋Tcos（F＋180）→Z［1］↵    （ZH 点 X,Y 计算，已知数据可不显示）
K＋Tsin（F＋180）→Z［2］↵
W＋Tcos（F＋GN）→Z［3］↵

                （HZ 点 X,Y 计算，已知数据可不显示）
K＋Tsin（F＋GN）→Z［4］↵
LbI 0 ↵
```

"H"? H："S"? S："E"? E↵

（变量：所求点桩号，中桩至边桩的距离，夹角）

If H＜A：Then Goto 1： （计算前直线段所求点坐标）

Else If H＜B：Then Goto 2： （计算前缓和曲线段所求点坐标）

Else If H＜C：Then Goto 3： （计算圆曲线所求点坐标）

Else If H＜D：Then Goto 4： （计算后缓和曲线段所求点坐标）

Else If H＞D：Then Goto 5： （计算后直线段所求点坐标）

IfEnd：IfEnd：IfEnd：IfEnd：IfEnd↵ （条件转移）

LbI 1↵ （前直线段计算开始）

Rec(Q－H,F＋180)↵

"XZ1="：W＋I ◢ ⎫
"YZ1="：K＋J ◢ ⎭ （前直线段所求点中桩坐标值）

"MZ1="：(W＋I)＋Scos(F＋180－(180－E)) ◢ ⎫（与中桩同断面的
"NZ1="：(K＋J)＋Ssin(F＋180－(180－E)) ◢ ⎭ 边标坐标值）

Goto 0↵

LbI 2↵ （前缓和曲线段坐标计算开始）

H－A→Z↵ （任一点到 ZH 点的桩距）

$90Z^2 \div (\pi RV) \to O$↵ （$Z$ 所对应的圆心角）

$Z－Z^5 \div (40R^2V^2)＋Z^9 \div (3456R^4V^4) \to X$↵ ⎫
$Z^3 \div (6RV)－Z^7 \div (336R^3V^3)＋Z^{11} \div (42240R^5V^5) \to Z$↵ ⎭

（所求点切线支距法坐标）

Rec(X,F)↵ ⎫
Z[1]＋I→X：Z[2]＋J→Y ↵ ⎭

（换算成线路施工中统一采用的坐标）

Rec(Z,F＋90G)↵

"XF1="：X＋I ◢ ⎫
"YF1="：Y＋J ◢ ⎭ （中桩坐标计算）

"MF1="：(X＋I)＋Scos(F＋OG＋E) ◢ ⎫
"NF1="：(Y＋J)＋Ssin(F＋OG＋E) ◢ ⎭ （边桩坐标计算）

Goto 0↵

LbI 3↵ （圆曲线段坐标计算开始）

$H-A-V \to Z$ ↵ 　　　　　　　　（圆曲线内任一点至 ZH 点的距离）

$180V \div (2R\pi) \to T$ ↵

$180Z \div (R\pi) + T \to O$ ↵

　　（有缓和曲线的圆曲线上任一点至 ZH 点距离所对应的圆心角）

$R\sin(O) + M \to X$ ↵ 　　　　　　（切线支距法坐标计算）

$R(1 - \cos(O)) + P \to Z$ ↵

Rec(X,F) ↵

$Z[1] + I \to X ; Z[2] + J \to Y$ ↵ ⎫
　　　　　　　　　　　　　　　⎬　（坐标转换计算）
Rec(Z,F+90G) ↵ 　　　　　　　⎭

"YX=" : X+I ◢ ⎫
　　　　　　　⎬　（所求点中桩坐标计算）
"YY=" : Y+J ◢ ⎭

"MYX=" : (X+I)+S$\cos$(F+OG+E) ◢ ⎫
　　　　　　　　　　　　　　　⎬　（边桩坐标计算）
"NYY=" : (Y+J)+S$\sin$(F+OG+E) ◢ ⎭

Goto 0 ↵

LbI 4 ↵

$D-H \to Z$ ↵ 　　　　　　　　（后缓和曲线段计算开始）

$90Z^2 \div (RV\pi) \to O$ ↵

$Z - Z^5 \div (40R^2 V^2) + Z^9 \div (3456R^4 V^4) \to X$ ↵ 　⎫
　　　　　　　　　　　　　　　　　　　　　　　　⎬
$Z^3 \div (6RV) - Z^7 \div (336R^3 V^3) + Z^{11} \div (42240R^5 V^5) \to Z$ ↵ ⎭

　　　　　　　　　　　　　　　（切线支距法坐标计算）

Rec(X,F+GN+180) ↵ 　　　　　⎫
　　　　　　　　　　　　　　⎬
$Z[3] + I \to X : Z[4] + J \to Y$ ↵ ⎬　（坐标转换计算）
　　　　　　　　　　　　　　⎬
Rec(Z,F+GN+180−90G) ↵ 　　⎭

"XF2=" : X+I ◢ ⎫
　　　　　　　⎬　（中桩坐标计算）
"YF2=" : Y+J ◢ ⎭

"MXF2=" : (X+I)+S$\cos$(F+GN+180−OG−E) ◢ ⎫ （边桩 X、Y
　　　　　　　　　　　　　　　　　　⎬
"NYF2=" : (Y+J)+S$\sin$(F+GN+180−OG−E) ◢ ⎭ 　计算）

Goto 0 ↵

LbI 5 ↵ 　　　　　　　　　　（后直线段计算开始）

Rec(H−D,F+NG) ↵

$$"XZ2="":Z[3]+I \left.\begin{array}{l}\end{array}\right\} \quad (后直线段上任一点中桩X、Y计算)$$
$$"YZ2="":Z[4]+J \left.\begin{array}{l}\end{array}\right\}$$
$$"MXZ2="":Z[3]+I+Scos(F+GN+E) \left.\begin{array}{l}\end{array}\right\}$$
$$"NYZ2="":Z[4]+J+Ssin(F+GN+E) \left.\begin{array}{l}\end{array}\right\} \quad (边桩坐标计算)$$

Goto 0

程序中：　R=?——圆曲线半径；

　　　　　V=?——缓和曲线长度；

　　　　　N=?——转角,输入时不带符号；

　　　　　Q=?——交点桩号；

W=?,K=?——交点的X、Y坐标；

　　　　　F=?——前切线正方位角；

　　　　　G=?——判断转角符号,左转角输入-1,右转角输入1；

　　　　　H?——所求点桩号；

　　　　　S?——与H同断面的中桩至边桩的距离；

　　　　　E?——中桩至边桩连线与线路中线之夹角(简称夹角),输入"E",计算结果为右边桩X、Y结果,输入"$-E$",计算结果为左边桩X、Y结果；

XZ1=、YZ1=——第一直线段中桩X、Y值；

MZ1=、NZ1=——第一直线段边桩X、Y值；

XF1=、YF1=——第一缓和曲线中桩X、Y值；

MXF1=、NYF1=——第一缓和曲线边桩X、Y值；

XY=、YY=——圆曲线中桩X、Y值；

MXY=、NYY=——圆曲线边桩X、Y值；

XF2=、YF2=——第二缓和曲线中桩X、Y值；

MXF2=、NYF2=——第二缓和曲线边桩X、Y值；

XZ2=、YZ2=——第二直线段中桩X、Y值；

MXZ2=、NYZ2=——第二直线段边桩X、Y值。

4)程序功能及注意事项

(1)XY程序可计算线路直线段、曲线段(圆曲线、缓和曲线、有缓和曲线的圆曲线)上任意一点的中桩及左、右边桩的X、Y坐标值。

(2)起算要素。以图4-8为例,假定以本交点JD_{19}为起算点,则程序中各要素Q、W、K、R、F、N、V,应输入交点JD_{19}及所在曲线的桩号、坐标、半径、方位角、转向角、缓和曲线长度。而 F 则应输入前第一直线段的正方位角,即 $F = 166°15'17''$,$N = 39°16'07''$,$R = 400$,$V = 100$,$Q = 251246.76$,$W = 4814.878$,$K = 8720.076$。若本交点 JD_{19} 之计算范围所需点的坐标值计算完毕,需要继续计算下去,则依另一交点 JD_{20} 或 JD_{18} 的各要素为已知起算数据。

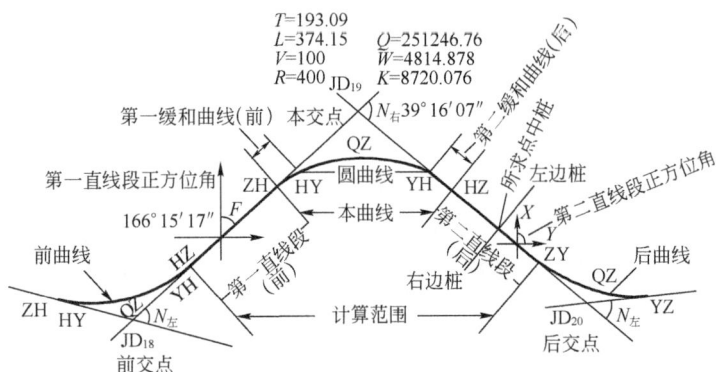

图 4-8　XY 程序计算线路点位坐标起算数据及计算范围示意图

（3）计算范围。在图 4-8 中,设定 JD_{19} 为本交点,JD_{18} 为前交点,JD_{20} 为后交点,则公路线路上点位坐标程序 XY 的计算范围是前直线段起点缓直（HZ）点至后直线段终点（ZY）点之间的：

①前直线段（第一直线段）HZ 点至 ZH 点（或圆曲线 YZ 点至 ZY 点）；

②本缓和曲线 ZH 点至 HZ 点（或圆曲线 ZY 点至 YZ 点）；

③后直线段（第二直线段）HZ 点至 ZH 点（或圆曲线 YZ 点至 ZY 点）。

上述三段任意一点的中桩及边桩坐标都可以计算。

（4）计算中应注意符号的正负：

①程序中用"N"表示交点转向角,用"G"控制其正负。当转向角左偏,G 输入"－1",当转向角右偏,G 输入"1",即左负右正。输入转向角 N 时,不考虑符号。

②计算左、右边桩坐标时,程序中用"E"夹角控制左、右边方向。当 E 输入"90"时,则计算结果为右边桩坐标值；当 E 输入"－90"时,则计算结果为左边桩坐标值。

（5）计算顺序。用程序计算中桩、左边桩、右边桩坐标时不考虑顺序,可随意计算,如左中右,右中左或中左右,中右左。实践中以习惯而定,也可根据现场放样需要而定。应注意的是,同一个横断面,中桩 X、Y 计算值显示两次。

(6)程序中"V"为缓和曲线长度,当计算不设缓和曲线的圆曲线时,V 输入 0。

(7)程序中前几步可计算:

①切线增值 M;

②内移量 P;

③曲线长 L;

④有缓和曲线的圆曲线的切线长 T;

⑤直缓点(ZH)的桩号 A;

⑥缓圆点(HY)的桩号 B;

⑦缓直点(HZ)的桩号 D;

⑧圆缓点(YH)的桩号 C;

⑨ZH 点的 X、Y 坐标值 $Z[1]$、$Z[2]$;

⑩HZ 点的 X、Y 坐标值 $Z[3]$、$Z[4]$。

上述 M、P、L、T、A、B、D、C、$Z[1]$、$Z[2]$、$Z[3]$、$Z[4]$ 程序设计为不显示计算结果,这是因为这些数据为已知,设计部门已经给出了。若需要显示,则在其计算式后加一显示符号"◢",例如:切线增值"$M=$":$V \div 2 - V^3 \div (240R^2)$◢,其余仿此。

(8)本程序实践中称为单交点 XY 计算法。

5)实操案例及程序执行操作方法步骤

××国道××施工标段测设一带有缓和曲线的圆曲线。路线交点 JD_{10} 的里程桩号为 K239+516.55,坐标 $X=2592.000$,$Y=1558.000$,圆曲线半径 $R=140.000$,缓和曲线长 $V=50.00$,线路转角 $N_右=41°39'38''$,线路前切线正方位角 $F=145°48'00''$。曲线需测设的主点里程桩号及加桩桩号见表 4-10,采用 XY 程序计算的各桩号的左、中、右桩的坐标 x、y 值见表 4-9。

程序执行操作步骤:

①按 $\boxed{AC}$ 键,开机,清除上次关机时屏幕保留的内容;

②按 $\boxed{FILE}$ $\boxed{\blacktriangledown}$ $\boxed{\blacktriangle}$ 键,选用文件名:XY;

③按 $\boxed{EXE}$ 键,显示:R=?,输入半径:140;

④按 EXE 键,显示:V=?,输入缓和曲线长:50;

⑤按 EXE 键,显示:N=?,输入转角:41°39′38″;

⑥按 EXE 键,显示:Q=?,输入交点桩号:516.550;

⑦按 EXE 键,显示:W=?,输入交点 X 坐标:2592.000;

⑧按 EXE 键,显示:K=?,输入交点 Y 坐标:1558.000;

⑨按 EXE 键,显示:F=?,输入前切线正反位角:145°48′00″;

⑩按 EXE 键,显示:G=?,此例右转角,输入:1;

⑪按 EXE 键,显示:H=?,输入所求点桩号:438.03(ZH);

⑫按 EXE 键,显示:S=?,输入中桩至边桩的距离:8.48;

⑬按 EXE 键,显示:E=?,计算左边桩输入:−90;

⑭按 EXE 键,显示:XF1=2656.942(ZH 点中桩 X 值);

⑮按 EXE 键,显示:YF1=1513.865(ZH 点中桩 Y 值);

⑯按 EXE 键,显示:MXF1=2661.709(ZH 点左桩 X 值);

⑰按 EXE 键,显示:NYF1=1520.879(ZH 点左桩 Y 值);

以下计算右边桩:

⑱按 EXE 键,显示:H=?,保留原输入 438.03 不变;

⑲按 EXE 键,显示:S=?,输入中桩至右边桩的距离:8.48;

⑳按 EXE 键,显示:E=?,计算右边桩,输入:90;

㉑按 EXE 键,显示:XF1=2656.942 ⎫
　　　　　　　　　　　　　　　　　　⎬　第二次显示 ZH 点中桩坐标;
㉒按 EXE 键,显示:YF1=1513.865 ⎭

㉓按 EXE 键,显示:MXF1=2652.176(ZH 点右边桩 X 值);

㉔按 EXE 键,显示:NYF1=1506.852(ZH 点右边桩 Y 值)。

至此,所求点 438.03(ZH 点)的中桩及左、右边桩的坐标 X、Y 值已经算出。以下是重复操作,只要给 H?、S?、E? 输入所求点桩号、中桩至边桩的距离和夹角 E,就可计算出所求点的中桩及左、右边桩的坐标 X、Y 值。

线路放样 X、Y 值计算表   表 4-9

交点 JD$_{10}$	X (m)	Y (m)	半径 R (m)	缓和曲线长（m）	转角	前切线 正方位角
K239+ 516.55	2592.000	1558.000	140	50	右 41°39′38″	145°48′00″

桩号	左边桩		中～边 距离 (m)	中桩		中～边 距离 (m)	右边桩	
	X(m)	Y(m)		X(m)	Y(m)		X(m)	Y(m)
ZH:K239 +438.03	2661.709	1520.879	8.48	2656.942	1513.865	8.48	2652.176	1506.852
+440	2660.077	1521.987	8.48	2655.313	1514.972	8.48	2650.548	1507.957
+460	2643.153	1533.178	8.48	2638.632	1526.004	8.48	2634.110	1518.830
+480	2625.145	1543.521	8.48	2621.296	1535.964	8.48	2617.448	1528.408
HY: +488.03	2617.496	1547.172	8.48	2614.051	1539.424	8.48	2610.606	1531.675
+500	2605.689	1551.828	8.48	2602.919	1543.813	8.48	2600.148	1535.798
QZ: +513.93	2591.509	1555.952	8.48	2589.548	1547.702	8.48	2587.588	1539.452
+520	2585.215	1557.304	8.48	2583.614	1548.977	8.48	2582.013	1540.650
YH:K239 +539.82	2564.361	1559.802	8.48	2563.951	1551.331	8.48	2563.541	1542.861
+540	2564.171	1559.811	8.48	2563.772	1551.340	8.48	2563.372	1542.869
+560	2543.219	1559.510	8.48	2543.784	1551.049	8.48	2544.349	1542.588
+580	2522.844	1557.473	8.48	2523.887	1549.058	8.48	2524.930	1540.642
HZ: +589.82	2513.046	1556.213	8.48	2514.147	1547.805	8.48	2515.248	1539.397

在公路施工现场,用 XY 程序不但能方便快速地算出线路上任一所求点的中、边桩坐标,而且对于不论是斜交或是正交的盖板涵、圆管涵、通道、桥梁等施工所需点的放样,该程序也是非常适用的。

4.3.3　线路非对称曲线中边桩坐标计算程序

上节介绍的是线路对称曲线(即前切线＝后切线,前缓和曲线＝后缓和曲线)上任一点的中边桩坐标计算程序,本节介绍线路施工中常遇到的线路非对称曲线中边桩坐标计算程序。

所谓线路非对称曲线,即前缓和曲线 V(也称第一缓和曲线)不等于后缓和曲线 U(也称第二缓和曲线), $V \neq U$;前切线长 T 不等于后切线长 S, $T \neq S$。这种线形组合是一级公路以下各等级公路常用的线形。

1)非对称曲线中边桩坐标计算常规公式

非对称曲线中边桩坐标计算常规公式同前述对称曲线中边桩坐标计算公式,只是公式中的非对称曲线的要素及主点桩号计算公式略有不同。

(1)非对称曲线要素计算公式

非对称曲线的要素是,圆曲线半径 R;线路转角 N;前缓和曲线长 V;后缓和曲线长 U;且 $V \neq U$。前切线长 T;后切线长 S;且 $T \neq S$。曲线长 J;外距 G;切曲差 Y。

当非对称曲线半径尺,线路转角 N,前缓和曲线长 V,后缓和曲线长 U 为已知时,其余的要素按下述公式计算。

前切线长 T:

$$T = (R+P)\tan\frac{N}{2} + M - \frac{P-I}{\sin N} \qquad (4\text{-}19)$$

后切线长 S:

$$S = (R+I)\tan\frac{N}{2} + O + \frac{P-I}{\sin N} \qquad (4\text{-}20)$$

曲线长 J:

$$J = \frac{RN\pi}{180} + \frac{V+U}{2} \qquad (4\text{-}21)$$

外距 G:

$$G = \frac{R + \dfrac{P+I}{2}}{\cos\dfrac{N}{2}} R \qquad (4\text{-}22)$$

切曲差(校正值):

$$Y = (T+S) - J \qquad (4\text{-}23)$$

式中:R——圆曲线半径;

N——线路转角；

V——前缓和曲线长；

U——后缓和曲线长；

P——加前缓和曲线后，圆曲线相对于切线的内移量：

$$P = \frac{V^2}{24R} - \frac{V^4}{2688R^3}$$ 　　　　　　　(4-24)

M——加前缓和曲后，使切线增长的距离：

$$M = \frac{V}{2} - \frac{V^3}{240R^2}$$ 　　　　　　　(4-25)

I——加后缓和曲线后，圆曲线相对于切线的内移量：

$$I = \frac{U^2}{24R} - \frac{U^4}{2688R^3}$$ 　　　　　　　(4-26)

O——加后缓和曲线后，使切线增长的距离：

$$O = \frac{U}{2} - \frac{U^3}{240R^2}$$ 　　　　　　　(4-27)

π——圆周率，取 3.141593。

(2)非对称曲线主点里程桩号计算公式

根据交点的里程桩号和上式计算的曲线要素，可按下式计算非对称曲线的主点的里程桩号。

直缓点(ZH)的里程桩号：

$$ZH = Q - T$$ 　　　　　　　(4-28)

缓圆点(HY)的里程桩号：

$$HY = ZH + V$$ 　　　　　　　(4-29)

缓直点(HZ)的里程桩号：

$$HZ = Q + S - Y$$ 　　　　　　　(4-30)

圆缓点(YH)的里程桩号：

$$YH = HZ - U$$ 　　　　　　　(4-31)

曲中点(QZ)的里程桩号：

$$QZ = \frac{HY + YH}{2}$$ 　　　　　　　(4-32)

式中：Q——交点的桩号；

T——前切线长度；

S——后切线长度；

V——前缓和曲线长度；

U——后缓和曲线长度。

(3)非对称曲线要素及主点桩号 f_x—5800 程序计算技术

①程序清单

文件名:FDZYSJS(非对称要素计算)

```
LbI 0
"R"? R₁"N"? N;"V"? V;
"U"? U;"Q"? Q↵
V²÷(24R)−V⁴÷(2688R³)→P↵
V÷2−V³÷(240R²)→M↵
U²÷(24R)−U⁴÷(2688R³)→I↵
U÷2−U³÷(240R²)→O↵
(R+P)tan(N÷2)+M−(P−I)÷sin(N)→T↵
(R+I)tan(N÷2)+O+(P−I)÷sin(N)→S↵
RNπ÷180+(V+U)÷2→J↵
(R+(P+I)÷2)÷cos(N÷2)−R→G↵
(T+S)−J→Y↵
"T=":T ◢
"S=":S ◢
"J=":J ◢
"G=":G ◢
"Y=":Y ◢
"ZH=":Q−T→Z ◢
"HY=":Z+V−I ◢
"HY=":Q+S−Y→H ◢
"YH=":H−U→K ◢
"QZ=":(I+K)÷2 ◢
Goto 0
```

程序中:R——圆曲线半径;

　　　　N——线路转角;

　　　　V——前缓和曲线长度;

　　　　U——后缓和曲线长度;

　　　　Q——交点桩号;

　　　T=——前切线长度;

S=——后切线长度；

J=——曲线长度；

G=——外距；

Y=——切曲差（校正值）；

ZH=——直缓点桩号；

HY=——缓圆点桩号；

HZ=——缓直点桩号；

YH=——圆缓点桩号；

QZ=——曲中点桩号。

②程序功能及注意事项

a. 使用本程序的起算数据，必须已知：非对称曲线的前缓和曲线长度、后缓和曲线长度、交点处圆曲线的半径、线路的转角及交点的里程桩号。

b. 本程序可计算非对称曲线的前切线长度、后切线长度、曲线长度、外距、切曲差、以及非对称曲线主点 ZH、HZ、QZ、YH、HZ 的里程桩号。

当用本程序计算对称曲线要线要素及主点里程桩号时，只要给前、后缓和曲线长度 V、U 输入等值即可。

c. 操作案例及程序执行操作步骤。

本算例数据取自××省道二级公路××标段施工现场"直线、曲线及转角表"。

算例已知数据：交点 JD 里程桩号 K0＋976.672m，半径 $R=190$m，前缓和曲线长度 $V=35.000$m，后缓和曲线长度 $U=70.000$m，线路转角 $N_左=28°53'19.8''$。

据此数据用"FDZYSJS"程序计算该非对称曲线要素及主点里和桩号，见表 4-10。

非对称曲线要素及主点里程符号计算　　　　表 4-10

交点里程	半径 (m)	转角值	前缓和曲线长 (m)	后缓和曲线长 (m)
K0＋976.672	190	左 28°53′19.8″	35.00	70.00
前切线长 (m)	后切线长 (m)	曲线长 (m)	外距 (m)	切曲线 (m)
68.172	82.510	148.299	6.894	2.383

ZH	HY	QZ	YH	HZ
K0+908.500	K0+943.500	K0+965.151	K0+986.799	K1+056.799

2)非对称曲线中边桩坐标计算技术

(1)非对称曲线中边桩坐标计算的 f_x—5800 程序

①文件名:XLFDCXYJS(线路非对称 XY 计算)

②程序清单

```
"Q="? Q:"W="? W:"K="? K:"R="? R:"F="? F?
"N="? N:"G="? G:"V="? V="U="? U ↵
V²÷(24R)−V⁴÷(2688R³)→P ↵                    (圆曲线内移量)
V÷2−V³÷(240R²)→M ↵                          (切线增值)
U²÷(24R)−U⁴÷(2688R³)→I ↵                    (圆曲线内移量)
U÷2−U³÷(240R²)→O ↵                          (切线增值)
"T=":(R+P)tan(N÷2)+M−(P−I)÷sin(N)→T ↵
"S=":(R+I)tan(N÷2)+O+(P−I)÷sin(N)→S ↵
"J=":RNπ÷180+(V+U)÷2→J ↵
"Y=":(T+S)−J→Y ↵
LbI 0 ↵
Q−T→A:A+V→B:Q+S−Y→D:D−U→C ↵
4→DubZ ↵
"Z[1]=":W+Tcos(F+180)→Z[1] ↵
"Z[2]=":K+Tsin(F+180)→Z[2] ↵
"Z[3]=":W+Scos(F+GN)→Z[3] ↵
"Z[4]=":K+Ssin(F+GN)→Z[4] ↵
LbI 1 ↵
"H"? H:"L"? L:"E"? E ↵
If H≤A:Then Goto 2 : IfEnd ↵
If H≤B:Then Goto 3 : IfEnd ↵
If H≤C:Then Goto 4 : IfEnd ↵
If H≤D:Then Goto 5 : IfEnd ↵
If H≥D:Then Goto 6 : IfEnd ↵
LbI 2 ↵
Rec(Q−H,F+180) ↵
```

"XZ1=":W+I ◣

"YZ1=":K+J ◣

"MZ1=":W+I+Lcos(F+180−(180−E)) ◣

"NZ1=":K+J+Lsin(F+180−(180−E)) ◣

Goto 1 ←

LbI 3 ←

H−A→Z ←

$90Z^2 \div (RV\pi) \to O$ ←

$Z-Z^5 \div (40R^2 V^2)+Z^9 \div (3456R^4 V^4) \to X$ ←

$Z^3 \div (6RV)-Z^7 \div (336R^3 V^3)+Z^{11} \div (42240R^5 V^5) \to Z$

（缓和曲线切线支距坐标）

Rec(X,F) ←

Z[1]+I→X:Z[2]+J→Y ←

Rec(Z,F+90G) ←

"XF1=":X+I ◣

"YF1=":Y+J ◣

"MF1=":X+I+Lcos(F+OG+E) ◣

"NF1=":Y+J+Lsin(F+OG+E) ◣

Goto 1 ←

LbI 4 ←

$90V \div (R\pi) \to T$ ←

Abs(H−B)→S ←

$180S \div (R\pi)+T \to O$ ←

Rsin(O)+M→X ←

R(1−cos(O))+P→Z ←

Rec(X,F) ←

Z[1]+I→X:Z[2]+J→Y ←

Rec(Z,F+90G) ←

"XY=":X+I ◣

"YY=":Y+J ◣

"MY=":X+I+Lcos(F+OG+E) ◣

"NY=":Y+J+Lsin(F+OG+E) ◣

Goto 1 ←

LbI 5 ←

$D-H \rightarrow Z \hookleftarrow$

$90Z^2 \div (RU\pi) \rightarrow O \hookleftarrow$

$Z-Z^5 \div (40R^2U^2)+Z^9 \div (3456R^4U^4) \rightarrow X \hookleftarrow$

$Z^3 \div (6RU)-Z^7 \div (336R^3U^3)+Z^{11} \div (42240R^5U^5) \rightarrow Z \hookleftarrow$

（缓和曲线切线支距坐标）

$Rec(X,F+GN+180) \hookleftarrow$

$Z[3]+I \rightarrow X; Z[4]+J \rightarrow Y \hookleftarrow$

$Rec(Z,F+GN+180-90G) \hookleftarrow$

"XF2=":X+I ◢

"YF2=":Y+J ◢

"MF2=":X+I+Lcos(F+GN+180-OG-E) ◢

"NF2=":Y+J+Lsin(F+GN+180-OG-E) ◢

Goto 1 $\hookleftarrow$

LbI 6 $\hookleftarrow$　　　　　　　　　　（后直线段坐标计算开始）

$Rec(H-D,F+GN) \hookleftarrow$

"XZ2=":Z[3]+I ◢

"YZ2=":Z[4]+J ◢　　　　　　　　　　（后直中桩 XY）

"MZ2=":Z[3]+I+Lcos(F+GN+E) ◢

"NZ2=":Z[4]+J+Lsin(F+GN+E) ◢　　　（后直边栏 XY）

Goto 1

程序中：Q=?——交点里程桩号；

　W=?、K=?——交点 X、Y 坐标；

　　　　R=?——圆曲线半径；

　　　　F=?——前切线正方位角；

　　　　N=?——偏角，输入时不常符号；

　　　　G=?——偏角控制条件，左偏角 $G=-1$，右偏角 $G=1$；

　　　　V=?——前缓和曲线长；

　　　　U=?——后缓和曲线长；

　　　　H?——所求点里程桩号；

　　　　L?——所求点中边桩距离；

　　　　E?——中边桩边线与线路中线夹角。

（2）程序功能及注意事项

①本程序可计算线路上对称曲线和非对称曲线上任意所求点的中边桩

坐标,计算范围同 XY 程序。

②在计算对称曲线时,$V=U$,即输入的前缓和曲线长等于后缓和曲线长。

③在计算非对称曲线时,V 输入前缓和曲线长,U 输入后缓和曲线长。

④本程序中 T、S、J、Y 是曲线要素,分别表示前后切线长、曲线长和切曲差;A、B、C、D 是曲线主点(ZH、HY、YH、HZ)桩号,程序设计不显示,若要显示,则可在其程序式尾部加显示符号"◢"。

⑤本程序计算结果显示的符号的符号意义同前述"XY 程序"。

(3)线路非对称曲线放样点坐标计算案例

①案例

本案例选自广东省中山市东部快线工程第二合同段右线桥墩桩基中心施工放样。

该合同段右线起点:YK50+038.6;

终点:YK55+323.000。

右线全长:5284.4m。

桥墩柱中心与主线路关系为径向布置。桥墩柱中心距设计线距离均为其垂直设计线测量的值。正负号约定为:桩基位于设计线右侧为正值,反之为负值(表 4-11)。

该右线线形由 4 个交点控制,分别是:JD10、JD11、JD12 和 JD13。其中前三个交点是圆曲线,JD13 是带不对称缓和曲线的圆曲线,其计算范围是:起点 K54+581.207,终点 K58+220(第 1 合同段),共 3638.793m。

本案例计算:K54+696.600~K55+315.600。

交点 JD13 的圆曲线的前缓和曲线长 220m,后缓和曲线长 300m,前切线长 377.840m,后切线长 411.258m,是个典型的非对称曲线。

②起算数据

该非对称曲线由交点 DJ13 控制。在此计算范围内的任一点的坐标计算的起算数据是 JD13 的要素。

a. 交点桩号:Q=K55+308.250。

b. 交点的坐标:X=W=2492482.107;

Y=K=520735.2268。

c. 圆曲线半径:R=1618.8。

d. 前缓和曲线长:220.000。

e. 后缓和曲线长:U=300.000。

f. 转角:N=18°32′41.4″。

g. 转向:G=1(右转)。

h. 前切线正方位角:F=63°10′35.1″。

③程序执行操作方法步骤

采用 f_x—5800P 计算器的 XLFDCXYJS 程序计算非对称曲线上任一点坐标时,程序执行操作方法步骤,可参阅 XY 程序进行。

本案例计算结果见表 4-11。

程序执行方法步骤如下。

a. 按 AC 键,开机。

b. 按 FILE ▲ ▼ 键,选择文件名。XLFDC-XYJS。

c. 按 EXE 键,按照屏幕提示,输入 JD13 的起算要素(此是程序中的常量,在程序全过程中,只要开始输入一次就行了)。

显示 Q=?,输入:55308.250(交点桩号)。

显示 W=?,输入:2482.107(交点的 X 值)。

显示 K=?,输入:20735.2268(交点的 Y 值)。

显示 R=?,输入:1618.800(圆曲线半径)。

显示 V=?,输入:220.000(前缓和曲线长)。

显示 U=?,输入:300.000(后缓和曲线长)。

显示 N=?,输入:18°32′41.4″(转角)。

显示 G=?,输入:1(右转角输入 1)。

显示 F=?,输入:63°10′35.1″(前切线正方位角)。

d. 此后,按 EXE 键,按照屏幕提示输入 JD13 计算范围内任一点的桩号、中至边桩距离及夹角,就可以算出该点的中桩、边桩坐标值。此例,中桩在右设计主线上,边桩是位于设计线右侧的桥墩桩基中心点。

例如,计算前缓和曲线 K54+930.410~K55+150.410 间的 Y190 号桩基中心。

显示 H?,输入桩中心桩号:54962.600。

显示 L?,输入 1 号桩基离设计线距离:6.300。

显示 E?,桩基在设计线右侧,输入 90。

计算结果显示如下:

XF1=2326.120

YF1=20426.776 $\Big\}$ (设计线上中桩坐标值)

表4-11

桩基逐桩坐标表

墩台编号	墩中心桩号	桩编号	桩中心桩号	离设计线距离(m)	坐标 X	坐标 Y
Y180号	YK54+696.600	Y180号-1	YK54+698.038	3.950	2492203.227	520192.456
		Y180号-2	YK54+700.121	9.673	2492199.060	520196.898
		Y180号-3	YK54+702.204	15.397	2492194.892	520201.339
		Y180号-4	YK54+704.287	21.120	2492190.724	520205.781
Y181号	YK54+722.600	Y181号-1	YK54+722.600	3.600	2492214.623	520214.217
		Y181号-2	YK54+722.600	9.873	2492209.025	520217.048
		Y181号-3	YK54+722.600	16.146	2492203.427	520219.879
		Y181号-4	YK54+722.518	22.201	2492197.986	520222.538
Y182号	YK54+747.600	Y182号-1	YK54+747.600	5.000	2492224.655	520237.159
		Y182号-2	YK54+747.600	9.000	2492221.085	520238.964
Y183号	YK54+772.600	Y183号-1	YK54+772.600	5.000	2492235.936	520259.469
		Y183号-2	YK54+772.600	9.000	2492232.366	520261.274
Y184号	YK54+797.600	Y184号-1	YK54+797.600	5.000	2492249.217	520281.779
		Y184号-2	YK54+797.600	9.000	2492243.648	520283.584

墩台编号	墩中心桩号	桩编号	桩中心桩号	离设计线距离 (m)	坐标 X	坐标 Y
Y185 号	YK54+822.600	Y185 号-1	YK54+822.600	5.000	2492258.498	520304.089
		Y185 号-2	YK54+822.600	9.000	22492254.929	520305.894
Y186 号	YK54+847.600	Y186 号-1	YK54+847.600	5.000	2492269.779	520326.399
		Y186 号-2	YK54+847.600	9.000	2492266.210	520328.204
Y187 号	YK54+872.600	Y187 号-1	YK54+872.600	6.300	2492279.900	520349.296
		Y187 号-2	YK54+872.600	10.300	2492276.331	520351.101
Y188 号	YK54+902.600	Y188 号-1	YK54+902.600	6.300	2492293.438	520376.068
		Y188 号-2	YK54+902.600	10.300	2492289.868	520377.873
Y189 号	YK54+932.600	Y189 号-1	YK54+932.600	6.300	2492306.975	520402.840
		Y189 号-2	YK54+932.600	10.300	2492303.406	520404.645
Y190 号	YK54+962.600	Y190 号-1	YK54+962.600	6.300	2492320.494	520429.611
		Y190 号-2	YK54+962.600	10.300	2492316.922	520431.410
Y191 号	YK54+992.600	Y191 号-1	YK54+992.600	1.500	2492338.229	520454.261
		Y191 号-2	YK54+992.600	9.500	2492331.071	520457.832

墩台编号	墩中心桩号	桩编号	桩中心桩号	离设计线距离 （m）	坐标 X	坐标 Y
Y192 号	YK55+ 022.600	Y192 号-1	YK55+022.600	1.500	2492351.535	520481.138
		Y192 号-2	YK55+022.600	9.500	2492344.353	520484.662
Y193 号	YK55+ 049.600	Y193 号-1	YK55+049.600	1.500	2492363.332	520505.411
		Y193 号-2	YK55+049.600	9.500	2492356.112	520508.878
Y194 号	YK55+ 075.600	Y194 号-1	YK55+075.100	3.950	2492372.053	520529.471
		Y194 号-2	YK55+075.100	10.050	2492366.531	520532.062
Y195 号	YK55+ 115.100	Y195 号-1	YK55+115.100	3.950	2492388.694	520565.764
		Y195 号-2	YK55+115.100	10.050	2492383.124	520568.253
Y196 号	YK55+ 140.600	Y196 号-1	YK55+140.600	5.000	2492397.949	520589.479
		Y196 号-2	YK55+140.600	9.000	2492394.275	520591.059
Y197 号	YK55+ 165.600	Y197 号-1	YK55+165.600	5.000	2492407.621	520612.450
		Y197 号-2	YK55+165.600	9.000	2492403.923	520613.973
Y198 号	YK55+ 190.600	Y198 号-1	YK55+190.600	5.000	2492416.937	520635.566
		Y198 号-2	YK55+190.600	9.000	520635.566	520637.032

续上表

墩台编号	墩中心桩号	桩 编 号	桩中心桩号	离设计线距离(m)	坐 标 X	坐 标 Y
Y199 号	YK55+215.600	Y199 号−1	YK55+215.600	5.000	2492425.895	520658.823
		Y199 号−2	YK55+215.600	9.000	2492422.151	520660.231
Y200 号	YK55+240.600	Y200 号−1	YK55+240.594	5.000	2492434.491	520682.209
		Y200 号−2	YK55+240.594	9.000	2492430.726	520683.560
Y201 号	YK55+256.600	Y201 号−1	YK55+256.600	5.000	2492442.728	520705.738
		Y201 号−2	YK55+256.600	9.000	2492438.943	520707.030
Y202 号	YK55+290.600	Y202 号−1	YK55+290.500	5.000	2492450.600	520729.385
		Y202 号−2	YK55+290.500	9.000	2492446.795	520730.619
Y203 号	YK55+315.600	Y203 号−1−1	YK55+313.225	2.500	2492459.796	520750.150
		Y203 号−1−2	YK55+313.225	7.000	2492455.497	520751.478
		Y203 号−1−3	YK55+313.225	11.500	2492451.197	520752.806
		Y203 号−2−1	YK55+316.725	2.500	2492460.324	520753.490
		Y203 号−2−2	YK55+316.725	7.000	2492456.522	520754.809
		Y203 号−2−3	YK55+316.725	11.500	2492452.219	520756.128

$$\left.\begin{array}{l} \text{MF1}=2320.494 \\ \text{NF1}=20429.410 \end{array}\right\} \qquad\text{（190 号的 1 号桩基中心坐标值）}$$

显示 H?，输入桩中心桩号：54962.600。

显示 L?，输入 2 号桩基离设计线距离：10.300。

显示 E?，输入 90。

计算结果显示如下：

XF1＝2326.120

YF1＝20426.776

MF1＝2316.922 　　　　　　（Y190 号的 2 号桩基中心 X 坐标值）

NF1＝20431.410 　　　　　　（Y10 号的 2 号桩基中心 Y 坐标值）

再例如，计算圆曲线 K55＋150.410～55＋414.364 间的 Y203 号桩基中心。

按 [EXE] 键，按照屏幕提示输入：

显示 H?，输入 55313.225；

显示 L?，输入 2.5；

显示 E?，输入 90。

则计算结果显示：

MY＝2459.796

NY＝20750.149 　　　　　　（T203 号的 1 号桩基坐标）

以下重复计算，只要给 H?、L?、E? 输入相应数据，则会计算出该点的中、边桩坐标值。

注意，计算桥墩桩基中心坐标：

桩号必须输入桩中心号。

中桩至边桩距离，必须输入桩基中心离设计线的距离。

值得提醒的是，上述 XY 程序、XLXYTS 程序、XLFDCXYJS 程序，在计算高精度坐标时，应将程序中的切线增值、圆曲线内移量，以及缓和曲线切线支距坐标计算语句，修改成较精确公式。

切线增量较精确计算公式：

$$\frac{V}{2}-\frac{V^3}{240R^2}+\frac{V^5}{3456R^4}-\frac{V^7}{8386560R^6}+\frac{V^9}{3158507520R^8}\rightarrow\text{M} \qquad (4\text{-}33)$$

圆曲线内移量较精确计算公式：

$$\frac{V^2}{24R}-\frac{V^4}{2688R^3}+\frac{V^6}{506880R^5}+\frac{V^8}{154828800R^7}\rightarrow\text{P} \qquad (4\text{-}34)$$

缓和曲线切线支距坐标计算较精确公式：

$$Z - \frac{Z^5}{40R^2V^2} + \frac{Z^9}{3456R^4V^4} - \frac{Z^{13}}{599040R^6V^6} + \frac{Z^{17}}{175472640R^8V^8} \rightarrow X \quad (4\text{-}35)$$

$$\frac{Z^3}{6RV} - \frac{Z^7}{336R^3V^3} + \frac{Z^{11}}{42240R^5V^5} - \frac{Z^{15}}{9676800R^7V^7} + \frac{Z^{19}}{3530096640R^9V^9} \rightarrow Y$$

$$(4\text{-}36)$$

以上公式中:V——缓和曲线长;

$\qquad R$——圆曲线半径;

$\qquad Z$——所求点到 ZH 点距离。

3)线路全线直线、对称轴线及非对称曲线中边桩坐标通算程序计算技术

前述介绍的 XLXYJS(线路 XY 计算)程序和 XLFDCXYJS(线路非对称曲线 XY 计算)程序,只能计算全线路一个交点控制范围内的点的坐标。在计算另一个交点范围内的点的坐标时,又要重新启动计算机,重新输入这个交点的起算要素。这样在现场计算放样点坐标时,就显得有些不方便。为了解决这一难题,作者在公路施工放样实践中,潜心研发出全线路多交点直线、对称曲线、非对称曲线混合组成的线路上任意一点坐标计算程序。现经几年的实践检验,证明计算的数据准确可靠,今公布给读者参考使用。

这个程序,作者命名为:线路坐标计算全线通程序。

(1)f_x—5800 计算器线路坐标计算全线通程序计算技术。

①文件名:XLDFXYTS(线路直线对称非对称 XY 通算)

②程序清单

1. LbI 0 ↵

2. "H"? H:"L1"? L:"E"? E↵

3. If H≤65807.321:Then 65718.319→Q:9560.593→W:1959.1823→K:85°06′55.7″:1→G:251°22′14-1″→F:95→R:35→V:75→U:If End:

If H≥65807.321:Then 65903.619→Q:9763.388→W:1870.9455→K:91°43′10.8″→N:−1→G:336°29′09.8→F:63.707→R:60→V:35→U:If End:

If H≥65956.7924:Then 66142.107→Q:9647.957→W:1626.0147→K:71°47′56.6″→N:−1→G:244°45′59″→F:70→R:35→V:35→U:If END↵

4. V²÷(24R)−V⁴÷(2688R³)→P↵

5. V÷2−V³÷(240R²)→M↵

6. $U^2 \div (24R) - U^4 \div (2688R^3) \to I \hookleftarrow$

7. $U \div 2 - U^3 \div (240R^2) \to O \hookleftarrow$

8. $(R+P)\tan(N \div 2) + M - (P-I) \div \sin(N) \to T \hookleftarrow$

9. $(R+I)\tan(N \div 2) + O + (P-I) \div \sin(N) \to S \hookleftarrow$

10. $RN\pi \div 180 + (V+U) \div 2 \to J \hookleftarrow$

11. $(T+S) - J \to Y \hookleftarrow$

12. $Q - T \to A; A + V \to B; Q + S - Y \to D; D - U \to C' \hookleftarrow$

13. $4 \to \text{Dim } Z \hookleftarrow$

14. $W + T\cos(F+180) \to Z[1]; K + T\sin(F+180) \to Z[2] \hookleftarrow$

15. $W + S\cos(F+GN) \to Z[3]; K + S\sin(F+GN) \to Z[4] \hookleftarrow$

16. If $H \leqslant A$; Then $\text{Rec}(Q-H, F+180)$;

17. "XZ1=";$W+I$ ◢

18. "YZ1=";$K+J$ ◢

19. "BXZ1=";$W+I+L\cos(F+180-(180-E))$ ◢

20. "BYZ1=";$K+J+L\sin(F+180-(180-E))$ ◢

21. Else If $H \leqslant B$; Then $H-A \to Z; 90Z^2 \div (RV\pi) \to 0; Z - Z^5 \div 40R^2 V^2) + Z^9 \div (3456R^4 V^4) \to X; Z^3 \div 6RV - Z^7 \div (336R^3 V^3) + Z^{11} \div (42240R^5 V^5) \to Z; \text{Rec}(X,F); Z[1]+I \to X; Z[2]+J \to Y; \text{Rec}(Z, F+90G)$;

22. "XF1=";$X+I$ ◢

23. "YF1=";$Y+J$ ◢

24. "BXF1=";$X+I+L\cos(F+OG+E)$ ◢

25. "BYF1=";$Y+J+L\sin(F+OG+E)$ ◢

26. Else If $H \leqslant C$; Then $\text{AbS}(H-B) \to S; 90V^2 \div (R\pi) \to T; 180S \div (R\pi) + T \to O; R\sin(O) + M \to X; R(1-\cos(O)) + P \to Z; \text{Rec}(X,F); Z[1]+I \to X; Z[2]+J \to Y; \text{Rec}(Z, F+90G)$;

27. "XY=";$X+I$ ◢

28. "YY=";$Y+J$ ◢

29. "BXY=";$X+I+L\cos(F+OG+E)$ ◢

30. "BYY=";$Y+J+L\sin(F+OG+E)$ ◢

31. Else If $H \leqslant D$: Then $D-H \to Z$; $90Z^2 \div (RU\pi) \to O$; $Z-Z^5 \div (40R^2U^2)+Z^9 \div (3456R^4U^4) \to X$; $Z^3 \div (6RU)-Z^7 \div (336R^3U^3)+Z^{11} \div (42240R^5U^5) \to Z$; Rec($X, F+GN+180$): $Z[3]+I \to X$; $2[4]+J \to Y$; Rec($Z, +GN+180-90G$):

    32. "XF2=": $X+I$ ◢

    33. "YF2=": $Y+J$ ◢

    34. "BXF2=": $X+I+L\cos(F+GN+180-OG-E)$ ◢

    35. "BYF2=": $Y+J+L\sin(F+GN+180-OG-E)$ ◢

    36. Else If $H \geqslant D$: Then Rec ($H-D, F+GN$):

    37. "XZ2=": $Z[3]+I$ ◢

    38. "YZ2=": $Z[4]+J$ ◢

    39. "BXZ2=": $Z[3]+I+L\cos(F+GN+E)$ ◢

    40. "BYZ2=": $Z[4]+J+L\sin(F+GN+E)$ ◢

    41. If End: If End: If End: IfEnd: If End ↵

    42. Goto 0

程序执行中显示的符号含义：

    H?——施工标段线路上任意一点（所求点）的桩号；

    L?——与 H 同一横断面的中桩—边桩距离（简称边距）；

    E?——中边桩连线与线路中线之夹角，简称夹角。计算左边桩，输入 —E；计算右边桩，输入正 E。

    序号 3）是程序的数据库，数据库中的符号不显示，它们是全线路每一个交点的：

    Q——交点的里程桩号；

W, K——交点的 X, Y 坐标值；

    N——偏角，输入时不带符号；

    G——控制 N 的条件，右偏角，G 输入正 1，左偏角，G 输入 —1；

    F——前切线正方位角；

    R——半径；

    V——前缓和曲线长；

    U——后缓和曲线长。

    程序执行中计算结果显示的符号：

    XZ1＝, YZ1＝——前直线段上任一点的中桩坐标；

BXZ1＝,BYZ1＝——前直线段上任一点的边桩坐标；

XF1＝,YF1＝——前缓和曲线段上任一点的中桩坐标；

BXF1＝,BYF1＝——前缓和曲线段上任一点的边桩坐标；

XY＝,YY＝——圆曲线段上任一点的中桩坐标；

BXY＝,BYY＝——圆曲线段上任一点的边桩坐标；

XF2＝,YF2＝——后缓和曲线段上任一点的中桩坐标；

BXF2＝,BYF2＝——后缓和曲线段上任一点的边桩坐标；

XZ2＝,YZ2＝——后直线段上任一点的中桩坐标；

BXZ2＝,BYZ2＝——后直线段上任一点的边桩坐标。

③程序功能及注意事项

a.本程序可计算全线路(例如一个施工标段)直线、对称曲线、非对称曲线上任意一点的中桩及边桩的坐标。

在计算对称曲线时,V＝U,即输入的前缓和曲线长等于后缓和曲线长。

在计算非对称曲线时,V≠U,即V输入前缓和曲线长,U输入后缓和曲线长。

当V＝U时,可计算单一圆曲线上的坐标。

b.本程序序号3)为程序起算数据库。数据库应输入全线路全部交点的起算数据:Q、W、K、N、G、F、R、V、U。本节为了说明问题,数据库中只存储了3个交点的起算数据,其中2个非对称曲线,1个对称曲线。读者在使用本程序时,应把施工标段所有交点的起算数据仿上全部输入到数据库。

在输入N、G、E时,应注意符号的正负:

a)N输入时不带符号。

b)左偏角G输入－1,右偏角G输入正1。

c)计算左边桩,输入－E;计算右边桩,输入正E。

c.本程序序号4)以下部分为程序计算部分。计算结果设计为显示和不显示两部分。

a)不显示部分:

前后切线增值:M、O;

前后内移量:P、I;

前后切线长:T、S;

曲线长:J;

直缓点的桩号:A;

缓圆点的桩号:B;

缓直点的桩号:D;

缓圆点的桩号:C;

ZH 点的 X、Y 坐标值:Z[1]、Z[2];

HZ 点的 X、Y 坐标值:Z[3]、Z[4]。

这些数据,设计图纸已提供。如要核算显示,则在其计算式尾部加一显示符号:◢。例如"M=":V÷2-V³÷(240R²)◢。其余仿此。

b)显示部分,为全线路任一点的中桩、边桩坐标。详见程序执行中显示的符号含义。这样显示,便于放样者查知该放样点在线路那个部位。例如:"XF1="、"YF1=",放样者可知该放样点位于第一缓和曲线,即前缓和曲线。其余仿此。

④本程序输入方法和技术,可参阅图 4-9

交点1起算数据　　　交点2起算数据　　　交点3起算数据

Q:65718.319;　　　　　Q:65903.619;　　　Q:66142.107;

W:9560.593; K:1959.1823　W:9763.388;K:1870.9455　W:9647.957; K:1626.0147

N:85°06′55.7″; G:1;　　N:91°43′10.8″G:-1　N:71°47′56.6″; G:-1

F:251°22′14.1″; R:95　F:336°29′09.8″;R:63.707　F:244°45′59″; R:70

V:35; U:75　　　　　V:60 U:35　V:35 U:35

H≤HZ1　　　　H≥HZ1　　　H≥HZ2

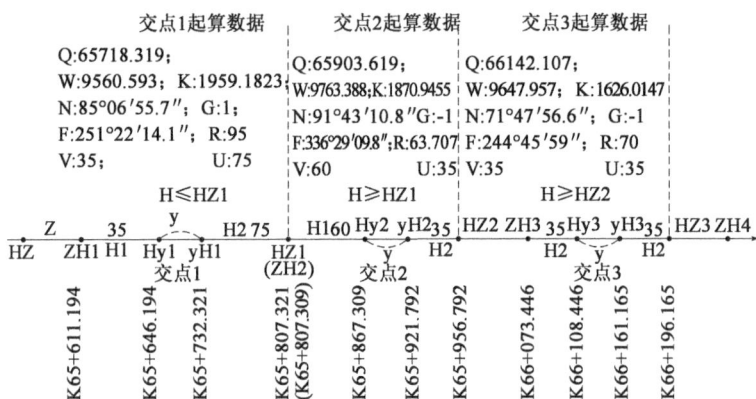

图 4-9　XLZDFXYJS 程序输入方法技和技术示意图

注:1.图中:Z:直线;F:缓和曲线;Y:圆曲线。

　　2.HZ1 与 ZH2 为公切点,设计误差 12mm。

(2)f_x—5800 计算器线路坐标计算全线通程序计算非对称曲线中边桩坐标实操案例

①案例

本案例数据取自××省道二级公路施工现场设计资料。

该施工段线路由三个交点控制,其线路走向及交点已知数据见图 4-10。

由图 4-10 知,交点 JD286 与交点 JD287 控制的是非对称缓和曲线;交点 JD288 控制的是对称缓和曲线的圆曲线。

交点1起算数据 | 交点2起算数据 | 交点3起算数据

Q:65718.319；
W:9560.593；K:1959.1823
N:85°06′55.7″；G:1
F:251°22′14.1″；R:95
V:35； U:75

Q:65903.619；
W:9763.388;K:1870.9455
N:91°43′10.8″;G:-1
F:336°29′09.8″;R:63.707
V:60

Q:66142.107；
W:9647.957； K:1626.0147
N:71°47′56.6″； G:-1
F:244°45′59″； R:70
V:35； U:35

H≤HZ1 | H≥HZ1 | H≥HZ2

图中各点桩号：

K65+611.194 (HZ)
K65+646.194 (ZH1 H1)
K65+732.321 (Hy1 yH1 交点1)
K65+807.321 (K65+807.309) (HZ1 (ZH2))
K65+867.309 (H1 交点2)
K65+921.792 (Hy2 yH2)
K65+956.792 (H2)
K66+073.446 (HZ2 ZH3 交点3)
K66+108.446 (Hy3 yH3)
K66+161.165 (H2)
K66+196.165 (HZ3 ZH4)

图 4-10　X 施工现场线路对称及非对称曲线示意图

注意：1.图中"┆"表示交点计算范围。

　　　2.HZ1 与 ZH2 是同一点,即公切点,其桩号设计误差 12mm。

这是一段由非对称缓和曲线、对称缓和曲线、圆曲线混合组成的线路。这是公路线路最常见的组合。单一的非对称曲线组合、单一的对称曲线组合及单一的圆曲线组合,是很少见的。因此,在给程序数据库输入前缓和曲线 V、后缓和曲线 U 时,应注意下述三种情况：

a. V≠U；

b. V＝U；

c. V＝U＝0。

②程序执行操作方法步骤

计算结果见表 4-12。

"XLDFXYTS 程序"执行运算时,由于已把线路全施工段内所有交点起算数据要素(Q、W、K、R、N、G、F、V 及 U)都输入到程序数据库,所以在程序执行时,不需要重新输入这些常量数据。只要按屏幕提示输入全施工段范围内任意一点的桩号 H、边距 L 和夹角 E,即可快速地计算出该断面的中边桩坐标。

例如,要计算表 4-12 中的 K65＋700 断面的中边桩坐标,可按下述方法操作：

a. 开机,清除前次关机时屏幕上保留的内容,搜寻文件名：XLDFXYTS；

线路放样点点 XY 计算表

表 4-12

左 边 桩		桩 号	中 桩		边距i(m)	右 边 桩	
X(m)	边距i(m)		X(m)	Y(m)		X(m)	Y(m)
9600.751		K65+580					
2091.612	4.25		9604.778	2090.254	4.25	9608.806	2088.896
9594.362		+600					
2072.660	4.25		9598.390	2071.302	4.25	9602.417	2069.944
9590.786		ZH1 K65+611.194					
2062.052	4.250		9594.814	2060.694	4.25	9598.841	2059.337
9587.990		+620					
2053.650	4.250		9592.033	2052.339	4.25	9596.076	2051.028
9582.595		+640					
2033.904	4.25		9586.760	2033.058	4.25	9590.925	2032.212
9581.495		HY1 K65+646.194					
2027.553	4.25		9585.702	2026.956	4.25	9589.910	2026.359
9580.511		+660					
2013.175	4.25		9584.761	2013.194	4.25	9589.011	2013.213
9585.313		QZ K65+689.258					
1983.110	4.25		9589.358	1984.416	4.25	9593.402	1985.722
9589.358		+700					
1972.648	4.25		9593.229	1974.402	4.25	9597.100	1976.156
9608.209		YH1 K65+732.321					
1944.829	4.25		9611.272	1947.775	4.25	9614.336	1950.720
9613.975		+740					
1939.281	4.25		9616.804	1942.452	4.25	9619.633	1945.624

左 边 桩			桩 号	中 桩		右 边 桩		
X(m)	X(m)	边距(m)		X(m)	Y(m)	边距(m)	X(m)	Y(m)
9673.391	1905.469	4.25	HZI ZH2K65+807.321	9675.086	1909.366	4.25	9676.782	1913.263
9684.899	1900.365	4.25	+820	9686.677	1904.226	4.25	9688.454	1908.087
9721.912	1874.758	4.25	HYZ K65+876.309	9725.191	1877.462	4.25	9728.470	1880.167
9728.491	1864.934	4.25	+880	9732.240	1866.936	4.25	9735.989	1868.938
9733.471	1852.331	4.25	QZ K65+894.551	9737.576	1853.432	4.25	9741.680	1854.534
9734.577	1847.369	4.25	+900	9738.761	1848.116	4.25	9742.945	1848.862
9738.881	1826.430	4.25	YHZ K65+921.792	9738.881	1826.430	4.25	9743.073	1825.730
9723.115	1795.460	4.25	HZ2 K65+956.792	9726.959	1793.648	4.25	9730.804	1791.836
9673.383	1689.936	4.25	ZH3 K66+073.446	9677.228	1688.124	4.25	9681.072	1686.312
9656.497	1660.605	4.25	HY3 K66+108.446	9659.773	1657.899	4.25	9663.050	1655.192
9637.547	1644.898	4.25	QZ K66+134.806	9639.598	1641.176	4.25	9641.650	1637.454
9614.149	1637.260	4.25	YH K66+161.165	9614.689	1633.045	4.25	9615.228	1628.829
9580.333	1638.639	4.25	HZ K66+196.165	9579.813	1634.421	4.25	9579.293	1630.203

b. 逐次按 EXE 键,按屏幕提示,逐次输入:

显示:H?:输入 65700;

显示:L?:输入右边距:4.25;

显示:E?:输入右夹角:90。

则计算结果依次显示中桩和右边桩的坐标:

$$\left.\begin{aligned} XY=9593.229; \\ YY=1974.402; \end{aligned}\right\} K65+700 \text{ 中桩坐标;}$$

$$\left.\begin{aligned} BXY=9597.100; \\ BYY=1976.156; \end{aligned}\right\} K65+700 \text{ 右边桩坐标。}$$

c. 继续计算 K65+700 断面左边桩坐标,则逐次按 EXE 键,逐次按屏幕提示,逐次输入:

显示:H?:输入 65700;

显示:L?:输入左边距:4.25;

显示:E?:输入左夹角:-90;

则计算结果依次显示中桩和左边桩的坐标:

$$\left.\begin{aligned} XY=9593.229; \\ YY=1974.402; \end{aligned}\right\} K65+700 \text{ 中桩重复计算的 } XY;$$

$$\left.\begin{aligned} BXY=9589.358; \\ BYY=1972.648; \end{aligned}\right\} K65+700 \text{ 左边桩坐标。}$$

以下仿上重复操作。在测站上根据路基施工进度需要,配合现场施工员,按要求现场现算现放各放样点。

4.3.4　线元法程序计算线路中、边桩坐标的计算技术

1)线元法计算线路中、边桩坐标概述

所谓线元,即是线路线形组成的基本单元。

线路的基本单元有直线段、缓和曲线段、圆曲线段,称为直线线元、缓和曲线线元、圆曲线线元。

现代公路有主线和副线,副线是上下主线的入出支线,术语叫作匝道。

线路的主线和匝道都是曲线元组成的。

设计单位线路交点要素控制线路主线的平面线形,用线元要素控制匝道的平面线形,也有用交点要素控制匝道平面线形的,例如广东中山市东部快线工程茂南路的 A、B、C、D 匝道及榄横路的 A、B、C、D 匝道。

交点要素控制线路主线的平面线形,本章前几节已详细阐述。本节介绍的是线元要素控制匝道的平面线形的放样数据的计算技术。

匝道的线元要素是:

(1)线元的起点桩号:O;

(2)线元起点的坐标:$X=U,Y=V$;

(3)线元起点的方位角:G;

(4)线元长度:H;

(5)线元起点的半径:P;

(6)起元终点的半径:R;

(7)线元的偏转系数:Q。

注意:这里的线元要素符号,是作者的线元法程序中的符号。

通常情况下,设计单位在设计资料中提供的线元要素有:

(1)线元起点桩号;

(2)线元起点坐标 X、Y;

(3)线元起点方位角;

(4)线元长度;

(5)圆曲线半径;

(6)缓和曲线参数 A。

分析线元半径知:

(1)圆曲线线元起点半径=终点半径=圆曲线半径。

(2)直线线元起点半径=终点半径=无穷大∞。

(3)缓和曲线线元的半径:

①接圆曲线的一端,其半径就是圆曲线的半径。

②另一端的半径有两种情况:

a.完整缓和曲线,另一端的半径是无穷大,即另一端与直线相接。

b.不完整缓和曲线,另一端的半径小于无穷大,而大于所接圆曲线的半径。

2)缓和曲线线元另一端的半径的判定

前已述及缓和曲线线元另一端的半径有完整缓和曲线和不完整缓和曲线两种情况,那么什么是完整缓和曲线?什么是不完整缓和曲线呢?

(1)判定完整缓和曲线和不完整缓和曲线的公式和方法。

公式一:

$$R_{\text{计}} = A_{\text{设}}^2 \div V_{\text{设}} \tag{4-37}$$

公式二：

$$A_{\text{计}} = \sqrt{R_{\text{设}} \times V_{\text{设}}} \tag{4-38}$$

以上式中：$A_{\text{设}}^2$——设计资料上的缓和曲线参数；

   $V_{\text{设}}$——设计资料上的缓和曲线长度（下同）；

   $R_{\text{计}}$——计算的与缓和曲线一端连接的圆曲线的半径（简称计算的半径）（下同）；

   $R_{\text{设}}$——与缓和曲线一端连接的圆曲线的设计半径（简称设计半径）（下同）；

   $A_{\text{计}}$——计算的缓和曲线参数。

当用公式一计算的圆曲线半径 $R_{\text{计}}$，等于设计资料上的圆曲线半径 $R_{\text{设}}$ 时：

$$R_{\text{计}} = R_{\text{设}}$$

则为完整缓和曲线，此时，缓和曲线的另一端的半径是无穷大。

$$\text{当 } R_{\text{计}} \neq R_{\text{设}}$$

则为不完整缓和曲线，此时，缓和曲线的另一端的半径大于 $R_{\text{设}}$，小于无穷大。

当用公式二计算的 $A_{\text{计}}$ 等于 $A_{\text{设}}$ 时，为完整缓和曲线，此时，缓和曲线另一端的半径是无穷大。

$$\text{当 } A_{\text{计}} \neq A_{\text{设}}$$

则为不完整缓和曲线，此时，缓和曲线另一端的半径大于 $R_{\text{设}}$，小于无穷大。

（2）不完整缓和曲线另一端半径的计算。

设不完整缓和曲线另一端半径为 $R_{\text{不}}$，则 $R_{\text{不}}$ 按公式(4-39)计算：

$$R_{\text{不}} = (A_{\text{设}}^2 \times R_{\text{圆设}}) \div (A_{\text{设}}^2 - R_{\text{圆设}} \times V_{\text{设}}) \tag{4-39}$$

式中：$A_{\text{设}}$——设计资料上的缓和曲线参数；

  $R_{\text{圆设}}$——设计资料上的缓和曲线—设计的圆曲线半径；

  $V_{\text{设}}$——设计资料上的缓和曲线长度。

（3）不完整缓和曲线另一端半径 $R_{\text{不}}$ 的计算示例。

如图 4-11 所示，该图是罗定高速公路 LD—2 合同段王村停车场 E

匝道。

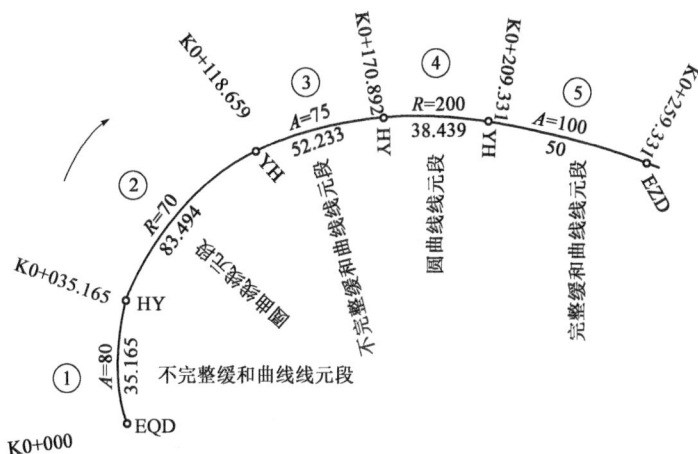

图 4-11　匝道线元组成示意图

由图知,E 匝道由下述线元组成。

EQD—HY,不完整缓和曲线线元段,长度 35.165;起点半径未知,终点半径=70;

HY—YH,圆曲线线元段,长度 83.494,起点半径=70,终点半径=70;

YH—HY,不完整缓和曲线线元段,长度 52.233;起点接圆曲线,半径是圆曲线的半径=70;终点亦是圆曲线,半径亦是圆曲线的半径=200;

HY—YH,圆曲线线元段,起点半径=200;终点半径=200;长度 38.439;

YH—EZD,完整缓和曲线段,长度 50;起点接圆曲线,半径=200;终点半径未知。

由上分析知,E 匝道有 3 段缓和曲线线元。其中③线元段的起点、终点都接圆曲线,其半径就是两端圆曲线半径。

对于①线元段,其终点接圆曲线,所以 $R_{终}=70$;而起点半径未知,应自己计算。

首先用公式(4-37)或(4-38)计算 R 或 A,判断该段缓和曲线是完整缓和曲线,还是不完整缓和曲线。

$$R_{计} = A_{设}^2 \div V_{设} = 80^2 \div 35.165 = 182$$

则

$$R_{\text{计}} = 182 \neq R_{\text{设}} = 70$$

说明,此段线元是不完整缓和曲线。

或

$$A_{\text{计}} = \sqrt{R_{\text{设}} \times V_{\text{计}}} = \sqrt{(70 \times 35.165)} = 49.614$$

则

$$A_{\text{计}} = 49.614 \neq A_{\text{设}} = 80$$

亦说明,此段线元是不完整缓和曲线。

其次,用公式(4-39)计算这段线元起点半径:

$$R_{\text{起}} = (80^2 \times 70) \div (80^2 - 70 \times 35.165) = 113.75$$

同理,对⑤线元段进行分析计算:

用公式(4-37)计算 $R_{\text{计}}$:

$$R_{\text{计}} = 100^2 \div 50 = 200$$

则

$$R_{\text{计}} = 200 = R_{\text{设}} = 200$$

用公式(4-38)计算 $A_{\text{计}}$:

$$A_{\text{计}} = \sqrt{200 \times 50} = 100$$

则

$$A_{\text{计}} = 100 = A_{\text{计}} = 100$$

说明⑤线元段是完整缓和曲线。其起点半径=200,终点半径是无穷大。

总结:

①线元是不完整缓和曲线,$R_{\text{不}}$=113.75,$R_{\text{终}}$=70;

②线元是完整缓和曲线,$R_{\text{计}}$=200,$R_{\text{终}}$=∞;

③线元是不完整缓和曲线,两端都接圆曲线,所以 $R_{\text{计}}$=70,$R_{\text{终}}$=200。

3)线元法计算线路中、边桩 f_x—5800 程序

(1)文件名:XYF—XYJS(线元法坐标计算)

(2)程序清单

主程序

1)LbI 0 ↵

2)"O"? →O:"U"? →U:"V"? →V:"G"? →G:

"H"? →H:"P"? →P:"R"? →R:"Q"? →Q↵

3)1÷P→C↵

4) $(P-R) \div (2HPR) \to D$ ⏎

5) $180 \div \pi \to E$

6) LbI 1 ⏎

7) "S"? $\to$ S："I"? $\to$ I："Z"? $\to$ Z："J"? $\to$ J ⏎

8) If S$<$0：Then Goto 0：IfEnd ⏎

9) Abs(S$-$O)$\to$W ⏎

10) Prog"XYFJS1" ⏎

11) "X=" ： X ◢

12) "Y=" ： Y ◢

13) "A=" ： A ◢

14) "B=" ： B ◢

15) "K=" ： K ◢

16) "L=" ： L ◢

17) Goto 1

子程序

文件名：XYFJS1(线元法计算1)

程序清单：

1) 0.1739274226$\to$A：0.3260725774$\to$B：

0.0694318442$\to$K：0.3300094782$\to$L ⏎

2) 1$-$L$\to$F：1$-$K$\to$M ⏎

3) U$+$W(A cos(G$+$QEKW(C$+$KWD))$+$

Bcos(G$+$QELW(C$+$LWD))$+$

Bcos(G$+$QEFW(C$+$FWD))$+$

Acos(G$+$QEMW(C$+$MWD)))$+$X ⏎

4) V$+$W(Asin(G$+$QEKW(C$+$KWD))$+$

Bsin(G$+$QELW(C$+$LWD))$+$

Bsin(G$+$QEFW(C$+$FWD))$+$

Asin(G$+$QEMW(C$+$MWD)))$\to$Y ⏎

5) G$+$QEW(C$+$WD)$\to$T ⏎

6) T$<$0$\Rightarrow$360$+$T$\to$T ⏎

7) "T=" ： T ▶ DMS ◢

8) X$+$Icos(T$+$J)$\to$A ⏎

$$9) Y + I\sin(T+J) \rightarrow B \hookleftarrow$$

$$10) X + Z\cos(T+(-(180-J))) \rightarrow K \hookleftarrow$$

$$11) Y + Z\sin(T+(-(180-J))) \rightarrow L$$

程序中:O? ——线元起点桩号;

U?、V?——线元起点 X、Y 坐标;

G?——线元起点切线方位角;

H?——线元段长度;

P?——线元段起点的半径;

R?——线元终点的半径;

Q?——线元转向控制条件;左偏输入-1;有输入1;直线输入0;

S?——线元上任一点的桩号,即所求点的桩号;

I?、Z?——边距:I 左边桩,Z 左边距;

J?——线路中线与 S 边的夹角;

T=——S 点的切线方位角;

X=、Y=——所求点中桩坐标。

A=、B=——右边桩坐标;

K=、L=——左边桩坐标。

(3)程序功能及注意事项

①本程序可计算:

a. 各种形式组合的线路或匝道上任一点的中、边桩坐标;

b. 多个同向圆曲线上任一点的中、边桩坐标;

c. 线路上任一点的切线方位角;

d. 线路上构造物(涵洞、桥梁等)中轴线上及左、右两边点的坐标。

②计算时是将线路分成各线元段:

a. 直线线元段;

b. 圆曲线线元段;

c. 完整缓和曲线线元段;d. 不完整缓和曲线线元段。

③计算时各线元段的起算要素是:

a. 线元起点桩号 O;

b. 线元起点坐标 U、V;

c. 线元起点切线方位角 G;

d. 线元段长度 H;

e. 线元段起点半径 P；

f. 线元段终点半径 R；

g. 线元的偏转系数 Q。

④计算时注意各线元段起点终点半径的取用：

a. 直线线元段，起点半径 $P=\infty$，终点半径 $R=\infty$，∞程序输入按键：$\boxed{\text{EXE}}$ $\boxed{4}$ $\boxed{5}$，显示 X1045。

b. 圆曲线线元段，起点半径 $P=$圆曲线半径；终点半径 $R=$圆曲线半径。

c. 缓和曲线线元段的半径：

完整缓和曲线线元段，接圆曲线那一段的半径等于圆曲线半径；另一端的半径$=\infty$；

不完整缓和曲线线元段，接圆曲线那一端的半径$=$圆曲线半径，另一端的半径等于设计规定的值。或用公式(4-30)计算。

注意：在判定缓和曲线线元段两端点半径前，应先用公式(4-37)或公式(4-38)计算 $R_{计}$ 或 $A_{计}$，与设计资料提供的 $R_{设}$、$A_{设}$ 比较，判定是完整缓和曲线，还是不完整缓和曲线。

⑤程序中用 Q 控制线元偏转方向，当线路右偏，Q 输入$+1$；当线路左偏，Q 输入-1；当线路为直线，Q 输入 0。

由于设计资料没有提供线路转角，所以线路转向要自己判断，下面介绍作者的判断方法：

a. 用 ZY(HY)点的切线来判断。

面向 ZY(HY)点切线，则曲线在切线右侧，为右偏，$Q=1$；曲线在切线左侧，为左偏，$Q=-1$。

b. 用圆曲线的弦来判断。

连接 ZY(HY)或 YZ(YH)的弦，则弦在曲线的右侧，为右偏，$Q=1$；弦在曲线的左侧，为左偏，$Q=-1$。

⑥程序执行中，给 S? 输入小于 0 的数，输入-1，则程序重新显示；$Q^?$、$U^?$、$V^?$、$G^?$、$H^?$、$P^?$、$H^?$，转入下一线元段计算。

4) fx—5800XYF—XYJS程序计算匝道上任一点中、边桩坐标的案例

(1)案例

图 4-12 是广州黄埔至东莞麻涌高速公路"官田互通式立交线位图"之 B 匝道示意图，官田互通式立交共有 8 条匝道，由铁道第二勘察设计院设计。作者选用其中 1 条 B 匝道平面位置放样数据计算，说明 fx—5800XYF—

XYJS 程序计算匝道点位坐标的方法和步骤。

表 4-13 是前述 B 匝道的线位数据。

(2)计算前的准备工作

①熟悉和分析设计图标

由图 x—412 表 X—4 知：

a.设计资料上只提供了下述数据：

a)各线元段的起、终点桩号；

b)各线元段起、终点的坐标；

c)缓和曲线线元段的参数 A；

d)圆曲线的半径；

e)B 匝道起点 QD 的方位角。

b.没有提供的数据有：

a)各线元段起点向终点间的长度；

b)缓和曲线线元段另一端(不接圆曲线那一段)的半径；

c)线元转向角。

②计算设计资料没有提供的线元法的起算数据

a.把 B 匝道分为线元段：

a)QD—ZH1 直线线元段，桩号 BK0+000～BK0+160.367；

b)ZH1—HY1 缓和曲线段，桩号 BK0+160.367～BK0+312.779；

c)HY1—YH1 圆曲线段，桩号 BK0+312.779～BK0+530.498；

d)YH1—HZ1 缓和曲线段，桩号 BK0+530.498～BK0+606.123；

e)HZ1—ZY1 直线段，桩号 BK0+606.123～BK0+740.378；

f)ZY1—ZD 圆曲线段，桩号 BK0+740.378～BK0+866.644。

b.计算 B 匝道各线元段起点的方位角及坐标。

根据已知的 QD 及 ZH1 的坐标，用 fx—5800"ZXY 程序"或"ZBFS 程序"计算第①直线线元段起点 QD 的方位角与设计提供的方位角比较：

$G_设=89°53'13.56''$，$G_计=89°53'13.56''$，说明起算方位角正确。

以下各线元段起点的方位角及坐标，用 fx—5800XYF—XYJS 程序计算。前一线元段的终点，就是后一线元段的起点，因此程序在执行中，只要输入各线元段起点桩号，就可算出该点的方位角 G 及坐标。例如计算第①线元段时，输入第②线元段起点即第①线元段终点 ZH1160.367，就可计算出该点的方位角及坐标：

$$T = G = 89°53'13.56''；X = 5238.223，Y = 1702.93$$

计算第②线元段时，输入 312.779，计算得 HY1 的方位角；

$$T = G = 117°10'34.54''; X = 9214.709, Y = 1852.029。$$

计算第③线元段时,输入 530.498,计算得 YH1 的方位角:

$$T = G = 195°08'27.03''; X = 5030.580, Y = 1933.399$$

以下线元段起点方位角,仿上进行计算。

c. 计算各线元段的长度 H:

$$H = 线元段终点桩号 - 线元段起点桩号$$

例如,第①线元段:$H = K0+160.367 - K0+000 = 160.367$;

第②线元段:$H = K0+312.779 - K0+160.367 = 152.412$

其余各线元段的长度,仿上进行计算。

各线元段起点半径 P、终点半径 R 的判断和取用。

本例中,第①线元段为直线,$P = \infty, R = \infty, \infty$(无穷大输入为 xl045)。

第②线元段为缓和曲线段,其起端接直线段,终端接圆曲线段,$P = \infty = $ xl045,$R = $圆曲线半径 $= 160.0006$。

或用公式(4-37)计算圆曲线半径

$$R_计 = A^2 \div V156.1602^2 \div 152.412 = 160.0006 \quad R_计 = 160.0006 = R_设 = 160。$$

说明此段是完整缓和曲线。

或用公式(4-38)计算缓和曲线参数 A:

$$A_计 = \sqrt{(R \times V)} = \sqrt{(160 \times 152.412)} = 156.1599$$

则

$$A_计 = 156.1599 \approx A_设 = 156.1602(注:设计有误)$$

亦说明该段是完全缓和曲线段,则:

起点:接直线,$P = \infty = $无穷大。

终点:接圆曲线,$R = $圆曲线半径 $= 160.0006$。

第③线元段为圆曲线段,则 $P = 160.0006, R = 160.0006$。

第④线元段为缓和曲线,起点接圆曲线,$P = 160.0006$,终点接直线,$R = \infty$,是完整缓和曲线。[读者可用公式(4-37)或(4-38)验算]

第⑤线元段是直线段,$P = \infty, R = \infty$。

第⑥线元段是圆曲线段,$P = 2280.77, R = 2280.77$。

d. 各线元段转向的判断及取用。

本例第①、⑤为直线线元段,$Q = 0$。

第②、④为缓和曲线线元段,第③、⑥为圆曲线线元段,都是右偏,$Q = 1$。

经过上述分析和计算,本例 B 匝道的各线元段的起算数据都准备好了,将这些数据整理成表 4-13,方便程序执行使用。

注意:本例由于设计单位提供的匝道数据只有桩号、坐标、缓和曲线参数 A、圆曲线半径 R,所以计算者的准备工作较麻烦。但是实践中,有的设计单位提供匝道的数据较完善,计算者的准备工作量就轻些。读者在计算匝道平面位置数据时,应结合实际,据情处理。

(3) f_x—5800XYF—XYJS程序执行的操作方法步骤

①按 AC 键,开机;清理上次关机时保留的内容;

②按 FILE ▲ ▼ 键选择文件名:XYF—XYJS;

③按 EXE 键,按照屏幕提示输入;

O?,以第③线元段为例,输入起点桩号:312.779;

U?,输入起点的 X:5214.709;

V?,输入起点的 Y:1852.03;

G?,输入起点的方位角:117°10′34.54″;

H?,输入第③段长度:217.719;

P?,输入起点半径:160.0006;

R?,输入终点半径:160.0006;

Q?,输入转向,右偏:1。

至此,匝道线元段起算数据输入完成。这些数据是常量,在第③线元段只输入一次。以下按 EXE 键,按屏幕提示输入变量 S?、I?、Z?、J?,即输入第③线元段上任一所求点桩号,即可计算出该桩号中、边桩坐标。

④按 EXE 键,按照屏幕提示输入:

S?,输入所求点桩号,应先输入终点桩号,计算终点坐标与设计坐标核对。本例终点 S,输入 530.498;

I?,输入边距,本例没看到匝道横断面图,边距未知,只计算中桩,输入:0;

Z?,同 I?;

J?,输入 0。

至此,所求点变量输入完成,以下按 EXE 键,显示计算结果:

⑤按 EXE 键,显示:

T=195°08′27.03″,(终点 YH1 方位角,即下一段起点方位角)

$$\left.\begin{array}{l} X=5030.580; \\ Y=1933.399; \end{array}\right\} \text{(所求点中桩坐标)}$$

A＝5030.599,B＝1933.399;（因为 I 输入 0,所以与中桩同）

K＝5030.579,L＝1933.399;（因为 Z 输入 0,所以与中桩同）

至此,第 1 个所求点计算完成,以下只要输入第③线元段上任一所求点桩号,就可计算该桩号的坐标(图 4-12)。

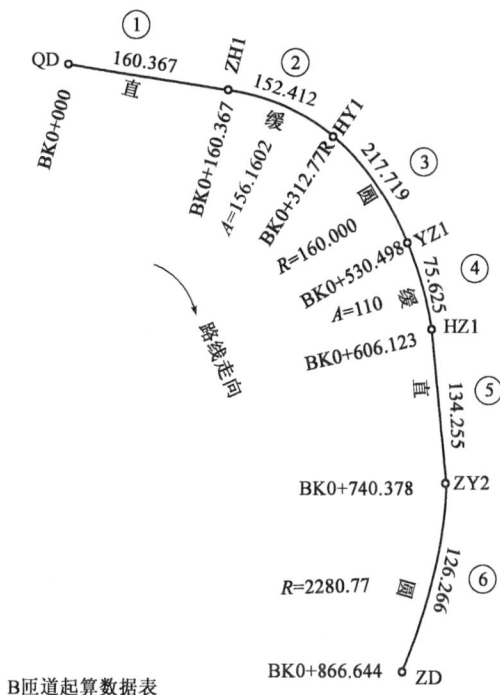

B 匝道起算数据表

图 4-12 官田互通式立交 B 匝道外业放样示意图

例如,计算 BK0＋320 右左边桩的坐标,令边距为 3.75m,则 I＝Z＝3.75,只要按 $\boxed{\text{EXE}}$（紧接着上述操作）：

S?,输入桩号:320;

I?:输入:3.75;

Z?,输入:3.75;

J?,输入 90;

T＝119°45′43.49″(所求点 320 的方位角)

227

$$X=5211.265;$$
$$Y=1858.377;$$ （所求点 320 中桩坐标）

$$A=5208.010;$$
$$B=1856.516;$$ （所求点 320 右边桩坐标）

$$K=5214.52;$$
$$L=1860.239;$$ （320 左边桩坐标）

要计算其他所求点坐标，仿上步骤执行。

当第③线元段计算完成，要计算另一个线元段时，应重新选择文件名：XYF—XYJS，从头开始计算（表 4-13）。（或给 S?，输入－1）。

B 匝道起算数据表 表 4-13

点名	桩号	$U(X)$ (m)	$V(Y)$ (m)	G (° ′ ″)	H (m)	P (m)	R (m)	Q
QD	K0+ 000	5237.907	1542.626	89 53 13.56	160.366	E45	E45	0
ZH1	K0+ 160.367	5238.223	3 1702.992	89 53 13.56	152.412	E45	160.0006	1
HY1	K0+ 312.779	9 5214.707	7 1852.03	117 10 34.54	217.719	160.0006	160.0006	1
YH1	K0+ 530.498	79 5030.578	9 1933.397	195 08 27.03	75.625	160.0006	E45	1
HZ1	K0+ 606.123	6 4961.754	11 1902.509	208 40 53.02	134.255	E45	E45	0
ZY1	K0+ 866.644	2 4843.973	5 1835.73	208 40 17	2126.260	2280.77	2250.77	1
ZD	K0+ 866.644	3 4734.934	9 1174.437	211 51 12.07				

注：1. 表中 1~4 栏设计单位提供，5~9 栏作者计算。

2. 表中 2、3 栏坐标右上角数字为程序计算值。与设计值比较，较差最大 2mm。

4.3.5 偏角法、切线支距法测设曲线平面位置数据计算

1)偏角法测设圆曲线平面位置数据计算

所谓偏角法测设圆曲线,即在曲线起点 ZY 或终点 YZ 设站,后视交点 JD(切线方向),拨偏角 δ,再以一定的长度 L,与偏角视线方向交会出放样点位 P。

这里的定长 L,可以是曲线起点 ZY 或终点 YZ 至曲线上任一点 P 的弦线;也可以是曲线上相邻两桩的间距,施工实践中,都是以两桩间距与偏角视线方向交会出放样点 P。两桩间距是已知数据,不需计算。

圆曲线偏角,则是放样点 P 的弦线与切线的夹角,曲线上不同的 P 点,就有相对应的偏角。因此,偏角法放样圆曲线平面位置的关键是计算偏角值。

(1)偏角计算公式

偏角在几何上称为弦切角,弦切角等于弧(弦)所对应的圆心角的一半:

$$\delta = \frac{\theta}{2} = \frac{l}{2R} \cdot \frac{180}{\pi} = 28.647\,89\,\frac{l}{R} \tag{4-40}$$

式中:δ——偏角,即弦线与切线的夹角;

l——弧长,即弦长,由于圆曲线半径一般都比较大,相对来说,弧长比较小,故认为弦长与弧长相等,弧长一般取用 20m,10m,15m;

R——圆曲线半径。

$28.647\,89 - 180/2\pi = 28.647\,89$ （$\pi = 3.141\,59$）

θ 为圆心角

$$\theta = \frac{l}{R} \cdot \frac{180}{\pi} = 57.295\,78\,\frac{l}{R} \tag{4-41}$$

(2)偏角法放样圆曲线放样数据计算程序清单

a.文件名:Y-PJ

b.程序清单

```
"A="? A："R="? R ↵

LbI 0 ↵

"B"? B ↵

If B≤0 Then Goto 1：IfEnd ↵

28.64789÷R→K ↵

Abs(A−B)→L ↵

"L=": L ◢

KL→I ↵
```

```
"I=" : I▶DMS ◢
"FI=" : 360−I▶DMS ◢
Goto 0 ↵
LbI 1 ↵
"A="? A∶"R="? R ↵
Goto 0
```

程序中：A=?——圆曲线起点(ZY)或终点(YZ)的桩号，当计算 ZY 点至 QZ 点（前半圆曲线）上任一点偏角时，A 输入 ZY 点桩号，当计算 YZ 点至 QZ 点（后半圆曲线）上任一点的偏角时，A 输入 YZ 点的桩号；

    R=?——圆曲线半径；

    B?——圆曲线上任一点的桩号，一般情况下，取用间隔 10m、20m、25m 的整桩号；

    L=——曲线长度，即圆曲线上任一点 B 至 ZY(YZ)点之间的弧长；

    I=——正拨偏角值；

    FI=——反拨偏角值，正拨时，程序中可不显示，放样时，应分清是正拨还是反拨。

c. 程序功能及注意事项

a) 本程序可计算 ZY 点至 YZ 点曲线上任意一点的偏角值，亦可计算设有缓和曲线的圆曲线（HY～YH）上任意一点的偏角值。

实践操作中，是将一条圆曲线分成两部分来计算的：

第一部分：由 ZY 点计算至曲中 QZ 点，即前半个圆曲线。

第二部分：由 YZ 点计算至曲中 QZ 点，即后半个圆曲线。

b) 计算时，应注意偏角的正拨与反拨：正拨时，程序中可去掉"FI="∶360−I▶DMS ◢的显示符号"◢"，或不取用"FI="∶360−I▶DMS ◢的计算结果。

c) 当 ZY 点至 QZ 点计算完成，给 B 输入 0，则计算器自动转到 YZ 点至 QZ 点的计算，此时需给 A 输入 YZ 点的桩号。

d. 算例及程序执行操作方法步骤

××县级公路施工一圆曲线，线路转角 $N_左=15°25'16''$；圆曲线半径 $R=800$m，曲线长 $L=215.32$m；切线长 $T=108.31$m；交点 JD_{10} 桩号为 K254+

708.84m。已算得曲线主点桩号:ZY＝K254＋600.53m,QZ＝K254＋708.19,YZ＝K254＋815.85m。施工中采用偏角法放样,要求每20m一桩位。

算例数据及计算结果见表4-14。

偏角法放样圆曲线数据计算表　　　表4-14

桩　　号	中桩至ZY点或YZ点的距离L(m)	偏角I(°′″)	左拨360°－I(°′″)	右拨I(°′″)	备　　注
ZY:K254＋600.53	0				交点:JD₁₀
＋620	19.47	0 41 50	359 18 10		桩号:K254＋708.84
＋640	39.47	1 24 48	358 35 12		$\Delta_左$＝15°25′16″
＋660	59.47	2 07 47	357 52 13		R＝800
＋680	79.47	2 50 45	357 09 15		T＝108.31
＋700	99.47	3 33 43	356 26 17		L＝215.32
QZ:＋708.19	107.66	3 51 19	356 08 41		ZY:K254＋600.53
QZ:＋708.19	107.66	3 51 19		3 51 19	QZ:K254＋708.19 YZ:K254＋815.85
＋720	95.85	3 25 57		2 25 57	计算公式:
＋740	75.85	2 42 58		2 42 58	I＝28.64789L/R
＋760	55.86	2 00 00		2 00 00	放样示意图:
＋780	35.85	1 17 02		1 17 02	
＋800	15.85	0 34 03		0 34 03	检核:3°51′19″×2 ＝7°42′38″
YZ:＋815.85	0				Δ/2＝7°42′38″

注:本例在ZY点设站为反拨,在YZ点设站为正拨。

表中:第1栏为ZY点、QZ点、YZ点桩号及曲线上每隔20m的桩号;第2栏为程序计算的L值;第3栏为程序计算的偏角值;第4、5栏为放样时的偏角读数;第6栏为圆曲线要素、偏角计算公式、圆曲线略图、检核等。

程序执行操作步骤(以ZY点计算至QZ点为例):

①按 AC 键,开机,清除上次关机时屏幕保留的内容;

②按 FILE ▼ ▲ 键,选用文件名:Y-PJ;

③按 EXE 键,显示:A?,输入 ZY 点里程桩号:600.53;

④按 EXE 键,显示:R?,输入圆曲线半径:800;

⑤按 EXE 键,显示:B?,输入所求点里程桩号:620;

⑥按 EXE 键,显示:L=19.47(+620 桩至 ZY 点间的距离);

⑦按 EXE 键,显示:I=0°41′50″(正拨);

⑧按 EXE 键,显示:FI=359°18′10″(反拨);

⑨按 EXE 键,显示:B,输入另一所求点桩号;

⑩以下操作重复计算,只要给 B 输入曲线上任一点桩号,即可算出该点至 ZY 点的距离及偏角。

(3)偏角法测设圆曲线平面位置数据计算程序清单二——坐标法计算圆曲线段任意一点的偏角的程序清单

计算公式

置仪点至各测点的弦长

$$S=\sqrt{x^2+y^2}$$

偏角

$$K=\tan^{-1}(y/x)$$

式中:x、y——用切线支距法计算的曲线上点的坐标,见式(4-45)。

①文件名:ZPF—XY—PJ(坐标法计算圆曲线偏角)

②程序清单

1)"A="? A："R="? R↵

2)LbI 0 ↵

3)"B"? B↵

4)If B≤0：Then Goto 1：IfEnd↵

5)Abs(A−B)→L ↵

6)"L="：L ◢

7)57.29578L÷R→I ↵

8)"X="：Rsin(I)→X ◢

9)"Y="：R(1−cos(I))→Y ◢

程序中：A=?——ZY 点(或 YZ 点)的桩号,计算 ZY 点至 YZ 点的曲线时,A
　　　　　输入 ZY 点桩号,计算 YZ 点至 ZY 点的曲线时,A 输入
　　　　　YZ 桩号;

　　　 R=?——圆曲线半径;

　　　　 B——圆曲线上任一点的桩号;

　　　 L=——B 到 A 的桩距;

　　　　 I——L 所对应的圆心角;

　X=、Y=——用切线支距法放样的圆曲线要素;

　　　 S=——B 至 A 的弦长;

　　　 T=——B 点正拨偏角;

　　　FT=——B 点反拨偏角。

③程序功能及注意事项

a.本程序可计算圆曲线上点位的偏角值和用切线支距法放样时的 X
与Y值。

实际操作中,可将一条圆曲线分成 ZY 点至 QZ 点、YZ 点至 QZ 点的两
半圆曲线来计算。也可计算全条曲线上点的偏角值和 X、Y 值,此时只要在
ZY 点处架置一次仪器,便可测设全条曲线。

b.作业中应注意偏角正拨与反拨。

④实操案例

a.算例一

本算例是某二级公路 I 标的一条圆曲线,采用经纬仪钢尺偏角法放样。

为了保证精度,采用偏角法放样,用切线支距法检验。其计算采用坐标法计算曲线上偏角的程序:ZPF-XY-PJ,计算结果见表 4-15。

坐标法计算圆曲线放样要素 X、Y 和偏角　　表 4-15

交点:JD$_{10}$		桩号:K254+708.84		转角左:15°25′16″			$R=800$m
交点:JD$_{10}$		ZY:K254+600.53	QZ:K254+708.19		YZ:K254+815.85		
桩号	B 至 ZY(YZ)点的弧长 L (m)	B 至 ZY(YZ)点的弦长 S (m)	切线支距法坐标 X (m)	Y (m)	偏角 K (° ′ ″)	360°−K (° ′ ″)
ZY: K254+600.53	0.00					
+620	19.47	19.470	19.468	0.237	041 50	3591 810
+640	39.47	39.466	39.454	0.973	1 2448	3 583 512
+660	59.47	59.456	59.415	2.209	20 747	3 575 213
+680	79.47	79.437	79.339	3.944	25 045	3 570 915
+700	99.47	99.406	99.214	6.176	33 343	3 562 617
QZ:+708.19	107.66	107.579	107.335	7.233	35 119	3 560 841
+720	95.85	95.793	95.621	5.735	32 557	
+740	75.85	75.822	75.736	3.593	24 258	
+760	55.85	55.839	55.805	1.949	20 000	
+780	35.85	35.847	35.838	0.803	11 702	
+800	15.85	15.85	15.849	0.157	03 403	
YZ:+815.85						

b. 算例二

用 ZPF-XY-PJ 程序计算设有缓和曲线的圆曲线上点的偏角。

用偏用法放样有缓和曲线的圆曲线分两部分计算放样数据,即缓和曲线部分放样数据和圆曲线部分放样数据,本例介绍圆曲线部分偏角计算,采用坐标法计算偏角方法,用 Y-P-J 程序验算。计算结果见表 4-16。

程序执行操作步骤

程序执行操作步骤同上,略。读者可自行用 ZPF-XY-PJ 程序验算。

坐标法计算有缓和曲线的圆曲线放样要素 X、Y 和偏角　　表 4-16

交点 JD_{16}	桩号：K249+718.810	转角 $N=-44°22'57''$		$R=550m,V=700$	
$T=259.500m$		$L=496.041m$	$E=44.399m$		$S=22.958m$

桩号	B 点至 HY (或 YH)点的 弧长 Z (m)	B 点至 HY (或 YH)点的 弦长 S (m)	切线支距法坐标 X(m)	Y(m)	偏角 K (° ′ ″)	$360°-K$ (° ′ ″)
HY：K249 +529.31	0					
+540	10.69	10.690	10.689	0.104	03 325	3 592 635
+560	30.69	30.686	30.674	0.856	13 555	3 582 405
+580	50.69	50.672	50.618	2.334	23 825	3 572 135
+600	70.69	70.641	70.496	4.537	34 055	3 561 905
+620	90.69	90.587	90.280	7.460	44 326	3 551 634
+640	110.69	110.503	109.944	11.101	54 556	3 541 404
+660	130.69	130.383	129.464	15.454	64 826	3 531 134
+680	150.69	150.219	148.812	20.514	75 056	3 520 904
+700	170.69	170.006	167.963	26.275	85 327	3 510 633
QZ： +707.331	178.021	177.245	174.929	28.560	91 621	3 504 339
+720	165.352	164.730	162.872	24.669	83 646	
+740	145.352	144.929	143.666	19.095	73 415	
+760	125.352	125.081	124.270	14.273	63 145	
+780	105.352	105.191	104.709	10.059	52 915	
+800	85.352	85.266	85.010	6.609	42 645	
+820	65.352	65.314	65.198	3.878	32 414	
+840	45.352	45.339	45.301	1.869	22 144	
+860	25.352	25.350	25.343	0.584	11 914	
+880	5.352	5.352	5.352	0.026	01 644	01 644
YH： +885.352						

2)偏角法测设缓和曲线的平面位置数据计算

当圆曲线设有缓和曲线时,用偏角法测设的偏角值计算可分为缓和曲线上的偏角与圆曲线的偏角两部分,分别进行计算。

对于有缓和曲线的圆曲线上各点的偏角值计算,可采用本节偏角法放样圆曲线程序 Y—P—J 程序计算。

对于缓和曲线上各点的偏角值计算,可按下述方法进行计算:

(1)计算公式

$$i_k = \frac{l_k^2}{6Rl_o} \cdot \frac{180}{\pi} = 57.295\,78\,\frac{l_k^2}{6Rl_o} \tag{4-42}$$

式中:i_k——缓和曲线上任意一点的偏角值;

l_k——缓和曲线上任意一点 K 至直缓(ZH)点或缓直(HZ)点的长度;

R——圆曲线半径;

l_o——缓和曲线长度。

当 l_k 为 ZH 至 HY,或 HZ—YH 长度时(即缓和曲线长度),用公式(4-36)计算得 $i_k = i_o$:

$$i_o = \frac{1}{3}\beta_o \cdot \frac{180}{\pi} = \frac{l_o}{6R} \cdot \frac{180}{\pi} = 57.295\,78\,\frac{l_o}{6R} \tag{4-43}$$

$$\beta_o \text{——} \beta_o = \frac{l_o}{2R} \cdot \frac{180}{\pi} \tag{4-44}$$

式中:i_o——缓和曲线的总偏角。

用公式(4-44)可验算 i_k。

(2)程序清单

文件名:H-PJ

```
"A="? A："R="? R："N="? N ↵

LbI 0 ↵

"B"? B ↵

If B≤0：Then Goto 1：IfEnd ↵

1÷(6RN)→K ↵

Abs(A−B)→M ↵

"M="：M ◢

57.29578KM²→I ↵

"I="：I ▶ DMS ◢
```

> "FI":360－I ▶ DMS ◢
>
> Goto 0 ↵
>
> LbI 1 ↵
>
> "A＝"? A："R＝"? R："N＝"? N↵
>
> Goto 0

程序中：A＝?——计算前缓和曲线时，A 是 ZH 点桩号，计算后缓和曲线时，

　　　　　A 是 HZ 点桩号；

　　R＝?——圆曲线半径；

　　N＝?——缓和曲线长度；

　　B?——缓和曲线上任一点的桩号，一般情况下，取用间隔 10m、

　　　　　20m、25m 的整桩号；

　　M＝——缓和曲线上任一点 B 至 ZH(或 HZ)点间的距离；

57.29578——180/π；

　　I＝——缓和曲线上任一点 B 的正拨偏角值；

　　FI＝——反拨偏角值。

（3）程序功能及注意事项

①本程序可计算 ZH 点至 HY 点(前缓和曲线段)，或 HZ 点至 YH 点(后缓和曲线段)上任一点的偏角值；

②计算时，应注意正拨与反拨偏角值的取用；

③当 ZH 点至 HY 点的偏角值计算完成，只要给 B 输入 0，程序重新开始显示：A＝?、R＝?、N＝?，计算后缓和曲线段上偏角值。

（4）算例及程序执行操作方法步骤

算例起算数据及计算结果见表 4-17。

程序执行操作方骤(以 ZH 点计算至 HY 点为例)：

①按 AC 键，开机，清除上次关机时屏幕保留的内容；

②按 FILE ▼ ▲ 键，选用文件名：F-PJ；

③按 EXE 键，显示：A?，输入 ZH 点桩号：459.31；

④按 EXE 键，显示：R?，输入圆曲线半径：550；

⑤按 EXE 键，显示：N?，输入缓和曲线长：70；

⑥按 $\boxed{\text{EXE}}$ 键,显示:B?,输入所求点桩号,如 520;

⑦按 $\boxed{\text{EXE}}$ 键,显示:M＝60.69(所求点 B 至 ZH 间桩距);

⑧按 $\boxed{\text{EXE}}$ 键,显示:I＝0°54′49″(正拨偏角);

⑨按 $\boxed{\text{EXE}}$ 键,显示:FI＝359°05′11″(反拨偏角);

⑩以下重复操作,略。

缓和曲线上各点偏角值计算表　　表 4-17

点号	桩　　号	桩距 (m)	偏角 (°　′　″)			拨角 (°　′　″)			备注	缓和曲线要素
ZH	K249＋459.31								测站	
JD$_{16}$									后视点	交点:JD$_{16}$
1	＋460	0.69	0	00	00	360	00	00		$\Delta=-44°22′57″$
2	＋480	20.69	0	06	22	359	53	38		$R=550$m
3	＋500	40.69	0	24	39	359	35	21		$l_0=70$m
4	＋520	60.69	0	54	49	359	05	11		计算公式:
HY	＋529.31	70.00	1	12	56	358	47	04		$i_k=\dfrac{l_k}{6Rl_0}\cdot\dfrac{180°}{\pi}$
YH	＋885.36	70.00	1	12	56	1	12	56		$i_0=\dfrac{l_0}{6R}\cdot\dfrac{180°}{\pi}$
4	＋890	65.36	1	03	34	1	03	34		
3	＋900	55.36	0	45	37	0	45	37		放样示意图:
2	＋920	35.36	0	18	37	0	18	37		
1	＋940	15.36	0	03	31	0	03	31		
HZ	＋955.36	0.0		0			0		测站	
JD$_{16}$									后视点	

当计算至 YH 点时,给 B? 输入 0,程序自动提示重新输入:A?、R?、N?、B?,计算后缓和曲线段上任一点的偏角值。此时 A? 应输入 HZ 的桩号(表 4-18)。

238

坐标法计算缓和曲线放样要素 x、y 和偏角

表 4-18

交点:JD16	转角:−44°22′57″		$R=550$m			$V=70.0$m
ZH:K249+459.31;			HZ:K249+955.36			

桩号	P至ZH或HZ点的弧长 Z (m)	P至ZH或HZ点的弦长 S (m)	切线支距法坐标		偏角 K (°′″)	360°−K (°′″)
			x(m)	y(m)		
1	2	3	4	5	6	7
ZH K249 +459.31						
+460	0.69	0.690	0.690	0.000	0 00 00	360 00 00
+480	20.69	20.690	20.690	0.038	0 06 22	359 53 38
+500	40.69	40.689	40.688	0.292	0 24 38	359 35 22
+520	60.69	60.684	60.676	0.968	0 54 49	359 05 11
HY +529.31	70.00	69.987	69.972	1.485	1 12 56	358 47 04
YH +885.36	70.00	69.987	69.972	1.485	1 12 56	358 47 04
+890	65.36	65.351	65.340	1.209	1 03 35	358 56 25
+900	55.36	55.356	55.351	0.734	0 45 37	359 14 23
+920	35.36	35.360	35.359	0.191	0 18 36	359 41 24
+940	15.36	15.36	15.360	0.016	0 03 31	359 56 29
HZ +955.36	0	0	0	0	0	0

(5)缓和曲线段上点的偏角值计算程序清单二——坐标法计算缓和曲线上任一点的偏角的程序清单

①程序清单

文件名:ZPF-F-PJ

```
"A="? A: "R="? R: "V="? V↵

Lbl 0 ↵

"P"? P↵

If P≤0: Then Goto 1: IfEnd ↵

Abs(A−P)→Z↵
```

$$"Z=" : Z \blacktriangle$$

$$"X=" : Z - Z^5 \div (40R^2 V^2) \rightarrow X \blacktriangle$$

$$"Y=" : Z^3 \div (6RV) \rightarrow Y \blacktriangle$$

$$Pol(X, Y) \hookleftarrow$$

$$I \rightarrow S \hookleftarrow$$

$$J \rightarrow T \hookleftarrow$$

$$"S=" : S \blacktriangle$$

$$"T=" : T \quad \blacktriangleright DMS \blacktriangle$$

$$"FT=" : 360 - T \quad \blacktriangleright DMS \blacktriangle$$

$$Goto \ 0 \hookleftarrow$$

$$LbI \ 0 \hookleftarrow$$

$$"A=" ? \ A : "R=" ? \ R : "V=" ? \ V \hookleftarrow$$

$$Goto \ 0$$

程序中：A=?——ZH（或 HZ）点桩号，计算前缓和曲线，A 输入 ZH 桩号，计算后缓和曲线，A 输入 HZ 桩号；

R=?——圆曲线半径；

V=?——缓和曲线长；

P?——缓和曲线上任一点的桩号；

Z=——P 点至 ZH（或 HZ）点间的弧长；

X=、Y=——P 点切线支距法放样要素；

S=——P 点至 ZH（或 HZ）点间的弦长；

T=——正拨偏角；

FT=——反拨偏角。

②程序功能及注意事项

a. 本程序可计算前、后缓和曲线段上任意一点放样用切线支距法的 X、Y 值及用偏角法的偏角值。

b. 作业中应注意取用正拨偏角与反拨偏角。

c. 待缓和曲线段各点 X、Y 及偏角计算完成后，给 P？输入 0，则计算器从头显示：A?、R?、V?，此时只要给 A？输入 HZ 点的桩号，即可计算后缓和曲线段。

③实操案例

算例数据及计算结果见表 4-18。X 与 Y 值计算结果见表 4-18 的第 4、5

栏,弦长见第 3 栏,偏角值见第 6、7 栏。

④程序执行操作步骤

程序执行操作步骤,略。读者可自行用 ZPF-F-PJ 程序运算。

3)切线支距法测设圆曲线的平面位置数据的计算

切线支距法测设圆曲线的平面位置数据是以曲线上任意一点在以曲线起点 ZY 或终点 YZ 为坐标原点,以切线方向为 x 轴,以过 ZY 点或 YZ 点的半径方向为 y 轴的直角坐标系统中的 x、y 值来测设圆曲线。

(1)切线支距法放样圆曲线平面放样数据的计算公式

$$\left.\begin{array}{l} x_i = R\sin\alpha_i \\ y_i = R(1 - \cos\alpha_i) \end{array}\right\} \tag{4-45}$$

式中:x_i、y_i——圆曲线上任意一点 i 的切线支距坐标值。值得提醒的是:这个坐标值是前述直角坐标系统的数值,不是公路线路施工中的平面坐标系统;

R——圆曲线半径;

α_i——圆曲线上任一点 i 到 ZY(或 YZ)点的曲线长度 l 所对的圆心角,其值为:

$$\alpha = l \cdot \frac{180}{\pi} \cdot \frac{1}{R} = 57.295\ 78\ \frac{l}{R} \tag{4-46}$$

圆曲线上不同的 l(曲线长度)就有不同的圆心角 α,同样也就有相应的 x、y 值。

圆曲线的参数方程式:

$$\left.\begin{array}{l} x_i = l_i - \dfrac{l_i^3}{6R^2} + \dfrac{l_i^5}{120R^4} \\[3mm] y_i = \dfrac{l_i^2}{2R} - \dfrac{l_i^4}{24R^3} + \dfrac{l_i^6}{720R^5} \end{array}\right\} \tag{4-47}$$

式中,l_i、R 含义同上。

根据圆曲线上任一点 i 距 ZY 或 YZ 的弧长 l_i 以及圆曲线半径 R,用式(4-47)或式(4-45)可算得 i 点的切线支距法坐标 x_i 与 y_i。

(2)程序清单

文件名:Q-Y-XY

```
"A="? A ： "R="? R ↵
LbI 0 ↵
"B"? B ↵
If B≤0 ： Then Goto 1 ： IfEnd ↵
Abs(A−B)→L ↵
"L=" ： L ◣
57.29578L÷R→I ↵
"I=" ： I ◣ DMS ◣
"X=" ： Rsin(I) ◣
"Y=" ： R(1−cos(I)) ◣
Goto 0 ↵
LbI 1 ↵
"A="? A ： "R="? R ↵
Goto 0
```

程序中：A=? ——圆曲线起点(ZY)或终点(YZ)的里程桩号,曲线由 ZY 点
向 QZ 点测设,A 输入 ZY 点的桩号。曲线由 YZ 点向
QZ 点测设,A 输入 YZ 点的桩号；

R=? ——圆曲线半径；

B? ——圆曲线上任一点的桩号,即所求点桩号；

L=——B 点至 ZY(或 YZ)点间的曲线长；

I=——L 所对应的圆心角；

X=、Y=——圆曲线上任一点 B 的切线支距法坐标值。

①程序功能及注意事项

a.本程序可计算 ZY 点到 YZ 点曲线上任一点的切线支距要素 X 与 Y。

b.计算时,实践中是将圆曲线分成两部分计算：

a)由 ZY 点计算至 QZ 点；

b)由 YZ 点计算至 QZ 点。

c.当由 ZY 点计算至 QZ 点时,给 B 输入 0,则计算从头开始执行,此时
A 需输入 YZ 点的桩号。

d.由于全站仪的使用,可在 ZY 点(或 YZ 点)一次设站放完全曲线,此
时需计算设站点至曲线上任意一点的 X、Y 值。

②算例及程序执行操作方法步骤

本算例是××二级公路Ⅱ标路基施工后期用经纬仪钢尺法放样圆曲线的切线支距法的放样数据,详见表4-19。

切线支距法放样圆曲线数据计算表　　表4-19

桩　号	$L=(A-B)$ (m)	圆心角 (° ′ ″)	X (m)	Y (m)	备　注
ZY:K254+600.53	0.0	0 00 00	0.00	0.00	交点:JD$_{10}$ K254+708.84
+620	19.47	1 23 40	19.47	0.24	$\Delta=$左 15°25′16″
+640	39.47	2 49 36	39.45	0.97	$R=800$m
+660	59.47	4 15 33	59.42	2.21	$T=108.31$m
+680	79.47	5 41 30	79.34	3.94	$l=215.32$mm
+700	99.47	7 07 26	99.21	6.18	ZY:K254+600.53
QZ:+708.19	107.66	7 42 38	107.34	7.23	QZ:K254+708.19
					YZ:K254+815.85
QZ:+708.19	107.66	7 42 38	107.34	7.23	计算公式:
+720	95.85	6 51 53	95.62	5.74	$X=R\sin I$
+740	75.85	5 25 56	75.74	3.59	$Y=R(1-\cos I)$
+760	55.85	4 00 00	55.80	1.95	$I=57.29578L/R$
+780	35.85	2 34 03	35.84	0.80	放样示意图:
+800	15.85	1 08 07	15.85	0.16	
YZ:+815.85	0.00	0 00 00	0.0	0.00	

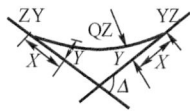

程序执行操作方法步骤(计算前半圆)

a. 按 $\boxed{\text{AC}}$ 键,开机,清除上次关机时屏幕保留的内容;

b. 按 $\boxed{\text{SHIFT}}$ $\boxed{\text{FILE}}$ (Prog) $\boxed{\text{ALPHA}}$ "Q-Y-XY",选用文件名 Q-Y-XY 程序;

c. 按 $\boxed{\text{EXE}}$ 键,显示:A=?,输入 ZY 点桩号:600.53;

d. 按 $\boxed{\text{EXE}}$ 键,显示:R=?,输入圆曲线半径:800;

e. 按 $\boxed{\text{EXE}}$ 键,显示:B?,输入所求点桩号:700;

f. 按 $\boxed{\text{EXE}}$ 键,显示:L=99.47(B 点至 A 点的桩距);

g. 按 $\boxed{\text{EXE}}$ 键,显示:I＝7°07′26″(L 所对应的圆心角);

h. 按 $\boxed{\text{EXE}}$ 键,显示:X＝99.214(700 点的 X 值);

i. 按 $\boxed{\text{EXE}}$ 键,显示:Y＝6.176(700 点的 Y 值);

j. 以下重复计算,略。

当计算至 QZ 点 708.19 时,给 B 输入 0,计算器从头显示:A＝?,R＝?,此时只要给 A＝? 输入 YZ 点桩号,即可开始计算后半圆曲线。

(3)切线支距法测设圆曲线的平面位置数据计算的简化公式

在低等级公路、山区乡村公路弯道小、半径短的曲线施工实践中,常用下述简化公式计算圆曲线的切线支距法放样数据:

$$y = \frac{x^2}{2R} \tag{4-48}$$

式中:x——在前述切线支距法坐标系统中的 x 轴(切线方向)上任一点距

ZY 点或 YZ 点间距离。施工实践中,常取用 2m、4m、6m、8m、

10m 等整间距;或取用 5m、10m、15m 等整间距;

R——圆曲线半径;

y——垂直于上述 2m、4m 等,或 5m、10m 等距垂足间的距离。

此法很简便,实践中都是现场现算现放。

在施工现场,可用公式(4-48)计算,也可用下述程序计算:

程序清单:

文件名:QJY

```
LbI 0 ↵
 "R"? R："X"? X↵
 "Y＝"：X²÷(2R) ◢

Goto o
```

算例可用表 4-20 验算;程序执行操作方法步骤:略。

(4)有缓和曲线的圆曲线用切线支距法放样时数据的计算

有缓和曲线的圆曲线用切线支距法放样时其放样数据分两部分进行,即圆曲线和缓和曲线两部分分别计算。

缓和曲线计算范围是 ZH 至 HY 和 HZ 至 YH;圆曲线计算范围是 HY 至 QZ 至 YH。

缓和曲线段各点切线支距要素 x、y 值计算见公式(4-48),即:

$$x_i = l_i - \frac{l_i^5}{40R^2 l_0^2} \\
y_i = \frac{l_i^3}{6Rl_0} \Bigg\} \tag{4-49}$$

程序计算缓和曲线段各点的切线支距要素 x、y 值的程序清单见 QHY—XY。

两缓和曲线间的圆曲线段各点的切线支距要素 x、y 计算用下式：

$$x_i = R\sin\alpha_i + m \\
y_i = R(1 - \cos\alpha_i) + P \Bigg\} \tag{4-50}$$

式中：R——圆曲线半径；

α_i——有缓和曲线的圆曲线上任一点至 ZH 点距离所对应中心角；

m——加设缓和曲线后使切线增长的距离：$m = \dfrac{l_0}{2} - \dfrac{l_0^3}{240R^2}$；

P——加设缓和曲线后，圆曲线相对于切线的内移量。

$$P = \frac{l_0^2}{24R} - \frac{l_0^4}{2\,688R^3}$$

$$\alpha = \frac{l}{R} \cdot \frac{180}{\pi} + \beta_0 \tag{4-51}$$

式中：l——圆曲线上任一点至 HY 的曲线长；

β_0——切线角（缓和曲线角）：

$$\beta_0 = \frac{l_0}{2R} \cdot \frac{180}{\pi} \tag{4-52}$$

式中：l_0——缓和曲线长。

两缓和曲线间的圆曲线段上任意点的切线支距要素 x、y 计算程序清单：

文件名：QHY—XY

```
"A="? A："R="? R："V="? V ↵

V÷2−V³÷(240R²)→M ↵

V²÷(24R)−V⁴÷(2688R³)→B ↵

LbI 0 ↵

"P"? P ↵

If P≤0：Then Goto 1：IfEnd ↵

P−A−V→Z ↵

"Z="：Z ◢
```

$180V \div (2R\pi) \rightarrow T \hookleftarrow$

$180Z \div (R\pi) + T \rightarrow O \hookleftarrow$

"X=" : $R\sin(O) + M$ ◢

"Y=" : $R(1-\cos(O)) + B$ ◢

Goto 0 $\hookleftarrow$

LbI 1 $\hookleftarrow$

"A=" ? A : "R=" ? R : "V=" ? V $\hookleftarrow$

Goto 0

程序中：A=? ——ZH 点的桩号，当 V=0 时，A 为 ZY 点的桩号；

　　　　R=? ——圆曲线半径；

　　　　V=? ——缓和曲线长；

　　　　P? ——有缓和曲线的圆曲线上任意一点的桩号，即所求点；

　　　　Z= ——所求点 P 至 HY 点的距离；

　　X=、Y= ——所求点 P 的切线支距法放样要素；

　　　　M ——切线增长距离；

　　　　B ——相对于切线的内移量；

　　　　T ——切线角；

　　　　O ——（Z+V）所对应的圆心角。

①程序功能及注意事项

a. 本程序可计算有缓和曲线的圆曲线段任意一点用切线支距法放样的要素 X 与 Y。其坐标系统的原点是 ZH 点，放样时仪器架在 ZH 点。

b. 当令 V=0，本程序可计算不设缓和曲线的圆曲线段内任意一点用切线支距法放样的要素 X 与 Y，此时坐标系统的原点是 ZY 点。

②算例及程序执行操作方法步骤

算例起算数据及计算结果见表 4-20：HYK239+488、028 至 YHK239+539.824。

程序执行操作步骤同上，略。读者可自行用 Q-HY-XY 程序运算。

4）切线支距法测设缓和曲线平面位置的数据计算

切线支距法测设缓和曲线段平面位置的坐标系统是以 ZH 点或 HZ 点为坐标原点，以切线为 X 轴，以过原点的半径为 Y 轴的直角坐标系统。

切线支距法放样有缓和曲线的圆曲线的 *X*、*Y* 计算　表 4-20

桩　　号	*P* 至 HY 点桩距	*X*(m)	*Y*(m)	备　　注
ZH：K239＋438.028				
⋮	⋮	⋮	⋮	交点：
HY：＋488.028	0	49.841	2.969	K239＋516.55
＋500	11.972	61.517	5.597	转角：
QZ：＋513.926	25.898	74.758	9.894	右 41°39′38″
＋520	31.972	80.386	12.176	缓和曲线长：
YH：＋539.824	51.796	97.976	21.283	*L*＝50
⋮	⋮	⋮	⋮	圆曲线半径：
HZ：＋589.824				*R*＝140

注：*P* 至 ZH 点的距离＝*P* 至 HY 点的距离＋*V*。

(1)计算公式

在缓和曲线上各点的坐标可按缓和曲线参数方程式计算：

$$\left.\begin{array}{l} X_i = l_i - \dfrac{l_i^5}{40R^2 l_0^2} \\[3mm] Y_i = \dfrac{l_i^3}{6Rl_0} \end{array}\right\} \tag{4-53}$$

式中：l_i——缓和曲线上任意一点 *i* 距 ZH 点或 HZ 点的曲线长；l_i＝l_i 的里程桩号－ZH(或 HZ)点的里程桩号；

R——圆曲线半径；

l_0——缓和曲线长度；l_0＝|ZH 的里程－HY 的里程|＝|HZ 的里程－YH 的里程|。

(2)程序清单

文件名：Q-F-XY

"A="? A∶"R="? R∶"V="? V↵

LbI 0 ↵

"P"? P↵

If P≤0∶Then Goto 1∶IfEnd ↵

Abs(A－P)→Z ↵

247 ·

```
"Z=" : Z ◢
"X=" : Z－Z⁵÷(40R²V²) ◢
"Y=" : Z³÷(6RV) ◢
Goto 0 ↵
Lbl 1 ↵
"A=" ? A : "R=" ? R : "V=" ? V ↵
Goto 0
```

程序中：A=?——ZH(或 HZ)点的桩号；

R=?——圆曲线半径；

V=?——缓和曲线长度；

P?——缓和曲线上任一点的桩号；

Z=——P 点至 A 点的桩距；

X=、Y=——P 点的切线支距法放样要素。

程序功能及注意事项

①本程序可计算前、后缓和曲线上任意一点用切线支距法放样时的要素 X 和 Y。

在计算前缓和曲线时，A 输入 ZH 点的桩号；在计算后缓和曲线时，A 输入 HZ 点的桩号。

②当前缓和曲线段所求点的 X 与 Y 计算完成，给 P? 输入 0，则计算器自动从头显示：A?、R?、V?，即可开始后缓和曲线段所求点 X 与 Y 的计算。

算例及程序执行操作方法步骤。

程序执行操作步骤：略。

算例数据及计算结果见表 4-21 第 2、4、5 栏。

5)切线支距法放样缓和曲线及缓和曲线间的圆曲线的数据计算

实践作业中，放样有缓和曲线的圆曲线是分成两个半圆来进行的，即在 ZH 设站，放样至 HY 至 QZ(ZH—HY—QZ)前半部分；后半部分是在 HZ 设站，放至 YH 至 QZ(HZ—YH—QZ)。程序 QHY—XY，计算的是以 ZH 点为原点的 HY—QZ—YH 上点的切线支距法坐标 x 与 y 值，前述程序 QF—XY，计算的是以 ZH 点为原点的 ZH—HY，或以 HZ 为原点的 HZ—YH 的前后缓和曲线上点的切线支距法坐标 x、y 值。两个程序分别计算两部分，虽然放样时，可满足数据的取用，但仍感不便。下面将两个程序设计在一起,使用起来更方便些。

坐标法计算缓和曲线放样要素 *X* 、*Y* 和偏角   表 4-21

交点:JD$_{16}$		转角:-44°22′57″		$R=550$m		$V=70.0$m
	ZH:K249+459.31			HZ:K249+955.36		
桩号	P 点至 ZH (或 HZ)点的 弧长 Z(m)	P 点至 ZH (或 HZ)点的 弦长 S(m)	切线支距法坐标		偏角 K (° ′ ″)	360°-K (° ′ ″)
			X (m)	Y (m)		
1	2	3	4	5	6	7
ZH:K249 +459.31						
+460	0.69	0.690	0.690	0.000	0 00 00	360 00 00
+480	20.69	20.690	20.690	0.038	0 06 22	359 53 38
+500	40.69	40.689	40.688	0.292	0 24 38	359 35 22
+520	60.69	60.684	60.676	0.968	0 54 49	359 05 11
HY: +529.31	70.00	69.987	69.972	1.485	1 12 56	358 47 04
YH: +885.36	70.00	69.987	69.972	1.485	1 12 56	358 47 04
+890	65.36	65.351	65.340	1.209	1 03 35	358 56 25
+900	55.36	55.356	55.351	0.734	0 45 37	359 14 23
+920	35.36	35.360	35.359	0.191	0 18 36	359 41 24
+940	15.36	15.36	15.360	0.016	0 03 31	359 56 29
HZ: +955.36	0	0	0	0	0	0

(1)曲线前半部分(ZH—HY—QZ)程序清单

文件名:QF-Y-QXZJJS(前缓和曲线圆曲线切线支距计算)。

1)LbI　0 ↵

2)"A"？A："R"？R："V"？V："Z"？Z ↵　　　　（常量，控制条件）

3)If　Z≤0：Then Goto 1：If End ↵　　　　（条件转移）

4)If　Z＞0：Then Goto 2：If End ↵

5)LbI　1　↵　　　　　　　　（前缓和曲线切线支距 X、Y 计算开始）

6)"H"？H　↵　　　　　　　　（前缓和曲线任一点桩号）

7)If　H≤0：Then Goto 3：If End ↵　　　　（条件转移）

8)Abs(H－A)→N ↵

9)"N＝"：N ◣　　　　　　　　　（H 至 A 距离，弧长）

10)N－N⁵÷(40R²V²)→X ↵

11)N³÷(6RV)－N⁷÷(336R³V³)→Y ↵

12)"X＝"：X ◣　　　（前缓和曲线 H 点的切线支距坐标）

13)"Y＝"：Y ◣

14)Goto　1　↵

15)LbI　2　↵　　　　　　　（圆曲线切线支距 X、Y 计算开始）

16)V÷2－V³÷(240R²)→M ↵

17)V²÷(24R)－V⁴÷(2688R³)→P ↵

18)"K"？K　↵　　　　　　　　（圆曲线上任一点桩号）

19)If　K≤0：Then　Goto　4：If End ↵

20)Abs(K－A)→N ↵

21)"N＝"：N ◣

22)Abs(K－A－V)→S ↵

23)180V÷(2Rπ)→G ↵

24)180S÷(Rπ)＋G→O ↵

25)"X＝"：Rsin(O)＋M→X ◣（圆曲线上任一点切线支距 X、Y 值）

26)"Y＝"：R(1－cos(O))＋P→Y ◣

27)Goto　2 ↵

28)LbI　3　↵　　　　　　　　（H＜0，重新显示常量）

29)"A"？A："R"？R："V"？V："Z"？Z ↵

30)Goto　0　↵

31)LbI　4　↵　　　　　　　　（K＜0，重新显示常量）

> 32)"A"? A："R"? R："V"? V："Z"? Z↵
>
> 33)Goto　0

程序中：A?——ZH 点的里程桩号；

　　　　R?——圆曲线半径；

　　　　V?——缓和曲线长度；

　　　　Z?——条件控制：当 Z 输入"0"，计算前缓和曲线段上点的 X 与 Y；

　　　　　　　　当 Z 输入不等于 0 的数，例如 Z=1，计算圆曲线段上点的 X

　　　　　　　　与 Y（计算方向是 HY—QZ—YH）；

　　　　H?——前缓和曲线段上任意一点的里程桩号；

　　　　N=——H 至 A 的弧长；或 K 至 A 的弧长；

　　　　K?——圆曲线段上任意一点的里程桩号；

　　　　S——K 至 HY 的长度；

　　　　G——切线角；

　　　　O——V+S 所对的圆心角；

　　X=、Y=——任意一点的切线之距法坐标。

①程序功能及注意事项

a. 当 $Z?$ 输入"0"，本程序计算前缓和曲线段上任意一点的切线支距法坐标 X 与 Y，计算方向是 ZH—HY。

b. 当 $Z?$ 输入 1，本程序计算圆曲线段上任意一点的切线支距法坐标 X 与 Y。计算方向是 HY—QZ—YH。

c. 当缓和曲线段点的 X 与 Y 计算完成，给 $H?$ 输入"0"，程序从头显示 $A?$、$R?$、$V?$、$Z?$，此时给 $Z?$ 输入 1，程序即计算圆曲线段上点的 X 与 Y。

d. 当圆曲线段上点的 X 与 Y 计算完成，给 $K?$ 输入"0"，程序从头显示 $A?$、$R?$、$V?$、$Z?$，此时给 $Z?$ 输入"0"，程序即计算前缓和曲线段点的 X 与 Y。

②算例及程序执行操作方法步骤

算例起算数据及计算结果见表 4-22 上部分 ZH—HY—QZ。

| 交点 4:K239+516.55 | | 转角:右 41°39′38″ | | 缓和曲线:50m | | $R=140.000$m |
| 交点 4:K239+516.55 | | 转角:右 41°39′38″ | | | | |

桩号	H 至 ZH（或 HZ）K 至 HY（或 YH）的弧长(m)	H 或 K 至 ZH 或 HZ 的弦长(m)	切线支距法坐标		偏角 K (° ′ ″)	360°−K
			X(m)	Y(m)		
1	2	3	4	5	6	7
ZH:K239 +438.028	0					
+440	1.972	1.972	1.972	0.000	00 019	
+460	21.972	21.971	21.969	0.253	03 931	
+480	41.972	41.942	41.905	1.758	22 410	
HY K239+ 488.028	50.00	49.929	49.841	2.969	32 434	
+500	61.972	61.771	61.517	5.597	51 154	
QZ K239+ 513.926	75.898	75.409	74.757	9.894	73 221	
QZ K239+ 513.926	75.898	75.409	74.758	9.894	7 32 21	3 522 739
+520	69.824	69.481	69.036	7.858	62 937	3 533 023
YH+ 539.824	50.00	49.929	49.841	2.969	32 434	3 563 526
+540	49.824	49.754	49.668	2.938	32 308	3 563 652
+560	29.824	29.819	29.812	0.631	11 248	3 584 712
+580	9.824	9.824	9.824	0.023	00 754	3 595 206
HZ K239+ 589.824	0					

(2)曲线后半部分(HZ—YH—QZ)程序清单

文件名:HF—Y—QXZJJS(后缓和曲线圆曲线切线支距计算)。

程序执行操作方法步骤:略。

1)LbI 0 ←

2)"A"? A："R"? R："V"? V："Z"? Z←

3)If Z≤1：Then Goto 1：If End ←

4)If Z>0：Then Goto 2：If End ←

5)LbI 1 ←

6)"H"? H ←

7)If H≤0：Then Goto 3：If End ←

8)Abs(H−A)→N ←

9)"N="：N ◢

10)N−N⁵÷(40R²V²)→X ←

$10)N-N^5\div(40R^2V^2)\to X$ ←

11)N³÷(6RV)−N⁷÷(336R³V³)→Y ←

$11)N^3\div(6RV)-N^7\div(336R^3V^3)\to Y$ ←

12)"X="：X ◢

13)"Y="：Y ◢

14)Goto 1 ←

15)LbI 2 ←

16)V÷2−V³÷(240R²)→M ←

$16)V\div 2-V^3\div(240R^2)\to M$ ←

17)V²÷(24R)−V⁴÷(2688R³)→P ←

$17)V^2\div(24R)-V^4\div(2688R^3)\to P$ ←

18)"K"? K ←

19)If K≤0；Then Goto 4；IfEnd ←

20)AbS(K−A)→N ←

21)"N="：N ◢

22)AbS(K−A+V)→S ←

23)180V÷(2Rπ)→G ←

24)180S÷(Rπ)+G→O ←

25)"X="：R Sin(O)+M→X ◢

26)"Y="：R (1−cos(O))+P→Y ◢

27)Goto 2 ←

28)LbI 3 ←

29)"A"? A："R"? R："V"? V："Z"? Z←

30)Goto o ←

31)LbI 4 ←

32)"A"? A；"R"? R："V"? V："Z"? Z←

33)Goto 0

说明:本程序与前缓和曲线、圆曲线切经支距计算程序基本相同,只是第 22 句不同。本程序第 22 句是:

$$AbS(K-A+V) \to S \hookleftarrow$$

前程序第 22 句是:

$$AbS(K-A-V) \to S \hookleftarrow$$

所以,本程序可不输入计算器。在使用时,只要将第 22 句调整修正后即可。

程序中:A?——HZ 点里程桩号;

R?——圆曲线半径;

V?——缓和曲线长度;

Z?——条件控制:当 Z=0,计算后缓和曲线段上点的 X 与 Y;当 Z=1,计算圆曲线段上点的 X 与 Y(计算方向是 YH—QZ—HY);

H——后缓和曲线段上任意一点的里程桩号;

N——H 至 A 的长度;

K——圆曲线段上任意一点的里程桩号;

S——K 至 YH 的长度;

G——切线角;

O——V+S 所对圆心角;

X、Y——任意一点的切线支距法坐标。

①程序功能及注意事项

a. 当 $Z?$ 输入"0",本程序计算后缓和曲线段上任意一点的切线支距法坐标 X 与 Y,计算方向是 HZ—YH;

b. 当 $Z?$ 输入"1",本程序计算圆曲线段上任意一点的切线支距法坐标 X 与 Y,计算方向是 YH—QZ—HY;

c. 后缓和曲线、圆曲线转换计算仿上操作。

②算例及程序执行操作方法步骤

算例起算数据及计算结果见表 4-22 下部分 HZ—YH—QZ。

程序执行操作方法步骤:略。

(3)缓和曲线及缓和曲线间圆曲线用偏角法放样数据计算

前述前缓和曲线及圆曲线程序 QF—Y—QXZJJS,是在 ZH 设站,用 X、Y 放前缓和曲线及圆曲线。

后缓和曲线及圆曲线程序 HF—Y—QXZJJS,是在 HZ 设站,用 X、Y 放后缓和曲线及圆曲线。

作业中若要用偏角法放样此两部分,则可将前述两程序做如下追加订正即可。

①QH—Y—QXZJJS 程序追加如下

在"Y=:"Y ◢行(第 13 行)与 Goto 1	(第 14 行)之间加:
POI(X,Y)↵	
"I=":I ◢	(H 至 A 的弦长)
"J=":J▶DMS ◢	(正拨偏角)
360—J→F↵	
"F=":F▶DMS ◢	(反拨偏角)
在"Y=":R(1—cos(O))+P 行(第 26 行)与 Goto 2(第 27 行)之间加:	
POI(X,Y)↵	
"I=":I	(K 至 A 的弦长)
"J=":J▶DMS ◢	(正拨偏角)
360—J—F↵	
"F=":F▶DMS ◢	(反拨偏角)

②HF—Y—QXZJJS 程序追加如下

后缓和切线 X、Y 程序追加内容与前缓和切线 XY 程序相同。

用经过追加后的程序计算前、后缓和曲线及前、后缓和曲线间的圆曲线上任意一点的偏角算例见表 4-22。

值得提醒的是:

a. QF—Y—QXZJJS 程序计算的是在 ZH 点设站,放样前缓和曲线及整条圆曲线的点的切线支距法坐标 X、Y 与偏角,即:ZH—HY—QZ—YH,实践作业中,是把一条曲线分成两部分放样,因此计算只要从 ZH 算至 HY—QZ 即可。

b. HF—Y—QXZJJS 程序同理,应计算的范围是:

HZ—YH—QZ。

6)前、后缓和曲线偏角,圆曲线偏角联算程序清单

前述介绍的偏角值计算程序,是将整条曲线分成前缓和曲线段、圆曲线段、后缓和曲线段三部分来计算的。实地测设曲线时,是分段置仪测设曲线的。放样作业时,若要一次置仪测设全部曲线,则要用下述联算程序。

(1)程序清单

文件名:HY-PJLS(缓和曲线圆曲线偏角联算)

"R="? R∶"L="? L∶"Z="? Z∶

"H="? H∶"Y="? Y↵

955÷(RL)→I↵

LbI 0 ↵

"P"? P↵

If P<H∶Then Goto 1∶

Else If P≤Y∶Then Goto 2∶

Else If P>Y∶Then Goto 3∶

IfEnd∶IfEnd∶IfEnd↵

LbI 1 ↵

(P－Z)÷10→N↵　　　　　　　　(前缓和曲线段置镜点至观测点的站数)

"N="∶N×10 ▲　　　　　　　　　(置镜点至观测点的曲线长)

N^2I→A

"A="∶A ▶ DMS ▲

"FA="∶360－A ▶DMS ▲

Goto 0 ↵

LbI 2 ↵

(P－Z)÷10→N↵

(P－H)÷10→K↵　　　　　　　(圆曲线段置镜点至观测点的站数)

"V="∶(L＋K×10) ▲

(N^2－K^3÷N)I→A↵

"A="∶A ▶ DMS ▲

"FA="∶360－A ▶ DMS ▲

Goto 0 ↵

LbI 3 ↵

(P－Z)÷10→N↵

(P－H)÷10→K↵

(P－Y)÷10→E↵　　　　　(后缓和曲线段置镜点至观测点间曲线长)

"U="∶(L＋(Y－H)＋E×10) ▲

(N^2－K^3÷N－E^3÷N)I→A↵

"A="∶A ▶ DMS ▲

"FA="∶360－A ▶ DMS ▲

Goto 0

程序中:R=?——圆曲线半径;

L=?——缓和曲线长度;

Z=?——ZH 点里程桩号;

H=?——HY 点里程桩号;

Y=?——YH 点里程桩号;

P?——所求点里程桩号,即前、后缓和曲线段及圆曲线段上任意一点的里程桩号;

N=——前缓和曲线段上所求点 P 至 ZH 点间的曲线长;

A=——正拨偏角;

FA=——反拨偏角;

V=——圆曲线段上所求点 P 至 ZH 点间的曲线长;

U=——后缓和曲线段上所求点 P 至 ZH 点间的曲线长。

(2)程序功能及注意事项

①本程序可联算在 ZH 点设站(置镜),后视交点 JD,放样前缓和曲线段、圆曲线段、后缓和曲线段上任一点的偏角。

②设站置镜时,要注意正、反拨偏角值的取用。

③本程序计算的前、后缓和曲线及圆曲线偏角值,只要在 ZH 点架设一次仪器,便可将全条曲线放样工作完成。

放样时应注意,若用全站仪测距功能直接用程序计算曲线长时,则应将其改算成为弦长。

④本程序偏角计算公式是一近似公式,在放样半径小,所求点距 ZH 点曲线越长,误差越大。因此,本程序不适用二级及二级以上公路用偏角法放样。

(3)算例及程序执行操作方法步骤

算例数据取自××二级公路Ⅲ标现场放样数据,用 HY-PJLS 程序计算结果见表 4-23 第 3、4 栏。

程序执行操作步骤:略。

7)坐标法计算前、后缓和曲线,圆曲线段放样点偏角程序

(1)计算公式

这里的"坐标法"是指前述切线支距法计算的坐标 x、y 值。用 x、y 值计算偏角精度高,误差小。

圆曲线上点的切线支距法坐标公式是:

$$x_i = R\sin\alpha_i \atop y_i = R(1-\cos\alpha_i)} \tag{4-54}$$

HY－PJLS 程序计算前、后缓和曲线及圆曲线偏角 表 4-23

桩　　号	P 至 ZH 桩距	偏角 A (° ′ ″)			$360°-A$ (° ′ ″)			备　　注
ZH:K239+438.028	0	0			0			
+440	1.972	0	00	19	359	59	41	
+460	21.972	0	39	31	359	20	29	
+480	41.972	2	24	12	357	35	48	
HY:+488.028	50.000	3	24	39	356	35	21	交点:K239+516.55
+500	61.972	5	12	06	354	47	54	转角:右 41°39′38″
QZ:+513.926	75.898	7	32	48	352	27	12	缓和曲线长 $L=50$
+520	81.972	8	37	24	351	22	36	圆曲线半径 $R=140$
YH:+539.824	101.796	12	16	30	347	43	30	
+540	101.972	12	18	29	347	41	31	
+560	121.972	16	02	05	343	57	55	
+580	141.972	19	23	58	340	36	02	
HZ:+589.824	151.796	20	49	55	339	10	05	

程序执行操作步骤仿上,略。

有缓和曲线的圆曲线上点的切线支距法坐标公式是(公式 4-50):

$$x_i = R\sin\alpha_i + m \atop y_i = R(1-\cos\alpha_i) + P}$$

缓和曲线上各点的切线支距法坐标公式是:

$$x_i = l_i - \dfrac{l_i^5}{40R^2 l_0^2} \atop y_i = \dfrac{l_i^3}{6Rl_0}} \tag{4-54}$$

当用上述公式(4-35)、(4-50)、(4-54)计算出切线支距法坐标 x 与 y 后,可用下式计算其对应的偏角值和距离:

$$\delta = \tan^{-1}\frac{y}{x} \tag{4-55}$$

$$S = \sqrt{y^2 + x^2} \tag{4-56}$$

或用 $5x-5800P$ 型计算器"坐标变换"(直角坐标↔极坐标)功能计算,其操作方法步骤如下:

①按 $\boxed{\text{SHIFT}}\ \boxed{+}^{\text{pol}}$ 键，显示：pol

②输入 x $\boxed{,}$ y 后，按 $\boxed{)}$ 键，显示：pol(x,y)

③按 $\boxed{\text{EXE}}$ 键，显示 pol(x,y)

$$\gamma=\times\times\times\cdot\times\times\times（弦长）$$

$$\theta=\times\times\cdot\times\times\times\times\times\times（偏角）$$

④按 $\boxed{\text{ALPHA}}\ \boxed{J}\ \boxed{\text{EXE}}$ 键，显示：pol(x,y)

$$\gamma=\times\times\times\cdot\times\times\times\times\times\times$$

$$\theta=\times\times\quad\times\times\times\times\times$$

$$J\quad\times\times\cdot\times\times\times\times\times$$

⑤按 $\boxed{\text{SHIFT}}\ \boxed{\circ\,'\,''}$ 键，显示：

$$J\quad\times\times°\times\times'\times\times\cdot\times''（偏角）$$

用 $5x-5800P$ 型计算器程序计算时，可将上述公式写成：

pol(x,y)↵	
"I＝"：I ◢	（弦长）
"J＝"：J▶DMS ◢	（正拨偏角）
360－J→F↵	
"F＝"：F▶DMS ◢	（反拨偏角）

(2)程序计算清单

文件名：ZPFJS—PJ—XYS(坐标法计算偏角、切线支距 X、Y 弦长程序)

"Q"? Q：" R"? R："V"? V："N"? N↵	
V÷2－V³÷(240R²)→M↵	
V²÷(24R)－V⁴÷(2688R³)→P↵	(M,P,L,T 程序设计不显示,若要显示计算结果,可在其尾部加"◢")
πRN÷180＋V→L↵	
(R＋P)tan(N÷2)＋M→T↵	
Q－T→A：A＋V→B：A＋L→D：D－V→C↵	
LbI 0 ↵	
"H"? H↵	
If H≤B：Then Goto1：Else If H≤C：Then Goto 2：	
Else If H≤D：Then Goto 3：IfEnd：IfEnd：IfEnd↵	
LbI 1 ↵	

H−A→Z ↵

"X=" : Z−Z^5÷(40R^{2}V^2)+Z^9÷(3456R^{4}V^4)→X ◢

"Y=" : Z^3÷(6RV)−Z^7÷(336R^{3}V^3)+Z^{11}÷(42240R^{5}V^5)→Y ◢

pol(X,Y) ↵

"I=" : I ◢

"J=" : J▶DMS ◢

360−J→F ↵

"F=" : F▶DMS ◢

Goto 0 ↵

LbI 2 ↵

H−A−V→Z ↵

180V÷(2Rπ)→G ↵

180Z÷(2Rπ)+G→O ↵

"X=" : Rsin(O)+M→X ◢

"Y=" : R(1−cos(O))+P→Y ◢

POI(X,Y) ↵

"I=" : I ◢   （弦长）

"J=" : J▶DMS ◢   （正拨偏角）

360−J→F ↵

"F=" : F▶DMS ◢   （反拨偏角）

Goto 0 ↵

LbI 3 ↵

D−H→Z ↵

"X=" : Z−Z^5÷(40R^{2}V^2)+Z^9÷(3456R^{4}V^4)→X ◢

"Y=" : Z^3÷(6RV)−Z^7÷(336R^{3}V^3)+Z^{11}÷(42240R^{5}V^5)→Y ◢

POI(X,Y) ↵

"I=" : I ◢   （弦长）

"J=" : J▶DMS ◢   （正拨偏角）

360−J→F ↵

"F=" : F▶DMS ◢   （反拨偏角）

Goto 0

程序中:Q?——交点里程桩号；

R?——圆曲线半径；

V?——缓和曲线长度；

N?——线路转角；

H?——前缓和曲线段,圆曲线段、后缓和曲线段上任一点(即所求点)的里程桩号；

X＝、Y＝——所求点切线支距法放样要素；前缓和曲线段,圆曲线段是在ZH点设站的 xy ;后缓和曲线段是在HZ点设站的 x,y ;

J＝——所求偏角值；前缓和曲线段及圆曲线段是在ZH点设站的偏角；后缓和曲线段是在HZ点设站的偏角；

I＝——所求点至ZH点(或HZ点)的弦长。

(3)程序功能及注意事项

①本程序可计算测设有缓和曲线的:前、后缓和曲线段,以及两缓和曲线间的圆曲段上任意一点的切线支距法放样要素 x 和 y ,以及偏角法放样的要素偏角值。

②采用本程序计算放样数据时,应注意:

a.LbI 1 和 LbI 2 是以 ZH 点为原点的坐标;LbI 3 是计算以 HZ 点为原点的坐标;

b.偏角计算:LbI 1 和 LbI 2 是 ZH 点设站的偏角;LbI 3 是 HZ 点设站的偏角;

c.距离计算:LbI 1 和 LbI 2 计算的是 ZH 点至所求点的弦长;LbI 3 是 HZ 点至所求点的弦长。

③本程序还可计算:

a.加设缓和曲线后使切线增长的距离 M ;

b.圆曲线相对于切线的内移量 P ;

c.有缓和曲线的圆曲线的曲线长 L ;

d.有缓和曲线的圆曲线的切线长 T ;

e.ZH、HY、HZ、YH 点的里程桩号。

计算时,只要在其方程式尾部加以"▲"即可。

④当 V＝0,本程序还可计算不设缓和曲线的圆曲线上任意一点在 ZY 点设站时的切线支距法放样要素 x、y 和偏角法放样时的偏角值。

(4)算例及程序执行操作步骤方法

算例数据见表 4-24 及表 4-25。

桩号	HYPJLS 程序计算		ZPPJSPJXYS 程序计算				
	偏角 *A* (° ′ ″)	360° − *A* (° ′ ″)	偏角 *K* (° ′ ″)	360° − *K* (° ′ ″)	*S*(m)	*X*(m)	*Y*(m)
1	2	3	4	5	6	7	8
ZH:K251 +053.711	0 00 00	360 00 00	0 00 00	360 00 00	0.0	0.0	0.0
+060	0 00 34	359 59 26	0 00 34	359 59 26	6.289	6.289	0.001
+080	0 09 54	359 50 06	0 09 54	359 50 06	26.289	26.289	0.076
+100	0 30 42	359 29 18	0 30 41	359 29 19	46.287	46.286	0.413
+120	1 02 57	358 57 03	1 02 56	358 57 04	66.280	66.269	1.213
+140	1 46 40	358 13 20	1 46 39	358 13 21	86.256	86.214	2.675
HY +153.711	2 23 15	357 36 45	2 23 13	357 36 47	99.930	99.844	4.162
+160	2 41 48	357 18 12	2 41 46	357 18 14	106.195	106.077	4.995
+180	3 46 25	356 13 35	2 46 19	356 13 41	126.074	125.801	8.294
+200	4 56 51	355 03 09	4 56 42	355 03 18	145.879	145.336	12.575
+220	6 11 01	353 48 59	6 10 48	353 49 12	165.594	164.632	17.826
+240	7 27 43	352 32 17	7 27 24	352 32 36	185.207	183.641	24.036
QZ +240.783	7 30 46	352 29 14	7 30 27	352 29 33	185.973	184.379	24.298
+260	8 46 13	351 13 47	8 45 48	351 14 12	204.706	202.316	31.187
+280	10 06 02	349 53 58	10 05 30	349 54 30	224.078	220.611	39.264
+300	11 26 50	348 33 10	11 26 11	348 33 49	243.310	238.479	48.244
+320	12 48 25	347 11 35	12 47 39	347 12 21	262.391	255.876	58.106
YH +327.858	13 20 39	346 39 21	2 23 13	357 36 47	99.930	99.844	4.162
+340	14 10 31	345 49 29	1 50 33	358 09 27	87.821	87.776	2.824
+360	15 31 45	344 28 15	1 05 57	358 54 03	67.848	67.835	1.302
+370	16 11 24	343 48 36	0 47 57	359 12 03	57.853	57.848	0.807
+380	16 50 09	343 09 51	0 32 48	359 27 12	47.856	47.854	0.457
+400	18 04 16	341 55 44	0 11 07	359 48 53	27.858	27.857	0.090
+420	19 12 53	340 47 07	0 00 53	359 59 07	7.858	7.858	0.002
HZ +427.858	19 38 09	340 21 51	0 00 00	360 00 00	0.0	0.0	0.0

表中第1行是已知数据:交点桩号,半径、缓和曲线长和线路转角。

表中第1、2、3栏是用HYPJLS程序计算的全条曲线的偏角值。

HYPJLS 程序、ZPFGSPJ 程序算例验算示例　　表4-25
（计算偏角,计算弦长及 X、Y）

交点:K239+516.55		转角:右41°39′38″		缓和曲线:50m		圆曲线半径:140m	
桩号	HYPJLS程序计算		ZPFJSPJXYS 程序计算				
	偏角 A (° ′ ″)	360°-A (° ′ ″)	偏角 K (° ′ ″)	360°-K (° ′ ″)	S(m)	X(m)	Y(m)
1	2	3	4	5	6	7	8
ZHK239 +438.03	0	0	0	0	0	0	0
+440	0 00 19	359 59 41	0 00 19	359 59 41	1.972	1.972	0.000
+460	0 39 31	359 20 29	0 39 31	359 20 29	21.971	21.969	0.253
+480	2 24 11	357 35 49	2 24 10	357 35 50	41.942	41.905	1.758
HY K239 +488.03	3 24 39	356 35 21	3 24 35	356 35 25	49.931	49.843	2.970
+500	5 12 05	354 47 55	5 11 54	354 48 06	61.771	61.517	5.597
QZ+ 513.93	7 32 50	352 27 10	7 32 23	352 27 37	75.413	74.761	9.895
+520	8 37 22	351 22 38	8 36 48	351 23 12	81.303	80.386	12.176
YH+ 539.82	12 16 26	347 43 34	12 15 19	347 44 41	100.257	97.972	21.281
+540	12 18 28	347 41 32	3 23 08	356 36 52	49.754	49.668	2.938
+560	16 02 04	343 57 56	1 12 48	358 47 12	29.819	29.812	0.631
+580	19 23 56	340 36 04	0 07 54	359 52 06	9.824	9.824	0.023
HZK239+ 589.82	20 49 50	339 10 10	0	0	0	0	0

表中第1、4、5、6、7、8栏是用ZPFJSPJXYS程序计算的前缓和曲线段和圆曲线段的切线支距法坐标 xy、弦长 S 和偏角 K。后缓和曲线段的 xy、S、K 则是从HZ点为原点计算(见表中箭头指向)。

从表4-24知,用HYPJLS程序计算的偏角与ZPFJSPJXYS程序计算的偏角较差,在前缓和曲线段内基本为"0",从圆曲线HY点开始,距缓和曲线起点(ZH)越远,其较差越大,例如K251+320,距ZH点266.289m,偏角较差为12°48′25″－12°47′39″=46″。在圆曲线半径小于200m以下,其较差越大。如表4-25算例,半径140m,缓和曲线长50m,距ZH点:101.79＝539.82－438.03m,其较差:12°16′26″－12°15′19″=67″。这一误差的产生,是由于HYPJLS程序中的偏角计算公式是一近似计算公式。用来测定曲线点的平面位置,有一定的误差,一般情况下,半径越小,缓和曲线越长,距缓和曲线起点(ZH

点)距离越长,则误差越大。因此在采用偏角法测设曲线时,应根据曲线半径长短、缓和曲线长短以及公路等级对曲线精度的要求来选择计算偏角值的程序公式。一般来说,高精度的曲线放样,例如高速公路,一级公路的曲线放样,应选用坐标法计算偏角值的程序:ZPFJSPJXYS 程序来计算偏角值。低等级公路,以及山区乡村公路测设曲线可选用 HYPJLS 联算程序计算整条曲线的偏角值。这样只要架设一次仪器便可测设全部曲线。

ZPFJSPJ—XYS 程序执行操作方法步骤(以表 4-24 例):

①按 AC 键 ,开机;

②按 FILE 键,将光标移至文件名:ZPFJSPJ—XYS 旁;

③按 EXE 键,显示:$Q^?$,输入交点桩号:246.76;

④按 EXE 键,显示:$R^?$,输入圆曲线半径:400;

⑤按 EXE 键,显示:$V^?$,输入缓和曲线长:100;

⑥按 EXE 键,显示:$N^?$,输入线路转角:39°16′07″;

⑦按 EXE 键,显示:$H^?$,输入前缓和曲线任一点桩号,例如:100;

⑧按 EXE 键,显示:X=46.286;⎱
⑨按 EXE 键,显示:Y=0.413;⎰ (桩号 100 的切线支距法放样要素);

⑩按 EXE 键,显示:I=46.287(桩号 100 距 ZH 点的弦长);

⑪按 EXE 键,显示:J=0°30′41″(桩号 100 的偏角值);

⑫按 EXE 键,显示:F=359°29′19″(桩号 100 的反拨偏角值);

⑬按 EXE 键,显示:$H^?$,(重复操作,输入圆曲线上任一点桩号,例如:300);

⑭按 EXE 键,显示:X=238.479;

⑮按 EXE 键,显示:Y=48.244;

⑯按 EXE 键,显示:I=243.3100772;

⑰按 $\boxed{EXE}$ 键,显示:J=11°26′11″;

⑱按 $\boxed{EXE}$ 键,显示:F=348°33′49″;

⑲按 $\boxed{EXE}$ 键,显示:$H^?$ (重复操作,输入后缓和曲线上任一点桩号;例如:370);

⑳按 $\boxed{EXE}$ 键,显示:X=57.848;

㉑按 $\boxed{EXE}$ 键,显示:Y=0.807; $\Big\}$ (以 HZ 点为原点的切线支距法坐标);

㉒按 $\boxed{EXE}$ 键,显示:I=57.85322968(弦长);

㉓按 $\boxed{EXE}$ 键,显示:J=0°47′57″(正拨偏角);

㉔按 $\boxed{EXE}$ 键,显示:F=359°12′03″。

以下只要给 $H^?$,输入一个所求点的桩号,即可计算出该点相应的切线支距法放样要素 x 和 y 及偏角法放样要素偏角值。

4.3.6　经纬仪视距法放样平距及高程数据计算

1)经纬仪视距法平距及高程计算常规公式

极坐标法放样点位平面位置时,可用经纬仪视距法同时放出该点位的平面位置和高程。现场作业中,要求快速准确地计算出测站至立尺点间的平距,以指挥标尺前后移动位置。

经纬仪视距法计算平距公式是:

$$D=KL\cos^2\alpha=100\mathrm{Abs}(A-B)\cos^2\alpha \tag{4-57}$$

式中:D——测站至立尺点间平距;

　　K——仪器乘常数,光学经纬仪:$K=100$;

　　L——经纬仪望远镜上下丝(也叫视距丝)在标尺上所截取的分划数值;作业中可直读标尺上、下丝分划值,用公式 $L'=\mathrm{Abs}(A-B)$ 计算上、下丝间所截取之分划(A 为上丝分划读数,B 为下丝分划读数),然后用公式 $L=100\mathrm{Abs}(A-B)$ 计算测站至立尺点间斜距(Abs 为绝对值符号);

　　α——竖直角(垂直角);在读取 L 时,仪器望远镜中丝位置竖盘(垂直度盘)的垂直角;其功用是将标尺斜距换算为平距,同时,可计算出待放样点(测点或立尺点)的高程。

经纬仪视距法计算高程公式是:

$$H_待 = H_测 + h_1 = H_测 + h_2 \tag{4-58}$$

$$h_1 = \frac{1}{2}KL\sin 2\alpha + I - t = \frac{1}{2}100\text{Abs}(A-B)\sin 2\alpha + I - t \tag{4-59}$$

$$h_2 = D\tan\alpha + I - t \tag{4-60}$$

$$h_1 = h_2$$

式中:$H_待$——待放样点高程,实际作业时,是立尺点处的实地高程;

$\quad\quad H_测$——测站点已知高程;

$\quad\quad h_1$——用斜距计算之高差;

$\quad\quad h_2$——用公式(4-57)平距计算之高差;

$\quad\quad \alpha$——符号意义同公式(4-57)的α;

$\quad\quad I$——仪高;

$\quad\quad t$——觇高,在读取L时中丝分划读数就是觇高。

2)经纬仪视距法平距及高程计算程序清单

程序清单:

文件名:JSF

```
"H="? H:"I="? I↵
LbI 0 ↵
"A"? A:"B"?"B":"T"? T:"E"? E↵
100Abs(A-B)(cos(E))²→D↵
"D=":D ◢
"C"? C↵
D-C→V↵
"V=":V ◢      (当用经纬仪视距法测设导线边长时可不显示,此时将
                "◢"换成"↵")
```

H＋Dtan(E)＋I－T→M ⏎

"M＝"：M ◣

"F"? F ⏎

M－F→U ⏎

"U＝"：U ◣　（当用经纬仪视距法测设导线边长时,可不显示,此时将"◣"换成"⏎"）

Goto 0

程序中：H＝?——测站点已知高程；

　　　　I＝?——测站点仪高,在仪器架设好后,即用小钢尺量取仪高；

　　　　A?、B?——标尺上丝、下丝分划读数,估读至 mm(实践作业中,习惯上常将下丝照准标尺上一整分划,如 1.000、1.500、2.000 等)；

　　　　T?——标尺中丝读数(觇高),作业中,在读取上、下丝分划时,同时将其读出；

　　　　E?——在读取 A、B 时的中丝位置仪器竖盘所测垂直角,实际作业中,只测盘左半测回；

　　　　D——测站点至标尺立点处之平距,即实测平距；

　　　　M——标尺立点处高程,即实测高程；

　　　　C?——测站点至放样点间设计的平距；

　　　　F?——放样点设计之高程；

　　　　V——V＝D－C＝实测距离－放样设计距离,V 若为负值,说明放样距离短了,应向后移(立尺员面向测站为前面,背面为后面)V 值,才是设计距离,V 若为正值,说明放样距离长了,应向前移 V 值,才是设计距离；

　　　　U——U＝M－F＝实测高程－放样点设计高程,U 若为负值,说明立尺点处低了,需填 U 值,才可达到设计高程,U 若为正值,说明立尺处高了,需下挖 U 值,才可达到设计高程。

3)程序功能及注意事项

(1)在路基施工初期高填高挖阶段,用经纬仪视距法进行极坐标放样线路各桩位时：

· 267 ·

①计算测站点至放样点间的平距及移动量；

②计算放样点位的实地高程及挖、填高度。

(2)当用光学大平板仪进行地形测量时：

①计算测站点至地形点(碎部点)间的平距，以利图上刺点；

②计算地形点(碎部点)的实地高程，以利刺点旁注记高程。

作业时，将f_x—5800P型计算器放在平板上，一边照准标尺读数(读视距和垂直角)，一边输入数据计算，可快速准确地计算出地形点的平距和高程，而不需翻查"视距表"，非常方便实用。此时，在用上述程序时，可将其稍加修改为：

文件名：DXZL-DH

```
"H="? H："I="? I："T="? T↵

LbI 0 ↵

"S"? S："E"? E↵

S(cos(E))²→D↵

"D="：D ◣

"M="：H+Dtan(E)+I−T ◣

Goto 0
```

程序中：H=?——测站点高程；

　　　　I=?——测站点仪高；

　　　　T=?——觇高，地形测量时，为了方便计算，常将T设为仪高I，即T=I，操作时，将望远镜中丝照准标尺I读数(读取垂直角)即可，例如仪高为1.320m，将中丝照准标尺1.320分划处读取垂直角；

　　　　S?——测站至立尺点间的斜距，操作时，将望远镜下丝照准标尺整分划，例如1.000，可很方便地直接读出距离；

　　　　E?——望远镜中丝位置的垂直角，估读至"分"，操作时，在读出S后，即将中丝调到T分划处，再读垂直角，如果在读出S后，不将中丝调到T处，则应读出中线读数，即是觇高T。

注意：作业中，读取T和S是这样操作的，先用下丝照准标尺整分划处直读距离，随后即将中丝照准仪高分划读取垂直角(注意：读垂直角时，竖盘气泡应调居中)。

(3)当用经纬仪视距法程序(JSF 程序)计算低等级导线：

①计算导线点间的平距；

②计算导线点的高程。

此时可将 JSF 程序修改如下：

```
"H="? H："I="? I↵
LbI 0
"A"? A："B"? B："T"? T："E"? E↵
100Abs(A−B)(cos(E))²→D↵
"D=":D  ◢
H+Dtan(E)+I−T→M↵
"M=":M  ◢
Goto 0
```

(4)当用经纬仪视距法程序(JSF 程序)计算低等级公路：

①计算交点间平距；

②计算交点的高程。

可用上述修改的程序。

另外,本程序还可应用于低等级公路(如山区乡村公路)：

①利用交点复放线路中桩时,用经纬仪视距法程序计算,替代人为定向皮尺拉距；

②交点被毁复桩时,用经纬仪视距法程序计算桩位平距及前后移动量,恢复交点桩位。

4)实操案例

××公路××段路堤施工初期,在 K128＋850I(施工导线点)设站,用经纬仪视距法放样线路中桩平面位置及高程,在放样 K128＋750 中桩时,测得如下数据:上丝读数 2.352,下丝读数 1.210,中丝读数 1.781,中丝垂直角 0°30′54″;仪高 1.407;已知测站点高程 H＝117.00;K128＋750 至测站设计平距 C＝114.253(此数据可从极坐标法放样数据计算表中查取,也可在测站及时计算),K128＋750 中桩设计高 F＝116.59(此数据可从线路高程放样数据计算表中查取,也可在测站及时计算)。为了及时指挥扶尺员前后移动标尺,放出 K128＋750 中桩实地位置,采用 JSF 程序计算测站点至立尺点的平距 D,以及标尺前后移动量 V。

程序执行操作步骤：

①按 AC 键,开机,清除上次关机时屏幕保留的内容。

②按 FILE ▼ ▲ 键,将光标移至文件名 JSF 旁。

③按 EXE 键,显示:H?,输入测站点高程:117.000。

④按 EXE 键,显示:I?,输入仪高:1.407。

⑤按 EXE 键,显示:A?,输入上丝读数:2.352。

⑥按 EXE 键,显示:B?,输入下丝读数:1.210。

⑦按 EXE 键,显示:E?,输入中丝位置测得的垂直角(要带符号):$-0°30'54''$。

⑧按 EXE 键,显示:D=114.191(测站点至立尺点间的平距)。

⑨按 EXE 键,显示:C?,输入测站至放样点间的设计平距:114.253。

⑩按 EXE 键,显示:V=-0.062(V 为负,指挥标尺后移 62mm)。

注意:至第⑩步,已计算出标尺前后移动量 V,指挥标尺向后退 62mm(面对测站点来说,扶尺员是向后退),重立标尺,重新读 A、B、T、E,重新计算 V。当 $V=0$ 时,标尺立点就是 K128+750 中桩设计的实地位置。若要同时计算出挖或填的高度,则在⑩步继续操作下去。但当 $V≠0$ 时,说明还不到位,则不需往下计算。为了说明计算方法,此例继续往下算。

⑪按 EXE 键,显示:T?,输入立尺处觇高(中丝读数):1.781。

⑫按 EXE 键,显示:M=115.600(立尺处的实地高程)。

⑬按 EXE 键,显示:F?,输入立尺处的设计高程:116.590。

⑭按 EXE 键,显示:U=-0.990(说明该处低了,指挥上填 0.99m)。

⑮按 EXE 键,显示:A?,输入标尺移动后重测的上丝读数。

⑯以下重复连续计算,略。

第5章 公路工程施工测量放样技术

5.1 公路工程施工测量放样技术概述

所谓公路工程施工测量放样技术就是应用普通测量中的放样方法,把设计图纸上公路线形的位置、形状、宽度和高低在施工现场标定出来,作为施工的依据。

总体来说,公路施工测量放样技术是两部分:

(1)线路平面位置放样技术;

(2)线路高程位置放样技术。

在公路施工全过程中,放样技术都发挥着重要作用。施工开始,测量员应用放样技术把线路设计的平面位置、高程位置放样到实地,施工班组据此而进行施工;施工过程中,测量员随时都要用放样技术把施工时破坏的点位重新恢复,以保证工程顺利进行;施工结束后,交(竣)工验收时,测量员仍要用放样技术恢复桩位,以供检查验收时评定公路几何要素的质量。因此,公路工程施工测量放样技术是项非常重要的工作。它对保证施工进度和工程质量起着重要作用。放样工作中的任何疏忽或精度不够,都将影响施工的进度和质量,造成工程返工及经济损失。所以公路施工测量员必须具有高度的责任心和熟练的放样操作技术。

为了保证放样精度,满足施工需求,在进行放样前,施工测量员应做好如下准备工作:

(1)熟悉并掌握设计图表中有关线路平面位置和高程数据;

(2)编制本标段已知施工导线点及施工水准点成果表;

(3)计算本标段待放样点平面放样数据,并编制平面放样数据表;

(4)计算本标段待放样点高程放样数据,并编制高程放样数据表;

(5)结合施工现场条件和施工单位现有测量仪器的情况,选择符合本标段的放样方法；

(6)准备好测量仪器和工具材料。

测量员在拟订放样方案时，可参考如下放样技术选用：

(1)线路平面位置放样技术有下述几种供选用：

①全站仪"坐标放样"技术；

②经纬仪配测距仪极坐标法放样技术；

③经纬仪钢尺偏角法放样技术；

④经纬仪钢尺切线支距法放样技术；

⑤经纬仪视距法放样技术。

(2)线路高程位置放样技术有下述几种供选用：

①水准仪测高放样技术。

a. 水准地面高程放样技术；

b. 水准桩顶高程放样技术；

c. 水准视线高程放样技术。

②全站仪测高放样技术。

③经纬仪测高放样技术。

5.2 公路工程施工测量平面位置放样技术

5.2.1 全站仪"坐标放样"测量技术

全站仪坐标放样测量用于在实地设定出坐标值为已知的点。

在输入待放样点的坐标后，仪器会自动计算出放样所需水平角值和平距值并存储于内部存储器。测量员借助角度放样和距离放样功能便可设定待放样点的位置。

坐标放样是当代公路施工测量中点位平面位置放样最先进的一种放样方法。

全站仪坐标放样的优点很显著，它不但操作方便，功效高，且放样的点位准确，精度可靠。它既适用于平坦开阔地区，亦适用于起伏较大的山地，并且不受放样点位距离远近的限制。它可放出线路直线部分，也可放出圆曲线，缓和曲线等任意一点的平面位置。

1)仪具与材料准备

(1)全站仪,棱镜及测杆。

(2)对讲机两部。

(3)计算工具:f_x—5800P 型计算器等。

(4)工具:铁锤、测伞、钢凿子、小钢尺、油性号笔等。

(5)材料:竹签(或钢钎:钢筋做成或木桩);铁钉或钢钉;红布或红塑料条等。

2)放样资料准备

(1)施工标段导线点成果表(包括设计单位提供的导线成果及自己加密的施工导线点成果)。

(2)直线、曲线及转角成果表。

(3)依据"路面横断面结构图"计算的各层路面的宽度。

(4)编制待放样点的坐标值表,即将用 f_x—5800P 型计算器坐标计算程序计算的施工所需的中桩、左右边桩坐标值编制成表,便于在测站上输入给全站仪。

(5)绘制放样作业示意图,图上应注明测站点、后视点以及该测站控制放样的范围。

3)全站仪坐标法放样在一个测站上的操作方法步骤

全站仪坐标法放样的操作方法视仪器类型不同而有差异,具体操作方法可查阅仪器说明书。目前我国公路施工测量用的全站仪有国产的,有进口的如日本"索佳 SET2"全站仪等。

下面介绍日本拓普康 GPT-7000 型全站仪在一个测站上进行坐标法放样的操作方法步骤。

全站仪坐标法放样设计点位的概念见图 5-1。

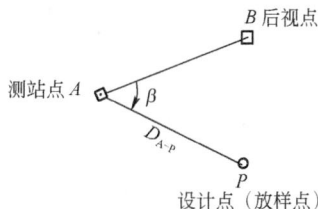

图 5-1　全站仪坐标法放样点位的概念

图中,A 是测站点,B 是后视点,A 和 B 是已知导线点。P 是设计点,即放样点。

为了将设计点 P 放样到实地,可在 A 设置全站仪,在 B 设置棱镜,将 A、B 坐标输入全站仪,以 AB 方向定向,然后输入设计点 F 的坐标,仪器自动计算出所需的角度 β 和距离 D_{AP},利用角度 β 和距离 D,仪器的放样功能便可测设出设计点的实地位置。

日本拓普康 GPT-7000 型全站仪具有先进的触摸点屏功能,操作使用较方便,但其一页屏幕上内容较多数字符号较小,在外业阳光下屏幕显示字符不甚显亮,可视性差,但其坐标法放样时,精度还是较高的。在一个测站上用GPT-7000 型全站仪的坐标法点放样功能,进行点放样的操作方法步骤如下。

(1)开机

按"POWER"键(开/关键,绿色椭圆形,在右手电池上方)。显示图 5-2片刻(几秒钟)。

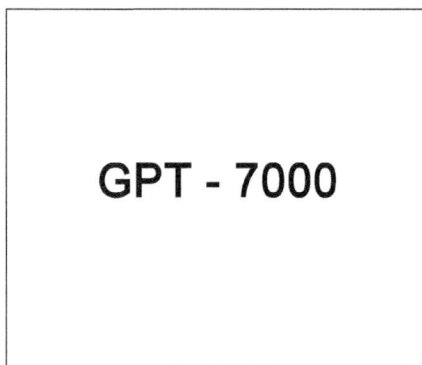

图 5-2　拓普康 7000 型型号

稍许,显示"正在备份数据",接着显示图 5-3。

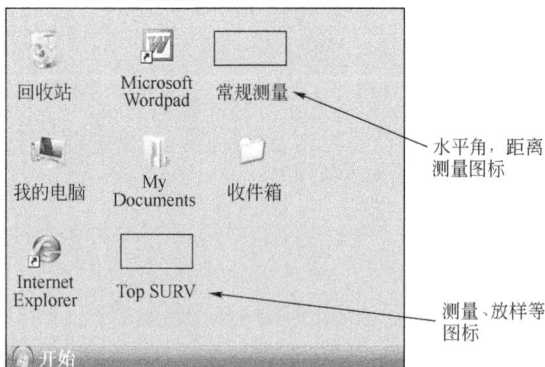

图 5-3　拓普康 7000 型操作图例

（2）点击"常规测量"，显示图 5-4

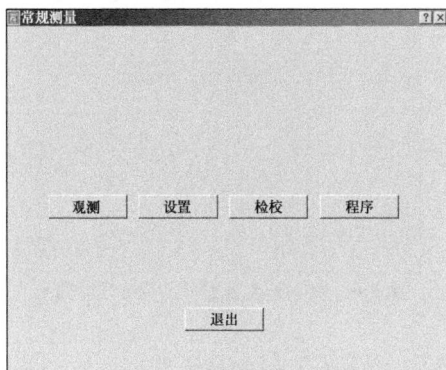

图 5-4　常规测量图例

注意：拓普康 7000 型常规测量功能：

①水平角测量；

②天顶距（垂直角）测量；

③平距测量；

④斜距测量；

⑤高差测量；

⑥坐标测量。

点击"观测"图标，可执行上述功能。

若不进行"常规测量"，则点击"退出"。屏幕又显示图 5-2。

（3）点击图 5-3 上"TOPSURV"图标，显示图 5-5

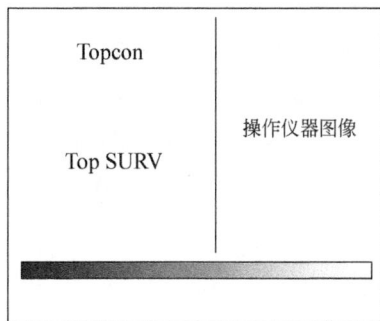

图 5-5　缓冲进度条

稍等片刻,缓冲进度条满,则屏幕显示图 5-6。

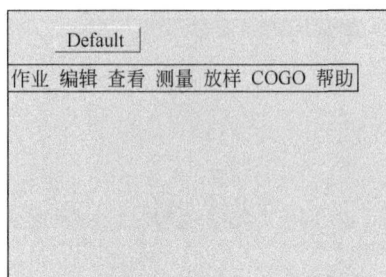

Default

作业 编辑 查看 测量 放样 COGO 帮助

图 5-6　测量坐标、点坐标放样等功能键

(4)建站

①点击"测量",屏幕显示图 5-7 对话框。

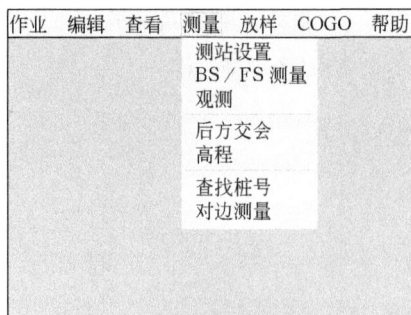

作业　编辑　查看　测量　放样　COGO　帮助

测站设置
BS／FS 测量
观测

后方交会
高程

查找桩号
对边测量

图 5-7　"测量"子菜单对话框

②点击"子菜单对话框"的"测站设置",屏幕显示图 5-8。

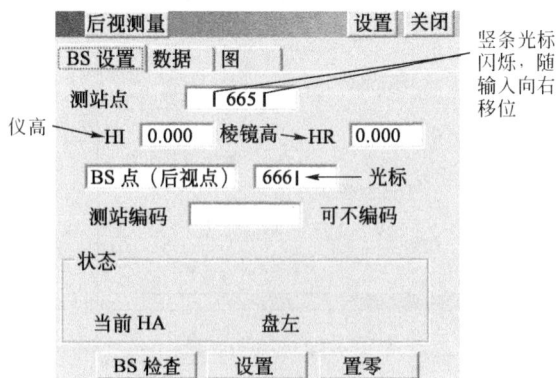

后视测量　　　　　　　　设置　关闭

BS 设置　数据　图

测站点　　　665

仪高　　HI　0.000　　棱镜高→HR　0.000

BS 点(后视点)　6661　←　光标

测站编码　　　　　　可不编码

状态

当前 HA　　　　盘左

BS 检查　　设置　　置零

竖条光标
闪烁,随
输入向右
移位

图 5-8　后视测量(后视定向)

③在"测站点"右方框内输入"测站点号"。

方法:点击"测站点"右方框,竖条光标:"丨"闪烁,随后点击屏幕右侧 0～9 数字键: 6 6 5 ,则右方框内即显示测站点名:665。若方框内显示上次关机时点名,则点击方框后刷黑,随后再输入新点名。若输错数字,则点击屏幕右侧"BS"键删错,重新输入。

④在"BS 点"右方框内输入"后视点号"。

方法:当测站点号输入完成,则点击"BS 点"右方框,随后仿照③的方法输入后视点号,例如 666。

⑤点击屏幕下方"设置"确定。

至此,"测站"初步建成。若要测量"放样点"的高程,则要在"HI"右方框内输入仪器高度,在"HR"右方框内输入棱镜高度。

⑥"检查"建站精度。

方法:上述⑤步完成后,旋转仪器照准部,精确照准后视点棱镜目标,点击图 5-8 左下角"BS 检查",屏幕显示图 5-9。

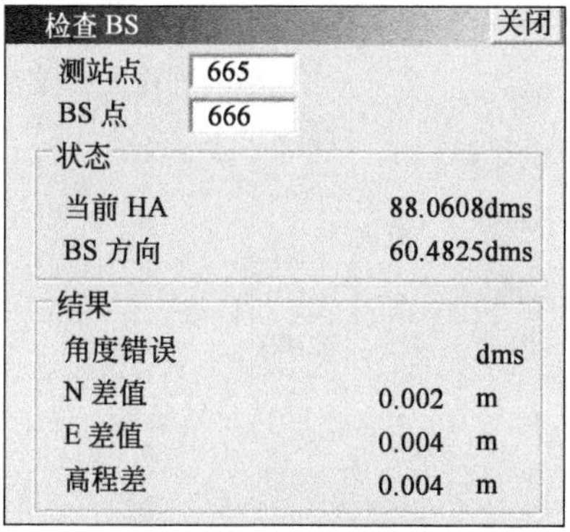

检查 BS		关闭
测站点	665	
BS 点	666	
状态		
当前 HA	88.0608dms	
BS 方向	60.4825dms	
结果		
角度错误	dms	
N 差值	0.002	m
E 差值	0.004	m
高程差	0.004	m

图 5-9　后视点检查精度

若后视点(BS)检查结果满足精度要求(通常情况下,$N(x)$差值,$E(y)$差值,高程差小于 10mm),则点击图 5-9 右上角"关闭"。至此建站工作完成。接着就可进行坐标法放样点位或测量待测点的坐标等工作。

(5)放样

①上述(6)点击图 5-8 右上角"关闭"后,屏幕又显示图 5-6。

②点击图 5-6"放样",则屏幕显示图 5-10。

③点击图 5-10"放样"对话框"点"。则屏幕显示图 5-11"点放样"。

④点击图 5-11 设计点右方框,竖条光标闪烁,或方框内上次的放样点名

（设计点）刷黑，随后点击屏幕右侧 0～9 数字键，或点击"⊡"绿键，用屏幕显示的图 5-12 英字母、数字、拼音字母、符号"输入面板"输入放样点号（设计点名）。

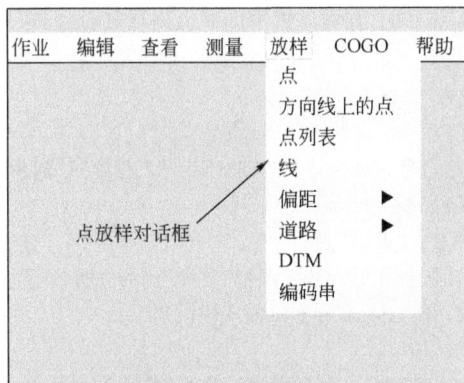

图 5-10　放样对话框

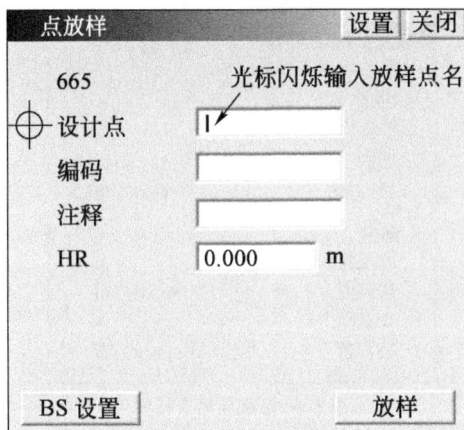

图 5-11　点放样

输入面板

图 5-12　输入面板

⑤点击图 5-11 右下角"放样",屏幕显示图 5-13。

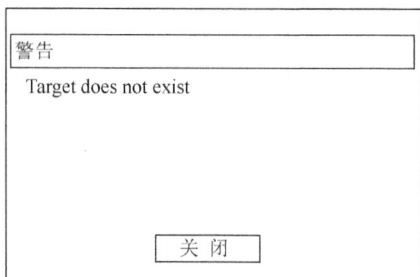

警告

Target does not exist

关　闭

图 5-13　警告

⑥点击图 5-13 下方框"关闭",则屏幕显示图 5-14。

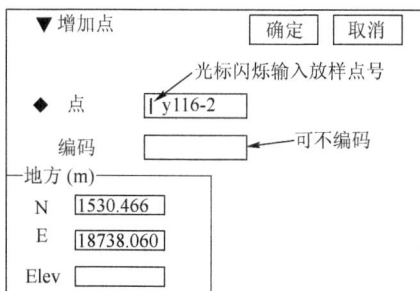

▼ 增加点　　　　确定　取消

光标闪烁输入放样点号

◆　点　　　y116-2

编码　　　　　　　　可不编码

地方 (m)

N　1530.466

E　18738.060

Elev

图 5-14　输入放样点(设计点)坐标

⑦在图 5-14"地方"下方框内输入放样点(设计点)x(N)、y(E)坐标值后,点击图 5-14 上方"确定",则屏幕显示图 5-15。

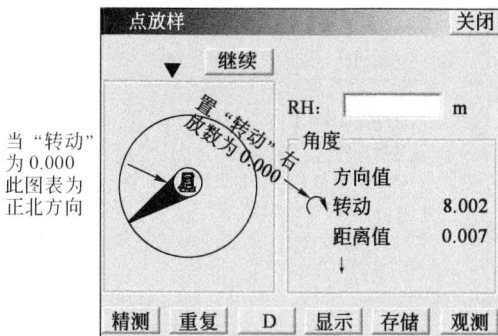

点放样　　　　　　　　　　关闭

▼　继续

RH:　　　　　　m

角度

当"转动"
为 0.000
此图表为
正北方向

凤

置"转动"
放数为 0.000
右

方向值

转动　　　8.002

距离值　　0.007

↓

精测　重复　D　显示　存储　观测

图 5-15　点放样"转动"右方数字为 0.0000

⑧置"转动""∩"右方数字为 0.0000。

方法:利用度盘制动螺旋和微动螺旋,使图 5-15"∩""转动"右方数字为:0.0000。此时固定制动螺旋。

⑨照准棱镜进行设计点放样。

方法:

a.用对讲机指挥棱镜左或右移动,使棱镜立在望远镜竖丝方向上(注意棱镜杆气泡要居中,下同)。

b.点击图 5-15 右下角"观测",则图 5-15"转动"下显示:

指向:

"↑":离开:远离测站,反仪器方向;

"↓":走近:向测站方向走,向仪器方向移动。

用对讲机指挥棱镜在望远镜竖丝方向上向前或向后移动,直到指向处为0.000,则棱镜杆下端尖处即为放样点实地位置。打桩钉钉标志。

⑩继续下一设计点(放样点)放样。

方法:点击图 5-15"继续",则屏幕显示图 5-11"点放样"。随后仿照上述操作,继续下一设计点放样。

点击图 5-15 右上角"关闭",则结束该测站放样点工作,屏幕显示图 5-6。

(6)GPT-7000 型全站仪坐标法点放样的注意事项

选用日本拓普康 GPT-7000 型全站仪进行坐标法点放样,事先应把施工标段的导线点坐标和高程编辑输入给全站仪。下面介绍编辑输入"增加点"的方法:

①点击图 5-6"编辑",显示图 5-16。

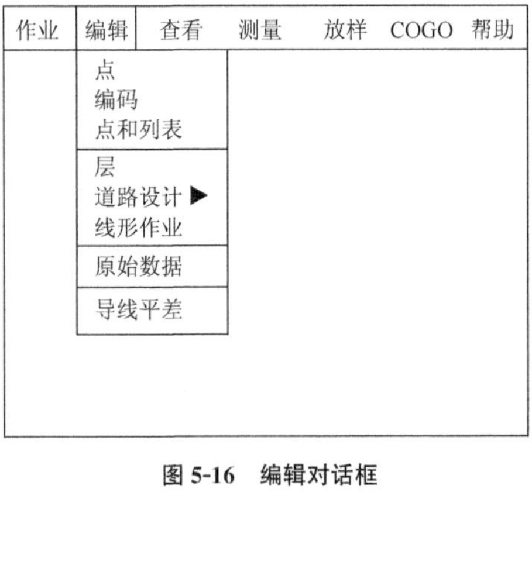

作业	编辑	查看	测量	放样	COGO	帮助

点
编码
点和列表

层
道路设计 ▶
线形作业

原始数据

导线平差

图 5-16 编辑对话框

②点击图 5-16"点",显示图 5-17。

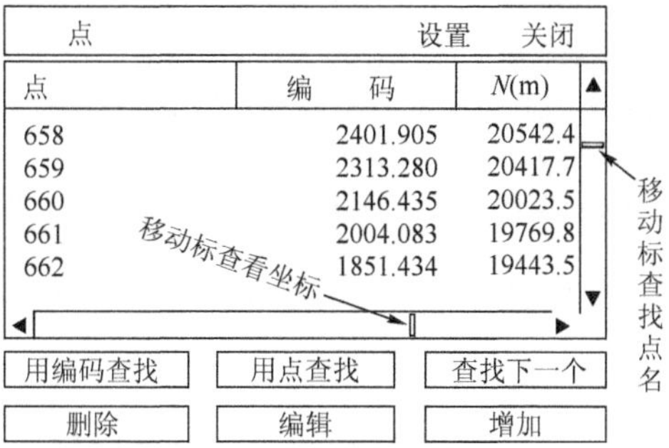

点		设 置	关 闭

点	编 码	N(m)	▲
658	2401.905	20542.4	
659	2313.280	20417.7	
660	2146.435	20023.5	
661	2004.083	19769.8	
662	1851.434	19443.5	▼

移动标查看坐标

移动标查找点名

用编码查找	用点查找	查找下一个
删除	编辑	增加

图 5-17　存储导线点列表

注意,从图 5-17 查找存储的导线点可用"▲"和"▼"查找点名;用"◀"和"▶"可查找坐标值。也可点击"编码查找"、"用点查找"或"查找下一个"。若要存储新点,则点击图 5-17 右下角"增加"。则屏幕显示图 5-18。

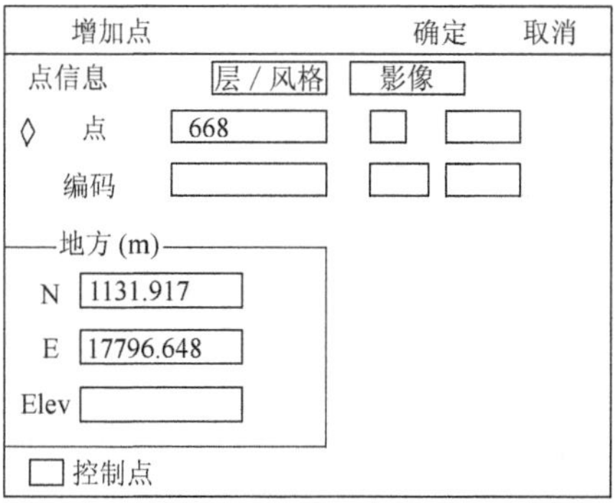

增加点		确定	取消

点信息　层 / 风格　影像

◇　　点　　668

　　编码

——地方 (m)——

N　1131.917

E　17796.648

Elev

□控制点

图 5-18　增加点

③在图 5-18"点"右方框用屏幕右侧 0~9 数字键或用图 5-12"输入面板"输入需增加的点名(点号)。

在"地方"下面 N、E 右方框内输入新增加点的 x 与 y 坐标值。

输入完成后,则点击图 5-18 右上方"确定",结束"增加点"工作。

放样实践中,有经验的测量员并不把待放样点的坐标事前一一输入全站仪,而是在测站上一边放样,一边用前述坐标计算程序计算出待放样点的坐标,并一边输入给全站仪进行放样的。这样在测站上一边计算、一边输入、一边放样的方法,可根据放样现场实际情况,有针对性的计算需要放的桩位,减少了工作量,提高了放样速度和功效。

在一个施工段,是全部放出线路的左、中、右桩位,或是只放中桩,或是只放左和中桩,或是只放右和中桩,可根据施工现场线路通视状况,全站仪放样小组时间安排来确定。一般情况下,不是放出左和中桩,就是放出右和中桩,然后再由现场测量员加放出剩余桩位。

如果只放中桩,则现场施工测量员要人工加放出左和右边桩。

5.2.2 经纬仪配测距仪用极坐标法放样点位技术

前文述及,边长 D 和夹角 β 是极坐标法放样点位平面位置必备的两个要素。

经纬仪配测距仪用极坐标法放样点位平面位置技术就是用经纬仪拨 β 角,然后用测距仪在角方向线上测距定桩。由于此法放样数据计算较坐标法容易掌握,且此法放样操作简单,方便,易懂易会,测距不受地形起伏限制且精度高,加之仪器价格较全站仪便宜,所以在公路施工放样中多为施工队采用。

1)仪具与材料准备

(1)经纬仪,测距仪。

(2)棱镜及测杆。

(3)对讲机。

(4)计算工具: f_x —5800P 型计算器等。

(5)工具:铁锤、钢凿、小钢尺。油性号笔,测伞等。

(6)材料:竹签(或钢钎或方木桩等)、铁钉或钢钉、红布条或红塑料条等。

2)放样资料准备

(1)放样段导线点成果表(包括设计单位提供导线成果及自己加密的施工导线点成果)。

(2)逐桩坐标表。

(3)放样点数据表,即放样点边长 D,角度 β 计算表(详见第四章第三节"一"JZBF 程序计算)。

(4)编制放样作业图,图上应注明测站点、后视导线点以及测站点控制放样的范围;如果技术熟练,放样经验丰富,也可不编制此图。

3)经纬仪配测距仪用极坐标法放样技术的操作方法步骤

目前国内使用的测距仪有国产的,也有进口的,其操作使用都很简单易学,看了仪器说明书就可使用,所以此节不讲述测距仪使用方法。下面重点介绍经纬仪配测距仪在一个测站上用极坐标法放样的方法步骤(用此法放样使用盘左位置进行）：

（1）在测站点（施工导线点）安置经纬仪（测距仪架在经纬仪支架上，如经纬仪原先没配测距仪，则事先应由仪器修理部门安装支架），对中、精确整平。

（2）精确照准后视导线点，将后视点方向置成 $0°00'00''$（如用方位角放样标向，则将后视点方向设置成后视方向方位角值）。

（3）拨转放样点方向水平方向角值（若用方位角标向，则拨转放样点方向方位角值）。

（4）指挥扶立棱镜者在放样点方向上安置棱镜并照准（即在望远镜照准方向上安置棱镜并照准）。

（5）用测距仪照准棱镜并测平距（测站点至棱镜间平距），计算实测平距与放样值之差，指挥棱镜在放样点方向前后移动（可用小钢尺量出前后移距）致使实测平距与放样值之差为零时，测杆底部尖端即为放样点的位置，指挥打桩。写里程桩号，扎红布条，第一个放样点结束。接着同法放出以下各点。

（6）在上述第（4）步完成后，亦可按下法操作：

用测距仪照准棱镜后，用测距仪遥控器向测距仪输入放样点的距离放样值，然后按测距仪放样键，则测距仪显示值等于实测值减放样值，若显示值为正则指挥棱镜在放样点方向向后移动（可用小钢尺量移距）；若显示值为负则棱镜在方向线上向前移动（可用小钢尺量移距）；直至显示值为零，则测杆下部尖端就是该点桩位。接着同法放出其他放样点位。

5.2.3　经纬仪视距法放样技术

所谓经纬仪视距法放样技术，就是用经纬仪测设放样方向，用视距法测设放样点距离，从而在实地标定出放样点的平面位置的一种方法。此法可一并放出放样点的平面桩位和高程。

1)仪具与材料准备

(1)经纬仪。

(2)视距尺或水准标尺、塔尺。

(3)计算工具：f_x—5800P 型计算器等。

(4)工具：铁锤、钢凿、小钢尺、油性号笔、测伞等。

(5)材料：竹签（或钢钎、木桩等），铁钉或钢钉；红布条或红塑料袋等。

2)放样料准备

(1)导线点（设站点）成果表。

（2）放样点数据表，即放样点边长、角度计算表。

（3）若一并放出高程，则还应准备放样点设计高程。

（4）编制放样作业示意图，图中应注明测站点、后视点、放样点。

3）放样技术操作步骤

（1）在施工导线点（测站点）上安置经纬仪，精确对中整平。如果一并进行高程放样，则要量取仪高。

（2）照准后视导线点，将后视方向置成 0°00′00″（如用方位角标向，则将后视方向设置成后视方向方位角）。

（3）拨转放样点方向水平角值（若用方位角标向，则拨转放样点方向方位角值）。

（4）指挥立尺员在放样点方向上立视距尺，读记上、中、下三丝读数，并读记中丝垂直角。

（5）用经纬仪视距法"JSF"程序（见第四章第三节"六"（二））计算实测平距与放样值之差，指挥视距尺在望远镜方向上前、后移动（可用小钢尺量前后移距），直至实测平距与放样值之差为零时，标尺底部中点即为放样点的位置，指挥打桩、编写里程桩号、扎红布条。第一个放样点结束，接着依次放出其余各放样点。

若要放出高程，则根据打桩处的上、中、下三丝分划读数及中丝的竖直角计算的高程即是打桩处点位实地高程，然后根据"JSF"程序计算的实测高程与放样点设计高程之差 U，标定挖、填高度。

经纬仪视距法放样技术不受地形起伏限制，距离和高程同时放出，使工作效率提高，在线路路基施工初、中期，以及低等级公路、山区乡村公路测设中应用很方便。

5.2.4　经纬仪钢尺偏角法放样技术

经纬仪钢尺偏角法放样技术，实际上就是用偏角打曲线。作业时，以曲线起点或终点为设站点，用经纬仪按偏角值标出弦线方向，再以相邻两曲线点间的长度用钢尺与偏角视线方向相交得出放样点位。此法操作较简单，精度较高，又可在山地作业，所用仪器为普通经纬仪与普通钢尺，价格便宜，故应用比较广泛。

下面先介绍圆曲线要素及曲线要素及主点计算方法，然后介绍经纬仪钢尺偏角法放样的方法步骤。

1）圆曲线相关知识介绍

（1）曲线主点表示方式，详见表 5-1 和图 5-19、图 5-20。

中 文 意 义	汉语拼音字母	英 文 字 母	备　　注
交点	JD	IP	转角点或折点
圆曲线起点	ZY(直圆)	BC	
圆曲线中点	QZ(曲中)	MC	
圆曲线终点	YZ(圆直)	EC	
公切点	GQ(公切)	PC	
第一缓和曲线起点	ZH(直缓)	TS	
第一缓和曲线终点	HY(缓圆)	SC	
第二缓和曲线起点	YH(圆缓)	CS	
第二缓和曲线终点	HZ(缓直)	ST	

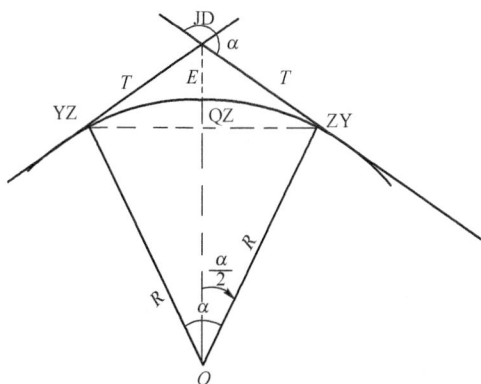

图 5-19　圆曲线要素示意图

(2)圆曲线要素计算

①圆曲线要素如图 5-19,圆曲线的半径 R,偏角(即线路转向角)α,切线长 T,曲线长 L,外矢距 E、切曲差(又叫校正数或超距)q,称为圆曲线要素。其中,R 及 α 为已知数据,R 是设计中按线路等级及地形条件等因素选定的;α 是线路定测时测出的。其余要素按公式(5-1)计算:

切线长： $$T = R\tan\frac{\alpha}{2}$$

曲线长： $$L = \frac{\alpha}{180}\pi R \quad \text{其中}\,\pi = 3.141\,59$$

外距： $$E = R(\sec\frac{\alpha}{2} - 1)$$

$$= R\left(\frac{1}{\cos\frac{\alpha}{2}} - 1\right)$$

切曲差： $$q = 2T - L$$

$$(5\text{-}1)$$

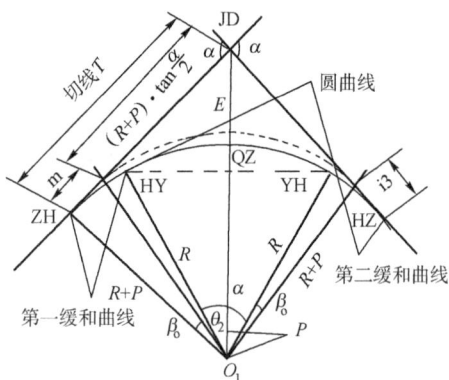

图 5-20　有缓和曲线的圆曲线示意图

②圆曲线主点桩号计算

$$直圆(ZY)桩号 = 交点\,JD\,的桩号 - T$$

$$曲中(QZ)桩号 = ZY\,的桩号 + \frac{L}{2}$$

$$圆直(YZ)桩号 = QZ\,的桩号 + \frac{L}{2}$$

检核：

$$YZ\,桩号 = JD\,桩号 + T - q = JD\,桩号 - T + L$$

③圆曲线要素及其主点里程桩号计算程序清单。

文件名：ZY—QZ—YZ

```
LbI 0 ↵

"Q"? Q："R"? R："N"? N ↵

"T＝"：Rtan(N÷2)→T ◢                        (切线长)

"L＝"：Rπ(N÷180)→L ◢                       (曲线长)

"E＝"：R(1÷cos(N÷2)−1)→E ◢                 (外距)

"P＝"：2T−L→P ◢                           (切曲差)

"ZY＝"：Q−T→Z ◢                           (ZY 桩号)

"QZ＝"：Z+L÷2→K ◢                         (QZ 桩号)

"YZ＝"：K+L÷2 ◢                           (YZ 桩号)

"YZ2＝"：Q+T−P ◢                 (校核：YZ＝YZ2)

Goto 0
```

程序中:Q?——交点桩号;

　　　　N?——转角,输入时不带符号;

　　　　R?——圆曲线半径。

④程序功能及注意事项。

a.本程序可计算:圆曲线的要素(T、L、E、P),圆曲线主点的桩号(ZY、QZ、YZ 点的桩号)。

b.使用本程序的起算数据:交点的桩号(Q),圆曲线半径(R),线路转角(N)。

⑤实操案例及程序执行操作步骤。

计算圆曲线要素及主点桩号的算例见表 5-2。算例是××二级公路 I 标段的一个圆曲线,其起算数据是:交点 JD_{18},桩号 Q:K128＋645.04,圆曲线半径 $R＝5000$,线路偏角 $N_左＝−8°32'48''$。

圆曲线要素及主点桩号计算   表 5-2

点名	桩号	偏角 N (° ′ ″)	半径 R (m)	切线 T (m)	曲线长 L (m)	外距 E (m)	切曲差 P (m)
JD_{18}	K128 ＋645.04	−8 32 48	5000	373.612	745.837	13.939	1.386
ZY			QZ			YZ	
K128＋271.428			K128＋644.347			K129＋017.266	

程序执行操作步骤,略。

2)有缓和曲线的圆曲线要素及主点里程桩号计算

(1)有缓和曲线的圆曲线要素计算公式

有缓和曲线的圆曲线设在第一与第二两缓和曲线之间。其要素是:圆曲线半径 R,线路偏角 N,缓和曲线长 l 以及切线长 T、曲线长 L、外距 E、切曲差 S(图 5-2)。

当圆曲线半径 R,线路转角 N 和缓和曲线长 l 为已知时,其余曲线要素可按下述公式计算:

$$
\left.
\begin{aligned}
\text{切线长:}\quad & T = M + (R+P)\tan(N/2) \\
\text{曲线长:}\quad & L = RN\pi/180 + l \\
\text{外矩:}\quad & E = (R+P)/\cos(N/2) - R \\
\text{切曲差:}\quad & S = 2T - L
\end{aligned}
\right\}
\tag{5-2}
$$

式中: R——圆曲线半径;

N——线路偏角;

l——缓和曲线长,缓和曲线的长度,是根据相应等级公路的设计速度确定的,各级公路缓和曲线最小长度见表 5-3;

M——加设缓和曲线后使切线增长距离,简称切线增值,按下式计算:

$$M = l/2 - l^3/(240R^2) \tag{5-3}$$

P——加设缓和曲线后,圆曲线相对于切线的内移量,简称内移距,按下式计算:

$$P = l^2/(24R) - l^4/(2\,688R^3) \tag{5-4}$$

各级公路缓和曲线最小长度   表 5-3

公路等级	高速公路				一级公路		二级公路		三级公路		四级公路	
计算速度 (km/h)	120	100	80	60	100	60	80	40	60	30	40	20
缓和曲线 最小长度(m)	100	85	70	50	85	50	70	35	50	25	35	20

(2)有缓和曲线的圆曲线主点里程桩号计算公式

具有缓和曲线的圆曲线,其主要点是:

直缓点(ZH):线路由直线转为缓和曲线的连接点;

缓圆点(HY):线路由缓和曲线转为圆曲线的连接点;

曲中点(QZ):圆曲线的中点；

圆缓点(YH):线路由圆曲线转为缓和曲线的连接点；

缓直点(HZ):线路由缓和曲线转为直线的连接点。

根据交点的里程桩号和上式计算的曲线要素,可按下式计算出具有缓和曲线的圆曲线的主要点里程桩号：

ZH 点的里程桩号＝JD 点的里程桩号－T

HY 点的里程桩号＝ZH 点的里程桩号＋I

QZ 点的里程桩号＝ZH 点的里程桩号＋$L/2$

HZ 点的里程桩号＝QZ 点的里程桩号＋$L/2$

YH 点的里程桩号＝HZ 点的里程桩号－I

检核计算：

HZ 点的里程桩号＝JD 点的里程桩号＋$T-S$

(3)有缓和曲线的圆曲线要素及主点里程桩号计算程序清单

文件名:ZH—HY—YH—HZ

```
LbI 0 ↵
"Q"? Q："R"? R："N"? N："I"? I↵                        (常量)
I²÷(24R)－I⁴÷(2688R³)→P↵                              (内移距)
I÷2－I³÷(240R²)→M ↵                                   (切线增值)
"T＝"：(R＋P)tan(N÷2)＋M→T ◢                           (切线长)
"L＝"：Rπ(N÷180)＋I→L ◢                               (曲线长)
"E＝"：(R＋P)÷cos(N÷2)－R→E ◢                          (外距)
"S＝"：2T－L→S ◢                                      (切曲差)
"ZH＝"：Q－T→Z ◢                                      (ZH 的桩号)
"HY＝"：Z＋I→H ◢                                      (HY 的桩号)
"QZ＝"：Z＋L÷2→K ◢                                    (QZ 的桩号)
"HZ＝"：K＋L÷2→V ◢                                    (HZ 的桩号)
"YH＝"：V－I ◢                                        (YH 的桩号)
"HZ2＝"：Q＋T－S ◢                                    (校核计算:HZ＝HZ2)
Goto 0
```

程序中:Q?——交点桩号；

R?——圆曲线半径；

N?——转角,输入时不考虑符号;

I?——缓和曲线长。

(4)程序功能及注意事项

①使用本程序的起算数据:交点的桩号 Q,圆曲线半径 R,线路偏角 N,缓和曲线长度 I。

②本程序可计算:

具有缓和曲线的圆曲线要素——T、L、E 和 S;

具有缓和曲线的圆曲线的主点桩号——ZH、HY、QZ、YH、HZ 点的桩号。

当缓和曲线长 $I=0$ 时,本程序可计算不设缓和曲线的圆曲线要素及主点桩号。此时,程序中:

ZH 桩号=HY 桩号=ZY 桩号;

QZ 桩号=QZ 桩号;

HZ 桩号=YH 桩号=YZ 桩号。

(5)实操案例及程序执行操作步骤

××二级公路Ⅰ标有一带有缓和曲线的圆曲线,其交点是 JD_{19},交点桩号 Q:K251+246.76,圆曲线半径 $R=400$,线路转角 $N_{右}=39°16'07''$,缓和曲线长 $I=100$。采用 ZH-HY-YH-HZ 程序计算该曲线要素及主点桩号见表 5-4。

有缓和曲线的圆曲线要素及主点桩计算　　　表 5-4

点名	桩号	偏角 N (° ′ ″)	半径 R (m)	缓和曲线长 I (m)	切线长 T (m)	曲线长 L (m)	外距 E (m)	切曲差 S (m)
JD_{19}	K251 +246.76	右 39 16 07	400	100	193.049	374.147	25.799	11.951

ZH	HY	QZ	YH	HZ
K251+ 053.711	K251+ 153.711	K251+ 240.784	K251+ 327.858	K251+ 427.858

程序执行操作步骤,略。

3)经纬仪钢尺偏角法放样技术

(1)施工现场恢复线路交点、曲线起点、终点的方法步骤

用偏角法、切线支距法测设曲线,实践作业中,经常遇到交点、曲线起

点、终点在实地找不到的现象,致使放样工作无法进行。为此,必须先在实地恢复交点和曲线起、终点的桩位。下面介绍实践中常用的一种复桩方法:

①依据"公路平面总体设计图"(又叫"路线平面图"),识别交点、曲线起、终点在地形图上的位置。

②根据交点里程桩号。曲线起终点里程桩号,初步判定这些点在实地的大概位置,然后依据这些点在地形图上的位置,对照实地进一步判定其在实地的准确位置。

③在交点、曲线起终实地位置附近(一般不要超过50m),用支导线法加密施工支导线点。

④依据交点、曲线起终点的坐标值与在其附近加密的施工导线点的坐标值,反算下例数据:

a. 施工导线点至交点的方位角,距离;

b. 施工导线点至曲线起点的方位角,距离;

c. 施工导线点至曲线终点方位角,距离。

⑤在加密的施工导线点上设置仪器,用经纬仪钢尺极坐标法在实地标定出交点,曲线起终点实地点位,打桩并用混凝土加固备用。

(2)经纬仪钢尺偏角法放样圆曲线的方法步骤

①仪具和材料的准备

a. 经纬仪;

b. 钢卷尺(30m或50m);皮卷尺(用于低等级公路);

c. 计算工具:f_x—5800P型计算器等;

d. 工具:铁锤、钢凿、小钢尺、测伞、油性号笔等;

e. 材料:竹签(或钢钎或方木桩等)、铁钉、红布条或红塑袋等。

②放样资料的准备

a. 交点里程桩号及坐标值;

b. 曲线要素数据;

c. 曲线主点里程桩号;

d. 曲线偏角法放样数据计算值;

e. 交点及曲线起点、终点实地勘察,若交点及曲线起点、终点实地点位损坏,则应按前述方法恢复其实地桩位;

f. 绘制偏角法放样作业示意图,图中应注明测站点(曲线起终点),后视点(交点)以及放样点拨角方向。

③掌握中线测量的基本要求

为了方便曲线放样,保证曲线放样精度,又考虑施工认桩方便,放样时应按中线测量的基本要求进行,可参考聂让等主编的《公路施工测量手册》。

中线上应钉设公里桩和加桩,并宜钉设百米桩。直线上的中桩间距不宜大于 50m,一般为 20m(施工实践中,路基一般为 25m)。

在圆曲线的主点测设后,即可进行曲线的详细测设。详细测设所采用的桩距 l_0 与曲线半径有关,一般有如下规定:

不设超高的曲线,$l_0 = 25$m;

$R > 60$m 时,$l_0 = 20$m;

$30 < R \leq 60$m 时,$l_0 = 10$m;

$R < 30$m 时,$l_0 = 5$m。

按桩距 l_0 在曲线上设桩,通常有两种方法:

a. 整桩号法。将曲线上靠近起点 ZY 的第一桩的桩号凑成为 l_0 倍数的整桩号,然后按桩距 l_0 连续向曲线终点 YZ 设桩。这样设置的桩均为整桩号。

b. 整桩距法。从曲线起点 ZY 和终点 YZ 开始,分别以桩距 l_0 连续向曲线中点 QZ 设桩。由于这样设置的桩均为零桩号,因此应注意加设百米桩和公里桩。

中线测量中一般均采用整桩号法。(例如 00、20、40、60、80 或 00、25、50、75 等)。

中线量距精度和中桩桩位限差见表 5-5。

中线量距精度和中桩桩位限差 表 5-5

公 路 等 级	距离限差	桩位纵向误差(cm)		桩位横向误差(cm)	
		平原微丘区	山岭重丘区	平原微丘区	山岭重丘区
高速、一级公路	1/2000	$S/2000 + 0.05$	$S/2000 + 0.10$	5	10
二级及以下公路	1/1000	$S/1000 + 0.10$	$S/1000 + 0.10$	10	15

注:表中 S 为转点或交点至桩位的距离以 m 计。

曲线测量纵向闭合差、横向闭合差见表 5-6。

曲线测量闭合差 表 5-6

公 路 等 级	纵向闭合差(cm)		横向闭合差(cm)		曲线偏角
	平原微丘区	山岭重丘区	平原微丘区	山岭重丘区	闭合差(")
高速、一级公路	1/2000	1/1000	10	10	60
二级及以下公路	1/1000	1/500	10	15	120

④经纬仪钢尺放样圆曲线主点的方法步骤

a.经纬仪钢尺放样圆曲线主点必备的条件(图 5-21)

条件 1:实地相邻的 3 个交点桩位必须已知;或前直线段一个桩位已知;

条件 2:切线长度 T 及外距 E 必须已知;

条件 3:线路转角 N 必须已知,或实地测出两切线之夹角。

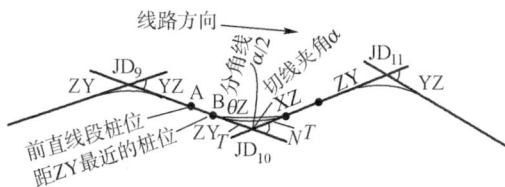

图 5-21　圆曲线主点放样必须知道实地 3 个交点桩位

b.放样技术操作方法步骤

以图 5-21 JD_{10} 处圆曲线主点放样为例。

将经纬仪架设在交点 JD_{10} 上;望远镜照准后交点 JD_9,或照准前直线段 A 点,自 JD_{10} 起在望远镜视线方向上用钢尺量取切线长 T,钉一铁钉,扎上红布条,即是曲线起点 ZY 点。

检查 ZY 点正确性:实践放样时,后交点 JD_9 放样工作完成后,前直线段桩位已放出,此时可用钢尺量出 ZY 点自最近一个直线桩 B 的距离 d,以 ZY 桩号$-B$ 桩号之差与 d 比较,若两者相等或较差在允许范围内,则所放 ZY 点正确,若较差大于允许值,则应查明原因(实践中,这种误差都是钢尺拉距不慎不稳,用力不匀造成的),予以调正。

望远镜照准前交点 JD_{11},在望远镜视线方向上往返量取 T 值,得出曲线终点 YZ 点。钉一铁钉,扎上红布条。

在 ZY 点,YZ 点铁钉旁打下竹签或木桩,其上用油性号笔写上点名及里程。

放样曲中点 QZ:

左转角:望远镜照准后视交点,置 $0°00'00''$,再照准前视交点,测出两切线夹角 α;

右转角:望远镜照准前视交点置 $0°00'00''$,再照准后视交点,测出两切线夹角 α;

检查计算:

$180°-N$ 应等于 α,其较差小于 $60''$,则可放出 QZ 点,方法:拨 $\alpha/2$,得分角

线方向线,在望远镜视线上量外距 E,钉一铁钉,扎红布条,即得曲中点 QZ。在钉旁打竹签或木桩,用油性号笔写上桩名和里程。

至此,一个测站(交点)上放样圆曲线主点工作结束,接着就是加密整条曲线桩。

圆曲线主点对整条曲线起着控制作用。其放样如果有误,直接影响整条曲线的详细放样,因此,在进行圆曲线主点放样工作时,应认真仔细,有检核项的,一定要进行这项检查工作。以保证圆曲线主点放样正确无误。

⑤经纬仪钢尺偏角法放样圆曲线加密桩位的方法步骤

用经纬仪钢尺偏角法放样圆曲线上各加密桩的平面位置,是把一条圆曲线分成两个半圆曲线来操作的,即 ZY 至 QZ 及 YZ 至 QZ。下面以直圆(ZY)设站放至曲中为例说明放样方法步骤,如图 5-22;放样数据见第四章表 4-14:

a. 在直圆(ZY)点设站,照准交点 JD_{10},置水平度盘为 $0°00'00''$。

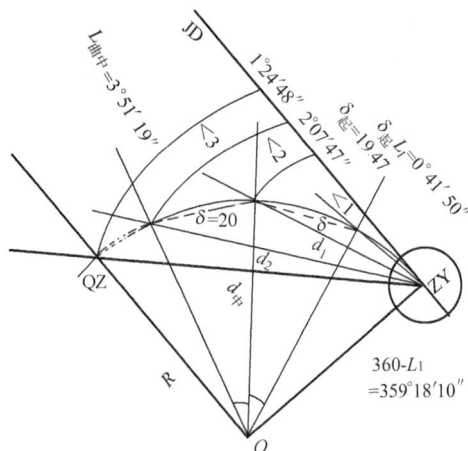

图 5-22 经纬仪钢尺偏角法圆曲线放样示意图

b. 拨 K254+620 的偏角 $\delta_{起} = \angle 1$(注意拨角方向,作业时,曲线在切线的右侧,应正拨;曲线在切线的左侧,应反拨;即拨 $360° - \delta_i$。此例曲线在切线的左侧,则应拨 $360° - \delta_{起} = 360° - 0°41'50'' = 359°18'10''$);指挥量尺员在望远镜视线方向上自 ZY 点起量取 $d_1 = l_{起} = 19.47m$ 得曲线上 1 点,打桩写号(即 K254+620 桩)。

c. 拨 K254+640 的偏角 $\angle 2 = 360° - \delta_2 = 358°35'12''$,指挥钢尺零点对准

1 点,量取 l 长度(此例 l 长度为整桩号 20m)与视线相交定出 2 点,打桩写号(即 K254＋640 桩)。

d.同法可交出其余各点,一直放到曲线中点 QZ。此时应注意:用偏角交出的 QZ_2 与主点放出的 QZ_1 点应重合,如不重合,其沿线路方向的纵向闭合差 f_x 小于 1/2 000,沿曲线半径方向的横向误差 f_y 小于 10cm 时,可根据前半曲线上各点到 ZY 的距离按长度比例调整桩位(图 5-23)。

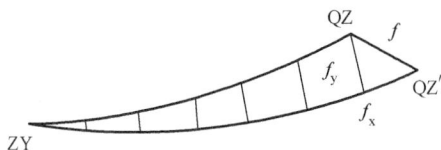

图 5-23　按长度比例调整 QZ 闭合差示意图

e.将仪器搬至曲线终点 YZ 点上设站,同上法放出另一半曲线,此时应注意拨角方向与前半曲线相反。

当由 YZ 点放出曲中 QZ_3 时,应检查与前半曲线放的 QZ_2,以及主点放的 QZ_1 重合误差,当产生的失误三角形各边小于 10cm 时,可视主点放的 QZ_1 为正确的,此时可根据后半曲线上各点到 YZ 点的距离按长度比例调整 QZ_1 与 QZ_3 的误差。

上述介绍的偏角法放样圆曲线上各点的平面位置,用的仪具是经纬仪和钢尺,若用经纬仪配测距仪,则可用经纬仪拨偏角,用测距仪在视线方向上放出弦长 d,即得放样点 p。此时用的放样数据见第四章表 4-15 第 3 栏弦长 s 和第 6 栏偏角 K。

(3)经纬仪钢尺偏角法放样有缓和曲线的圆曲线的方法步骤

a.仪具与材料的准备同圆曲线放样。

b.放样资料的准备同圆曲线放样。

c.经纬仪钢尺放样有缓和曲线的圆曲线主点的方法步骤:

经纬仪钢尺放样有缓和曲线的圆曲线主点的条件和放样方法步骤,与上节相同。

在用前述方法放出主点 ZH、QZ 和 HZ 后,可用下述两种方法放出主点 HY 和 YH:

方法 1,经纬仪钢尺偏角法放样主点 HY 和 YH:

在 ZH(或 HZ)点设站,以交点定向,拨 HY(或 YH)点的偏角值,在视线上用钢尺量出缓和曲线长(或弦长)即得出 HY(或 YH)点位。放样数据计算见本节表 4-16 和表 4-18。

方法 2，经纬仪钢尺切线支距法放样主点 HY 和 YH：

在 ZH（或 HZ）点设站，以交点定向，在两切线上，分别自 ZH 点、HZ 点向交点方向量取 x_{HY}、x_{YH}，然后沿其垂直方向量 y_{HY}、y_{YH}，即得主点 HY 和 YH 实地点位。其放样数据计算见表(4-18)(x、y 切线支距法坐标)。

d. 经纬仪钢尺偏角法放样有缓和曲线的圆曲线加密桩位的方法步骤。

用经纬仪钢尺偏角法放样有缓和曲线的圆曲线上各点的平面位置，实地作业时分两步进行，第一步由直缓放至缓圆(ZH 至 HY)；第二步由缓圆放至曲中(HY 至 QZ)，此为曲线前半部放样。后半部分第一步由缓直放至圆缓(HZ 至 YH)，第二步由圆缓放至曲中(YH 至 QZ)。下面以前半部分为例，介绍放样技术操作方法步骤：

a)由 ZH 放至 HY 的方法（缓和曲线部分放样）：

缓和曲线部分放样的偏角计算数据见第四章表(4-17)。如果用弦长量距，其偏角计算数据见第四章表(4-18)。

放样时将经纬仪架设在 ZH 点上，置水平度盘为 $0°00'00''$，照准 JD 切线方向，然后逐点拨转缓和曲线上各点偏角值，与相关距离相交得缓和曲线上各点平面位置。

b)由 HY 放至 QZ 的方法（圆曲线部分的放样）：

圆曲线部分的放样，首先是缓圆点(HY)切线的设置。现场作业中，常用下述方法设置 HY 点的切线。见图 5-24。

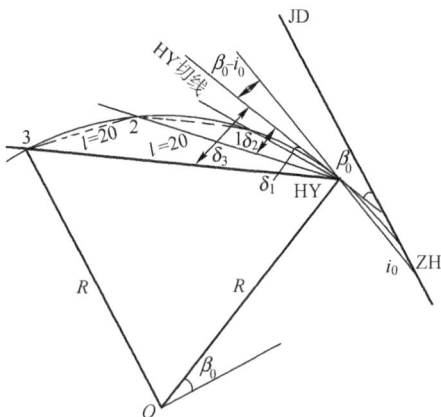

图 5-24　设置缓圆点切线示意图

方法 1，将经纬仪安置在 HY 点上，置水平度盘为：$\beta_0 - i_0 = 2i_0$（$\beta_0 = 90I_0/\pi R, i_0 = 57.295\,78\dfrac{I_0}{6R}$ 其中 I 为缓和曲线长度），后视 ZH 点（固定水平制动钮，松开度盘变换手轮），纵转望远镜度盘读数为 $0°00'00''$ 时，望远镜视线方向即为 HY 点的切线方向。（注意拨 $2i_0$ 正拨与反拨，当曲线在切线左侧为反拨，应置度盘为 $360° - 2i_0$；曲线在切线右侧为正拨，置度盘为 $2i_0$ 后视 ZH 点。）

方法 2，将经纬仪安置在 HY 点上，置水平度盘为：$\beta_0 - i_0 + \sigma_1 = 2i_0 + \sigma_1$（$\delta_1$ 为圆曲线第 1 点的偏角值），照准后视 ZH 点（固定水平制动钮。放开度盘变换手轮），纵转望远镜，当度盘读数为 $0°00'00''$ 时，沿视线方向自 HY 点起量 l_1 即得圆曲线上第 1 点。

方法 3，经纬仪安置在 HY 点上，置度盘为 $2i_0$（正拨为 $2i_0$，反拨为 $360° - 2i_0$），下盘不动度盘转到 $0°00'00''$，此时望远镜方向即为 HY 点的切线方向。

用上法设置 HY 点切线后，即可按圆曲线放样操作方法步骤，逐点拨转偏角，并以相应距离（可以是整桩距，整号距，或是弦长）长各点偏角方向线相交获得曲线上各点位，直至 QZ 点。

半条曲线放完后，仪器迁至 HZ 点，用上述方法放出圆曲线的另一半，此时应注意，偏角的拨转方向，切线的设置方向均与前半条曲线相反。

当从 HY 及 YH 点放到曲中 QZ 时，应检查其闭合差，并进行分配调整。

经纬仪钢尺偏角法放样有缓和曲线的圆曲线的操作方法步骤（缓和曲线上各点偏角计算见表 4-17）：

在 ZH 点设站，照准交点 JD_{16}（切线方向），置水平度盘为 $0°00'00''$；

拨缓和曲线 1 点偏角 $I_1 = 360°00'00''$，在视线方向自 ZH 点起量取 $l_1 = 0.69$m 得曲线第一点（K249+460）；

拨偏角 $I_2 = 359°53'38''$，自第 1 点起以 20m 定长与视线方向相交，得第 2 点（K249+480）；

继续拨偏角 I_3，I_4，同上法定出第 3、第 4 点（即 K249+500，K249+520）；

拨 HY 点偏角 $I = 358°47'04''$，自第 4 点起量 $70.00 - 60.69 = 9.31$m 与视线相交方向相交得 HY 点，此时，应检查偏角放的 HY 点与放主点 HY 点重合误差。

仪器搬至 HY 点设站，度盘对 $2i_0$（正拨 $2i_0$，反拨 $360° - 2i_0$），后视

ZH 点；

下盘不动度盘转到 $0°00'00''$，此时望远镜视线方向即为 HY 点的切线方向；

同本节"2"(5)所述操作方法放样圆曲线部分。放样数据计算见第四章表 4-15。

上述介绍的经纬仪钢尺偏角法放样有缓和曲线的圆曲线上点位的标定是用整桩距或整号距与偏角视方向相交定点的。实践作业中，还可用弦长直接与偏角方向相交定点，此时缓和曲线部分偏角计算数据见第 4 章表 4-18 第 3 栏和第 6 栏。圆曲线部分偏角计算数据见第 4 章表 4-16 的第 3 栏和第 6 栏。

另外上述介绍的经纬仪钢尺偏角法放样有缓和曲线的圆曲线的点位是在 ZH 设站放前缓和曲线部分，在 HY 设站放圆曲线前半部分；又在 HZ 设站放后缓和曲线部分，在 YH 设站放圆曲线后半部分。多次设站放一条曲线，作业中很不方便。为了方便作业，实践放样中，当曲线不长，或有先进的测距仪时，只要在 ZH 点架设一次仪器，便可将全部曲线放完。此时放样的偏角计算数据见第 4 章表 4-24 与表 4-25 第 2 栏和第 6 栏。

当将一条设有缓和曲线的圆曲线分成两个半曲线放样时，此时可将仪器架置在 ZH 点，由 ZH 放至 HY 放至 QZ，其放样的偏角数据计算见第四章表 4-26 上部分。放后半条曲线时，将仪器架置在 HZ 点，由 HZ 放至 YH 放至 QZ，此时放样的偏角计算数据见第四章表 4-26 下部分。

5.2.5　经纬仪钢尺切线支距法放样技术

经纬仪钢尺切线支距法放样技术，实际上就是用点的切线支距法坐标 x 与 y 放样曲线。作业时，以曲线起点或终点为设站点，用经纬仪定出切线方向，在其上用钢尺量出 x，在 x 处的垂线上量出 y，即得曲线点 p(见图 5-25)。这里的 x、y 值，是以曲线起点 ZY(或终点 YZ)为坐标原点，切线方向为 x 轴，过 ZY(或 YZ)的半径方向为 y 轴的直角坐标系统。并不是公路线路采用的坐标系统，这一点必须搞清楚。

用切线支距法放样曲线上各点的平面位置，由于各曲线点是独立放出的，其定向及量距的误差都不积累，所以具有精度较高，操作简便的优点。故此法应用较广泛。一般来说，此法多应用于平坦开阔便于量距的现场施工放线。

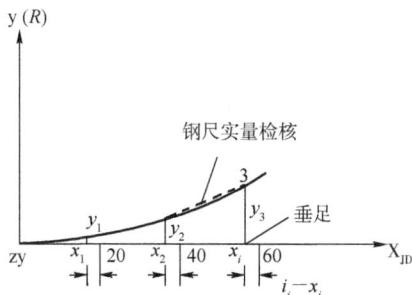

图 5-25　切线支距法放样圆曲线示意图

1)仪具与材料的准备

(1)经纬仪；

(2)钢卷尺(30m 或 50m)；皮卷尺(用于低等级公路)；

(3)计算工具：f_x—5800P 型计算器等；

(4)工具：铁锤、钢凿、小钢尺、测伞、油性号笔等；

(5)材料：竹签(或钢钎或方木桩等)、铁钉、红布条和或红塑料袋等。

2)放样资料的准备

(1)交点里程桩号及坐标值；

(2)曲线要素数据；

(3)曲线主点里程桩号；

(4)曲线切线支距法放样数据计算值；

(5)交点实地勘察，若交点实地点位损坏，则应按前述方法恢复其实地桩位；

(6)绘制切线支距法放样作业示意图，图中应注明设站点、后视点以及放样点。

3)经纬仪钢尺切线支距法放样圆曲线点位的操作方法步骤(见图 5-25)

(1)同前所述先放样圆曲线各主点；ZY、QZ、YZ 桩位。

(2)在直角坐标原点 ZY 设站，照准交点 JD 定向，即设置 ZY 点的切线方向；自 ZY 点起置钢尺于切线上。

(3)自 ZY 点起沿钢尺(切线方向)按定长 l_i(整桩距或整号距)量出 20m、40m…(或 10m、20m…)，直至曲中点(QZ)里程，并用钢钉(应扎布条)临时标出各点位置。

(4)从上述各点退回 $l_i - x_i$，得出曲线上各点至切线的垂足，用竹签(或铁钉等)临时标志。

(5)在垂足处用直角尺(或自制方向架)作切线的垂线，在垂线方向上用钢尺量出 x_i 相应的 y_i 值，即得曲线上各点。若精度要求较高，且 y_i 较长，可在垂足处架设经纬仪，0°时照准 ZY 或 JD，拨转 90°，在视线方向上量取 y_i 值获得曲线上各点位，用铁钉(或钢钉)扎红布条标志，旁边钉—竹签(或方木条桩)，注记里程桩号。

(6)当放到曲中点 QZ 时，应与放主点时曲中 QZ 的实地点位重合，若不重合，其限差符合表 5-6 规定时，按曲线上各点到 ZY 的距离比例进行分配(见图 5-23)。

以上是由 ZY 放于 QZ，在放桩的过程中，应及时用钢尺量出曲线上相邻点的实地距离，与设计桩距比较，若误差较大，则应查明原因予以调整。一般来说，先检查是否放错、量错距离；再检查 x 与 y 是否算错。可用另一程序重算校对；最后检查已知起算数据，已知的实地 ZY，交点等桩位是否正确。

(7)同法由 YZ 起放出曲线的另一半。

以上用切线支距法放样圆曲线的数据计算见第四章表 4-19。

4)经纬仪钢尺切线支距法放样有缓和曲线的圆曲线点位的方法步骤

实践作业中，用经纬仪钢尺切线支距法放样有缓和曲线的圆曲线是把一条曲线分成两个半曲线操作的。即：

(1)前半曲线由 ZH 放至 HY 再放至 QZ；

(2)后半曲线由 HZ 放至 YH 再放至 QZ。

其放样操作方法步骤按上述圆曲线切线支距法的方法操作进行。

放样数据计算见第四章表 4-22。

5.2.6 困难地段曲线放样的一种实用技术

关于困难地段的曲线测设方法，有关线路测量书籍都有介绍，这里不再详述。下面介绍一种在困难地段现场进行曲线放样的实用技术。

现代公路设计资料，一般都提供了如下数据：

(1)交点里程桩号及 x、y 坐标值。

(2)曲线要素：半径、转向角、切线长、曲线长、缓和曲线长等。

(3)曲线各主点里程桩号及 x、y 坐标值。

（4）逐桩坐标值。

这些已知数据，为我们进行施工测量带来很大方便。根据这些已知数据，我们可以用前述 4.3 节，计算点位坐标程序计算困难地段曲线放样点的坐标，根据放样点的坐标，与在困难地段布设的测站点的坐标，用坐标反算程序计算放样数据：距离 D 和夹角 β；然后用经纬仪钢尺极坐标放样法近距离的放出困难地段的曲线点位。其具体操作方法步骤如下：

①根据有关已知数据，选用前述坐标计算程序，计算困难地段曲线点的坐标值。

②根据施工段已知施工导线点，采用前述复测支导线方法，在困难地段曲线附近布设站测站点。

③根据困难地段曲线点坐标，测站点坐标，选用极坐标法放样点位平面位置计算程序：JZBF 程序计算放样要素：距离 D 和夹角 β。

④在测站点设站，后视已知导线点定向，拨夹角 β_i，在视线方向上用钢尺量 D_i，即获得困难地段的曲线点位。

这个方法我们叫做经纬仪钢尺极坐标法放样技术。它可以在现场根据实地情况，灵活布设支导线点位，避开困难条件，将测站点设在放样曲线近旁；并可用 f_x—5800P 等型计算器，现场计算所需数据。此法操作简单方便，计算快捷准确，布点放样灵活，非常实用。

5.3 公路工程施工测量高程位置放样技术

5.3.1 水准前视法测定点位高程技术

公路施工实践中，测量线路点位高程最基本的方法是水准测量前视法。前视法测量线路点位高程的概念见第三章图 3-41。它是在一个水准测站点，后视另一个已知水准点，前视数个或数十个待测点，通过计算而获得这些待测点高程的。在图 3-41 中，I 为一个水准测站点，K129—2 为一个后视已知水准点，K129＋500 左中右，K129＋520 左中右……为线路平面位置放样桩位。只要读得后视读数，前视读数，便可根据后视水准点已知高程，计算出所有待测点位的实地高程。

现代公路施工，机械化作业，进度迅速，要求及时提供点位的挖、填高度。因此现场施工测量员,一定要熟练地掌握"前视法"的测量操作技术和计算技术。

1)前视法的仪具与材料准备

(1)水准仪;

(2)塔尺(3m 或 5m);

(3)f_x—5800P 等型计算器;

(4)测伞、油性号笔、托尺板。

2)前视法资料的准备

(1)已知水准点成果表,表中除点名高程外还应详细注明点位所在地,以便寻用。

(2)施工标段线路中桩设计高程及左、右边桩设计高程表(详见第四章第二节:公路施工高程放样数据的准备)。

(3)"前视法"外业测量记录簿,簿中项目应有后视已知水准点高程,后视读数,前视读数,计算实测高程、设计高程、桩号里程、左中右位置、观测员、观测时间、填挖高度等。详见表 5-7。

注意:桩位设计高程应事先填入表中,这样每测一桩位高程,便可立即报出该桩挖、填高度。

线路桩位前视法测高手簿 表 5-7

日期:2002.12.1　　　　　　　　　　　　　　　　　　天气:阴

桩　　号	后视(m)	前视(m)	$H_设$(m)	$H_测$(m)	一挖(m)	十填(m)
K128+625 左		1 528	116.877	116.734		+0.143
中	K128—2	1 303	117.140	116.959		+0.181
右	H=115.762	1 491	116.877	116.771		+0.106
+650 左	后:2.500	1 681	116.767	116.581		+0.186
中		1 412	117.030	116.850		+0.180
右		1 634	116.767	116.628		+0.139
⋮						
K128+725 左		1 805	116.327	116.457	—0.130	
中		1 792	116.590	116.470		+0.120
右		1 814	116.327	116.448	—0.121	

观测员:彭刚

302

(4)编制施工标段竖曲线变坡点图,如第四章第二节所述,变坡点要素:变坡点里程桩号、变坡点高程、前纵坡度、后纵坡度以及竖曲线的半径是计算线路上任一里程桩号高程的依据;事先编制一份施工标段竖曲线变坡点示意图,可以在施工现场很方便快速地检查任一点桩号的高程,亦很方便快速地计算临时任一加桩的设计高程(图5-26)。

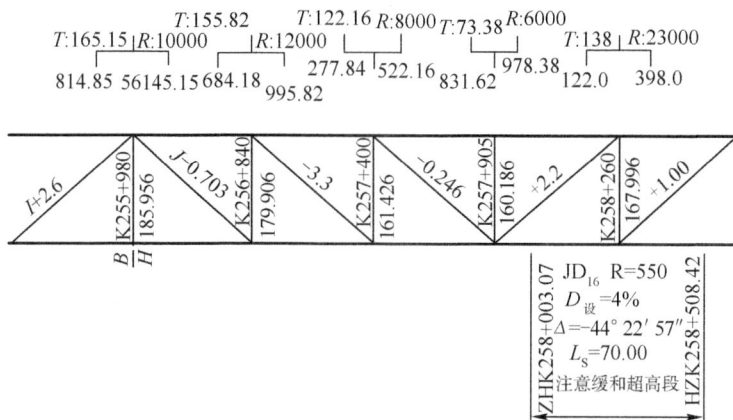

图 5-26 竖曲线变坡点略图

3)前视法测高的方法步骤(以图5-27及表5-7为例)

(1)设站,将水准仪架设在最佳视距范围(仪器距待测点,后视点80m内),且不影响施工及汽车运料。又便于观测的地方(图5-27)。

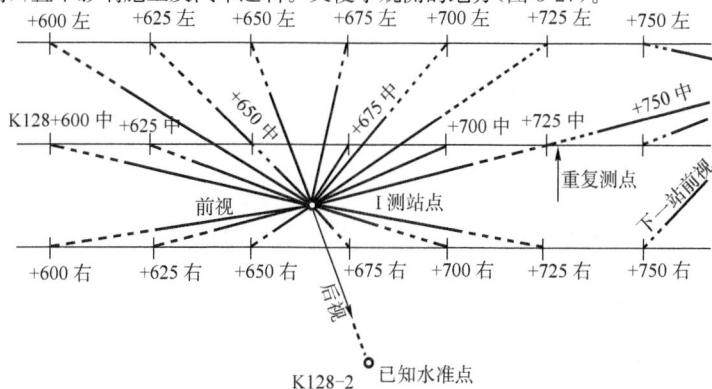

图 5-27 前视法一个测站点上测定线路桩位高程示意图

（2）后视已知水准点 K128－2，读数记录，并将已知水准点高程 $A=115.762m$，后视标尺读数 $B=2.500$ 输入 f_x—5800P 型计算器水准高程计算程序（见"H"程序清单）。

（3）前视待测点 K128＋625 左，读数 1.528 并记录；同时输入计算器 $C=1.528$，即可算出该点高程 $H=116.734m$，并记录。

（4）继续测前视待测点 K128＋625 中及右，读数记录，并输入计算器，算出 K128＋625 中及右高程，记入手簿。

（5）扶尺员前进至 K128＋650，观测员继续前视读数并记录，输入计算机，算得高程，不过此时照准标尺读数依次为 K128＋650 的右、中、左桩。

（6）同上述操作，直至观测至 K128＋725 左、中、右。

（7）最后再一次照准后视已知水准点，读取后视读数与开始时后视读数比较，若相等或差值不大于 2mm，则说明起算后视读数正确。

（8）上述一个测站观测完毕。若要立即提供桩位挖填高度，指导施工，则应在测站上观测过程中，或观测结束（此时不要迁站，仪器还架在原处）立即计算出 $h=H_设－H_实$，为"＋"则应填，为"－"则应挖。

（9）用油性号笔在桩位竹签上划出加了松铺高的填方高；若为挖，则在竹签上写－0.130（K128＋725 左为例），说明此桩位下挖 0.13m，才能达到设计高程。

（10）上述工作完成，迁至下一测站，同上述操作方法步骤。此时可在第二站重测 K128＋725 中或左或右，计算出高程，与上一站同点高程比较，以检查设站正确性及上一站测高正确性。

综上所述，"前视法"测高顺序是：后、前、前、前……后。

4）前视法测高高程计算技术

（1）前视法测高高程计算基本公式

$$H_i = A + B - C \qquad (5-5)$$

式中：H_i——任一测点实测高程；

　　　A——后视已知水准点高程；

　　　B——后视已知水准点上标尺读数（简称后视读数）；

　　　C——前视任一测点标尺读数（简称前视读数）。

（2）线路桩位挖填高度计算公式

$$V = K - H_i \qquad (5-6)$$

式中：V——线路任一桩位挖、填高度；正为填，负为挖；

　　　K——任一桩位设计高程；

H_i——任一桩位实测高程。

（3）前视法测高程序清单

文件名：H

```
"A="? A："B="? B↵
LbI 0 ↵
"C"? C ↵
If C≤0： Then Goto 1：IfEnd ↵
A＋B－C→H ↵
"H="：H ◢
"K"? K ↵
K－H→V ↵
"V="：V ◢
Goto 0
LbI 1 ↵
"A="? A："B="? B ↵
Goto 0
```

程序中：A＝?——后视已知水准点高程；

B＝?——后视已知水准点上标尺读数（简称后视读数）；

C?——前视任一测点上标尺读数（简称前视读数）；

H＝——任一测点实测高程；

K?——任一测点的设计高程；

V＝——任一测点的 K－H 之差，正为填，负为挖。

（4）程序功能及注意事项

①线路施工中任一点（如线路中桩及其左、右边桩等），只要是用水准前视法测其高程，都可用此程序快速、准确地计算出其实地高程。

②计算出线路上任一点实地高程后，只要将该点设计高程输入，就可立刻计算出该点的挖、填高度。

③当用水准前视法测定地面实测高程或测定点位桩顶实测高程进行点位高程放样时，此程序可快速、准确地计算出所需要的挖、填高度。

④此程序不但计算快速、准确，而且操作很方便。当给 C? 输入 0 或小于 0 的数，程序自动显示：A＝?、B＝?。这种功能，可检查 A 及 B 是否输入错误；又可在一段线路，用多个测站测完后计算高程一直连算下去，而不需

重新选择文件名。这是 H 程序的一个特点。

(5)前视法测高程序计算案例及程序执行操作方法步骤

①算例起算数据、观测记录、计算结果(表 5-8)

线路水准前视法测高手簿(单位:m)　　　　表 5-8

桩　　号	后　　视	前　视	H_i	H_0	一挖	＋填
K12＋050 左	H_3:127.070	1559	126.305	125.983	−0.322	
中	A:0794	1403	126.461	126.265	−0.196	
右		1310	126.554	125.983	−0.571	
＋075 左		1774	126.090	126.126		＋0.036
中		1630	126.234	126.408		＋0.174
右		1560	126.304	126.126	−0.178	
…	…	…	…	…	…	…
…	…	…	…	…	…	…
＋150 左		1261	126.603	126.546	−0.057	
中		1164	126.700	126.828		＋0.128
右		1040	126.824	126.546	−0.278	
＋175 左	H_4:127.986	2395	126.494	126.665		＋0.171
中	后:0.903	2052	126.837	126.947		＋0.110
右		2126	126.763	126.665	−0.098	
…	…	…	…	…	…	…
…	…	…	…	…	…	…
＋300 左		1601	127.288	127.030	−0.258	
中		1803	127.086	127.312		＋0.226
右		1928	126.961	127.030		＋0.069

注:此例为××施工段上路床(路)基调平施工数据,路宽 14.11m。

②操作步骤

本例介绍用水准仪前视法测高中的 H 程序——水准仪前视法测高程序
的操作方法步骤见表 5-9。

水准仪前视法测高 H 程序计算操作步骤

表 5-9

顺序	前视法测高方法	H 程序计算
1	设站； 记录后视已知水准点 H：127.070； 照准后视标尺,读数 0794； 记录	开机,选择文件名：H； 按 EXE 键,显示：A=?,输入：127.070； 按 EXE 键,显示：B=?,输入：0.794
2	前视 K12＋050 左桩读数：1559； 记录	按 EXE 键,显示：C?,输入：1.559； 按 EXE 键,显示：H=126.305； 记录（＋050 左桩实测高程）
3	立尺员向 K12＋050 中桩前进中； 走到 050 中桩立尺	计算挖、填高度； 按 EXE 键,显示：K?,输入：＋050 左桩设计高程：125.983； 按 EXE 键,显示：V＝K－H＝－0.322； 记录（＋050 左侧应下挖 0.322）
4	前视＋050 中桩读数：1403； 记录	按 EXE 键,显示：C?,输入：1.403； 按 EXE 键,显示：H=126.461； 记录（＋050 中桩实测高程）
5	立尺员向 K12＋050 右桩前进中； 走到 050 右桩立尺	按 EXE 键,显示：K?,输入中桩设计高程：126.265； 按 EXE 键,显示：V＝－0.196； 记录（＋050 中桩应下挖 0.096）
6	前视＋050 右桩读数：1310； 记录	按 EXE 键,显示：C?,输入：1.310； 按 EXE 键,显示：H=126.554； 记录（＋050 右桩实测高程）
7	立尺员向 K12＋075 前进中； 走到＋075 右桩立尺	若上述计算未完成,则利用此段时间,继续计算
8	前视 K12＋075 右桩读数 1560； 记录	按 EXE 键,显示：C?,输入：1.560； 按 EXE 键,显示：H=126.304； 记录（＋075 右实测高程）
9	重复以上工作	重复以上操作
10	此站观测结束	关机

③H 程序连算功能举例

当用多个测站测完一段线路桩位后再计算实测高程和填、挖高度时,可利用 H 程序连算功能。此时,在第一测站用 H 程序计算完最后一个桩位后,按 $\boxed{\text{EXE}}$ 键,显示:C?,只要给 C? 输入 0 或小于 0 的数,则计算机又开始显示:A 和 B,这时只要输入第二个测站的后视已知水准点高程和后视标尺读数,就可计算第二个测站所测桩位高程。

例如算例表 5-9 中第一测站(已知水准点 H_3=127.070,后视 B=0.794),由 K12+050 左算至 K12+150 右桩位时,接着按 $\boxed{\text{EXE}}$ 键,显示:C?,此时给 C 输入 0,接着按 $\boxed{\text{EXE}}$ 键,显示:A?,此时重新输入第二测站已知水准点 H_4 高程:127.986;按 $\boxed{\text{EXE}}$ 键,显示:B,重新输入第二测站后视标尺读数:0.903;接着按 $\boxed{\text{EXE}}$ 键,显示:C?,由 K12+175 左一直算至 K12+300 右等桩位。如果还有第三、第四测站,则可按上述方法一直连算下去,中途不需重新选择文件名。

实践证明,H 程序——水准前视法测高计算程序是一个快速、准确、实用的优秀程序。

5.3.2 公路施工高程位置放样技术

公路施工中,点位设计高程是控制各结构层路面高度的依据。施工作业中,常采用画线法或写数法将点位设计高程标定在点位竹桩(或木桩等)的侧面。施工人员依据竹桩(或木桩等)侧面的"数"或"线"来控制路面挖、填工作。这里的"数"或"线",是用下述技术来测定的。

1)用点位地面实测高程进行高程放样的技术

(1)用前述"前视法"测出待放样点地面高程,称为地面实测高程 $H_测$(测高方法步骤见前述上节)。

(2)计算待放样点设计高程 $H_设$ −实测高程 $H_测$=V(V 值计算方法步骤见前述上节)。

(3)依据 V 值在待放样点旁的竹桩(或木桩等)的侧面用油性笔画"线"或写"数"。一般情况下,V 值为正,表示实地点位应填 V 值,才可达到该点设计高程,当 V 值为负,则表示该点应下挖 V 值后,才可达到该点设计高程。

根据公路施工实践,在路基初期、中期施工时,挖、填高度都比较大,此时常采用在竹(木)桩侧面用写数的方法表示下挖深度、上填高度,并将下挖深度、上填高度用书面形式通知施工员或作业人员,由其对照桩侧写数自行控制挖、填。在填方高度为 $1\sim1.5$m 左右时,常采用画线并扎红布条表示,填到此线扎红布条处,就是路基设计高度。在路基施工后期,即只要再填铺两层(约为 80cm 左右)就可达到设计高程。此时常采用在竹(木)桩侧面画线并扎红布条的方法表示高程放样的位置。路基以上各层如底基层、水稳层、沥青(或水泥)路面的高程放样,由于填高只有 $0\sim35$cm 左右,此时高程放样,仍采用画线并扎红布条或用拉线的方法表示。在路基下挖过程中,都是用写数法并书面通知施工员或作业人员来控制下挖高程的。

(4)由于填料为松方,所以应考虑松铺系数 i。因此,实际上填高应是 $V\cdot i$;此时,可用小钢尺由桩旁地面(测高立尺处)上量 $V\cdot i$ 值画线,此线表示实际应填高度亦称为施工高程,经碾压后即为设计高度(亦称设计高程),见图 5-28。

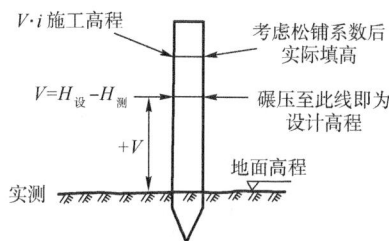

图 5-28 桩上画线表示放样高度

2)用点位桩顶实测高程进行高程放样的技术

(1)用前述"前视法"测出待放样点的竹(或木等)桩顶面的高程,称作桩顶实测高程 $H_顶$。

(2)计算待放样点设计高程 $H_设$ −桩顶实测高程 $H_顶$ =V 值;V 值为正,由桩顶上量;V 值为负,由桩顶下量。

(3)依据 V 值在待放样点旁竹(木等)桩侧面画线或写数表示待放样点设计高程位置。

公路施工实践中,在路基挖方初期、中期阶段,点位设计高程放样,是用数字写在竹、木桩侧面,表示由桩顶下挖 V 值,才可达到该点设计高程;而在路基填方初期、中期阶段,点位设计高程放样,是把数字写在竹、木桩侧面,表示由桩顶上填 V 值,才可达到该点设计高程。

在路基施工后期,即底基层、基层(水稳层)、沥青(或水泥)路面施工时,桩顶实测高程,均大于设计高程,因此待放样点设计高程在桩上的画线位置都是由桩顶向下量 V 值而获得。

(4)上述(3)用小钢尺由桩顶下量 V 值画线是待放样点的设计高程面,公路施工中是指经碾压后应达到的设计位置,由于填料是松方,因此施工填料时应考虑松铺系数,所以在竹(木等)桩侧面还应画上由地面量至桩顶下量线高×松铺系数的线条(图 5-29)。实际作业中,可根据施工经验画松方红线。例如 5%水稳层施工,用 12t 以上压路机碾压可参考表 5-10 画红线。

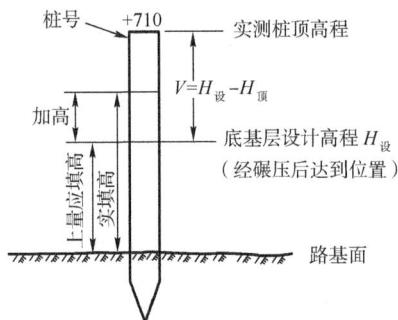

图 5-29　桩顶测高进行高程放样示意图

加 填 高 度 表　　　　　　　　　　　　　　表 5-10

应填高度(cm)	加填高(cm)	应填高度(cm)	加填高(cm)
13～15	3.5	19～21	5.0
15～17	4.0	21～23	5.5
17～19	4.5	23～25	6.5

注:1.根据填料实况,凭经验灵活掌握;

　　2.松铺系数 1.25。

3)水准"视线高法"放样技术

水准"视线高法"放样的关键是在施工现场当时计算出待放样点的"视线高",即待放样点上水准标尺的视线读数或叫前视读数。

(1)"视线高法"放样的依据。

①待放样点的设计高程(待放样点设计高程计算详见第四章第二节);

②施工标段已知水准点的高程;

上述两项,是视线高法放样必备的起算数据,其样式详见表5-11。

待放样点"视线高法"放样起算数据   表 5-11

桩　号	$H_{左}$ 8.0(m)	$H_{中}$(m)	$H_{右}$ 8.0(m)	备注(m)
K251+375	180.126	180.286	180.126	K251-3 $H=181.026$
+400	180.272	180.432	180.272	(K251+450 右田坎)
+425	180.417	180.577	180.417	
+450	180.563	180.723	180.563	
+475	180.709	180.869	180.709	K251-4　$H=181.459$
+500	180.855	181.015	180.855	(K251+610 右水沟面)
⋮				
⋮				
+700	179.156	179.316	179.156	K251-5　$H=178.626$
+725	178.506	178.666	178.506	(K251+780 右水沟面)
+750	177.856	178.016	177.856	
+775	177.206	177.366	177.206	
+800	176.556	176.716	176.556	

(2)计算"视线高"的公式。

如前所述,前视法测高高程计算公式是:

$$H = A + B - C \tag{5-5}$$

式中:A——已知水准点高程;

B——已知水准点上标尺的读数(后视读数);

C——待放样点上标尺的读数(前视读数)。

则待放样点上水准标尺的读数(前视读数)C:

$$C = A + B - H \tag{5-6}$$

式中:$A+B$——仪器的视线高;

H——待放样点的设计高程;

C——前视读数,即待放样点的"视线高"。

从公式(5-6)知,只要求得"视线高"$A+B$,并知道任一待放样点的设计

高程 H,则可按公式(5-6)计算出待放样点的前视标尺的读数 C。

(3)计算"视线高"的程序清单。

①文件名:SXG 程序清单

```
"A="? A ："B="? B↵
LbI 0↵
"H"? H↵
If H≤0 ：Then Goto 1 ：IfEnd↵
A+B−H→C↵
"C=" ：C ◣
Goto 0↵
LbI 1↵
"A="? A ："B="? B↵
Goto 0↵
```

程序中:A=?——后视已知水准点高程;

B=?——后视读数;

　H?——待放样点设计高程;

C=——待放样点标尺读数,即待放样点视线高。

将此程序与 H 程序比较,可以发现,实质上此程序与 H 程序计算基本相同。在实际应用中,如果计算机已编入 H 程序,则不需再给计算机输入此程序。实际操作时,只要把 H 程序中的"C"当作待放样点设计高程"H"输入,则计算结果就是待放样点"视线高"——前视标尺读数。

②程序功能及注意事项

SXG 程序——视线高程序计算应用于:

a. 路基"零施工"中待放样点设计高程面放样;

b. 垫层、水稳层、沥青面(或水泥路面)层待放样点设计高程放样;

c. 挖、填方边坡平台面设计高程放样;

d. 排水沟等工程施工中需测设设计高程的点位高程放线等。

(4)实操案例。

用 SXG 程序计算待放样点"视线高"必须准备好如下资料:

①待放样点的设计高程。例如,路基施工应准备好每隔 25m(或 20m)的左、中、右桩位设计高程。

②施工段的施工水准点高程。

起算数据如表 5-12 所示。

待放样点"视线高法"起算数据 表 5-12

桩　　号	$H_{左8.0}$	$H_中$	$H_{右8.0}$	备　　注
K251+375	180.126	180.286	180.126	
+400	180.272	180.432	180.272	
+425	180.417	180.577	180.417	
+450	180.563	180.723	180.563	
+475	180.709	180.869	180.709	K251-3　$H=181.026$ （K251+450 右田坎）
+500	180.855	181.015	180.855	
⋮	⋮	⋮	⋮	K251-4　$H=181.459$ （K251+610 右水沟）
⋮	⋮	⋮	⋮	K251-5　$H=178.626$
+700	179.156	179.316	179.156	（K251+780 右水沟）
+725	178.506	178.666	178.506	
+750	177.856	178.016	177.856	
+775	177.206	177.366	177.206	
+800	176.556	176.716	176.556	

操作方法及步骤：

在 K251+440 设站，后视 K251-3：$H_3=181.026=A$，后视读数：$B=0.794$，放 K251+375～K251+525 各桩位设计高程面，在其旁桩位上画线表示。

操作步骤（用 SXG 程序计算 K251+375 左桩设计高程面视线高）：

开机 ，选用文件名：F_i-SXG。

按 EXE 键，显示：A?，输入施工水准点 H_3 高程：181.026。

按 EXE 键，显示：B?，输入后视读数：0.794。

按 EXE 键，显示：H?，输入待放样 K251+375 左桩设计高程：180.126。

按 EXE 键，显示：C=1.694（此计算结果是待放样 K251+375 左桩"视线高"，即该点的标尺读数）。

313

当计算出 K251＋375 左桩位"视线高",即指挥立尺员在其桩位竹(或木或钢钎)桩侧面上下移动水准尺,当尺上读数为 1.694 时,则尺底部即是 K251＋375 左桩设计高程面,并画线表示["一个测站上'视线高法'高程放样的方法步骤"详见《公路工程施工测量》(人民交通出版社,2004.9)第五章第三节,在放出 K251＋375 左桩位设计高程面后,接着立即计算中桩设计高程的"视线高"]。

按 EXE 键,显示:H?,输入 K251＋375 中桩设计高程:180.286。

按 EXE 键,显示:C＝1.534(375 中桩视线高)。

以下重复计算,略。

当一个测站用"视线高法"放样完毕,迁至下一站放样时,只要给 H? 输入 0,则程序从头开始显示:A＝?、B＝?,此时只要输入下一站有关数据就可计算这个站要放的待测点的视线高,即设计高程面的位置。

(5)一个测站上"视线高法"放样技术的操作方法步骤。

用"视线高法"高程放样需要三人进行,一人观测(操作水准仪),一人在待放样点的竹(木或钢钎)侧面立尺,一人用小托板托住标尺底部,并负责画红线。

①设站。照准后视已知水准点,读取水准标尺读数 B;

开机,选择"视线高"程序:S—X—G,输入后视点高程 A 和后视读数 B;

②用"S—X—G 程序"计算待放样点视线高 C;确定待放样点桩号,将其设计高程 H 输入程序,则计算器立即可算出前视标尺读数 C;

③前视照准放样点水准标尺,指挥立尺员沿点位上竹(木或钢钎)桩侧面上下移动水准尺,同时,托尺员应用小托板紧紧托住尺底部,跟着尺子上下移动,当尺上读数为 C 时,喊"好"(或打手势),此时拿开标尺,在托板固定处画红线,则此红线即表示待放样点设计高程面;

④为了检核所画红线是否正确,则令托板靠在红线处,令标尺立其上,读取标尺读数 C' 与计算之 C 比较,若 $|C-C'|\leqslant2mm$,则说明正确,可转放下一待放样点;

⑤计算下一个待放样点的前视读数 C,此时计算机中 A、B 值不变,只要输入下一个待放点的设计高程 H 就可立即算出下一个待放点的前视标尺读数 C;

⑥同上述操作,放出其他待放样点设计高程在竹(木或钢钎)侧面的红线。

此法放样点位高程快捷、准确,关键是三人配合,初时不熟练较慢,随着实践,熟练了,速度很快,只要掌握了施工段大约要填的高度,立尺画线就基本完成。

(6)放完一个施工段后,回头再画松铺系数加高红线,也可一边放线,一边画加高红线。

第6章 公路工程路基施工测量

6.1 路基施工测量概述

公路工程路基施工测量的任务是：

(1)在施工现场监控线路的外貌形状：直线形、曲线形、超高形等；

(2)在施工现场监控路基宽度、坡脚、堑顶；

(3)在施工现场监控线路高低起伏、纵坡、横坡、指导挖、填高度，使其达到设计高程。避免盲目施工及超填超挖欠填欠挖。

为了路基施工顺利进行，确保工程质量。在路基施工前，必须在熟悉设计文件各种图表后，彻底弄清：

(1)施工标段起点、终点里程桩号；

(2)施工标段直线、圆曲线、缓和曲线、竖曲线、超高段的起、终点里程桩号，以及曲线的各种元素、交点的里程桩号及其 x、y 坐标值；

(3)施工标段挖方段、填方段的起、终点里程桩号；

(4)施工段路宽、纵坡、横坡、挖方边坡比、填方边坡比等；

(5)线路变坡点里程桩号、变坡点高程；

(6)施工段各结构物里程桩号，以及线路中线与结构物主轴线的几何关系。

在此基础上，应准备好路基施工测量的各种资料(详见前述各章节)：

(1)线路施工标段的导线点成果表、水准点成果表；

(2)线路中桩、边桩坐标放样数据表或极坐标放样数据表；

(3)若用偏角法、切线支距法放样曲线，则应准备偏角放样数据、切线支距法放样数据；

(4)线路中桩、左右边桩高程设计数据表。

有了这些数据，就可在路基施工过程中，按照施工进度的需要，用第五章各节所讲述的放样技术，标定路基的中桩、左右边桩的平面位置和高程位置。标定挖方段的堑顶、坡脚位置及填方段的各填层路宽及坡脚位置等。在施工现场,用竹(木等)桩标定出了路基的这些点位后,就可据此进行路基施工。

路基施工按路基形式基本上可分为填方路堤的施工和挖方路堑的施工。实际作业中,习惯上称呼为"填方"和"挖方"。

路基是公路工程的基础。它奠定了公路的外貌形状、纵向坡度、横向坡度,承受由路面传来的荷载。路基面以上各结构层(底基层、水稳层、沥青(或水泥)路面)都是在路基基础上加高而已。因此,路基施工在公路建设中至关重要,路基施工测量也就责任重大。所以必须按照批准的设计文件,精心施工,精心测量,确保路基工程质量。

6.2 挖方路堑的施工测量

6.2.1 施工测量要求

(1)"挖方"前应指导场地清理在线路征地轮廓线内进行。

(2)"挖方"初期主要是控制路堑堑顶轮廓线条、下挖深度、边坡坡度。

(3)"挖方"中期主要是控制路堑边坡坡度、边坡平台、下挖深度。

(4)"挖方"后期主要是控制路堑边坡下坡脚和碎落台宽度和高度;路堑内路基的宽度和高度;使挖方路基达到设计要求的宽度、高度;使挖方边坡达到设计要求的边坡比。

6.2.2 施工测量的资料准备

(1)挖方段的施工导线点、水准点成果表。

(2)挖方段的中桩、边桩坐标放样数据表或极坐标法放样数据表。

(3)挖方段的中桩、边桩设计高程数据表。

(4)挖方路基横断面图及纵断面图。

6.2.3 熟悉挖方"路基横断面图"

图 6-1 是设计单位提供的挖方路基标准横断面图。从图知挖方路基横断面的要素是:左边堑顶及右边堑顶,左边坡比及右边坡比,左坡脚及右坡

脚,左碎落台及右碎落台,左边沟及右边沟,路面总宽度及半幅路宽度,路面中桩挖深;挖方在高度大于 8m 时,在路堑高度 8m 处设 2.0m 宽平台等。

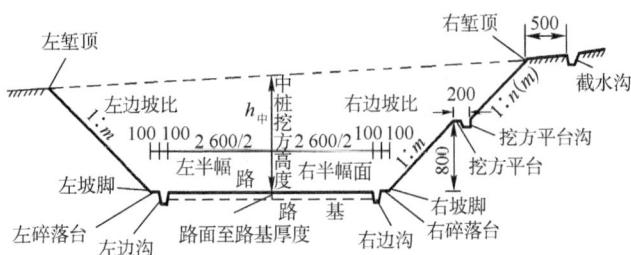

图 6-1 挖方路基横断面图要素(尺寸单位:cm)

6.2.4 施工测量的仪具和材料

(1)全站仪或经纬仪配测距仪或经纬仪,水准仪。

(2)棱镜及棱镜杆,水准塔尺或水准标尺。

(3)f_x—5800P 型计算器等。

(4)30m 或 50m 钢尺及皮尺,3m 小钢尺。

(5)竹(或木)桩,油性笔、红布条或红塑袋条或小红旗,铁锤、钢凿、铁钉、石灰、拉绳等。

(6)自制坡度尺。

6.2.5 施工测量的实施

1)路堑施工初期的测量工作

(1)根据"路基横断面图"征地界桩数据(图下方用 ZB、YB 表示,ZB 表示左界桩,YB 表示右界桩),计算出线路左右两侧用地界桩 x、y 坐标值,用全站仪坐标法(或其他方法)放出其实地位置,并示以明显醒目的标志(例如插彩色小旗等),以指导线路场地清理作业。

(2)场地清理后,在实地标定出挖方路基的中桩、左、右边桩(放样方法详见第五章有关各节)。

(3)在边桩与中桩延长线上标定出路堑坡脚桩;如有条件亦可根据中桩至坡脚桩的距离,计算出坡脚的坐标 x、y 值,用全站仪或其他方法放出路堑坡脚桩的实地桩位。

（4）在用放样方法标定边桩、坡脚桩的同时，测出边桩、坡脚桩的实地高程，或用水准测量方法测出其高程，如有条件，也可用经纬仪视距法测定。

（5）根据下述介绍的方法，求出中桩（或边桩）至路堑堑顶的平距或坡脚至堑顶桩的平距，在实地标定出堑顶桩，并示以明显醒目的标志（例如撒石灰线、插树枝或插小彩旗等），以指导挖机开挖。

2）路堑堑顶放样实用技术

方法一，利用"路基横断面图"量取挖方路堑堑顶放样数据——中桩至堑顶的平距，用 f_x—5800PA 型计算器等坐标计算程序计算出堑顶 x 与 y 坐标值，用全站仪直接放出堑顶位置。（或用其他方法）

设计单位提供的"路基横断面图"是大比例尺绘制的，常采用的比例尺为 1：200、1：400 等，在这种大比例尺横断面图上量出的路堑堑顶放样数据，可满足路堑堑顶放样精度。

图 6-2 是某高速公路 K128＋875 路基横断面图，比例尺为 1：400。图下方注记 $\overline{W}$＝5.71m 表示中桩下挖 5.71m 至路面中桩设计高程。ZN—1.25，YN—1.25 表示路堑左、右边坡坡度是 1：1.25。

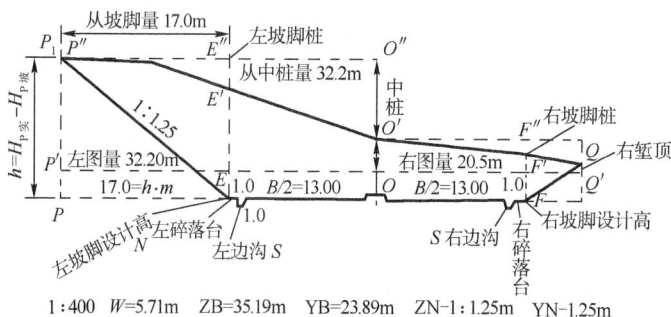

1：400 W＝5.71m ZB＝35.19m YB＝23.89m ZN-1：1.25m YN-1.25m

图 6-2 在"路基横断面图"上量取堑顶放样平距

为了计算堑顶 P、Q 的坐标值，只要从图上量出中桩至堑顶 P 及 Q 的平距，就可用坐标计算程序算出 P 及 Q 的 x、y 坐标值。

此例中量得 OP' 为 32.2m，OQ' 为 20.5m。然后用下述方法步骤在实地放出 K128＋875 横断面左堑顶 P 及右堑顶 Q。

计算左堑顶 P 及右堑顶 Q 的坐标 x 与 y 值：

在量得 OP' 及 OQ' 平距后，用第四章第三节"坐标法"平面位置放样数据

的计算方法算出 P 及 Q 堑顶的 x 与 y 值(可在外业测站临时计算或事先室内计算好);

用全站仪在实地放出 P 及 Q 堑顶点,并用竹(或木等)桩标志;

由于设计绘制的"路基横断面图"与实地横断面有出入,所以所放 P 及 Q 点就存有误差,为了消除这种误差,可用下述方法处理:

用全站仪在放出 P 及 Q 的实地平面位置的同时,用全站仪测出 P 及 Q 的实地高程 $H_{P实}$ 及 $H_{Q实}$;

用下式计算 P 及 Q 的实际平距:

$$D_P = (H_{P实地} - H_{P坡脚}) \cdot M + B/2 + S \tag{6-1}$$

式中:$H_{P实地}$——用全站仪测出的 P 堑顶实地高程;

$\quad\quad H_{P坡脚}$——与 P 同一横断面边坡坡脚桩设计高程;

$\quad\quad M$——挖方边坡比(比例 $M=1.25$);

$\quad\quad B/2$——路面半幅宽度(比例 $B/2=13.00$m);

$\quad\quad S$——路堑边沟+碎落台宽度之和(此例 $S=1.0+1.0=2.0$m)。

例如,$H_{P实地}=138.54$m,$H_{P坡脚}=124.94$m,则:

$\quad D_P = (138.54-124.94) \times 1.25 + 13.0 + 2.0 = 32.00$(m)

实地调整 P 点位置,即是堑顶的正确位置。

将计算的 D_P 与放样时图量的 $D_{P图}$ 比较,在实地调整 P 点位置,打桩标志,即堑顶正确位置。

此例中,$D_P=32.00$m,$D_{P图}=32.20$m,说明放宽了,在中桩至边桩方向线上(目估)用小钢尺向内移 0.2m,即 $P_{堑顶}$ 正确位置,打桩扎红布条标志。

右边堑顶 Q 与左堑顶桩 P 同法处理。

方法 2,利用"路基横断面图"量得的中桩至堑顶之平距,用皮尺自中桩延边桩(或坡脚桩)方向,量出这个平距,定出堑顶第一次位置,然后用水准测量方法测出其实地高程,通过计算比较,在实地调整堑顶位置。

操作方法步骤(图 6-2):

在"路基横断面图"量取中桩至堑顶的平距,例图中 OP' 量得平距为 32.20m,OQ' 为 20.5m。

用全站仪坐标放样方法或其他放样方法,放出路堑中桩、边桩、坡脚桩实地位置,例图中实地中桩为 O',左坡脚桩为 E',右坡脚桩为 F'。

用皮尺自中桩 O' 沿左坡脚桩方向线向左量 OP' 平距 32.20m,获得左堑顶桩实地第一位置(P'')；或自左坡脚桩 E'，目估 OE' 方向，量取 $OP'-(B/2$ ＋水沟宽＋碎落台宽)＝32.20－(13＋1＋1)＝17.20m，即为左堑顶桩实地第一位置(P'')。

同法可获取右堑顶实地第一位置。

用水准测量方法测出堑顶实地第一位置高程，例图中(P'')实地高程为 $H_{P''实}$＝138.54m。

用下式计算。

堑顶实地第一位置高程与坡脚桩设计高程之差(坡脚桩设计高程可事先计算出，例中 $H_{坡设}$＝124.94m)：

$$h_1 = h_{顶-脚} = H_{堑顶} - H_{坡脚} = 138.54 - 124.94 = 13.60(m)$$

计算边坡的水平宽度 EP：此例中边坡比为 1：1.25，因此，

$$EP = H_{顶-脚} \cdot m = 13.60 \times 1.25 = 17.00(m)$$

即从坡脚量平距 17.00m 就是堑顶的实地位置，若从中桩量则要量取：17.00＋($B/2$＋水沟宽＋碎落台宽)。

实地调整堑顶点。

若计算的坡脚至堑顶的距离，与堑顶第一位置不在同一位置，则在中桩至边桩(或坡脚桩)方向线上，前后调整至正确位置 P 处，此时 PE 坡面的边坡比即为 1：1.25(此例向内移 0.2m 即为左堑顶桩正确位置 P)。

上述二法进行路堑堑顶放样，不受地形起伏限制，不仅适用于平坦地形堑顶放样。而且也适应起伏较大(即倾斜地形)地形的堑顶放样，其堑顶放样计算公式，可统用下述公式：

当从坡脚桩量距时：

$$D = (H_{顶实} - H_{脚设}) \cdot m \tag{6-2}$$

当从中桩量距时：

$$D = (H_{顶实} - H_{脚设}) \cdot m + B/2 + N + S \tag{6-3}$$

式中：$H_{顶实}$——堑顶桩第一位置处实测高程；

　　$H_{脚设}$——坡脚桩路面设计高程；

　　　m——路堑边坡坡度；

　　　B——路面宽度；

　　　N——水沟设计宽度；

　　　S——碎落台设计宽度。

3)挖方施工进行中的测量工作

(1)在堑顶设立醒目标志

当用上述方法把整个挖方段的每个横断面边坡的堑顶都在实地标定后,为了方便挖掘机作业,应在这些点上,设立明显醒目的标志,实践中常采用的方法是:

①放石灰线;

②拉红草绳;其上扎红塑袋;

③插小红(彩)旗或扎红布条;

④插树枝等。

如图 6-3 所示。

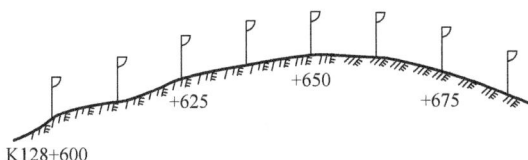

图 6-3 在堑顶设醒目标志

(2)路堑下挖过程中的测量工作

当路堑堑顶边线设立明显标志后,施工者据此进行挖运土石方工作。随着工程进度,挖深逐渐降低,边坡逐渐下沿,形成,原标定的中桩、边桩等均被挖掉,因此,在此挖方作业进行中,测量工作的任务是:

①"对深挖高填路段,每挖填 3~5m 或者一个边坡平台(碎落台)应复测中线和横断面"。

②根据恢复的中桩、边桩,控制线路线形、路宽;根据复测中桩、边桩高程,控制下挖深度;书面告知挖掘机操作人员路宽界限,下挖深度数据并提醒其注意。复测中、边桩高程应在恢复中、边桩平面位置时,用全站仪或经纬仪配测距仪同时测出;如果有必要,也可用水准前视法测定。

图 6-4 是下挖 3~5m 深,复测中桩、边桩示意图。图中地面虚线是已挖部分,$QA'C'Z'$ 是挖后现状地形,$h_{中}$、$h_{边}$ 及 $h_{脚}$ 为仍要继续下挖的深度。

此例中,$Z'C'A'$ 实测高程为:

$$H_{Z'} = 119.71(\text{m})$$

$$H_{C'} = 119.925(\text{m})$$

$$H_{A'} = 120.14(\text{m})$$

其设计高程分别为：

$$H_{Z设} = 117.990(m)$$

$$H_{C设} = 117.730(m)$$

$$H_{A设} = 118.530(m)$$

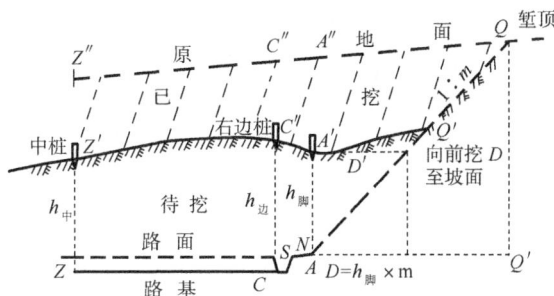

图 6-4 下挖 3～5m 深,复测中、边桩

则中桩还应下挖：

$$h_{中} = 119.71 - 117.99 = 1.72(m)$$

才可达到路基设计面高。

边桩还应下挖：

$$h_{边} = 119.925 - 117.730 = 2.195(m)$$

才可达到路基设计面高。

坡脚桩还应下挖：

$$h_{脚} = 120.14 - 118.53 = 1.61(m)$$

才可达到坡脚设计面高。

注意:此处坡脚设计高是路面层。

③根据实地坡脚处实测高程及坡脚桩设计高程之差,控制下挖边坡面。

此例,$H_{脚A'} = 120.14m$,$H_{脚设} = 118.53m$,用公式(6-2)计算:实地坡脚点 A' 至边坡面的平距 D：

$$D = (H_{脚实} - H_{脚设}) \cdot m = (120.14 - 118.53) \times 1.25$$

$$= 2.01(m)$$

即向右前方挖 2.0m 就是边坡面(图 6-4)。将此数据书面通知挖掘机操作人员以控制挖修边坡面。

路堑下挖过程中,实践中还常采用"拉尺法"控制挖修边坡面,其法如图 6-5 所示。

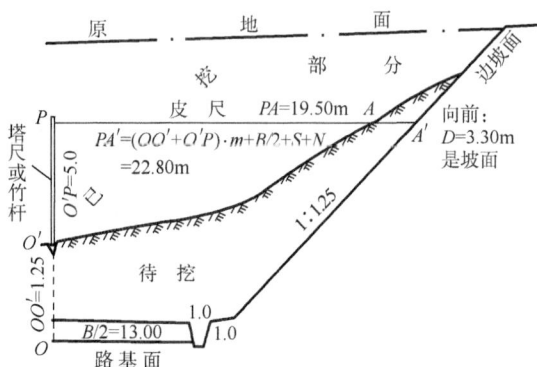

图 6-5 拉尺监控挖修边坡示意图

图中 O' 为实地中桩,已测得还要下挖 1.25m,才是路基面设计高程,$O'P$ 为中桩上竖立的塔尺(或竹竿),$O'P = 5.0$m;PA 为皮尺;已知坡度比为 1∶1.25,则中桩尺顶(P 点)距边坡面距离为:

$$PA' = (OO' + O'P) \cdot M + B/2 + S + N$$

$$= (1.25 + 5.0) \times 1.25 + 13.00 + 1.0 + 1.0$$

$$= 22.80(\text{m})$$

若 PA 实量为 19.5m,则还要向前挖 $22.80 - 19.50 = 3.30$m,才是边坡面。

这里应注意的是:"开挖至边坡线前,应予留一定宽度,预留的宽度应保证刷坡过程中设计边坡线外的土层不受到扰动"。施工实践中,一般预留的宽度是 30～50cm。

④用坡度尺检控边坡面坡度及平整度。

《规范》规定:"挖方边坡应从开挖面往下分段整修,每下挖 2～3m,宜对新开挖边坡刷坡,同时清除危石及松动石块"。

严格来说,经整修后的边坡应达到设计要求的边坡比,完工后的坡面应与设计的边坡面一致。因此,在路堑下挖过程中,应经常到现场监控边坡及坡面平整度。

实践作业中,现场监控边坡常用的是三角板坡度尺,或用多功能坡度尺。

三角板坡度尺是用木料依据施工段所要求的边坡比自做的。使用时,将斜边靠在边坡上,观察垂球线就行了(图 6-6)。

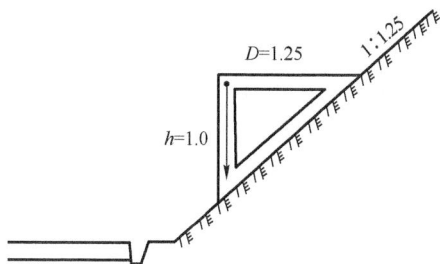

图 6-6 自制坡度尺监控坡面

多功能坡度尺是作者在公路施工实践中发明的。它广泛应用于需监控水平、垂直及倾斜的各种工程。例如,公路、铁路、河堤、库坝、排水沟、矿山、土石方、建筑、机器设备安装、室内装潢等工程在施工中监控各种边坡坡度及竣工后对各种坡度的检查验收,进行质量评定。本产品已于 2005 年 5 月 11 日由中华人民共和国国家知识产权局授予专利权。

⑤根据挖深,进行挖方边坡平台放线。

公路施工设计图要求,一般情况下挖方大于 8m 处设置 2m 宽的平台,而且要求挖深每超过 8m 设一级平台,深挖方(>20m)路堑边坡每 6m 设一级平台,具体如何设置平台,按业主设计图进行,并结合实地地形地质条件调整。

为此,在路堑下挖过程中应对平台放线。考虑到挖掘机修坡挖距为 4m 左右,在自上而下的挖方进行中,应适时的对各级平台放线。

平台放线方法可采用水准仪视线高法或用经纬仪视距法。

a. 水准仪视线高法进行挖方路堑平台放线技术

图 6-7 是××高速公路 K128+800～K128-900 一个挖方段(左侧)的地形草图,图中不带括号高程为实测高程,中线括号内高程为路面设计高程。左边线括号内为坡脚设计高程。从图知,该路堑基本上已挖到 121.0m 高程面,距平台设计高已有 3～4m 高差(平台设计高在 K128+825 断面为:116.78+8.0=124.78m,在 K128+900 断面为:116.45+8.0=124.45m),因此应放出平台外边缘线,以方便挖掘机作业。

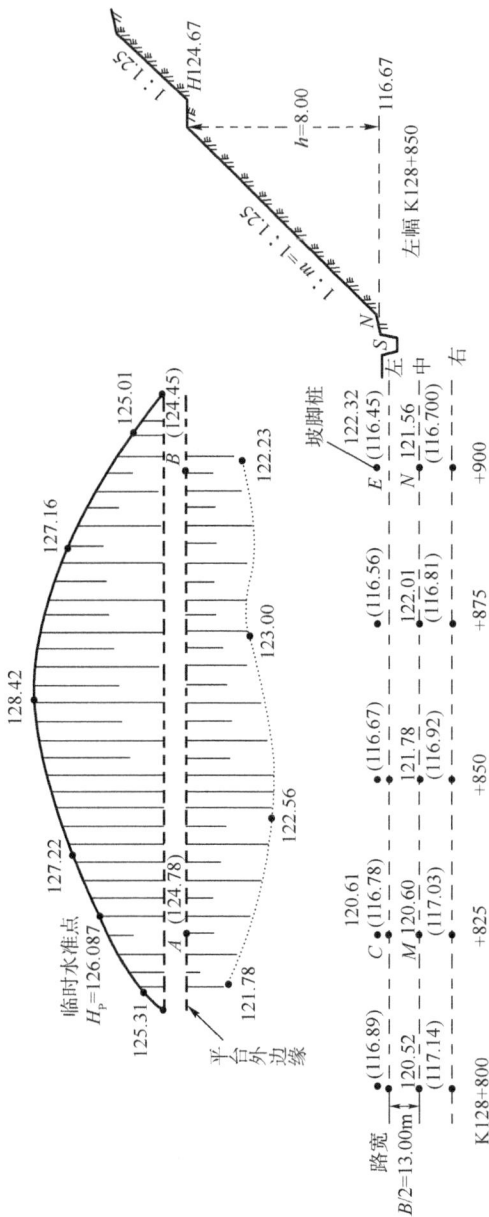

图 6-7 下挖路堑地形图及平台放线示意图（左幅）

注：路拱 =-0.02，纵坡 =-0.004 4，中桩至坡脚 15.00m，桩位不带括号数字为实测高程，括号内数字为设计高程。

为此,计算路堑平台外边缘高程:

以路面坡脚高程起算,每 8m 设一平台。此例中路面坡脚高程为 116.6m,堑顶最高处高程为 128.42m,其差 128.42－116.6＝11.82m,因此此段路堑只设一个平台,其平台高程为:

在 K128＋825 断面:$A＝116.78＋8.0＝124.78$m

在 K128＋900 断面:$B＝116.45＋8.0＝124.45$m

用水准测量方法在平台附近或对面山坡增设临时水准点,作为"视线高法"起算的后视水准点,本例中临时水准点用支线水准方法测设在平台附近,其临时水准点 $H_P＝126.087$m。

在平台附近适当处架设水准仪,后视 P 点读取后视读数 C,用 5.3.3"水准视线高法放样技术"放出平台外边线 A、B 两点,打下竹桩,并示以明显标志,或在 AB 桩间拉红草绳,指示挖掘机作业。

b.经纬仪视距法进行路堑平台放样技术

方法步骤:

(a)计算放样数据(图 6-7 和图 6-8)

计算平台设计高程 H_A 和 H_B:计算方法同前述;

(b)计算挖方实地中桩点 M 至平台 A' 点间平距,从图 6-8 知(在 K128＋825 断面):

$D_{M-A'}＝$中桩 M 至坡脚桩 C 平距＋坡脚桩 C 至边坡交点 P 平距＋

边坡交点 P 至平台桩 A' 平距

$＝(13.00＋1.00＋1.00)＋(120.61－116.78)×$M＋

$(124.78－120.61)×$M

$＝25.00$(m)

同理,在 K128＋900 断面(图 6-7):

$D_{N-B'}＝NE＋EP＋PB＝15.00＋(122.32－116.45)×$M＋

$(124.45－122.32)×$M$＝25.00$(m)

注意:M 为边坡比分母,M＝1.25。

(c)计算倾角 α

计算公式

$$\tan\alpha＝\frac{h}{D} \quad (h:高差;D:平距) \tag{6-4}$$

在 K128＋825 断面:

$$\tan\alpha_A＝(124.78－120.61)/25＝\tan 9°28'11''$$

在 K128+900 断面：
$$\tan\alpha_B = (124.45 - 122.32)/25 = \tan4°52'11''$$

(d)计算斜距 S

计算公式：
$$S = \frac{h}{\sin\alpha} \qquad (6-5)$$

在 K128+825 断面：
$$S_A = (124.78 - 120.61)/\sin9°28'11'' = 25.35(m)$$

在 K128+900 断面：
$$S_B = (124.45 - 122.32)/\sin4°52'11'' = 25.09(m)$$

斜距检核计算

计算公式
$$S = \sqrt{h^2 + D^2} \qquad (6-6)$$
$$S_A = \sqrt{4.17^2 + 25.0^2} = 25.35(m)$$
$$S_B = \sqrt{2.13^2 + 25.0^2} = 25.09(m)$$

(e)将斜距换成视距标尺读数

计算公式
$$S_{标} = \frac{S}{\cos\alpha} \qquad (6-7)$$
$$S_{A标} = 25.35/\cos9°28'11'' = 25.70(m)$$
$$S_{B标} = 25.09/\cos4°52'11'' = 25.18(m)$$

标尺读数检核计算
$$S_{标} = \frac{D}{\cos^2\alpha} \qquad (6-8)$$
$$S_{A标} = 25/(\cos9°28'11'')^2 = 25.70(m)$$
$$S_{B标} = 2S/(\cos4°52'11'')^2 = 25.18(m)$$

(f)将经纬仪架置于 K128+825 中桩上，照准左坡脚桩 C(或左边桩)，旋紧水平制动钮

置紧盘角度为 $9°28'11''$，指挥标尺于视线上，使标尺读数距离为 25.70m，标尺下端中心即平台点 A，用竹桩标定；

同上述操作方法步骤，标定平台 B 点；

在平台 A、B 两桩设置醒目标志，或拉红草绳或撒石灰线，以方便挖掘机作业。

c.皮尺斜距法进行路堑平台放样技术

在路堑施工实践中，常采用皮尺拉斜距进行平台放线。

其法如下(图 6-8)：

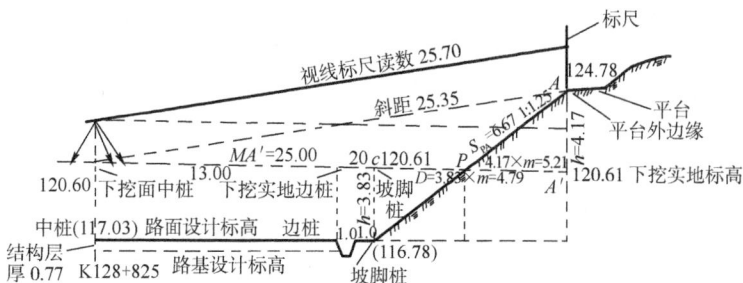

图 6-8 经纬仪视距法放样路堑边坡平台方法示意图

（a）放样数据准备

计算下挖实地坡脚桩 C 至边坡交点 P 的平距 D_{C-P}：

$$D_{C-P} = (H_{C实} - H_{C设}) \cdot m = (120.61 - 116.78) \times 1.25 = 4.79 \text{(m)}$$

计算下挖实地边坡点 P 至平台 A 的平距 $D_{P-A'}$

$$D_{P-A'} = (H_{A设} - H_{A'实地}) \cdot m = (124.78 - 120.61 \times 1.25) = 5.21 \text{(m)}$$

计算边坡倾角 β：

计算公式

$$\beta = h/D \qquad (h:高差, D:平距)$$

$$\tan\beta = (H_{A设} - H_{A实})/D_{P-A'} = (124.78 - 120.61)/5.21 = \tan38°40'24''$$

检查计算：

设计边坡比 1：1.25，坡角 $\beta = 38°39'35''$

计算斜距 S_{P-A}：

$$S_{P-A} = h/\sin\beta = (124.78 - 120.61)/\sin38°40'24'' = 6.67 \text{(m)}$$

检核计算：

$$S_{P-A} = \sqrt{h_{AP}^2 + D_{P-A}^2} = \sqrt{4.17^2 + 5.21^2} = 6.67 \text{(m)}$$

（b）放样方法步骤

在实地标定边坡 P 桩：

在中桩与坡脚桩(或边桩)方向线上，自坡脚桩量 $D_{C-P} = 4.79$m 即是 P 桩。

用皮尺拉斜距标定平台 A 点：

自 P 桩沿坡面用皮尺向上拉斜距 $S_{P-A} = 6.67$m 即为平台 A 点，用竹桩标定；并置醒目标志。

同上述方法步骤,标定平台 B 点。

4)路堑施工后期的测量工作

当路堑下挖将近路面高程时(图 6-8 路面设计高程 117.0m 左右),以后的下挖工作称为路堑施工后期。在此之前的路堑施工作业中,路基线形基本成型,路基边坡面也已基本到位。路宽也将到位。此后只要再下挖路面至路基的厚度(图 6-8 路面至路基厚为 0.77m),就可挖到路基设计高程。此阶段测量工作的任务是:控制下挖深度,控制路堑边坡坡脚,保证挖方路基满足设计和使用要求。

(1)恢复桩位、实测高程、计算下挖高度,指导施工作业

在下挖现场实地恢复线路中桩、边桩,并用水准前视法,测出桩位实地高程,与路基设计高程比较,计算下挖高度,用油性号笔写在桩位侧面,以指导挖掘机下挖至路基的作业,或是把下挖数据抄写成清单。交给现场施工员和挖掘机操作人员,由其自行掌握。例如图 6-9 中 K128+825 横断面,右桩实地高程是:$H_{右实}=116.90$m,其后括号内 116.77m 为路面设计高程,下方括号内 116.00m 为路基设计高程,则此桩应下挖:$116.90-116.00=0.90$m,才达到路基设计高程。同理中桩下挖:$117.15-116.26=0.89$m;左桩下挖:$116.80-116.00=0.80$m。其余各横断面左、中、右下挖高度同法算出。

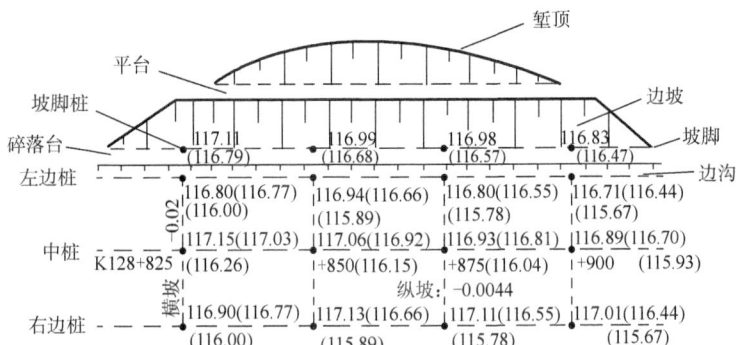

图 6-9　路堑下挖将至路面高程现状草图

(2)预留路堑边坡"碎落台"

在下挖实地恢复中桩,边桩点位的同时,放出路堑边桩坡脚桩,并用水准前视法测出其实地高程,与设计高程比较,在桩位侧面用数字注记或画线标志设计高程,指导挖掘机修整碎落台,此项工作称为预留碎落台。例如

图 6-9 中 K128＋825 横断面坡脚桩实测高程 $H_{坡实}$＝117.11m,其下括号内 116.79m 为坡脚桩设计高程,则:h＝116.79－117.11＝－0.32m,即下挖 0.32m 为碎落台(注意:碎落台宽 1.0m,其设计高程应为路面水平)。同法计算其余各坡脚下挖高度。

为了保证挖方路堑满足设计宽度要求,实际作业中,当下挖至坡脚高度时,应在现场实地放出路宽＋边沟宽桩,即放出边沟外边缘桩,并用拉线或撒石灰线标志,以指示挖掘机操作人员线内全部挖至路基设计高度。例如半幅路宽 13.0m,边沟宽 1.0m,则半幅宽要挖:14.0m,全幅 28.0m。

(3)路堑路基"零挖方"施工测量

零填及挖方路基是指上路床 0～0.30m 及下路床 0.30～0.80m;当路堑下挖至路基面设计高程,或是根据需要对路基表层清除换填,此时的测量工作任务是:

①恢复线路中桩、左右边桩;

②测量复桩的实地高程;

③根据路基设计高程,桩位实测高程,将路基施工高程(考虑了松铺系数后的高程,即压实下沉量)用油性号笔标记在桩位(竹或木桩等)的侧面以指导施工,施工时可将同边(例如左边桩,右边桩)各桩位记号用线绳连接起来拉紧(此绳面即填土面)以方便现场施工。

上述三项工作操作方法步骤,详见第 5 章。

经过推平、碾压,使路堑段的路基满足施工设计要求,即使路堑段的路基线形、宽度、横坡、纵坡、边坡压实度、平整度、弯沉等达到设计标准和使用要求。

在进行"零挖方"作业时,还应提醒现场测量员注意:

挖方路基路床顶面终止高程,应考虑因压实而产生的下沉量,其值通过试验确定。

开挖至零填、路堑路床部分后,应尽快进行路床施工;如不能及时进行,宜在设计路床顶高程以上预留至少 300mm 厚的保护层。

最后再次强调深挖路堑边坡施工放样的必要性和重要性。

深挖路堑地形复杂,高差大,边坡高,工程量大,施工放样和过程测量直接关系到施工质量和施工成本。施工生产实践中由于施工放样和过程测量不准确,导致路堑开挖宽度不够,边坡过陡,需要返工;或超宽开挖造成巨大浪费,不但影响了工程质量和环境条件,而且增加了施工成本,拖延了施工进度,这类现象在山区深挖路堑施工中并不少见。

为确保深挖路堑施工质量,现场施工测量员必须做到:

①确保挖方段路基的中桩、边桩等标志放样位置准确无误。

②确保挖方段堑顶位置、坡脚位置放样无误。

③为便于施工过程中进行测量控制和掌握工程量,应加密中桩,边桩和增设临时水准点和导线点。

④边桩、堑顶桩、坡脚桩放样时,应保证垂直中线。

⑤应每挖深5m进行一次控制复测工作。

⑥路堑开挖过程中,经常会遇到土质或土石比例的变化,如需修改边坡坡度、截水沟和边沟的位置及尺寸等时,应及时按规定报批。

6.3 填方路堤的施工测量

6.3.1 施工测量要求

(1)填方前应指导路基底原地表的清理工作在路基轮廓线内进行。

(2)填方初期主要是控制路堤坡脚及路堤分层填筑的宽度。

(3)填方中期主要是控制路堤边坡度以及上填各层次的路基宽度。

(4)填方后期主要是控制路基的宽度和高度,使填方路堤达到设计要求的宽度和高度,使填方路堤边坡坡度比达到设计要求。

6.3.2 施工测量的资料准备

(1)填方段的施工导线点,水准点成果表。

(2)填方段的中桩、左右边桩坐标放样数据表或极坐标法放样数据表。

(3)填方段的中桩、左右边桩设计高程数据表。

(4)填方段路基横断面图及纵断面图。

6.3.3 熟悉填方路堤的"路基横断面图"

图 6-10 是设计单位提供的填方路堤标准横断面图。从图知路基填方路堤的横断面的要素是:路基以上各结构层的厚度(面层 16cm,基层 41cm,底基层 20cm);路面横坡度(即路拱),路基的宽度,路基两侧边坡及边坡比,路基(或路面)中桩、左右边桩填土高度,填土高 12m 变坡处设置 1.5m 宽平台,以及路堤两侧坡脚、坡脚外侧的护坡道及排水沟。

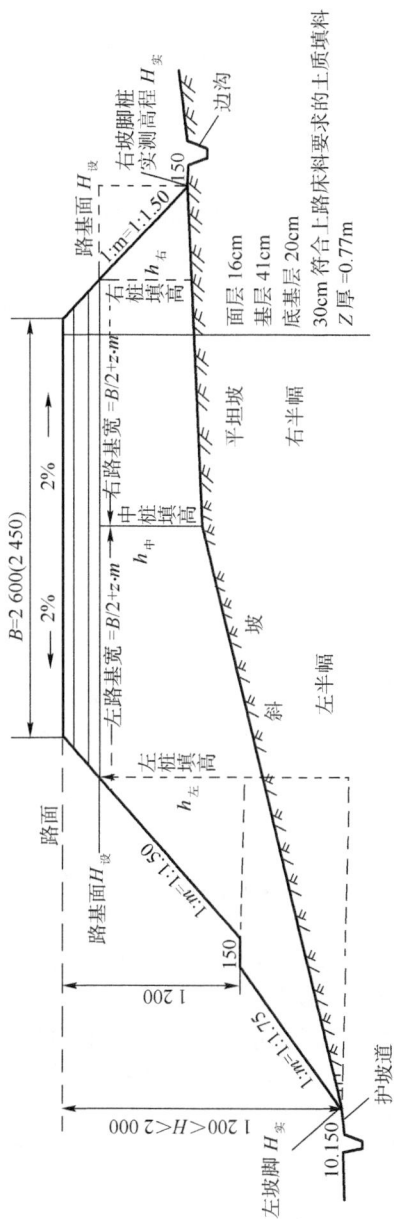

图 6-10 填方路堤断面图要素

6.3.4　施工测量的仪具和材料

填方路堤施工测量的仪具和材料与挖方路堑施工测量相同,详见6.2节。

6.3.5　施工测量的实施

1)路堤施工初期的测量工作

(1)根据"路基横断面图"征地界桩数据(ZB 及 YB),计算出线路两侧用地界桩 x、y 坐标值,用全站仪坐标法(或其他方法)放出其实地位置,并示以明显醒目的标志(例如撒石灰线并插彩色小旗),以指导线路场地清理作业。

(2)场地清理后,在实地放出填方路基的中桩,左、右边桩(放样方法详见第五章有关各节)。

这里需要重说明的是:路基的宽度是根据路面的宽度、路面以下至路基的各结构层(底基层、基层、路面层)的厚度,以及边坡比计算出来的。如图 6-10 中,左右路基半幅宽:

$$b = B/2 + Z \cdot m = 13.00 + 0.77 \times 1.5 = 14.16(\text{m})$$

另外还应注意:施工中路基填土宽度每侧应宽于填层设计宽度,压实宽度不得小于设计宽度。根据实践经验,填土宽度每侧应宽于设计宽度30～50cm。

(3)在放样中,边桩实地平面位置的同时,测出其桩位的实地高程。

(4)通过计算,或从"路基横断面图"上量取,求得边桩至边坡坡脚的平距,从而在实地标定出填方最底层坡脚桩。并撒石灰线以便于填土作业进行。

注意:填方最底层坡脚桩,就是路堤的边坡与原地面的交点。

2)路堤底层坡脚放样实用技术

方法 1,利用"路基横断面图",量取路堤坡脚放样数据——中桩至坡脚桩的平距,用 f_x—5800P 等型号计算器坐标计算程序计算出路堤坡脚的坐标 x 与 y 坐标值,用全站仪直接放出路堤坡脚在实地的位置。

设计单位提供的填方路堤"横断面图"是大比例尺绘制的,常采用的比例尺为 1:200、1:400 等,在这种大比例尺横断面图上量得的路堤坡脚放样数据,可满足路堤坡脚放样精度。

为了检核所量中桩至坡脚桩平距正确性,可在横断面上量出边桩至坡脚桩高差 $h_{边-坡}$,用下式计算边桩至坡脚桩平距:

$$D_{边-坡} = h_{边-坡} \times m \tag{6-9}$$

式中:m——路堤边坡比分母。

则,中桩至坡脚桩的平距:

$$D_{中-坡} = D_{中-边} + D_{边-坡}$$

式中:$D_{中-边}$——路基中桩至边桩平距(已知数据)。

图 6-11 是在路堤横断面上量取路堤坡脚放样数据示意图,图中 $A'C'B'$ 是填方路堤路基设计面,$NACBF$ 是路堤底层原地面形状(此例为倾斜地面)。只要在此图上量取:

(1)左坡脚桩 N 放样数据:$D_M - N_{左脚}$ 中数

①量中桩至左坡脚桩的平距:$D_{M-N量}$

②量左边桩至坡脚桩高差 $h_{A'-P}$,计算 $D_{M-N计}$:

则

$$D_{M-N计} = D_{M-P(已知)} + D_{P-N} = D_{M-P} + h_{A'-P} \times m$$

③计算中桩至左坡脚桩中数:$D_M - N_{左脚}$ 中数

当 $D_{M-N量}$、$D_{M-N计}$ 较差小于 10cm,则取其平均值($D_M - N_量 + D_M + N_计$)÷2 为路堤中桩至坡脚桩最后平距。

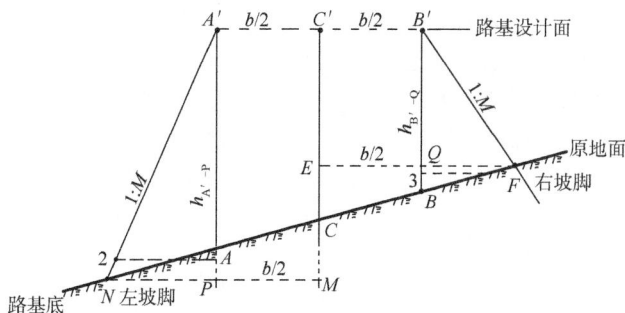

图 6-11　横断面上量取路堤坡脚放样数据示意图

一般来说，$D_{M-N量}$、$D_{M-N计}$ 都不相等，这是由于量距误差，图纸复印，伸缩等误差造成的，此误差一般都小于 10cm，不影响坡脚点放样。

(2) 右坡脚桩 F 放样数据：D_{E-F}

① 中桩至右坡脚桩的平距：$D_{E-F量}$

② 右边桩至坡脚桩高差：$h_{B'-Q}$，计算 $D_{E-F计}$

$$D_{E-F计} = D_{E-Q已知} + D_{Q-F} = D_{E-Q已知} + h_{B'-Q} \times m$$

③ 计算中桩至右坡脚桩中数：$D_{E-F中}$

注意：前述图例数据是在标准示意图上量取的。实践作业中，路堤各横断面图底层原地面地形外貌相差很大，所以量距时，关键是正确判断图上中桩至坡脚桩平距的作图位置。只要所量平距作图正确，此法所量放样数据，实践证明，是可以满足路堤坡脚放样精度的。

路堤底层坡脚放样实用技术操作方法步骤：

用前述方法在路堤横断面图上量取中桩至坡脚桩平距。

用 4.3 节坐标法放样点位平面位置数据计算程序：xy 程序计算路堤左坡脚桩及右坡脚桩的 x、y 坐标值。

用 5.2 节全站仪坐标放样测量技术放出路堤左、右坡脚桩。

在用全站仪放坡脚桩平面位置的同时，用全站仪测出坡脚桩实地高程；如条件可能，也可用水准测量方法测出坡脚桩实地高程。

用下式计算边桩至坡脚桩的平距：

$$D = (H_{边设} - H_{坡测}) \cdot m \tag{6-10}$$

式中：$H_{边设}$——路基边桩设计高程；

$H_{坡测}$——与边桩同一横断面的坡脚桩的实测高程。

在中桩—边桩—坡脚桩方向线上，自边桩向坡脚方向量公式 (6-10) D，即是经调整后的坡脚桩的实地位置（见图 6-11 中 D_{1-2}，D_{3-4}）。

方法 2，利用"路基横断面图"按上述方法量取中桩至坡脚桩之平距，用皮尺自中桩沿边桩方向，量出这个平距，定出坡脚桩第一次实地位置，然后用水准测量方法（或经纬仪视距法）测出其实地高程，再用公式 (6-10) 计算之 D 调整坡脚桩实地位置。

操作方法步骤：

在"路基横断面图"上量取中桩至坡脚桩的平距；

用皮尺自中桩沿边桩方向线上量取 (1) 的平距，在实地获得坡脚桩之第 1 位置；

用水准测量方法(或经纬仪视距法)测出坡脚桩第一位置的实地高程;

用公式(6-10)计算 D;

在中桩一边桩一坡脚桩(第 1 位置)方向线上,自边桩向坡脚方向量(6-10)计算的"D",即在实在获得经调整后的坡脚桩位置。

3)路堤上填过程中的坡脚放样的实用技术

填方路堤的坡脚,随着填土工程进度,填土高度逐渐降低而路基宽向内收紧,当填至路基设计高程,填方高度为零时,坡脚亦为零。因此,在填方施工中,应随着工程进度而控制填方的坡脚。

实践中,在最底层坡脚放样后填高 1~2m 复放一次坡脚,或填高 2~3m 复放一次坡脚;具体填高几米复放一次坡脚,规范中没有规定。作业中,可根据自己施工经验掌握。

高填方段复放坡脚的目的是检查最底层坡脚放样是否正确,这样做可避免因超放或欠放错误给路堤施工带来的损失,保证路堤边坡精度。

此后则应在"每填 3~5m 或者一个边坡平台(碎落台)复测中线和横断面"的同时复放一次坡脚桩。

由于填筑中的路基面已大致水平,此时在大致水平的路基施工面上放坡脚可一步到位。

实践中,常采用下述技术操作步骤进行坡脚放样(图 6-12):

(1)用 5.2 节"公路工程施工测量平面位置放样技术"在正在施工的路基面上复放线路中桩和边桩。

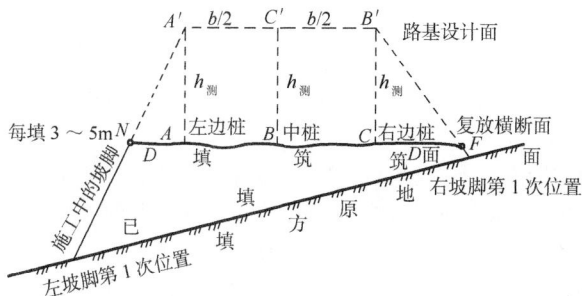

图 6-12　每填高 3~5m 复放中边桩及坡脚示意图

(2)用水准测量前视法或在全站仪放边桩的同时,测出边桩的实地高程 $H_{边测}$。

(3)用下式计算边桩至坡脚桩的平距：

$$D = (H_{边设} - H_{边测})m \tag{6-11}$$

式中：$H_{边设}$——路基边桩的设计高程；

$H_{边测}$——同一边桩的实测高程（路基施工进行中的填土面实地高程）；

m——路堤边坡坡度。

(4)用皮尺在施工进行中的填土面上沿中桩至边桩的方向线上（可目估），量出(6-11)式计算的 D，用竹桩扎红布条标定，即为上式 $H_{边测}$ 高程时的坡脚。

(5)每填 3～5m，重复上述操作。

这里应提醒的是：为了保证路基压实宽度，每次放左、右边桩时要加宽0.3～0.5m。在施工过程中，应及时测量路堤宽度，严防路堤压实后宽度不够。

4)填方路堤施工进行中的测量工作

(1)在路堤坡脚处设立醒目标志。

上节介绍的是填方路段一个横断面的边坡坡脚在实地的放样方法。当用同样方法把整个填方段的每个横断面边坡的坡脚都在实地标定后，为了方便推土机（或铲车）作业，应在这些点上设立明显醒目的标志。实践中常采用的是：在桩位竹（或木等）桩上扎红布条，然后将各点串联起来撒成石灰线。

此后的每 3～5m 复放的坡脚都仿此处理。

(2)路堤上填过程中的测量工作

当路堤原地面边坡的坡脚边线设立醒目标志后，施工者即可填土推压。随着工程进度，填土逐渐增高，原标定的中桩、边桩等均被推埋掉。因此，在此填土作业进行中测量工作的任务是：

①协助现场施工员，控制填土厚度，保证填压精度。规范规定，"路堤填筑时，应从最低处起分层填筑，逐层压实"；"每种填料的填筑层压实后的连续厚度不宜小于 500mm。填筑路床顶最后一层时，压实后的厚度应不小于 100mm。"施工作业中，采用机械压实时，分层的最大松铺厚度，高速公路和一级公路不应超过 30cm；其他公路按土质类别，压实机具功能，碾压遍数等，经过试验确定。但最大松铺厚度，不宜超过 50cm。几种碾压机具适应的松铺厚度可参考下述数据、结合现场实况选用：

羊足碾(6～8t)　　≤0.50m

振动压路机(10～12t)　　≤0.40m

压路机(8～12t)=0.20～0.25m

压路机(12～15t)=0.25～0.30m

动力打夯机=0.20～0.25m

人工打夯　　≤0.20m

填石路堤,分层松铺厚度,高速及一级公路不宜大于0.5m,其他公路不宜大于1.0m。土石路堤不宜超过40cm。

②每填筑3～5m,应复放线路中桩、左及右边桩,并测定其高程;放出坡脚桩。

③根据复测的中桩、边桩,控制线路线形及宽度;根据复测的中桩、边桩高程,控制上填高度。告知现场施工员路宽界限,新标定的坡脚线及上填高度数据,并将这些数据以书面形式通知现场施工员及推土机(或铲车)操作人员,由其掌握控制;施工测量员则要在现场监控其填压,并随时准备根据需要复测高程。

下面以实例说明路堤上填过程中的测量作业:

图 6-13 是××高速公路 K128+775 路堤断面上填施工现状。图中 $A'O'B'$ 是在压实填筑面上用全站仪"坐标法"复放的中桩及左、右边桩。虚线以下已填筑。$h_左$、$h_中$、$h_右$ 为仍要继续上填的高度,将其写在桩位竹签侧面,指导上填作业。图中,半幅路基宽 $b/2=14.16$m,边坡比 1：1.50。

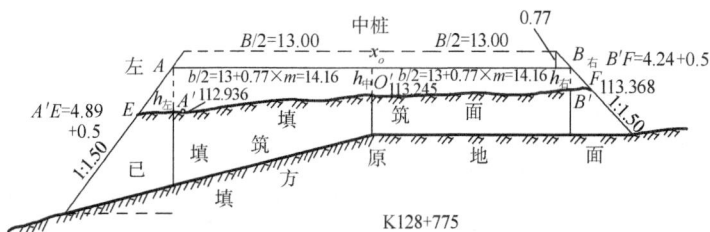

图 6-13　路堤填筑进行中示意图(尺寸单位:m)

此时,施工测量员要做的工作是:

a. 复放中桩及左、右边桩 $A'O'B'$;

b. 复测中桩 O'、左及右边桩 $A'B'$ 实地高程:$H_{中实}=113.245$m,$H_{左实}=112.936$m,$H_{右实}=113.368$m;

c. 抄取该断面中桩,左边及右边桩路基设计高程;

$$H_{\text{中设}} = 116.48(\text{m})$$
$$H_{\text{左设}} = H_{\text{右设}} = 116.197(\text{m})$$

d. 计算上填高度,写在桩位侧面,并书面通知现场施工员及机械操作员,指导填筑作业。

计算上填高度公式:

$$h = H_{\text{设}} - H_{\text{实}}$$

式中:$H_{\text{设}}$——路基中桩,左、右边桩设计高程;

$H_{\text{实}}$——路基施工面复放的中桩、边桩实测高程。

注意:公路施工中,桩上标明桩号与填挖高,用(+)表示填方,用(-)表示挖方。

则应上填:

$$h_{\text{中}} = 116.48 - 113.245 = +3.24(\text{m})$$
$$h_{\text{左}} = 116.197 - 112.936 = +3.26(\text{m})$$
$$h_{\text{右}} = 116.197 - 113.368 = +2.83(\text{m})$$

e. 计算坡脚 E、F 放样数据。

坡脚 E、F 放样数据用公式(6-11)计算:

$$D_{A'-E} = 3.24 \times 1.5 = 4.86(\text{m})$$
$$D_{B'-F} = 2.83 \times 1.5 = 4.24(\text{m})$$

f. 用皮尺放坡脚桩。

a)放左坡脚桩 E:用皮尺自左边桩 A' 沿 $O'A'$ 方向量 4.86m,即在实地获得左坡脚点 E;

b)放右坡脚桩 F:用皮尺自右边桩 B' 沿 $O'B'$ 方向量 4.24m,即在实地获得右坡脚点 F;

c)在 E、F 点处钉竹(木等)桩标志并扎红布条。

注意:每边应加放 0.3~0.5m。

g. 同法放出其他里程桩号横断面填高及坡脚。

h. 将各断面坡脚用红草绳串联起来,撒石灰线。施工作业以此为据,继续上填。

④用坡度尺检控边坡坡面坡度及平整度。

现行行业标准《公路路基施工技术规范》(JTG 3610),对施工中的路堤边坡坡度要求没有明文规定。一般来说,路基边坡,应做到设计要求的边坡比,完工后的坡面应与设计边坡一致。

为了保证路堤边坡完工后"不陡于设计值",在路堤填筑过程中,应用坡度尺(见 6.2.5 节)检控路堤边坡修整,使其达到设计的边坡比。一般情况下,路基填土高小于 8m 时,边坡坡率为 1∶1.5;如填土高大于 8m 时,上部 8m 坡率为 1∶1.5,其下部分为 1∶1.75。

⑤根据填土高度,进行路堤边坡平台放线。

公路施工设计图要求,如 8m＜填土高＜12m,不设填方平台;如 12m＜填土高＜20m,在变坡处(8m 处)设置 1.5m 宽填方平台。

为此,在路堤上填过程中,应对平台放线。

图 6-14 是××高速公路 K128＋700 至 K128＋800 填方段正在填筑中的地形草图。图中括号内高程为路基设计高程,不带括号为正在填筑中填筑面的实测高程。从图 6-15 知,右边坡平台设计高应是 109.00m 左右,而填筑面已至 109.5m,就是说再填高 3m 左右即可挖修平台(考虑挖掘机修坡挖距是 4m 左右)。为了指示挖机作业,应将平台线用明显醒目标志标定在实地坡面。

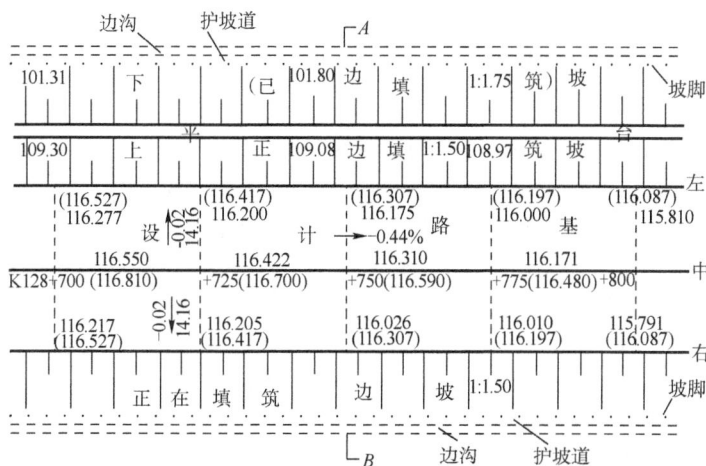

图 6-14　正在填筑中的路堤地形图(尺寸单位:m)

平台放线方法,实践中常采用水准仪视线高法。具体操作方法步骤详见 6.2.5 节。

进行放线前应准备好平台放线数据,K128＋700 至 K128＋800 填方段中,有 5 个横断面,只要标定出 2～3 个平台点,就可确定该段平台线。此例中:

在 K128＋700 断面平台设计高为:

$$116.53 + 0.77 - 8.0 = 109.30(\text{m})$$

在 K128+750 断面平台设计高为：

$$116.31 + 0.77 - 8.0 = 109.08(\text{m})$$

在 K128+775 断面平台设计高为：

$$116.20 + 0.77 - 8.0 = 108.97(\text{m})$$

其中：0.77m 为路面至路基高度：

$$0.77\text{m} = 路面层 + 基层 + 底基层$$

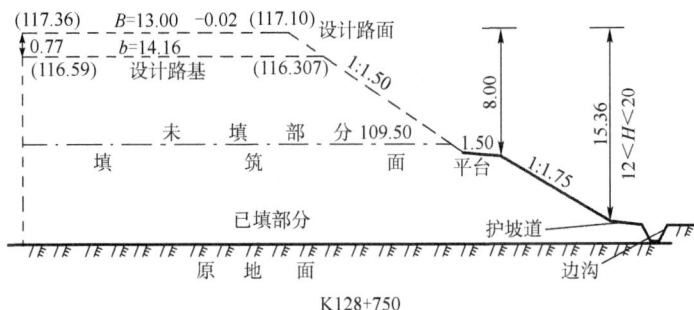

图 6-15 路堤填筑中预留平台示意图(尺寸单位:m)

5)路堤施工后期的测量工作

当路堤填筑至路床 0~0.8m 时(0~0.3m 为上路床,0.3~0.8m 为下路床),以后的上填工作称为路堤施工后期。在此之前路堤分层填筑作业中,路基线形(纵横方向)已基本成型,路宽已基本到位,路堤边坡亦基本完成。此后只要在上填 0.80m 左右就可填到路基面设计高程,此阶段测量工作的主要任务是:控制上填高度,修整边坡,保证填方路基满足设计和使用要求。

(1)填方路堤"零填方"施工测量。

实践中,将路堤 0~0.8m 填筑作业称为"零填方"施工。为了保证填方路基面达到设计高程要求,现场测量员必须做好下述工作:

①复放填方段中桩,边桩平面位置,在其旁打竹(或木等)桩标志。

②用水准前视法测出其实地高程(测桩旁地面高程或桩顶高程),如测桩旁地面高程,可在打桩时,在桩旁固定一小石子,测高时,尺立小石上,以方便量高划线。

③计算填土高度：

$$h = H_设 - H_实$$

④计算施工高程：

$$h_{施}＝h_{填}×Z$$

式中：Z——松铺系数，其值应由试验确定，或根据多年的施工实践经验掌握。

⑤将施工高程醒目的标志在点位桩的侧面。实践中，常采用红色（或黑或蓝色）油性号笔将施工高程线条画在桩的侧面；一般情况下，画两条线，下条线是路基设计高程，上条线是填土高度，经推平碾压后路基面应处在下条线位置。

例如图6-14中K128＋700横断面，右、中、左桩实测高程为：

$$H_{右实} ＝ 116.217(m)$$
$$H_{中实} ＝ 116.550(m)$$
$$H_{左实} ＝ 116.277(m)$$

右、中、左桩设计高程（见图中括号内数字）：

$$H_{右设} ＝ 116.527(m)$$
$$H_{中设} ＝ 116.810(m)$$
$$H_{左设} ＝ 116.527(m)$$

则，该断面右、中、左桩应上填：

$$h_{右} ＝ 116.527－116.217 ＝ （＋）0.31(m)$$
$$h_{中} ＝ 116.81－116.550 ＝ （＋）0.260(m)$$
$$h_{左} ＝ 116.527－116.277 ＝ （＋）0.250(m)$$

其余各断面右、中、左桩应上填的高度同法算出。

在算出应填高度后，应及时算出施工高度（即考虑了松铺系数后的高度）。该施工段经试验松铺系数为1.25。这样K128＋700横断面右桩、中及左桩施工高程应是：

$$h_{右施} ＝ 0.31×1.25 ＝ 0.388(m)$$
$$h_{中施} ＝ 0.26×1.25 ＝ 0.325(m)$$
$$h_{左施} ＝ 0.25×1.25 ＝ 0.313(m)$$

将这些施工高程画在桩位侧面，并用线绳将相邻桩位的施工高程串联起来，要求拉直拉紧，以指导填土、推平、碾压。

（2）填方路堤边坡整修的测量工作。

当填方路堤路基面达到设计高程位置，应及时对路堤两侧边坡修整，为此施工测量员要做下述测量工作。

①复放左、右边桩平面位置；

②用水准前视法测出所放桩位实地高程；

③计算：

$$D_i = (H_{i设} - H_{i实}) \cdot m$$

式中：m——路堤边坡坡度。

注意：此时因路基已达到设计标准高程，所以 $D \leqslant 0.05 \sim 0.10m$。

④将路基设计高画在桩位侧面；

⑤将根据 D_i 确定的路基边缘线用石灰线明显标出；

⑥根据桩位画线及石灰线，进行路堤边坡修整，在人工或挖掘机修整边坡时，应用坡度尺检控，使其边坡面与设计坡度一致。

整修后的坡面应顺适、美观、牢固，坡度符合设计要求。

(3)路堤填筑至设计高程并整修完成后，其施工质量，土质路堤施工质量应符合表6-1的规定；填石路堤施工质量应符合表6-2的规定。

土质路堤施工质量标准　　　　　　表6-1

项次	检查项目	规定值或允许偏差			检查方法和频率
		高速、一级公路	二级公路	三、四级公路	
1	压实度	符合规定	符合规定	符合规定	施工记录
2	弯沉	不大于设计值	不大于设计值	不大于设计值	
3	纵断高程（mm）	+10，-15	+10，-20	+10，-20	每200m测4个断面
4	中线偏位（mm）	50	100	100	每200m测4点，弯道加HY、YH两点
5	宽度	不小于设计值	不小于设计值	不小于设计值	每200m测4处
6	平整度（mm）	15	20	20	3m直尺：每200m测2处×10尺
7	横坡（%）	±0.3	±0.5	±0.5	每200m测4个横面
8	边坡坡度	不陡于设计坡度	不陡于设计坡度	不陡于设计坡度	每200m抽查4处

填石路堤施工量标准

表 6-2

项次	检查项目	规定值或允许偏差		检查方法和频率
		高速公路、一级公路	其他等级公路	
1	压实度	符合试验路确定的施工工艺		施工记录
		沉降差≤试验路确定的沉降差		水准仪:每 40m 检测一个断面,每个断面检测 5～9 点
2	纵面高程 (mm)	+10 −20	+10 −30	水准仪:每 200m 测 4 个断面
3	弯沉	不大于设计值		—
4	中线偏位 (mm)	50	100	经纬仪:每 200m 测 4 点,弯道加 HY、YH 两点
5	宽度	不小于设计值		米尺:每 200m 测 4 处
6	平整度 (mm)	20	30	3m 直尺:每 200m 测 4 点×10 尺
7	横坡(%)	±0.3	±0.5	水准仪:每 200m 测 4 个断面
8	边坡 坡度	不陡于设计值		每 200m 抽查 4 处
	平顺度	符合设计要求		

注:在实际施工中,沉降差可以这样测定:以每个横断面的测量数据为基本分析单位。在对松铺层初平初压后,在同一横断面上选 7～11 点测量初始高程;终压完成后,在对应初始高程的测量点上测量终压高程,将终压高程减去初始高程并综合平均后,作为该断面的沉降差。

6.4 路基工程完工后的测量工作

6.4.1 规范中有关交工验收的规定

公路工程验收分为交工验收和竣工验收两个阶段。

交工验收是检查合同的执行情况,评价工程质量是否符合技术标准及设计要求,是否可以移交下阶段施工或是满足通车要求,对各参建单位工作进行初步评价。

竣工验收是综合评价工程建设成果,对工程质量,参建单位和建设项目进行综合评价。

规范规定,"分项工程、分部工程、单位工程完成后,应按有关规定进行中间检查验收"。

单位工程:在建设项目中,根据签订的合同,具有独立施工条件的工程。

分部工程:在单位工程中,应按结构部位,路段长度及施工特点或施工任务划分为若干个分部工程。

分项工程:在分部工程中,应按不同的施工方法、材料、工序及路段长度等划分为若干个分项工程。

路基完工后"交工验收前应恢复施工段内的导线点,水准点,以及验收中要求和可能需要的其他标志桩"。

"交工验收前应按照现行行业规范《公路路基施工技术规范(JTG 3610)》及《公路工程质量检验评定标准 第一册 土建工程》(JTG F80/1)的要求进行自检,自检合格后,编制符合要求的交工资料,申请进行交工验收"。

"交工验收应按照交通运输部《公路工程竣(交)工验收办法》(交通运输部2004年第3号令)和现行行业标准《公路工程质量检验评定标准 第一册 土建工程》(JTG F80/1)有关规定执行"。

6.4.2 施工单位交工前应做的准备

根据上述规定的检查项目、方法和频率,结合实践中检查验收的经验,施工单位在交工前,应按设计文件要求对下列项目自检验收,并根据自检验收情况对施工段内路基进行整修或处理,做好交工验收的准备:

(1)路基的平面位置;

(2)路基宽度、高程、横坡和平整度;

(3)边坡坡度及边坡加固;

(4)边沟和其他排水设施的尺寸及底面纵坡;

(5)防护工程的各部尺寸及位置;

(6)填土压实度;

(7)路基表层弯沉;

(8)取土坑、弃土堆、护坡道、截水沟、渗水井等位置和形式;

(9)隐蔽工程记录,路段内所有结构物本身以及可能引起隐患的因素进行检查,排除。

6.4.3 交工检查验收中的测量工作

在路基工程基本完工后,交工检查验收前,现场施工测量员应做的工作主要是:

(1)复放本施工段路基的中桩、左、右边桩的平面位置,编写里程桩号;

(2)自检线路各部分外形尺寸,并做好资料:

①自检中线偏位;

②自检路基宽度;

③自检边坡坡度,外形;

④自检边沟、排水沟等外形尺寸及沟底纵坡度。

(3)用水准前视法实测复放桩位实地高程与路基设计高程比较,进行线路高程位置自我检查,并做好资料:

①纵断高程检查;

②横断面高程检查;

③路基面平整度检查;

(4)协助现场施工员对本标段路基面进行弯沉自检;

(5)协助现场施工员对本标段路基面进行压实度自检;

(6)协同现场施工员对本标段内的结构物(如盖板涵、圆管涵等)进行自检;

(7)交工检查验收时,协助监理人员进行指定的工作。

上述自检,都应做好资料。交工测量成果是衡量工程质量水平和建立工程档案的重要资料,必须认真,严格做好。

为使现场施工测量员了解,掌握路基路面工程检查验收的范围和方法,下面将交通运输部1995年颁发的《公路路基路面现场测试规程》(JTJ 059—95)中"路基路面几何尺寸测试方法"(T0911—95)及附录B"检测路段数据整理方法"(T0992—95)抄录于7.4节。

第7章　公路工程底基层、基层、路面施工测量及交（竣）工测量

7.1　上面层施工测量概述

规范规定：当每一分项工程、分部工程、单位工程完成后，应按批准的设计图纸、设计文件、技术规范的要求，对施工质量进行中间检查验收。

当路基工程基本完工后，经由施工方项目部及施工单位会同施工监理人员，按设计文件要求对路基中线、高程、宽度、边坡坡度等检查验收合格后方可进行底基层筑铺。

当底基层基本完工后，经检查验收合格，方可进行基层筑铺；当基层基本完工后，经检查验收，方可进行路面层筑铺。

由"路面横断面结构图"知，路面结构自下而上为路基、底基层、基层和路面层。其中路基是公路工程的重要组成部分，是公路工程的基础，承受由路面传来的荷载。经检查验收合格的路基，在质量上已符合设计要求、质量标准和规范的规定。它奠定了公路工程的外貌形状、纵向坡度、横向坡度和路宽。路基以上各结构层的铺筑施工都是在路基基础上用不同填料加高而已。从这一观点来说，路基以上各结构层的施工测量的主要任务是：

(1)控制线路外形尺寸，满足设计单位对路基以上各结构层的平面位置要求。

(2)控制线路纵断高程(纵坡度)、横断高程(横坡度)、路层厚度、路面平整度，满足设计单位对路基以上各结构层的高程位置要求。

概言之，底基层、基层和路面层的施工测量就是控制这些层面的平面位置和高程。

由于底基层、基层和路面层(以下此三层合称为"上面层")的施工测量任务内容基本一致，本章统一讲述其操作方法和步骤。

7.2 上面层施工测量的准备工作

7.2.1 仪具与材料

(1)全站仪或经纬仪配测距仪。

(2)水准仪及水准标尺:塔尺或单面、双面水准标尺。

(3)棱镜及棱镜杆。

(4)对讲机。

(5)30m 或 50m 钢尺及皮尺,3～5m 小钢尺。

(6)f_x—5800P 型计算器等。

(7)竹(或木等)桩、钢钎;铁锤、凿子;钢钉;油性号笔、粉笔;拉绳、红布条或红塑袋;测伞等。

7.2.2 资料准备

1)设计图纸

(1)"路面横断面结构图"(路面结构图)。

(2)"路线纵断面图"。

2)已知成果收集

(1)施工段导线点成果表及实地勘察。

(2)施工段水准点成果表及实地勘察。

(3)直线曲线及转角表。

(4)逐桩坐标表。

(5)路基设计表等。

3)施工放样数据准备

(1)准备施工标段中桩、左右边桩坐标放样数据表(即线路平面位置放样设计坐标表)。

施工标段中桩、左右边桩坐标计算的方法步骤:

①根据"路面结构图"计算上面层各结构层的中桩至边桩距离(图 7-1):

a.路面层中桩至边桩宽度(半幅路宽):

$$QA = 12.75(\text{m})$$

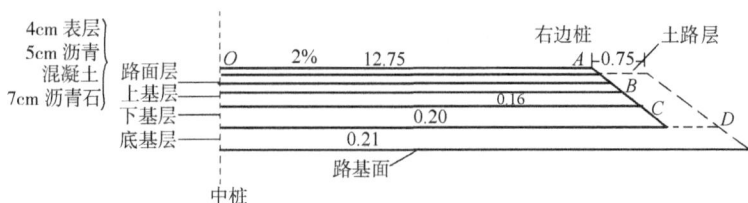

图 7-1 路面结构图

b. 上基层中桩至边桩宽度：

$$OB = 12.75 + 0.16 \times 1.5 = 12.99(\text{m})$$

c. 下基层中桩至边桩宽度：

$$OC = 12.75 + (0.16 + 0.20) \times 1.5$$
$$= 12.99 + 0.2 \times 1.5 = 13.29(\text{m})$$

d. 底基层中桩至边桩宽度：

$$OD = (13.29 + 0.75) + 0.21 \times 1.5$$
$$= (12.75 + 0.75) + (0.16 + 0.20 + 0.21) \times 1.5$$
$$= 14.36(\text{m})$$

各结构层中桩至边桩距离计算方法详见 2.3 节。

②根据"直线曲线及转角表"上的交点编号、里程桩号及坐标值、转角、方位角、半径等要素，以及上面层各结构层的中桩至边桩距离，用第四章第三节"二"介绍的"x、y 坐标计算程序"计算上面层各结构层的中桩及左右边桩的坐标 x、y 值。

注意：由于路面结构层是垂直投影，所以上面层各结构层的中桩坐标 x、y 值相等，而左右边桩 x、y 坐标值则由于各结构层的路宽不同而不在同一位置。所以上面层各结构层的边标坐标 x、y 值要分层计算；这一点在计算施工放样边桩的平面位置数据时要特别注意。

(2)准备施工标段中桩、左右边桩高程放样数据表(即线路高程位置放样的设计高程表)。

线路上面层各结构层设计高程计算的方法步骤：

①第一步先计算上面层各结构层中桩高程

依据"路线纵断面图"和"路基设计表"上竖曲线要素、变坡点里程桩号、变坡点高程、变坡点前后纵坡度，以及"路面结构图"上提供的上面层各结构层的厚度,用第四章第二节"直竖联算程序"计算上面层各结构层的中桩高程。

②第二步计算上面层各结构层左右边桩高程

依据第一步计算的上面层各结构层的中桩高程;"路面结构图"上各结构层半幅路宽、路拱(横坡度),以及超高缓和曲线要素等分别情况计算各结构层左右边桩高程。

a.当线路为直线段和不设超高的曲线时,用上述"直竖联算程序"在计算中桩高程的同时,一并算出左右边桩高程。

b.当线路为设有超高的缓和曲线时,可用 4.2 节介绍的"超高横坡度及设计高程计算程序:ZHD-001 或 ZHD-002"程序计算上面层各结构层的左右边桩高程。

注意:利用第四章第二节介绍的程序计算上面层各结构层的中桩、左右边桩设计高程时,应特别注意程序计算范围、功能及注意事项。为了保证计算数据准确可靠无错,可用两种程序分别计算、验算。

4)绘制有关图件、方便现场施工测量作业

(1)编制施工标段"竖曲线变坡点图",编制方法详见第五章第三节。此图可以在施工现场很方便地计算、检查线路上任一里程桩号的高程。是现场施工测量员的好帮手。

(2)绘制"施工进度图",绘制方法详见 2.5.1 节。该图将每日完成工作量填绘其上,便于及时掌握了解施工进度,方便安排工作。

(3)绘制施工标段"控制点图",绘制方法详见 2.5.2 节。在该图上将施工标段沿线已知的导线点、水准点展绘其上,便于现场施工放样安排工作,对施工段的放样目标一目了然。

7.3 上面层施工测量的实施

7.3.1 上面层施工测量的外业工作

(1)恢复中桩、左右边桩的平面位置。

规范要求直线段每 15～20m 设一桩,曲线段每 10～15m 设一桩,并在两侧边缘处设指示桩。

施工实践中,为了更方便地控制高程,方便推土机(或平地机等)作业,一般情况下都是每 10m 设一桩。

为此，需在外业放样前事先按上述桩位要求计算出这些桩位的坐标，或在测站上一边计算，一边放样。

复放上面层各结构层中桩、左右边桩的方法步骤，详见第五章各节介绍的放样技术。

（2）用水准测量"前视法"测出所放桩位的实地高程及填高，并用明显醒目标志标出桩位的设计高程及松铺施工高程。

（3）严格掌握上面层各结构层的厚度和设计高程，其线路纵坡、横坡应与面层一致。

7.3.2　上面层中桩、边桩平面位置放样方法

上面层各结构层中桩、边桩放样，实践中常采用全站仪坐标法或经纬仪配测距仪极坐标法。

放样时，在一个测站上的操作方法步骤，详见第五章第二节。

实践中，底基层所放桩位常采用竹（或木等）桩标志；基层、面层由于其表面坚硬，在放样进行中，可先用钢钉标出其位（天气好时亦可用粉笔标出其位），然后（在施工铺筑前）用钢钎（用钢筋做）标志。

上面层施工，对于设有中央分隔带的，在放样时可一并放出分隔带边桩；也可在放出中桩、边桩后，在中边桩连线上用皮尺（基层、面层应用钢卷尺）量距法加放分隔带边桩。

放样实践中，在线路直线段通常只放出每隔 20m 的中桩位置，至于中间 10m 桩及左右边桩则要另外重新加桩（即人工放桩）。

在曲线段通常只放出每隔 20m 的中桩和同断面一侧的边桩，至于另一侧的边桩和 10m 桩则需重新加桩（即人工放桩）。

如果遇到上述两种情况，则可按下述方法步骤进行人工加桩：

1）线路直线段皮尺（或钢尺）交会法加桩

（1）作业组织及工具材料

①作业组织：3 人，称为甲、乙、丙；

②工具材料：

a. 30m 皮尺（或钢尺），2 个；

b. 计算机；

c. 铁锤、钢钉、钢钎、竹（或木等）桩、油性号笔等。

(2)计算放线数据 c

计算公式:

$$c = \sqrt{a^2 + b^2} \tag{7-1}$$

式中:a——线路两相邻中桩间距离;

b——线路中桩至边桩距离(即半幅路宽)。

方法1(加放20m偶数边桩):令 $a=20\text{m}$,$b=12.75\text{m}$,则 $c=23.72\text{m}$;

方法2(加放20m奇数边桩):令 $a=10\text{m}$,$b=12.75\text{m}$,则 $c=16.20\text{m}$。

(3)实地放桩

图 7-2 是××高速公路中一段直线段,放样时用全站仪只放出了中线每隔20m的桩位,如图中 K128+020、K128+040…K128+080…其间 10m 桩及左右边桩需人工加桩。图中半幅路宽为 12.75m。

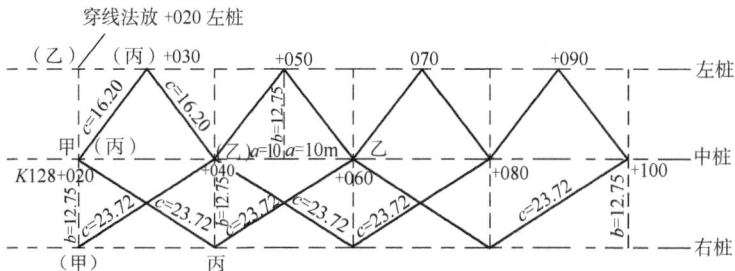

图7-2 直线段人工放桩(尺寸单位:m)

①实地人工加桩方法一——加放 20m 偶数边桩的操作步骤(见图 7-2 右半幅):

a. 甲置尺于+020 中桩,使尺读数为 23.72m;

b. 乙置尺于+060 中桩,使尺读数为 23.72m;

c. 丙将两尺0端重合,套于钢钎上[或小竹(木)棒上],手提钢钎均匀用力,同时拉紧两根皮尺(或钢尺),使甲乙丙构成等腰三角形,而钢钎则恰好位于两腰交点处,此时钢钎下尖端即+040 右边桩桩位,用竹(木等)桩标志;

d. 甲乙丙三人持尺同时前进,甲置尺于+040 中桩,乙置尺于+080 中桩,甲、乙均使尺读数为 23.72m;

e. 丙手提钢钎(此时两根尺0端仍套于钢钎上),均匀用力同时拉紧两根皮尺(或钢尺),则钢钎下尖端即为+060 右桩桩位;

f. 重复上述操作,同法放出+080、+100…以及左边桩+040、+060、

+080、+100…;

g. 直线段起点、终点边桩可用下法放出:

以 K128+020 为例:甲置尺于+020 中桩,使尺读数为半幅路宽 12.75m;乙置尺于+040 中桩,使尺读数为 23.72m;丙手提钢钎(此时两根尺 0 端仍套于钢钎上),两手同时均匀用力拉紧两根皮尺(或钢尺),则钢钎下尖端为+020 右或左边桩桩位。

h. 当右(或左)边桩放出 20m 间距桩位后,则另半幅边桩也可用下法放出(穿线法放桩):

由图 7-2 知,K128+020 横断面,其中桩、左桩、右桩是在一条直线上,若已知其中两桩点位,则另一桩位可用"穿线法"放出桩位。其法操作步骤如下:

a)甲置尺零端于+020 右桩;

b)乙拉尺使尺子位于+020 中桩至右桩方向线上(甲在右桩后用目瞄方法检查,当右桩—中桩—乙端在一条线上时,喊"好");

c)丙在中桩使尺读数为 12.75m(半幅路宽),乙在尺读数为 2×12.75 = 25.50m 处打桩,即为+020 左桩位。

②实地人工加桩方法二——加放 20m 奇数边桩的操作步骤(见图 7-2 左半幅):

a. 甲置尺于+020 中桩,乙置尺于+040 中桩,甲乙均使尺读数为 16.20m;

b. 丙持钢钎(两尺 0 端套钎上),均匀用力同时拉紧两根皮尺(或钢尺),则钢钎下尖端即为+030 左边桩桩位;

c. 重复上述操作,用+040 及+060 放+050;+060 及+080 放+070,+080 及+100 放+090……。

③加放 10m 桩:

当放间隔为 20m 的左边桩及右边桩后,则可在其间用皮尺(或钢尺),加放出左、中右边的 10m 桩。

2)线路曲线段中央纵距法加桩

(1)作业组织及工具材料。

①作业组织:3 人,称为甲、乙、丙;

②工具材料:

a. 皮尺(或钢尺):规格 30~50m;

b. 小钢尺:规格 3~5m;

c.计算机；

d.铁锤、钢钉、钢钎、竹(木等)桩、油性号笔等。

(2)实地加桩

①实地情况一：实地上已放出曲线中桩和左边桩(或右边桩)，要求在相邻两桩间加放中间桩，同时要求放出右边桩(或左边桩)(见图7-3)。

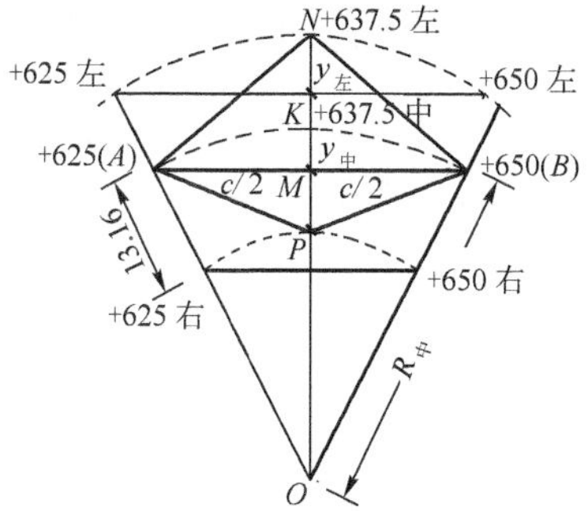

图7-3 平曲线人工加桩示意图

例如，某高速公路一弯道，ZY 为 K128＋271.428，YZ 为 K129＋017.270，半径为5 000m，路半幅宽为 13.16m 中线桩距为 25.0m，左边桩桩距为 25.066m，右边桩桩距为24.926m(由两相邻两桩坐标反算求得)，或用公式：$D=2R \cdot \sin(\alpha/2)$计算，式中 $\alpha = 57.295\,8 \cdot \dfrac{l}{R}$，此例左边桩桩距：

$$D_{左} = 2 \times (5\,000 + 13.16) \times \sin(\alpha/2) = 25.066(m)$$

右边桩桩距

$$D_{右} = 2 \times (5\,000 - 13.16) \times \sin(\alpha/2) = 24.926(m)$$

式中，$\alpha = 57.295\,8 \times \dfrac{25}{5\,000} = 0°17'11''$。实际上已放出中桩和左边桩。

由于施工需要，要求每 12.50m 设一桩位，同时放出右边桩。

此例在实地加桩时，按下述操作步骤进行：

a.计算中央纵距 y；

计算公式(见图7-3)：

$$y = R - \sqrt{R^2 - (c/2)^2} \tag{7-2}$$

式中：R——曲线半径；

c——相邻两里程之间的距离。

实际作业中,由于 y 值与 R 值相比,相差较大,故一般可取近似值:

$$y = \frac{c^2}{8R} \tag{7-3}$$

此例中:

$$y_{中} = 5\,000 - \sqrt{5\,000^2 - (25/2)^2} = 0.016\text{m}$$

$$y_{左} = (5\,000 + 13.16) - \sqrt{(5\,000 + 13.16)^2 - (25.066/2)^2} = 0.016(\text{m})$$

用公式(7-3)验算:

$$y = 25^2/(8 \times 5\,000) = 0.016(\text{m})$$

b.甲置尺于+625中桩,使尺读数为0m;

c.乙置尺于+650中桩,此时尺读数应为25.0m;

d.丙于+625至+650尺中点(M)读数12.50m处,用小钢尺在尺垂线 MK 方向上量 $y_{中}=0.016$m,即为加桩+637.5m桩位;

e.线路中线、左边线需加桩之处,都用上述同法放出;

f.加放线路右边桩,可用"穿线法"。例如K128+625,置尺0端于+625 左边桩,使尺沿+625左桩至中桩方向线上在尺读数为 $13.16 \times 2 = 26.32$m 处打桩即为+625右边桩。同法放出其余右边桩。

②实地情况二:实地上只放出曲线中线桩位,要求加放左、右线桩位。

例如图 7-4 中,只放出了中线 K128+625,K128+650 等中桩,为了施工需要,必须加放其左、右边桩。

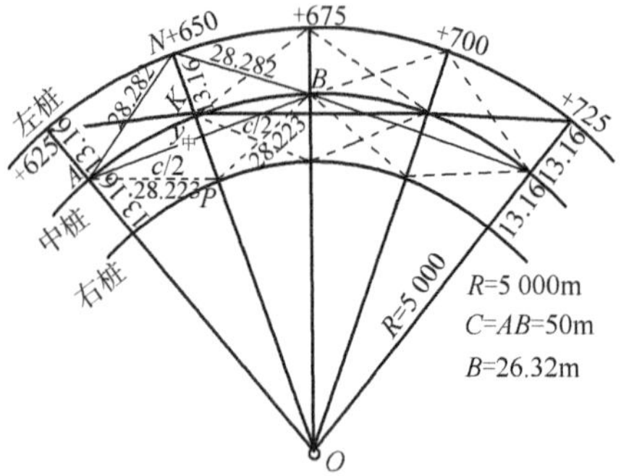

图7-4 用中线桩位加放曲线左、右线桩位示意图

此时,可按下述操作步骤进行:

a.用公式(7-2)或公式(7-3)计算 y 值,此例:

$$y = 5\,000 - \sqrt{5\,000^2 - (50/2)^2} = 0.063(\text{m})$$

检验：$\quad y = c^2/(8R) = 50^2/(8 \times 5\,000) = 0.063(\text{m})$

b. 用下述公式计算放样数据。

a) 外圆曲线放样数据计算公式

$$AN = BN = \sqrt{(AB/2)^2 + (B/2 + y_{\text{中}})^2} \qquad (7\text{-}4)$$

b) 内圆曲线放样数据计算公式

$$AP = BP = \sqrt{(AB/2)^2 + (B/2 - y_{\text{中}})^2} \qquad (7\text{-}5)$$

式中：AB——曲线上两相邻中桩点间平距，即弦长，一般为 10m、20m、

25m 等；

$B/2$——半幅路宽，B 为路宽；

$y_{\text{中}}$——用公式(7-2)或公式(7-3)计算的中央纵距。

此例中，外圆曲线放样数据，$AN = BN$：

$$AN = BN = \sqrt{(50 \div 2)^2 + [(26.32 \div 2) + 0.063]^2} = 28.282\text{m}$$

内圆曲线放样数据，$AP = BP$：

$$AP = BP = \sqrt{(50 \div 2)^2 + [(26.32 \div 2) - 0.063]^2} = 28.223\text{m}$$

c. 甲置尺于 A(+625)，使尺读数为 28.282m。

d. 乙置尺于 B(+675)，使尺读数为 28.282m。

e. 丙手持钢钎(两尺 0 端套钎上)，均匀用力同时拉紧两根皮尺(或钢尺)，则钢钎下尖端即为 N(+650 左桩)桩位。

注意：上述 c、d、e 三步也可按下法操作：

甲置尺于 A，使尺读数为 28.282m；乙置尺于 K，使尺读数为半幅路宽 13.16m；丙持两尺零端，同时均匀用力拉紧两根尺子，交出 N 左桩位。然后用 BN、KN 两尺长交会 N 点检查。

f. 同理，用 AP、BP 两尺长交会出 P 右桩，用 AP、KP 两尺长或 BP、KP 两尺长交会 P 点检查 P 桩也可用 NK 穿线法定出。

g. 曲线左、右桩位，均可用两尺长交会定出。只是在计算曲线放样数据时，必须把中线两相邻桩位间距离和半幅路宽搞准确。

为了方便运算，可将公式(7-2)、公式(7-4)、公式(7-5)编写为程序，其程序清单如下：

外圆加放边桩数据计算程序清单：

文件名：WY—BZ

程序中：R?——圆曲线半径；

C?——圆曲线中桩 *AB* 间距离；

B?——路面宽度。

3）现场补桩

上面层筑铺前放好的左、中、右各桩位，在筑铺进行中，常因拉料汽车压坏桩，推土机推掉或人为毁桩等原因需要现场及时补桩。在此种情况下应根据现场桩位间几何关系进行补桩。

若是直线段可用本节介绍的方法补桩，若是曲线段可用本节"2"介绍的方法补桩。若是条件许可，则可用全站仪坐标法直接补桩。

7.3.3　上面层桩位设计高程放样方法

上面层各结构层铺筑时，必须进行各结构层的设计高程放样。从公路施工实践出发，根据铺筑顺序、施工进度，上面层各结构层的设计高程放样，按下述步骤进行：

铺筑前实测桩位高程，将设计高程位置标志于点位桩侧，指导摊铺。

铺筑进行中，跟踪测量铺筑面实地高程，监控结构层的厚度和高程以及路拱横坡。

铺筑完工，进行全线的交（竣）工测量，包括中线纵断高程、横断面高程测量。

1)上面层各结构层铺筑前设计高程放样方法

公路工程上面层各结构层铺筑前设计高程放样，在施工实践中，常采用的方法有：

(1)实测点位地面高程，进行设计高程放样。

(2)实测点位桩顶高程，进行设计高程放样。

(3)待放样点"视线高法"进行设计高程放样。

上述三种方法操作步骤详见第五章第三节。

这里应再次提醒的是：用上述三种方法中任一种方法所放出的高程是经碾压后的设计高程。施工时必须用"施工高程"，即考虑了填料的"松铺系数"以后的高程。

关于松铺厚度，规范规定：通过试验来确定不同机具压实不同填料的最佳含水量，适宜的松铺厚度和相应的碾压遍数，最佳的机械配套和施工组织。对于高速公路，一级公路按松铺厚度 30cm 进行试验，以确保压实层的匀质性。

现行行业规范《公路路面基层施工技术细则》(JTG/T F20)规定：人工摊铺混合料时，其松铺系数为 1.4～1.5，平地机摊铺混合料时，其松铺系数为 1.25～1.35(混合料：粗细碎石集料和石屑各占一定比例的填料)。

施工放样时，也可根据自己多年施工经验确定松铺厚度。但需指出的是：松铺系数不是个定数，应在放样过程中多留意观察碾压实况，及时调整松铺厚度，以确保达到设计高程为原则。

2)后边施工摊铺前边放样方法介绍

现代公路施工，由于机械化程度高，进度迅速，施工现场不可能从容放样。实际作业中多是后边施工摊铺碾压前边放样。此时现场施工测量员应沉着心细，不能慌张，宜采用"视线高法"直接将设计高程位置放到点位桩侧，并根据实地填高加放松铺厚度。

实践证明，"视线高法"放样，减少了实测高程和计算施工高程这道程序，从而提高了放样速度，完全能够满足后面施工摊铺的进度要求。

3)上面层各结构层施工摊铺中的跟踪测量

前面施工摊铺碾压后边测高的方法：

上面层的基层(水稳层)铺筑填料中掺有一定比例的水泥，铺筑好的面层坚固，如果出现高程误差则难以整修。为了保证上面层的基层的厚度和设计高程的精度，避免因高程误差造成的返工现象，在上面层基层摊铺进行中，进行跟踪测量显得非常重要。

所谓跟踪测量就是紧跟在上面层基层摊铺作业后面的水准测量。它能及时发现摊铺过程中的超填欠填,及时指导路面整修,使其达到设计高程和设计厚度。其操作步骤方法如下:

(1)当上面层的基层摊铺一定距离,路面经碾压几遍(一般是 3 遍左右)基本定型后即可进行跟踪测量。

(2)在压路机碾压进行中,用皮尺拉距放出预测的点位,用扎红绳标记的铁钉标志,一般情况下设中央分隔带的全幅路宽测 6 点,不设分隔带的全幅路宽测 5 点,具体间距根据现场监理要求而定。

(3)在跟踪测量前,应事先计算出预测点位的设计高程,填入"跟踪测量记录表"中;其表样式见表 7-1,表中部为预测点桩号及其设计高程,左为左半幅跟踪测量记录,右为右半幅跟踪测量记录。

(4)跟踪测量的实施。

①将水准仪安置在施工段适当处,照准后视已知水准点塔尺读数 0.412,记在表下部左下角或上部左上角。

②当压路机暂停后,立即用水准前视法测记碾压段预测点塔尺读数(即前视读数),读数顺序:中桩—6.0 桩—12.75 桩,前进至下一断面;12.75 桩—6.0 桩—中桩。

③测读完毕,通知压路机继续碾压,并立即计算(用"H 程序"计算)预测点实地高程和超填欠填数据抄录纸上,交给施工人员,立即对超填欠填部位进行人工整修。例如 K128+700 左半幅中桩处第 1 次实测高程:$H_1 = 116.840\text{m}$,$H_设 = 116.810\text{m}$ 则此处超填 $H_设 - H_1 = -0.030\text{m}$,应对此处进行人工整修。而在同断面 6.0m 处,超填 -0.005m,12.75m 处欠填 $+0.010\text{m}$,因压路机仍在继续碾压,此两处可达到精度要求,不需整修。

④人工整修过的地方经碾压后,再测一次实地高程,如还超限,则再整修,直至符合精度要求,例如 K128+700 左 H_2、H_3。

实践证明,经过跟踪测量处理的上面层基层面,其高程控制质量经检查验收均为优。

4)上面层施工中补桩测高放样方法

上面层在施工进行中常遇到拉料汽车或推土机等机械压损桩位现象,在此种情况下根据桩位几何关系恢复桩位后,可用"视线高法"放出该桩施工高度,或用测桩顶高程法放出该桩施工高度。

跟踪测量手簿

表 7-1

左半幅								右半幅					
前视读数			实测高程			桩号	设计高程 H_0 (m)	实测高程			前视读数		
前1	前2	前3	H_1 (m)	H_2 (m)	H_3 (m)			H_3 (m)	H_2 (m)	H_1 (m)	前3	前2	前1
1 105	1 120	1 140	−30 116.840	−15 116.825	+5 116.805	K128+700 中	116.810						
1 250			−5 116.695			6.0	116.690						
1 400			+10 116.545			边 12.75	116.555						
…			…	…		…							
1 570			−5 116.375			K128+800 中	116.370						
1 704			+9 116.241			6.0	116.250						
1 830			0 116.115			边 12.75	116.115						

后视已知水准点:$H_已$=117.533 后视读数:0.412

注:路拱−0.02。

7.3.4 上面层施工结束时的测量工作

上面层各结构层是分层进行施工的，当每层碾压完成后，并经压实度、弯沉等检查合格后，方可进行上一层施工。例如底基层摊铺碾压完成后，经压实度、弯沉等检查合格后，方可进行基层的摊铺工作。在每一层完工后，进行上一层施工前，现场施工测量员需做好下述工作：

(1)恢复中、边桩平面位置(复桩方法详见 5.2 节和 7.2 节)。

(2)进行中、边桩施工高程放样(施工高程放样方法详见 5.3 节和 7.3.3 节)。

(3)在施工过程中，应对线路外形进行日常维护，外形管理的测量频度和质量标准见表 7-2。

外形维护的测量频度和质量标准　　表 7-2

种类	项目		频度	质量标准	
				高速、一级公路	一般公路
底基层	纵断高程(mm)		一般公路每 20 延米一点，高速和一级公路每 20 延米一个断面，每断面 3～5 个点	+5 -15	+5 -20
	厚度(mm)	均值	每 1 500～2 000m² 6 个点	-10	-12
		单个值		-25	-30
	宽度(mm)		每 40 延米一处	+0 以上	+0 以上
	横坡度(%)		每 100 延米 3 处	±0.3	±0.3
	平整度(mm)		每 200 延米 2 处，每处连续 10 尺(3m 直尺)	15	20
基层	纵断高程(mm)		一般公路每 20 延米一点，高速和一级公路每 20 延米一个断面，每个断面 3～5 个点	+5 -10	+5 -15
	厚度(mm)	均值	每 1 500～2 000m² 6 个点	-8	-10
		单个值		-20	-25
	宽度(mm)		每 40 延米一处	+0 以上	+0 以上
	横坡度(%)		每 100 延米 3 处	±0.3	±0.3
	平整度(mm)		每 200 延米 2 处，每处连续 10 尺	10	15

7.4 上面层工程交(竣)工测量

公路上面层工程包括底基层工程、基层工程和路面工程。当每层工程基本完工后，必须进行全线的交(竣)工测量，以作为交(竣)工验收的依据。

交(竣)工测量包括中线测量、横断面测量及高程测量。

上面层各结构层的交(竣)工测量是由施工监理人员会同施工方项目部有关技术人员以及施工单位的施工员、测量员，按设计文件要求进行的。

7.4.1 自 我 检 测

在监理人员检查验收前，施工单位应会同项目部有关技术人员先做好自我检查：

(1)自检中线偏位；

(2)自检上面层各结构层的宽度；

(3)自检各结构层路面平整度；

(4)自检各结构层的实地高程是否达到设计高程；

(5)自检各结构层的横坡度；

(6)配合现场施工员自检压实度；

(7)配合现场施工员自检弯沉。

根据自检结果进行整修补救，使其达到设计要求。

自检合格后，编制符合要求的交工(竣工)资料，申请进行交工(竣工)验收。

7.4.2 必须按照规程检查验收

检查验收是保证工程质量的重要部分。交(竣)工测量成果是衡量工程质量水平和建立工程档案的重要资料，必须认真、严格，坚决杜绝虚假的检查验收，杜绝伪制虚假资料。

为统一工程路基路面现场测试用的仪器设备、试验方法与操作要求，提高测试质量，交通运输部特制定了《公路路基路面现场测试规程》(JTG 3450)。

该规程适用于公路路基路面的现场调查,施工质量检测,交工验收以及使用过程中的路况评定等。

7.4.3　交通运输部关于公路施工质量检测的有关规定

为使公路工程现场施工测量员了解、掌握路基路面工程检查验收的范围和方法,可查阅现行行业规范《公路路基路面现场测试规程》(JTG 3450)。

第8章 公路结构物施工放样测量

8.1 公路结构物施工放样概述

公路修筑中,与路基基本上同时施工的结构物泛指桥梁、盖板涵、通道、圆管涵、倒虹吸、排水沟(边沟)、防护坡、截水沟等。它们是公路的重要组成部分。

实践中,桥梁、涵洞、排水沟、防护坡和路基工程,是由桥梁施工队、涵洞施工队、排水工程施工队、防护工程施工队、路基施工队分别承建的。桥、涵、路基亦是同步施工的。防护工程规范规定,宜与路基挖填方工程紧密、合理衔接,开挖一级防护一级。唯有排水沟(边沟)是在路基工程基本成型后,即路堑、路堤边坡成型后方能进行排水沟(边沟)的施工。

关于大桥、特大桥、隧道的修建,由于其技术较复杂、工程量大、造价高、施工周期长,施工要求及质量要求较高,所以应由专业队伍按照交通部制定的《公路桥涵施工技术规范》(JTJ 041—2000)和《公路隧道施工技术规范》(JTJ 042—94)进行修建。其施工中的测量工作,已有专门书籍讲述。本章重点介绍的是排水沟(边沟)施工放样技术;中、小桥、分离立交桥及涵洞的施工放样技术。

8.2 排水沟(边沟)实地放样技术

8.2.1 排水沟(边沟)施工质量标准及施工中的测量工作

《规范》规定,各类排水设施的位置、断面、尺寸、坡度、高程及使用材料应符合设计图纸要求。其外观质量应符合下列规定:

(1)线形美观,直线线形顺直,曲线线形圆滑。

(2)沟壁平整、稳定,无贴坡。

(3)纵坡顺直,沟底平整,排水畅通,无冲刷和阻水现象。

(4)施工质量,对于土质边沟、截水沟、排水沟应符合表 8-1 的规定。

土质边沟、截水沟、排水沟施工质量标准 表 8-1

项次	检 查 项 目	规定值或允许偏差	检查方法和频率
1	沟底纵坡	符合设计要求	水准仪:每 200m 测 8 点
2	沟底高程(mm)	+0,-30	水准仪:每 200m 测 8 点
3	断面尺寸	不小于设计要求	尺量:每 200m 测 8 处
4	边坡坡度	不陡于设计要求	每 50m 测 2 处
5	边棱顺直度(mm)	50	尺量:20m 拉线,每 200m 测 4 处

对于浆砌排水沟、截水沟、边沟,应符合表 8-2 的规定。

浆砌排水沟、截水沟、边沟施工质量标准 表 8-2

项次	检 查 项 目	规定值或允许偏差	检查方法和频率
1	砂浆强度	符合设计要求	同一配合比,每台班 2 组
2	轴线偏位(mm)	50	经纬仪:每 200m 测 8 处
3	墙面直顺度(mm) 或坡度	30,符合设计要求	20m 拉线,坡度尺: 每 200m 测 4 处
4	断面尺寸(mm)	±30	尺量:每 200m 测 4 处
5	铺砌厚度	不小于设计值	尺量:每 200m 测 4 处
6	基础垫层宽、厚度	不小于设计值	尺量:每 200m 测 4 处
7	沟底高程(mm)	±15	水准仪:每 200m 测 8 点

根据排水沟(边沟)施工需求和规范质量标准规定,施工测量在此工作中的主要任务应是:

(1)进行排水沟(边沟)位置放样。

(2)控制排水沟(边沟)线形及外形尺寸。

(3)进行排水沟(边沟)沟底高程放样。

(4)控制排水沟(边沟)沟底高程及纵坡。

8.2.2 排水沟(边沟)施工放样的依据

排水沟(边沟)现场施工作业中,施工测量放样的依据是:

(1)设计单位提供的"边沟(排水沟)设计表"(表 8-3)。

(2)设计单位提供的路基路面排水工程设计图:边沟、排水沟、截水沟(图 8-1)。

表 8-3

边沟(排水沟)设计表

序号	起讫号右中心桩号	主要尺寸及说明	长度 (m)	起 点 地面高程 (m)	起 点 设计高程 (m)	起 点 沟底设计高程 (m)	起 点 沟中心至中桩距离 (m)	终 点 地面高程 (m)	终 点 设计高程 (m)	终 点 沟底设计高程 (m)	终 点 沟中心至中桩距离 (m)	沟底纵坡 坡度 (%)	沟底纵坡 方向	备 注
1	K11+905.5～K11+985.0	梯形排水沟 60cm×80cm(左)	79.50	120.93	125.93	120.63	22.50	126.39	126.39	125.59	13.50	−6.24	↑	沟底纵坡与水流与路线相同用"+"时方向相同用"↑"表示
2	K11+905.5～K11+960.0	梯形排水沟 60cm×80cm(右)	54.50	121.93	125.93	121.63	21.00	126.24	126.24	125.44	13.50	−6.09	↑	
3	K11+985.0～K12+50.0	梯形边沟 50cm×100cm(左)	65.00	126.39	126.39	125.39	13.50	126.75	126.75	125.75	13.50	−0.55	↑	沟底纵坡与水流与路线相反用"−"时方向相反用"↓"表示
4	K11+960.0～K12+50.0	梯形边沟 50cm×100cm(右)	90.00	126.24	126.24	125.24	13.50	126.75	126.75	125.75	13.50	−0.57	↑	
5	K12+50.0～K12+141.3	梯形排水沟 60cm×80cm(左)	91.30	126.75	126.75	125.95	13.50	122.26	127.26	121.96	22.50	4.37	↓	
6	K12+50.0～K12+141.3	梯形排水沟 60cm×80cm(右)	91.30	126.75	126.75	125.95	13.50	123.26	127.26	122.96	21.00	3.27	↓	
7	K12+150.7～K12+220.0	梯形排水沟 60cm×80cm(左)	69.30	122.32	127.32	122.02	22.50	127.61	127.61	126.81	13.50	−6.91	↑	
8	K12+150.7～K12+205.0	梯形排水沟 60cm×80cm(右)	54.30	123.32	127.32	123.02	21.00	127.56	127.56	126.76	13.50	−6.89	↑	

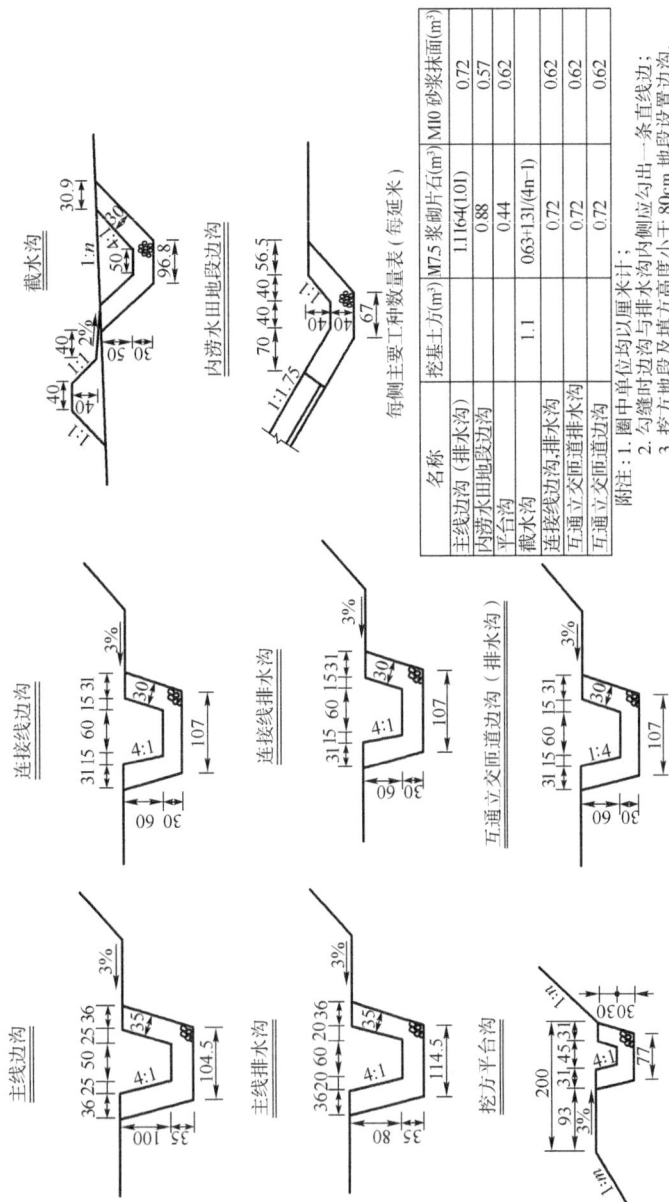

每侧主要工程数量表（每延米）

名称	挖基土方(m³)	M7.5浆砌片石(m³)	M10砂浆抹面(m³)
主线边沟（排水沟）		1.1164(1.01)	0.72
内涝水田地段边沟		0.88	0.57
平台沟		0.44	0.62
截水沟	1.1	$0.63+1.31/(4n-1)$	
连接线边沟、排水沟		0.72	0.62
互通立交匝道边沟		0.72	0.62
互通立交匝道边沟		0.72	0.62

附注：1. 图中单位均以厘米计；
2. 勾缝时边沟与排水沟内侧应勾出一条直线边沟；
3. 挖方地段及填方高度小于80cm地段设置边沟，其余填方路段设置排水沟。

截水沟

内涝水田地段边沟

连接线边沟

连接线排水沟

互通立交匝道边沟（排水沟）

主线边沟

主线排水沟

挖方平台沟

图 8-1 路基路面排水工程设计图（边沟、排水沟、截水沟）

从上述图表中,可以获取如下资料:

(1)排水沟(边沟)起点桩号、终点桩号及排水沟(边沟)长度。

(2)沟底设计高程。

(3)沟中心至中桩距离。

(4)沟底纵坡坡度及流向。

(5)排水沟(边沟)断面规格:上宽、下宽及高度。

(6)沟墙面与坡脚面之坡度等。

8.2.3 排水沟(边沟)施工放样的器具及材料

(1)器具

全站仪、水准仪、塔尺、钢尺(皮尺)、计算机、坡度尺等。

(2)材料

竹(木)桩等、铁锤、油性号笔、线绳等。

8.2.4 排水沟(边沟)施工放样数据的准备

1)边沟施工放样数据的准备

设计文件中,路基挖方段的排水沟叫边沟(实践习惯上叫排水沟)。边沟施工放样数据准备工作按下述步骤进行:

(1)根据"边沟(排水沟)设计表",搞清楚本施工段的相关数据和资料。

①边沟起点里程桩号、终点里程桩号及边沟长度;

②边沟起点沟底设计高程、终点沟底设计高程;

③沟底纵坡度,流水方向;

④起点沟中心至中桩距离,终点沟中心至中桩距离。

在此基础上,还要搞清楚该沟在实地的确切位置。

(2)计算边沟沟底各加桩的设计高程

计算公式:

$$H_i = H_0 + D_i \cdot I \tag{8-1}$$

式中:H_0——边沟起(终)点设计高程;

D_i——边沟沟底任一加桩至起(终)点之间距离;

I——沟底纵坡度,注意流向符号;

H_i——边沟沟底任一加桩的设计高程。

(3)计算边沟沟底加桩设计高程在表 8-4 中进行

【算例 8-1】 ××高速公路×标段 K11＋960.0～K12＋050.0 段右边沟,起点桩号:K11＋960.0,沟底设计高程 $H_起$＝125.24m;终点 K12＋050.0,沟底设计高程 $H_终$＝125.75m;其沟长度为 90m;沟底纵坡为－0.57％;水流与路线方向相反。计算的沟底加桩设计高程见表 8-4。

(K11＋960～K12＋050)边沟设计高程计算　　表 8-4

桩　　号	间距 (m)	沟底纵坡 (％)	沟底设计高程 (m)	沟底中心至 中桩距离(m)
K11＋960.0	0.00	－0.57	125.24	13.50
K11＋975	15.00	－0.57	125.33	13.50
K12＋000	40.00	－0.57	125.47	13.50
K12＋025	65.00	－0.57	125.61	13.50
K12＋050	90.00	－0.57	125.75	13.50

(4)边沟沟中心平面位置放样数据准备

从"边沟(排水沟)设计表"可知,边沟沟中心至中桩距离在路堑段都是等距离。上例起点 K11＋960.0 沟中心至中桩距离为:13.50m;终点 K12＋050.0 沟中心至中桩距离亦为:13.50m。放样时,如果用钢尺拉线法,则此段平面位置放样数据无需准备。如果用全站仪坐标法放沟中心点位,则要用前述第四章第三节坐标计算 xy 程序计算出沟底各加桩点的坐标。

2)排水沟施工放样数据的准备

设计文件中,路基填方段的水沟叫排水沟。填方排水沟沟底设计高程计算,方法与挖方边沟设计高程计算相同。只是由于排水沟起点与终点的沟中心至中桩距离不相等,据此而放出的排水沟与线路方向斜交(见图 8-2)。

图 8-2 中,K127＋000 排水沟起点沟中心至中桩距离为 13.50m,K126＋918.50m 排水沟终点沟中心至中桩距离为 27.50m。据此放出的排水沟 AB 与公路路基方向斜交,造型外观不美观。

实践中是把排水沟中心 AB 放成 CB 位置,再用溜水槽把 AC 连接。这样根据实地情况放出的排水沟,造型美观,排水功能好,非常实用。

由于填方段实际填后的边坡坡脚与设计的边坡坡脚高程相差较大(往往是填高了),所以按排水沟设计高程进行沟底中心高程放样不实际。此种情况下,实践中常是根据实地情况进行排水沟施工的,其沟底高程放样技术详见 8.2.6 节。

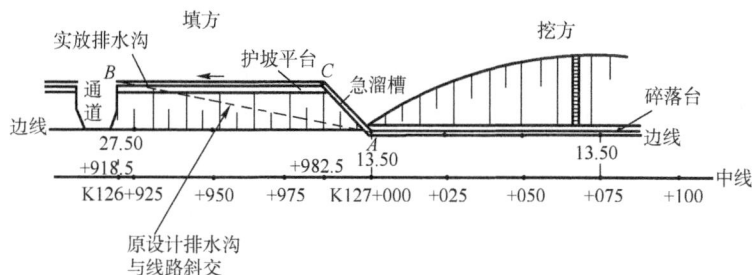

图 8-2　边沟、排水沟放样示意图

8.2.5　边沟施工放样的实施

1)路堑边沟实地放样技术

(1)用钢尺(或皮尺)拉距法标定边沟中心点位——边沟中心平面位置放样

在直线段:

由于边沟中心至中桩距离在每一横断面都相等,例如表 8-1 中边沟中心至中桩距离都是 13.50m,所以一般情况下,只要放出边沟起点和终点,然后在其间拉一条直线(要求用力均匀拉紧),每间隔一等距(应与线路中桩间距相同),加一桩位。如果边沟较长,可每百米放一桩,然后拉线加桩。

放样方法:

①用钢尺(皮尺)自边沟起点(终点)的中桩,沿中桩一边桩方向线均匀用力拉紧尺子,按设计的沟中心至中桩距离定点打桩标志。并在桩侧面用油性号笔书写桩号。

②在百米处的中桩,用①同样方法标定出沟中心点位。

③在相邻沟中心桩间拉一条直线,自边沟起点沿直线用线路中桩间距加桩。并在桩侧书写桩号。

在曲线段:

如线路是曲线,此段边沟应与主线路曲线弯向一致。此段边沟放样,仍可用钢尺拉距法标定沟中心点位,只是由于是曲线,应在每个中桩沿边桩方向拉距定桩。且在施工铺砌时,注意交点处应变圆滑顺适。

上述边沟中心点位放样,若施工单位有全站仪,亦可用全站仪坐标法放出。

(2)用水准前视法标定边沟中心点设计高程——边沟沟底中心设计高程位置放样

①用水准前视法测量边沟沟底中心点实地高程 H_i,例如 K11+975 实地高程 $H=125.46\text{m}$。

②根据边沟沟底中心点设计高程(见表 8-4)及该点的实地高程计算该点应填挖的高度。

计算公式:

$$h = H_{设} - H_i \qquad\qquad (8\text{-}2)$$

式中:$H_{设}$——边沟沟底中心点设计高程;

H_i——与设计高程同一桩位的实地高程。

计算结果为正,应填;为负,应挖。

例如 K11+975 设计高程 $H_{设}=125.33\text{m}$(见表 8-4),则:

$$h = 125.33 - 125.46 = -0.13\text{m}$$

③根据计算的 h,在桩位上标出沟底中心点设计高程面。

此例中 $h=-0.13\text{m}$,说明该点应下挖 0.13m 才是该点设计高程面。

为了控制下挖深度,作业中是把该点实地测点标定在沟内侧碎落台的帮壁上(图 8-3)。

④根据实地沟底中心点设计高程面,控制边沟沟底基础面。从边沟设计图知,边沟基础厚 0.35m,就是说,应从边沟沟底设计高程面下挖 0.35m 才是基础坑面(图 8-3)。

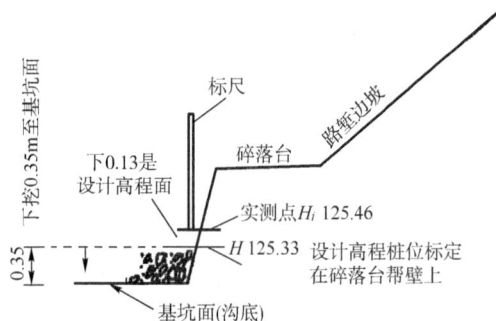

图 8-3 边沟沟底中心点设计高程放样

2)边沟沟底设计高程放样注意事项

在线路直线段进边沟沟底设计高程放样时,不需对每个桩位都标定沟底设计高程面。实践作业中是每隔50m标定一个沟底设计高程面。然后将相邻两点设计高程面用线绳连接拉紧(注意线绳不能下垂),以指示下挖基础坑并指导铺砌基础石至拉绳高度。

在曲线段进行边沟沟底设计高程放样时,应将每个沟底中心点都放出来,然后将相邻两点用线绳连接拉紧,以指导下挖基础坑及铺砌基础面至拉绳高度。

8.2.6　排水沟施工放样的实施

1)根据实际地形选定排水沟位置

如前所述,路堤排水沟的起点与终点的中桩至沟中心的距离不相等,排水沟的位置将与线路斜交(图8-2AB排水沟),此种情况下,在征得项目部、监理实地勘察同意后,可根据需要结合现场地形另行进行排水沟选址,选定的排水沟离路基要尽可能远一些,避免水溢流到路基上。在平面上要力求直捷,需拐弯时尽可能做成弧形,尽量圆顺,使排水顺畅。

实践中,排水沟的位置多以路线构造物(例如盖板涵、通道等)八字口的外边缘而定,并使排水沟与线路走向基本平行(图8-2排水沟CB)。

2)排水沟沟底高程放样技术

由于排水沟的位置是根据实地条件而选定的,因此排水沟沟底高程需重新测量设计。其方法步骤如下:

(1)实测排水沟两端点实地高程,并用皮尺丈量沟基长度,计算沟底纵坡坡度。

例如图8-2中,C点桩号为K126+982.5,其实测高程 $H_c=117.80m$;B点桩号为K126+918.5,其实测高程 $H_B=116.76m$;CB间长度为K126+982.5−K126+918.5=64m(实际丈量亦是64.0m)据此,用下式计算CB纵坡坡度:

$$i = \frac{H_c - H_B}{D} \tag{8-3}$$

此例:

$$i = \frac{117.80 - 116.76}{64} = 0.01625$$

根据设计图及实地地形,决定其流向为由C流向B,然后由通道排出,因此，CB 纵坡坡度为 -0.01625。

（2）根据排水沟两端点实测高程及其纵坡坡底和沟中心点间距，计算沟面设计高程（见表 8-5 第 1、2、3、4 列）。

排水沟沟底设计高程及下挖深度计算   表 8-5

桩 号	间距 (m)	纵坡 %	沟面设计高程(m)	设计沟深(m)	沟底设计高程(m)	实地高程 (m)	沟基厚 (m)	下挖深 (m)
1	2 D_i	3 %	4 $H_{上}=$ $H_0+D \cdot I$	5 V	6 $H_{下}=$ $H_{上}-V$	7 $H_{测}$	8 N	9 $h=H_{测}-$ $H_{下}+N$
K126+918.5	0	1.625	116.76	0.8	115.96	116.76	0.35	1.15
K126+925	6.5	1.625	116.87	0.8	116.07	116.90	0.35	1.18
K126+950	31.5	1.625	117.27	0.8	116.47	117.32	0.35	1.20
K126+975	56.5	1.625	117.68	0.8	116.88	117.57	0.35	1.04
K126+982.5	64	1.625	117.80	0.8	117.00	117.80	0.35	1.15

注：下挖深还可按公式：$h=H_{测}-(H_{下}-N)$ 检查计算。

（3）根据沟面设计高程及排水沟设计图中的深度（一般为 0.80～1.00m），计算沟底设计高程（表 8-5）。

（4）实地标定沟底各桩位，并用水准前视法测出各桩位实地高程。

（5）根据沟底设计高程、同桩位的实地高程及沟基础厚度，计算下挖深度。

（6）将下挖深度用书面形式通知施工人员开挖排水沟沟基。

（7）沟基挖成后，在沟基边墙上用水准"视线高法"放出沟底设计高程位置（直线每隔 50m 放一点，曲线每桩都放），用竹签标出。或实测沟壁竹签高程，计算出沟底设计高的位置，详见图 8-4。

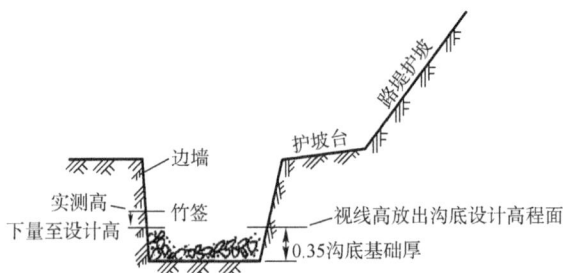

图 8-4　排水沟沟底设计高程放样图

8.3 桥涵实地放样技术

8.3.1 桥涵施工中的测量工作

本节讲述的桥梁施工中的测量工作是指中、小桥及分离立交桥施工中的测量工作。关于特大桥、大桥施工中的测量工作,读者可参阅有关书籍及现行行业规范《公路桥涵施工技术规范》(JTG/T 3650)。

关于涵洞本节讲述的是圆管涵、盖板涵、通道、倒虹吸等构造物施工中的测量工作,至于隧道施工中的测量工作,读者可参阅有关书籍及现行行业规范《公路隧道施工技术规范》(JTG/T 3660)。

结合桥涵设计图纸与施工作业实践分析,桥涵修建中对施工测量的要求主要有下述两点:

(1)控制桥涵基础位置及其轴线方向。

(2)控制桥涵基础深度;各结构面高程;桥涵顶面高度。

依据桥涵施工中对测量工作的需求,结合桥涵施工实践作业顺序,施工测量在桥涵施工中的主要工作是:

(1)进行桥涵基础位置及主轴线放样。

(2)实测主轴线起点、中点、终点及基础实地高程,根据基础设计高程,计算下挖深度,指导基础下挖作业。

(3)随着作业进度,继续控制主轴线方向和砌体结构面高程。

8.3.2 收集并熟悉桥涵施工设计图纸

施工单位进驻工地前,就应收集并熟悉自己所承建的桥涵设计图纸等资料。下面几种附图是公路修筑中常见的桥涵设计图,图 8-5 和图 8-6 是圆管涵设计图纸;图 8-7 是盖板涵设计图纸;图 8-8 和图 8-9 倒虹吸设计图纸;图 8-10~图 8-13 是分离立交桥设计图纸。

对这些图纸进行分析,其共有特点是:

(1)桥涵的位置是:主轴线(中轴线)与公路线路中线交点的里程桩号。

(2)桥涵主轴线方向是:公路线路中线与主轴线的夹角方向线上,依据地形条件,主轴线与路中线夹角有正交的(90°)、斜交的(70°、110°等)。

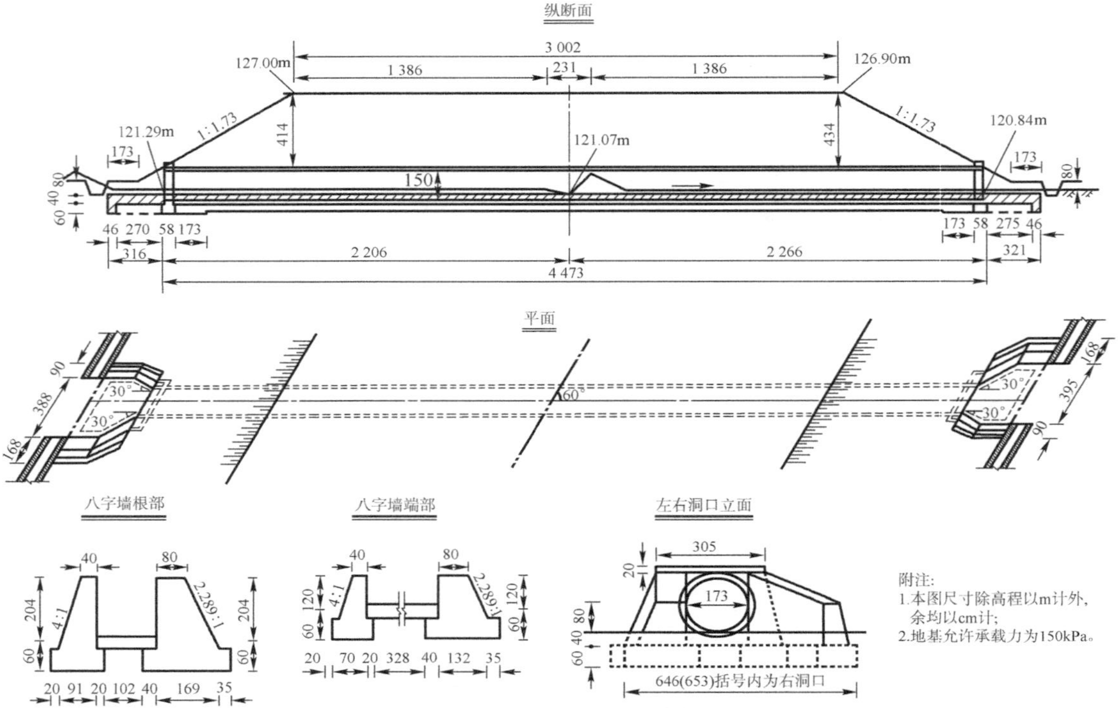

图 8-5 钢筋混凝土圆管涵(尺寸单位: cm)

附注:
1. 本图尺寸除高程以 m 计外, 余均以 cm 计;
2. 地基允许承载力为 150kPa。

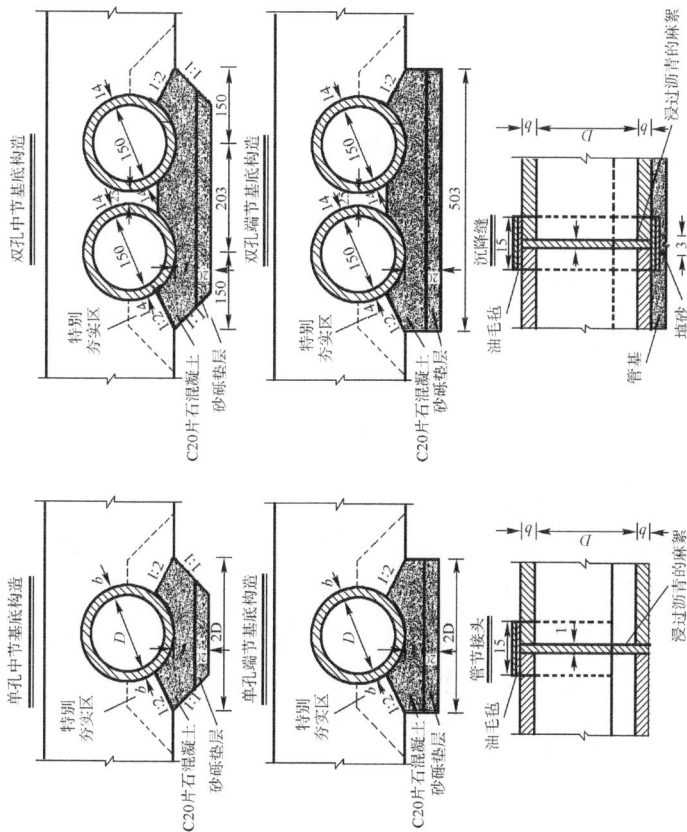

标准管节涵身每延米材料数量

孔径 D (m)	管壁厚度 (cm)	l (cm)	涵洞孔数	中部管基		端部管基	
				C20片石混凝土垫层 (m³)	砂砾混凝土垫层 (m³)	C20片石砂砾混凝土垫层 (m³)	砂砾混凝土垫层 (m³)
0.75	8	22	单孔	0.44	0.18	0.49	0.32
1.00	10	20	单孔	0.65	0.29	0.69	0.42
1.25	12	24	单孔	1.01	0.38	1.07	0.53
1.50	14	28	单孔	1.43	0.47	1.51	0.63
			双孔	2.50	0.90	2.58	1.06
2.00	15	30	单孔	2.29	0.67	2.38	0.84

附注:
1. 本图尺寸均以cm为单位。
2. 管节的接头构造为:管节间的缝隙用浸过沥青的麻絮填塞,外面用满涂热沥青的油毛毡包裹两道。
3. 管节接头及沉降缝所用材料本图均未计入。
4. 沉降缝按实际情况,在涵洞全长范围内每隔3~5m设置一道。

图 8-6　钢筋混凝土圆管管身构造图(尺寸单位: cm)

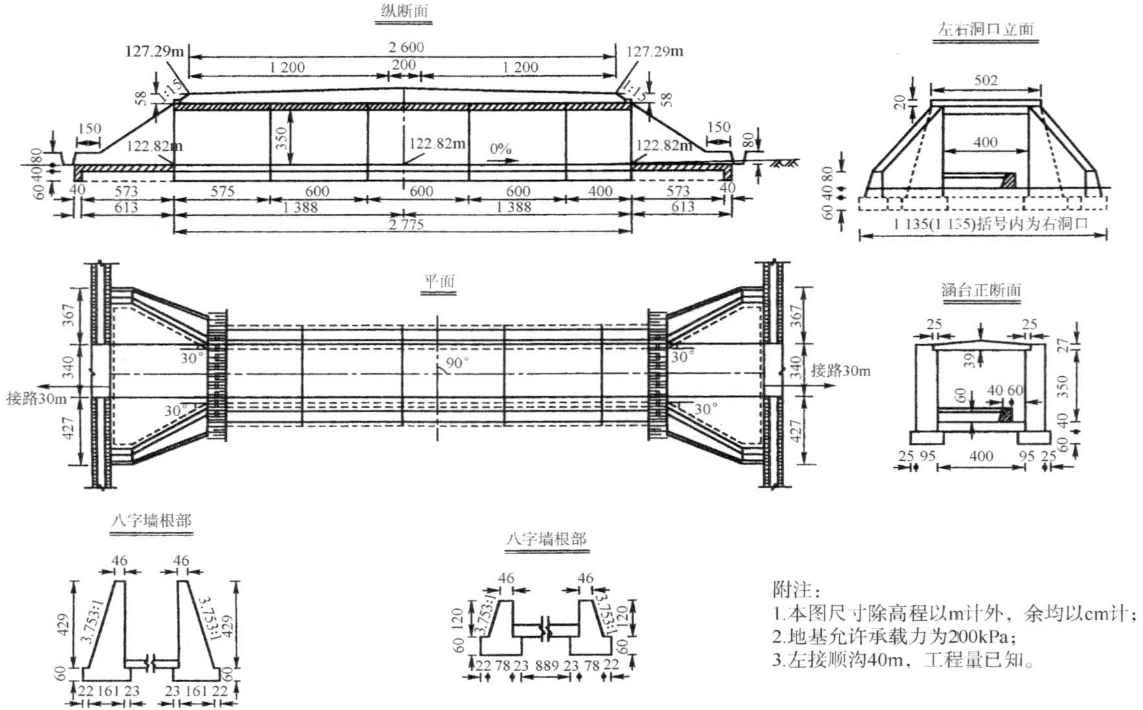

左右洞口立面

涵台正断面

纵断面

平面

八字墙根部

八字墙根部

接路30m

接路30m

附注:
1. 本图尺寸除高程以m计外，余均以cm计;
2. 地基允许承载力为200kPa;
3. 左接顺沟40m，工程量已知。

图 8-7　K12+660 1-4×3.5m钢筋混凝土盖板涵(尺寸单位: cm)

· 378 ·

洞口立面

立面图

平面图

130.37m

129.57m

121.84m

124.51m

121.84m

2 600

0

3 400cos20

125

124.59m

121.84m

130.03m

129.23m

121.84m

70°

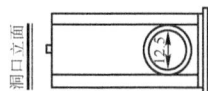

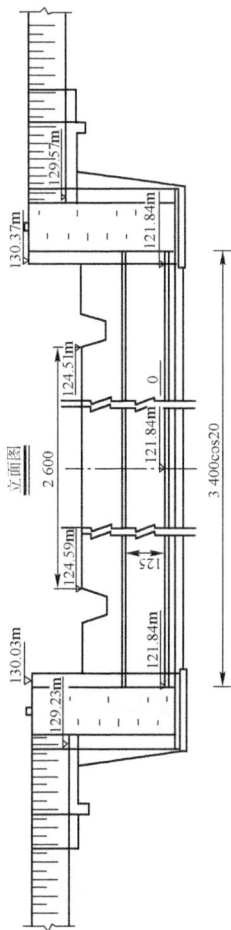

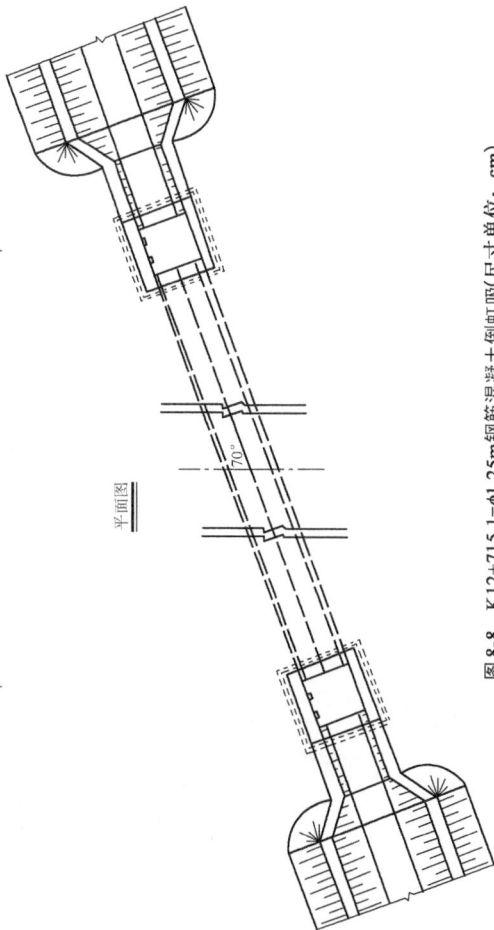

图 8-8　K12+715 1-φ1.25m 钢筋混凝土倒虹吸(尺寸单位：cm)

• 379 •

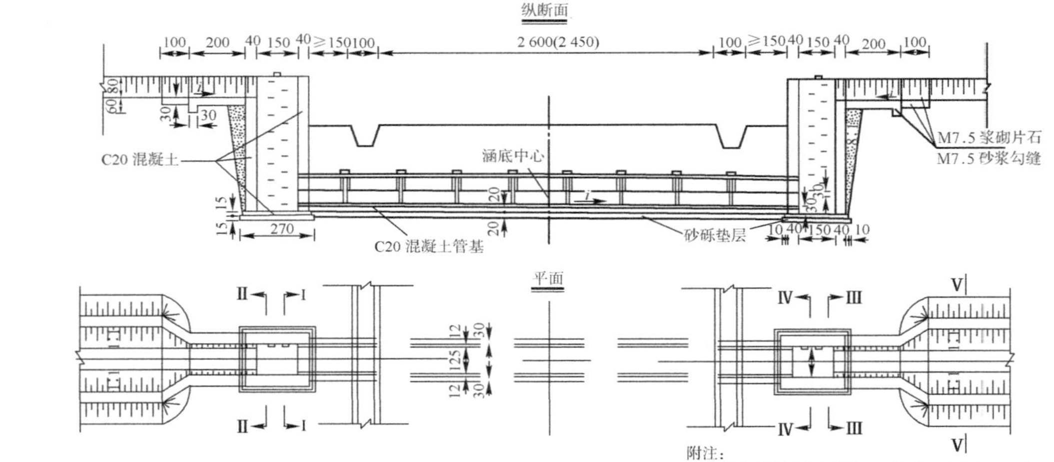

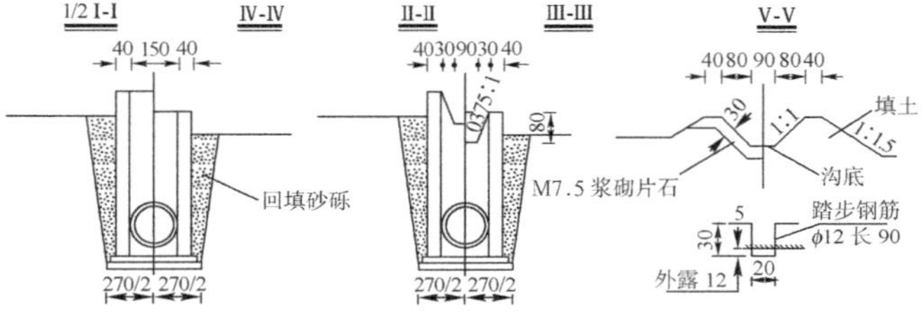

附注：

1. 本图尺寸除钢筋直径以 mm 计外，余均以 cm 计；
2. 为使倒虹吸水流畅通，进出水槽应有一定水位差，可用增高进水渠顶和降低出水渠底取得，敷设完毕的涵身和水井均须满足管长每 10m 渗漏不超过 3kg/h 的实验要求；
3. 所有回填土均严格夯实，其密实度达到 95% 以上管节两侧度 1m 及管顶 50cm 范围内用石灰土（含灰量 9%）分层夯实每层 10cm，黏土需粉碎与石灰拌匀，压实密度按小模测定时须达到石灰土最佳密度 90%，用大模测定时需达到 100%；
4. 管节结构请按钢筋混凝土圆管涵顶制管节构构造设计图施工，工种数量及管节接头，管基大样请看倒虹吸管设计图；
5. 管顶最小填土高度为 0.5m，施工中管顶填土厚小于 0.50m 时，严禁重型车辆通过。

图 8-9　倒虹吸设计图(尺寸单位：cm)

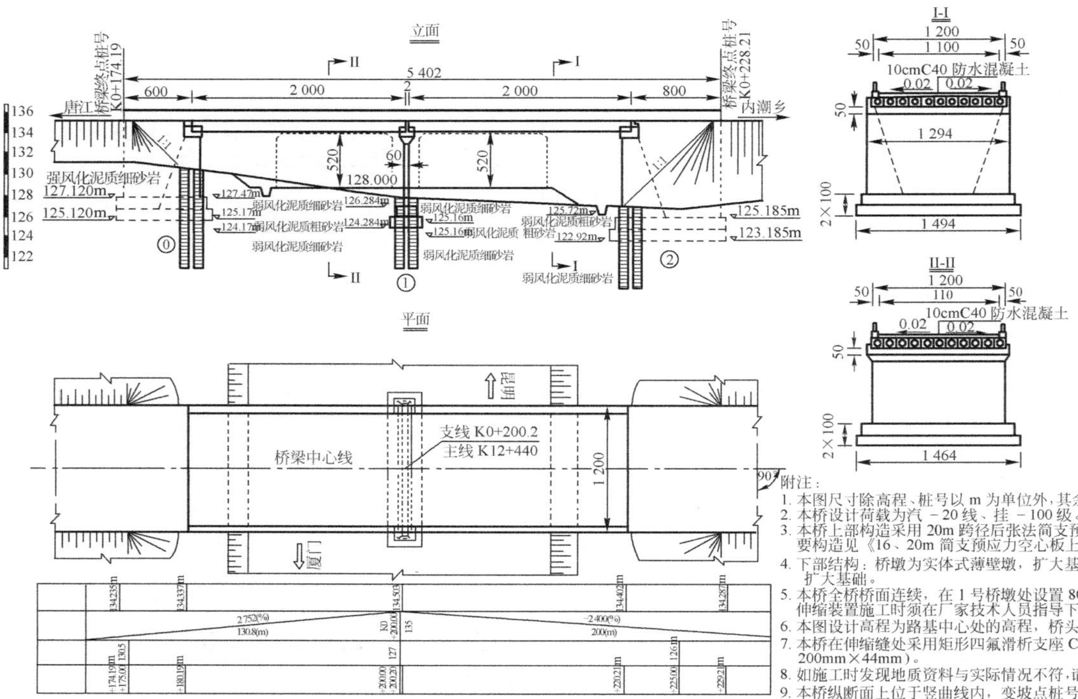

图 8-10 的工程图纸（分离立交桥立面、平面及横断面图）

图 8-10　K12+440×× 分离立交桥(尺寸单位：cm)

附注：
1. 本图尺寸除高程、桩号以 m 为单位外，其余均以 cm 为单位。
2. 本桥设计荷载为汽—20级，挂—100级。
3. 本桥上部构造采用 20m 跨径后张法简支预应力空心板，主要构造见《16～20m 简支预应力空心板上部构造通用图》。
4. 下部结构：桥墩为实体薄壁墩，扩大基础；桥台为 U 台。
5. 本桥全桥桥面连续，在 1 号桥墩处设置 80 型伸缩装置 1 道；伸缩装置施工时须按当天技术人员提出的高程进行。
6. 本图说明处高程为桥墩基中心处的高程，桥头两端设置水蓝盖其。
7. 本桥在伸缩缝处采用矩形四氟滑板支座 CIZF4(180mm×200mm×44mm)。
8. 本桥纵断面上位于竖曲线内，变坡点桩号为 K0+200，变坡点高程 135.0m，R=1500m，i_1=-2.75%，i_2=-2.40%。
9. 平面上位于直线内。

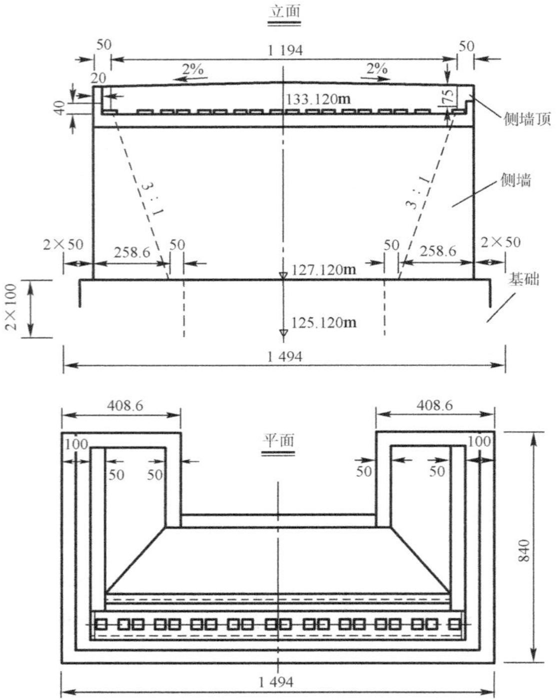

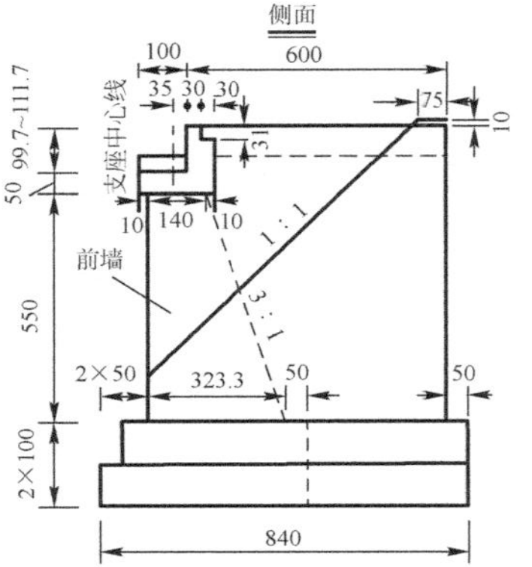

桥台工程数量表

桥台编号	台帽 C30 混凝土 (m³)	侧墙墙顶 C30 混凝土 (m³)	前墙 C20 混凝土 (m³)	侧墙 C20 混凝土 (m³)	基础 C20 混凝土 (m³)
0 号台	19.08	6.1	164.87	88.13	186.0

附注:
1. 本图尺寸除高程以 m 为单位,其余均以 cm 为单位;
2. 地基承载力大于等于 350kPa。

图 8-11 K12+440××分离立交桥 0 号桥台一般构造图(尺寸单位: cm)

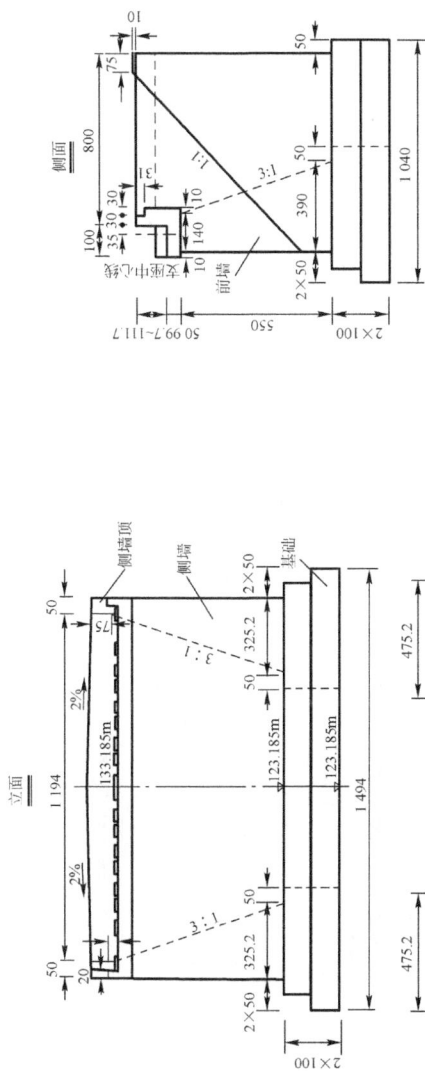

桥台工程数量表

桥台编号	台帽C30混凝土(m³)	侧墙顶混凝土C30(m³)	前墙混凝土C20(m³)	侧墙C20混凝土(m³)	基础混凝土C20(m³)
2号台	19.03	8.14	257.18	189.72	239.1

附注:
1. 本图尺寸除高程以m为单位,其余均以cm为单位;
2. 地基承载力大于等于350kPa。

图8-12 K12+440××分离立交桥2号桥台一般构造图(尺寸单位: cm)

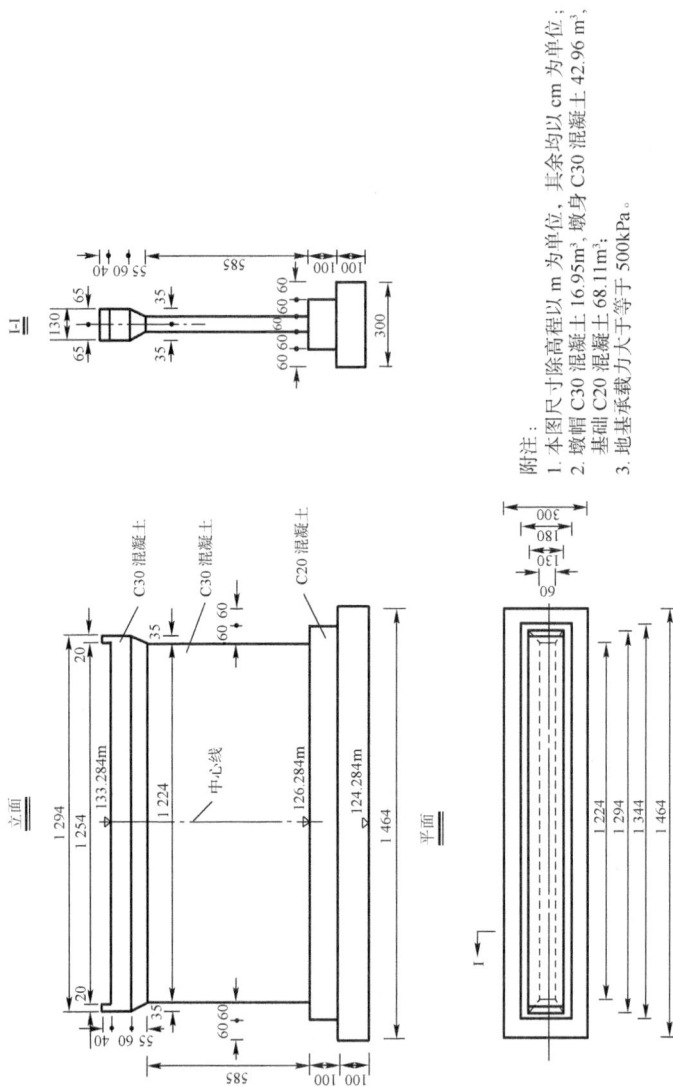

立面

C30 混凝土
C30 混凝土
C20 混凝土

中心线

附注：
1. 本图尺寸除高程以 m 为单位，其余均以 cm 为单位；
2. 墩帽 C30 混凝土 16.95m³，墩身 C30 混凝土 42.96 m³，基础 C20 混凝土 68.11m³；
3. 地基承载力大于等于 500kPa。

平面

图 8-13　K12+400×× 分离立交桥桥墩一般构造图(尺寸单位：cm)

（3）桥涵长度是：自主轴线与公路中线交点至左、右两侧洞口（桥端）的距离。

（4）桥涵各层面设计高程是：与公路路面设计高程同一系统。

8.3.3　在桥涵附近增设施工控制点

实践作业中，桥涵基础一般要下挖数米深，这就为基础轴线放样带来很大不便，为了方便施工放样，保证施工精度，应在桥涵附近适宜处增设施工导线点和施工水准点。实践中，通常是两点合一，即该点既有坐标又有高程。

施工导线点可采用复测支导线法测设，施工水准点可采用复测支水准路线，如附近有另一已知水准点，最好采用附合水准路线测设。增设施工控制点的数目，从实践出发，宜布设两点，一点放样，一点检核，以避免放样错误，保证质量。

对所布设的施工控制点应用混凝土加固，并妥善保护。

8.3.4　桥涵施工放样数据的准备

1）计算桥涵施工放样数据的依据

（1）桥涵立面图（纵断面设计图）、平面图、桥台、桥墩、桥柱等构造图。

（2）桥涵所在路段的"直线、曲线转角表"。

从桥涵纵断图可获取如下资料：

①桥涵长度，桥涵各部分纵向关系及长度；

②桥涵主轴线与公路中线交点的里程桩号；

③桥涵各结构层面的设计高程。

从桥涵平面图可获取如下资料：

①桥涵主轴线与公路中线的夹角；

②桥涵各部分横向长度。

从"直线，曲线及转角表"可获取桥涵所在段就近交点的元素（交点里程桩号、交点的 x 与 y 坐标值、半径、转向角、缓和曲线长度、切线方位角等），为计算桥涵各放样点坐标提供起算数据。

2）桥涵平面位置放样数据的准备

现代公路桥涵施工可采用先进的全站仪、经纬仪配测距仪，用坐标法、极坐标法迅速、方便、准确地放出桥涵在实地的位置。

这里关键是要计算出桥涵各放样点位的坐标值。实际作业中,可依据桥涵主轴线与公路中线交点的设计里程桩号,以及桥涵主轴线与公路中线的夹角,并根据其附近的交点要素:交点的里程桩号、交点坐标、转角、半径、前直线方位角,利用 f_x—5800P 等型计算器"坐标计算程序"快速、准确地计算出桥涵平面位置放样数据:x 与 y 值。

(1)涵洞平面位置放样数据的计算

这里的涵洞是指圆管涵、盖板涵、通道、倒虹吸等公路构造物。放样时,只要计算出主轴线与公路中线交点的坐标,以及主轴线左、右两端点的坐标,就可将设计图上的涵洞测设到实地。其计算方法步骤如下:

①绘制放样草图,图中标出涵洞中点里程桩号;中点至左、右端点距离;涵洞主轴线与公路中线夹角;施工导线点坐标;施工水准点高程;起算交点的有关元素等(见图 8-14)。

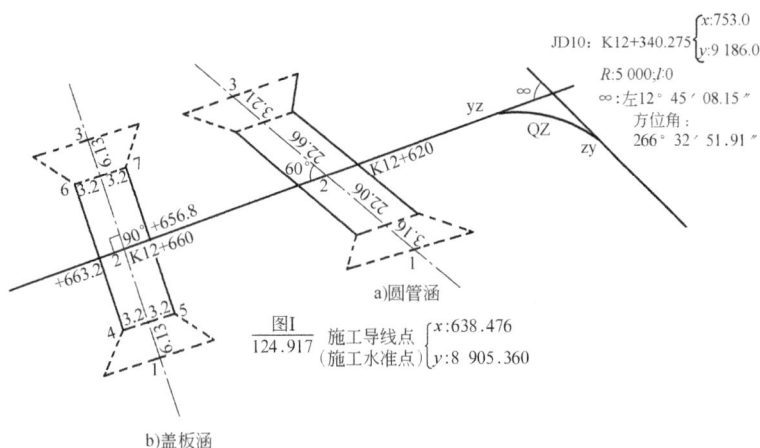

图 8-14 涵洞放样草图

②在草图上对涵洞放样点编号,例如图 8-14a)中编号 1、3 为轴线上八字口处边缘,2 为轴线中点;图 8-14b)图中 1、3 为八字口外边缘,2 为轴线中点,4、5、6、7 为基础外边缘,从附图"涵台正断面图"知基础边至轴线为 3.2m。

③采用 f_x—5800P 等型计算器"坐标计算程序"XY-1,计算放样点坐标,计算方法和步骤详见 4.3 节。

a.第一步计算涵洞主轴线中点 2 的坐标,记录于点旁或桥涵放样数据表(见表 8-6)。

桥涵放样数据表　　　　　　　　表 8-6

工程名称	放样点号	x (m)	y (m)	示 意 图	备 注
K12＋620 圆管涵	3	685.285	8 897.260	右 32.37 60° 22.66+3.16 中 k12+620 左 1	设站点:圆Ⅰ 后视点:CD_{46} 放样点:1、2、3 检核: 设站:圆Ⅱ 后视点:CD_{46}
	2	666.383	8 914.923		
	1	647.957	8 932.142		
K12＋660 盖板涵	1	637.733	8 880.672	6.13 3 6 7 右 2 中 K12+660 3.20 4 1 左	设站点:盖Ⅰ 后视点:CD_{46} 放样点:1、2、3、4、5、6、7 检核: 设站:盖Ⅱ 后视点:CD_{46}
	2	657.188	8 875.994		
	3	676.644	8 871.317		
	4	642.946	8 876.136		
	5	644.438	8 882.342		
	6	669.933	8 869.630		
	7	671.433	8 875.870		
K12＋440 分离立交桥	1	684.691	9 087.111	26.51 3 8.401 5 7.47 18.11 +447.47 桥轴 K12+440 6 8 +432.53 4 8.40 2 左 中	设站点:立交Ⅰ 后视点:CD_{45} 放样点:1、2、3、4 检核: 设站:立交Ⅱ 后视:CD_{45}
	2	687.531	9 101.723		
	3	676.448	9 088.725		
	4	679.283	9 103.313		
起算数据				JD_{10} Q:K12＋340.275,$x＝w＝753.0$　$y＝k＝9\,186.0$ $R＝5\,000,F＝266°32'51.91''$　$N＝-12°45'08.15''$ $V＝0.0$　$G＝-1$	

【算例 8-2】　起算数据:见图 8-14 右上角及桥涵放样数据表 8-6 下部分。

求:K12＋620 及 K12＋660 圆管涵及盖板涵主轴线中点 2 的坐标。

采用 f_x—5800P 型计算器"xy"程序计算,计算结果:

K12＋620 圆管涵 2 点:

$$x = 666.383m, y = 8\,914.923(m)$$

K12＋660 盖板涵 2 点:

$$x = 657.188m, y = 8\,875.994(m)$$

b. 第二步根据中点 2 的坐标,中点至端点的距离,涵洞主轴线与公路中线的夹角,计算主轴线两端点 1、3 的坐标。

当夹角为 90°正交,则左点输入－90°,右点输入＋90°(见图8-14b)。

当夹角为 60°斜交,则左点输入－120°(60°－180°),右点输入＋60°(图8-14a)。

算例计算结果见表 8-6:K12＋620 圆管涵的 3 点及 1 点;K12＋660 盖板涵的 3 点及 1 点。

c. 像盖板涵工程的施工,较圆管涵复杂,它除了要放出轴线外,还需放出墙身基础(见附图"涵台正断面图")。此时需计算基础边的 5—7、4—6 与公路中线的交点里程,在图 8-14b)中:

$$5—7 边中点里程＝K12＋660－3.20＝K12＋656.80(m)$$

$$4—6 边中点里程＝K12＋660＋3.20＝K12＋663.20(m)$$

据此中点里程、中一边距离以及基础线与公路中线之夹角,就可算 5、7、4、6 点的坐标。计算结果见表 8-6 K12＋660 盖板涵的 5、7、4、6 点。

d. 为方便放样,不用错数据,应将计算成果记入专用表格,其样式见表 8-6:桥涵放样数据表。

(2)桥梁平面位置放样数据的计算

这里的桥梁是指中、小桥、分离立交桥等。其平面位置放样数据的计算,主要是计算桥轴线中点、端点坐标,以及桥墩、桥台、桥柱的坐标。只要知道这些主要点的坐标,就可将其测设到实地。

①正交桥梁平面位置放样数据的计算

图 8-15 是××高速公路××分离立交桥桥墩、桥台、桥轴线与公路中线几何关系平面图。

从图可知,只要知道:0 号、2 号桥台,桥墩各角点相对于公路中线的里程桩号,以及桥轴线 A 及 B 端点及中点 C 相对于公路中线的里程桩号,及其相对于公路中线的距离,并知道桥轴线与公路中线之夹角,就可通过就近交点元素,采用 f_x—5800P 等型计算器"坐标计算程序"计算出桥台、桥墩等放样点坐标值。

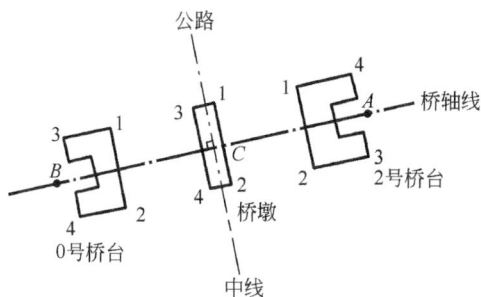

图 8-15 桥轴线、桥台、桥墩与公路中线关系图(比例尺:1:1 000)

为了更清楚、更明了地说明公路中线与桥轴线、桥台等放样点的几何关系,我们将 0 号桥台与公路中线几何关系图用 1:400 的比例尺放大(见图8-16)。

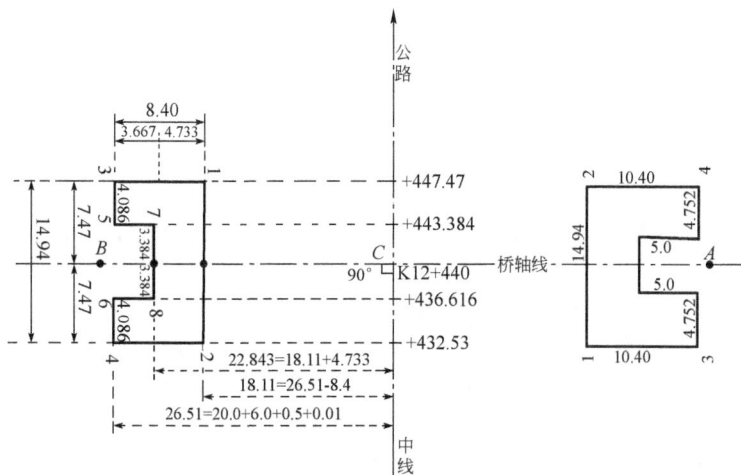

图 8-16 正交桥梁的桥台与公路中线几何关系图(比例尺 1:400)

从图知：

a. 公路中线与桥轴线相交于 C 点，其里程桩号为 K12+440，两线正交，夹角为 90°；

b. 桥轴线上 0 号桥台外缘 B 至两线（桥轴线与公路主线）交点 C 之间距离为 20.0+6.0+0.5+0.01=26.51m，其里程桩号 K12+440（图 8-10、图 8-11 和图 8-16）；

c. 放样点 1，至公路中线垂距为 26.51-8.4=18.11m，其里程桩号为：K12+447.47=(K12+440)+14.94/2，见图 8-11 和图 8-16；

d. 放样点 2，至公路中线垂距为：26.51-8.4=18.11m，其里程桩号为：K12+432.53=(K12+440)-14.94/2，见图 8-11 和图 8-16；

e. 放样点 3，至公路中线垂距为：20.00+6.00+0.50+0.01=26.51m，其里程桩号为：K12+447.47=(K12+440)+14.94/2，见图 8-10、图 8-11 和图 8-16；

f. 放样点 4，至公路中线垂距为：20.00+6.00+0.5+0.01=26.51m，其里程桩号为：K12+432.53=K12+440-14.94/2，见图 8-10、图 8-11 和图 8-16；

g. 放样点 5、6、7、8，可在 1、2、3、4 各点放出后用几何关系求得，不需计算坐标。若要用坐标放出，则可按 1、2、3、4 各点同样方法计算其至公路中线垂距和里程桩号。

在求得放样点 B、1、2、3、4 的里程桩号及其至公路中线的距离后，即可依据就近的交点为起算元素用"坐标计算程序"计算出放样各点的 x 与 y 坐标值。

用 f_x—5800P 等型计算器"xy 坐标计算程序"计算点位坐标方法步骤详见 4.3 节。

例中 0 号桥台放样点 1、2、3、4 各点平面位置放样数据计算成果见表 8-6。

②斜交桥梁平面位置放样数据的计算

上例桥轴线与公路中线正交，夹角为 90°；若桥轴线与公路中线斜交，夹角 $\beta > 90°$ 或 $\beta < 90°$，此种情况下，由于墩、台的纵横轴线分别与公路中线、桥轴线平行，所以仍可用上述方法分析斜交桥的墩、台与公路中线几何关系。

图 8-17 是依据前两图绘制的 0 号桥台与公路中线的几何关系图；图 8-18 是××高速公路 K12+009.00 分离立交桥立面、平面图；图 8-19 是其 0 号桥台构造图。

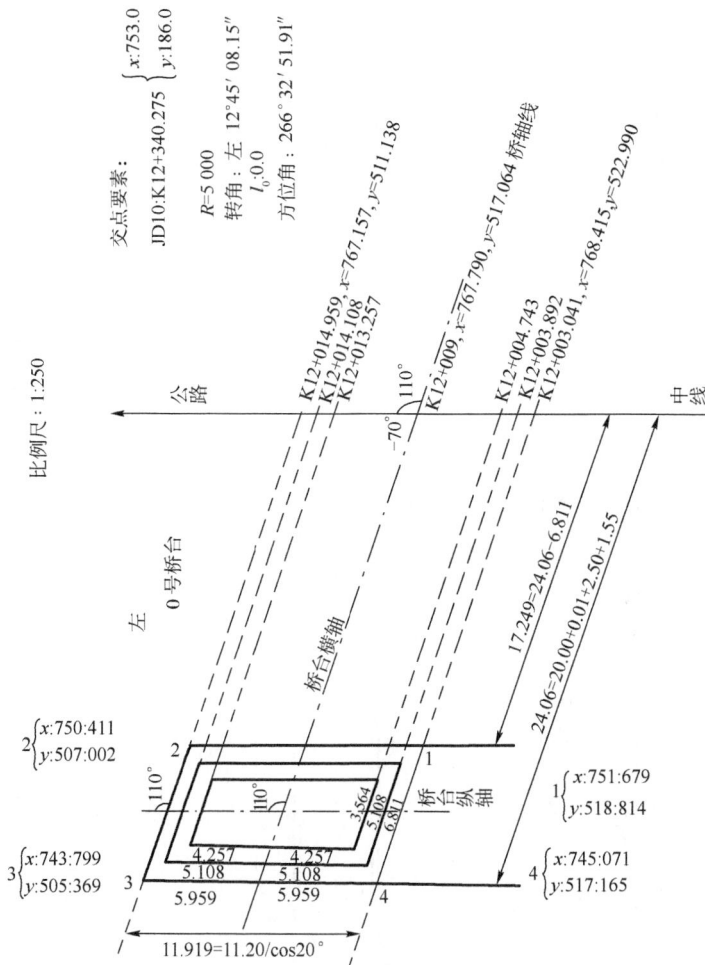

图 8-17 斜交桥的桥台与公路中线几何间关系图

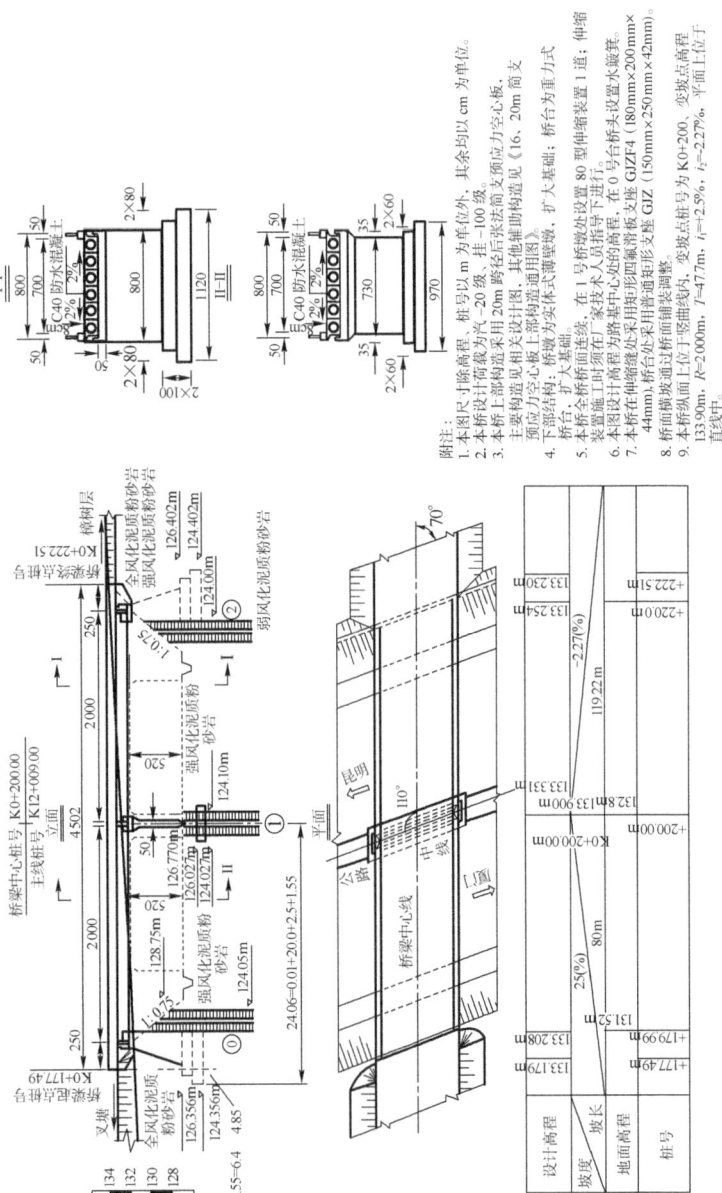

图 8-18 斜交分离立交桥立面、平面图 (尺寸单位: cm)

附注:
1. 本图尺寸除标高、桩号以 m 为单位外,其余均以 cm 为单位。
2. 本桥设计荷载为公路-20级,挂-100级。
3. 本桥上部构造采用 20m 跨径张弦简支顶应力空心板,挂 16、20m 简支顶应力空心板,其他辅助构造通用图。
4. 主要构造见相关设计图,桥梁对安装体无体式薄壁墩数,扩大基础;桥台为重力式桥台,扩大基础。
5. 本图全桥桥面连续线,在 1 号桥墩处设置 80 型伸缩装置 1 道;伸缩装置施工时预留于厂家技术人员指导下进行。
6. 本图设计有程为桥基中心处的角程,在 0 号台桥头设置水滴数。
7. 本桥在伸缩缝处米用桔形四氟滑板橡胶支座 GJZF4 (180mm×200mm×44mm),桥台处米用普通矩形支座 GJZ (150mm×250mm×42mm)。
8. 本桥纵向上位于竖曲线内,变坡点桩号为 K0+200,变坡点高程 133.90m, R=2000m, T=47.7m, i₁=2%, i₂=-227%,平面上位于直线段中。
9. 本桥前前桥面通过桥面铺装调整。

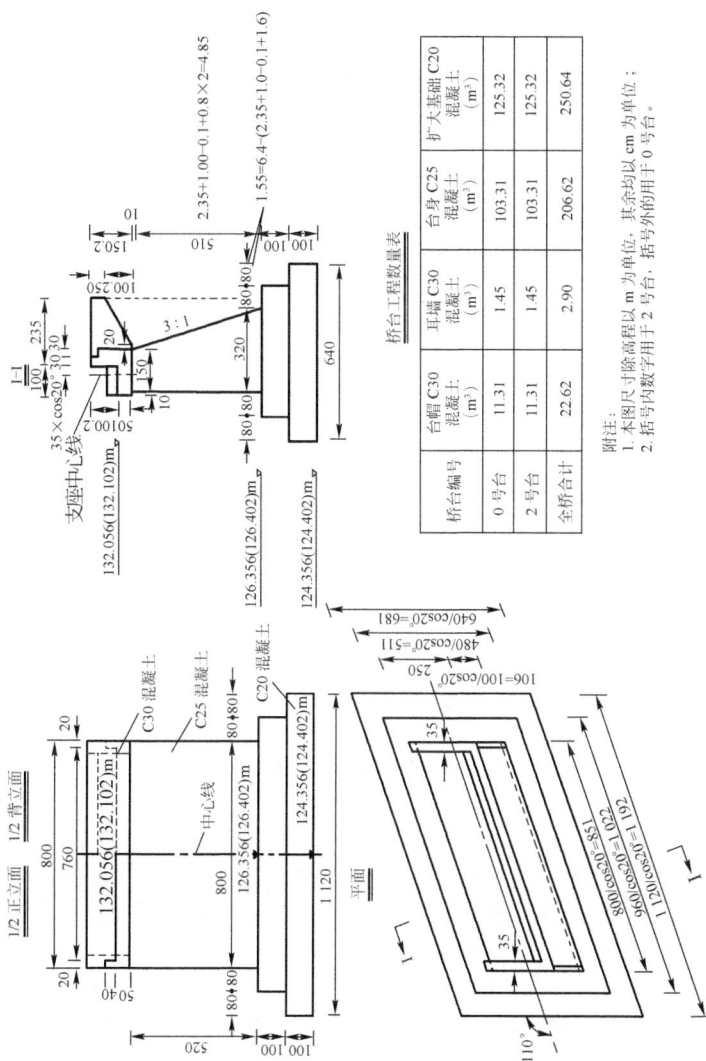

桥台工程数量表

桥台编号	台帽 C30 混凝土 (m³)	耳墙 C30 混凝土 (m³)	台身 C25 混凝土 (m³)	扩大基础 C20 混凝土 (m³)
0 号台	11.31	1.45	103.31	125.32
2 号台	11.31	1.45	103.31	125.32
全桥合计	22.62	2.90	206.62	250.64

附注:
1. 本图尺寸除高程以 m 为单位, 其余均以 cm 为单位;
2. 括号内数字用于 2 号台, 括号外的用于 0 号台。

图 8-19 斜交分离立交桥桥台一般构造图(尺寸单位: cm)

从图 8-17 知：

a. 公路中线与桥轴线斜交，其夹角是 110°，由此可推知：

a) 桥台纵轴线以及与其平行的桥台纵边线（例如 1—2 边，3—4 边）与公路中线平行；

b) 桥台横轴与桥轴线平行且重合，与桥台横轴线平行的桥台边线（例如 1—4 边、2—3 边），亦与桥轴线平行；

c) 桥台横轴线以及与其平行的桥台横边线的延长线与公路中线斜交，其夹角也是 110°；其交点的里程桩号，可由桥轴线与公路中线交点的里程桩号，及桥台长度计算求出：

例如，桥台 2—3 边的里程桩号：

$$(K12+009)+11.919/2 = K12+014.959$$

桥台 1—4 边的里程桩号：

$$(K12+009)-11.919/2 = K12+003.041$$

桥台桥轴线（桥台横轴）里程桩号为：K12+009。

b. 桥台基础各角点（例如：1 与 2、3 与 4 等点）至公路中线的距离，可由桥梁立面图（纵剖面图）与桥台构造图的宽度，计算求得：

a) 3 与 4 角点至公路中线距离：

$$20.00+0.01+2.5+1.55=24.06m（图 8-18 和图 8-19）$$

b) 1 与 2 角点至公路中线距离：

$$24.06-(6.40/\cos20°)=24.06-6.811$$

$$=17.249（m）$$

通过以上分析，可获取桥台构造图各角点与公路中线的几何数据：夹角、距离、里程桩号，从而可采用 f_x—5800P 等型计算器"坐标计算程序"算得各放样点的 x、y 坐标值（图 8-17）。

关于桥梁施工平面位置放样数据的准备，本节重点介绍的是桥台基础平面位置放样数据的计算。至于桥墩、桥柱等构造物平面位置放样数据的准备与桥台同理。

c) 用改道线路的交点元素计算桥梁平面位置放样数据。

通常情况下，在分离立交桥的两侧都是"有设计图纸的改道工程"，此时,在计算分离立交桥的桥台、桥墩等的平面放样数据时,亦可用改路线路交点的元素作为起算数据。

这里应注意的是,改路线路的平面坐标系统应与主线路的平面坐标系统是统一的坐标系统。

由于改道线路中线与分离立交桥中轴线重合,并且此两线与主线路中线相交于一共同点,所以在用改道线路交点来计算桥台、桥墩等放样图件的平面坐标时,应用改道线路的里程桩号。例如 K12＋009 支线上跨分离立交桥的轴线(即改道线路的中线)与主线路中线相交点的里程桩号以主线路为:K12＋009,而以改道线路的里程桩号,则为:K0＋200,即 K12＋009＝支线 K0＋200。

同理,K12＋440＝支线 K0＋200.236。

以 K12＋009 支线上跨分离立交桥为例,用支线交点:JD1 元素为起算数据计算 0 号桥台 1 与 2、3 与 4 的 xy 坐标值见图 8-20 角点旁。

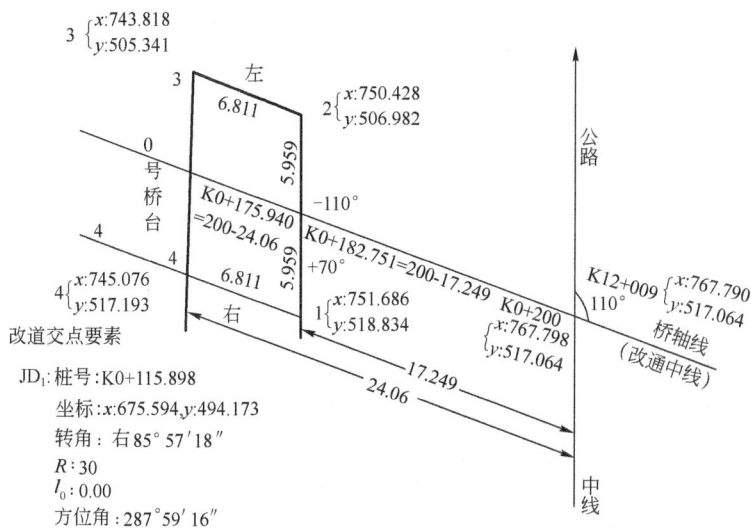

图 8-20　用支线(改道)交点要素计算分离立交桥桥台等基础平面放样数据(尺寸单位:m)

用主线交点 JD_{10} 与支线交点 JD_1 为起算数据计算的 K12＋009＝K0＋200 处的分离立交桥的 0 号桥台 1 与 2、3 与 4 角点坐标比较见表 8-7。

用公路主线、改道支线的交点元素计算桥台坐标比较表 表 8-7

（采用 f_x—5 800P 型计算器 xy-1 或 xy-2 程序计算）

工程名称	放样点号	用公路中线交点元素计算		用支线(改道)交点元素计算	
		x(m)	y(m)	x(m)	y(m)
K12+009 =K0+200 分离立交桥	1	751.679	518.814	751.686	518.834
	2	750.411	507.002	750.428	506.982
	3	743.799	505.369	743.818	505.341
	4	745.071	517.165	745.076	517.193
起算 数据		JD_{10}：$Q=12\,340.275$ $x=w=753.0$，$y=k=186.0$ $R=5\,000$，$F=$方位角 $=266°32'51''.91$ $N=$转角=左 $12°45'08''.15$ $v=$缓和曲线长 $=0.0$，$G=-1$		JD_1：$Q=115.898$ $x=w$；675.594，y $=k=494.173$ $R=30.0$，$F=$方位角$=287°$ $59'16''$ $N=$转角=右 $85°57'18''$ $v=$缓和曲线长$=0$　$G=1$	

采用 f_x—5800P 等型计算器的坐标计算程序计算时,应注意(本例用 f_x—5800P 型计算器):

a.用公路主线交点 JD_{10} 为起算数据时:

交点里程桩号 $Q=340.275$;

交点 x 坐标:$W=753.000$;

交点 y 坐标:$K=186.000$;

半径 R:$R=5\,000$;

前直线方位角:$F=266°32'51''.91$;

转角 N:$N=$左 $12°45'08''.15$;

缓和曲线长度 V:0.0;

转角控制条件 G:$G=-1$。

计算 0 号桥台,1、4、2、3 角点坐标时:

a)因 0 号桥台在公路主线左边,所以夹角 E 应用 $-70°$。

b)计算 2、3 点坐标时,中点桩号 H 应输入:$H=014.959$;

2 点距离输入:$S=17.249$;

3 点距离输入:$S=24.06$。

c)计算 1、4 点坐标时,中点桩号 H 应输入:$H=3.041$;

1 点距离输入:$S=17.249$;

4 点距离输入：S＝24.06。

b.用改道线路（支线）交点 JD_1 为起算数据时：

交点里程桩号 $Q:Q$＝K0＋115.898；

交点 x 坐标 $x:W$＝675.594；

交点 y 坐标 $y:K$＝494.173；

半径 $R:R$＝30.00；

前直线方位角 $F:F$＝287°59′16″；

转角 $N:N$＝右85°57′18″；

缓和曲线长度 $V:V$＝0.000；

转角控制条件 $G:G$＝1。

计算 0 号桥台，1、2、3、4 角点坐标时：

a)角点 2、3 在改道中线（与桥轴线重合）左侧，夹角 E 应输入－110°，2 与 3 至中线距离 S＝5.959；

计算 2 点时，改道中线桩号为：

$$H = K0 + 182.751 = (K0 + 200) - 17.249$$

计算 3 点时，改道中线桩号为：

$$H = K0 + 175.940 = (K0 + 200) - 24.06$$

b)角点 1、4 在改道中线（与桥轴线重合）右侧，夹角 E 应输入＋70°，1 与 4 至中线距离 S＝5.959；

计算 1 点时，改道中线桩号为：

$$H = K0 + 182.751 = (K0 + 200) - 17.249$$

计算 4 点时，改道中线桩号为：

$$H = K0 + 175.94 = (K0 + 200) - 24.06$$

3)桥涵高程位置放样数据的准备

桥梁墩、台施工时各部分的设计高程，设计图件上已经给出，不需另行计算，例如图 8-11 分离立交桥 0 号桥台立面图明确标出桥台基础底部设计高程是 125.120m，上基础面高是 127.120m，桥台顶面高是 127.12＋5.5＝132.62m，施工进行中只要按照这些设计高程放样就行了。

关于涵洞施工时的设计高程，一般情况下设计图件给出的设计高程多是管节（涵管）流水面（管节内径面）的高程，施工时基础坑底的设计高程要

根据管节下面的基础结构层的厚度来计算,例如图8-5圆管涵施工设计图只给出了下列数据:

左端(进水)流水面高为:121.29m;

中点流水面高为:121.07m;

右端(出口)流水面高为:120.84m;

流水面坡度:1%。

在管节流水面下是承载管节的基础,基础深度依据其施工图而定;从图8-6知:管节下基础厚0.28m(t=0.28m,C20混凝土片石),砂、砾垫层厚0.20m,管节壁厚0.14m(孔径D:1.50m)。

依据上述数据,计算圆管涵高程放样数据记入表8-8。

涵洞高程放样数据表 表8-8

项 目 名 称	位 置			说 明
	右端 (m)	左端 (m)	中点 (m)	
涵管流水面高 $H_流$	121.29	121.07	120.84	基础厚0.28,砂层厚0.20, 管壁厚0.14
基础面高 $H_基$	121.15	120.93	120.70	$H_基 = H_流 - 0.14$
砂、砾垫层面高 $H_砂$	120.87	120.65	120.42	$H_砂 = H_基 - 0.28 = H_流 - 0.42$
基础坑底高 $H_底$	120.67	120.45	120.22	$H_底 = H_砂 - 0.20 = H_流 - 0.62$
涵管长度(m)	左至中:22.06	中至右:22.66		坡度1%

盖板涵、倒虹吸等涵洞高程放样数据计算与圆管涵高程放样数据计算同理。

涵洞高程放样数据计算方法简单,但却非常重要,它是基础开挖、基础浇砌、垫沙层等工作的依据,一旦算错,就会为施工带来损失,所以计算时,必须认真识图,搞清弄准结构层关系厚度,在计算时千万不可粗心大意。

8.3.5 桥涵施工测量的实施

1)涵洞施工放样的主要内容

(1)在实地测设涵洞中点、两端点的位置,即向实地标定涵洞主轴线。

(2)实测涵洞中点、两端点实地高程,计算下挖深度,指导基础开挖。

（3）涵洞砌筑过程中，控制砌体方向及设计高程。

2）桥梁施工放样的主要内容

（1）在实地测设桥梁主轴线中点、两端点，即实地测设桥梁主轴线。

（2）在实地测设桥台、桥墩、桥柱等几何图形各角点。

（3）实测桥台、墩、柱各放样点实地高程，计算基础下挖深度，指导下挖工作进行。

（4）在桥台、墩等基础浇砌过程中控制方向及设计高程。

实际作业中，施工单位可依据自身技术力量及现有仪器设备，选用放样方法。

3）全站仪"坐标法"测设桥涵各放样点的平面位置

现代公路桥涵施工时，都是用先进的全站仪来放样的，其法是把全站仪安置在桥涵附近增设的施工导线点上，利用全站仪"坐标放样"功能，依据桥涵放样点的平面坐标 x、y 值，把桥涵各放样点测设到实地。

此法放样，迅速、快捷、准确、精度高，关键是放样数据要计算正确。因此，桥涵平面位置放样数据准备工作非常重要，一定要认真、细心把此项工作做好。

实践中，可事先计算好桥涵各放样点坐标，再进行放样；也可在测站上一边计算，一边放样。

为了保证放样正确无误，可用下法检核：

（1）在点位放出后，依据其几何关系，用钢尺丈量相关点间距离，与设计距离比较。

（2）事先在桥涵附近增设二个施工导线点，在其中一个施工导线点放样后，再用另一个施工导线点放一次；用两点放的同一点较差来检核。这样做，看起来繁琐，实践中却能确保放样质量。

全站仪"坐标法"放样操作方法步骤视仪器型号不同而有差异，使用前一定要详细阅读其说明书。如果用日本拓普康 GBT-700 全站仪，则其在一个测站上进行坐标放样的方法步骤，详见第五章第二节"全站仪""坐标放样"测量技术。

4）经纬仪配测距仪"极坐标法"测设桥涵各放样点的平面位置

采用常规经纬仪配先进的测距仪，用"极坐标法"在实地测设桥涵各放样点平面位置的关键是计算放样数据：方向角和距离。

计算极坐标法放样数据工作在计算出桥涵各放样点平面坐标 x、y 值后进行。

在图 8-21 中,要想把 0 号桥台 1、2、3、4 各角点以及桥中线 K0+175.94、K0+182.751、K0+200 各点测设到实地,则必须计算出施工导线点 I 至各放样的距离 d_1、d_2···d_i,及其夹角 β_1、β_2···β_i。

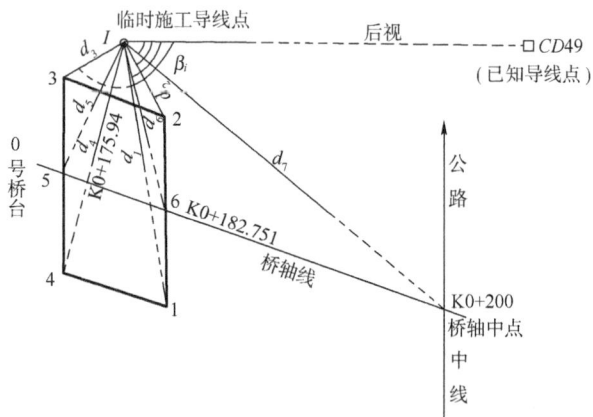

图 8-21 经纬仪配测距仪用极坐标法测设桥涵各放样点

此项计算可采用 f_x—5800P 等型计算器"JZBF 程序"完成,关于"极坐标法平面位置放样数据的计算"方法步骤详见 4.3 节。

经纬仪配测距仪实地测桥涵各放样点工作是把仪器设置在桥涵附近增设的临时施工导线点上进行的。关于经纬仪配测距仪在一个测站上用"极坐标法"标定点平面位置的操作方法步骤,详见 5.2 节"经纬仪配测距仪用极坐标法放样点位技术"。

为了确保放样点位正确无误,应对所放点位检核,检核方法同上。

5)经纬仪钢尺法测设桥涵各放样点的平面位置

此法适用于只有常规仪具的施工单位。

以图 8-22 为例说明经纬仪钢尺法测设桥涵各放样点平面位置的方法步骤。

此图是××高速公路××斜交分离立交桥,交角 110°,主线 K12+009,支线 K0+200,要想在实地用经纬仪、钢尺把位于主线路左侧 0 号桥台基础点 1、2、3、4 及桥轴中线测设定位,可采用下述方法步骤进行:

(1)用钢尺在公路中线上直接丈量,定出桥轴中点 K12+009=K0+200。

由图 8-22 知,桥轴中点在公路中线上的桩号是 K12+009,依据其与相邻两点里程的关系,则可在实地标定出其位置,用木桩钉小铁钉标志。

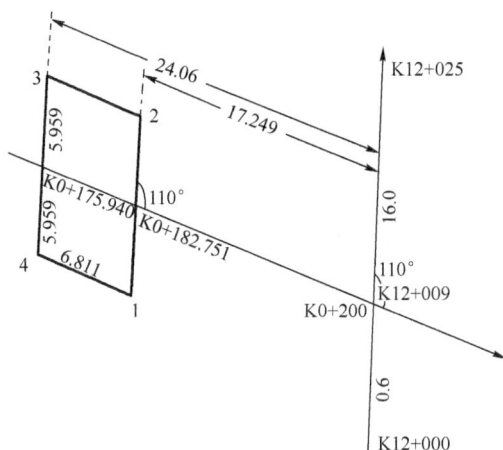

图 8-22　经纬仪钢尺法测设桥涵各放样点(尺寸单位:m)

可自 K12+000,用钢尺量距 K12+009-K12+000=9m 定桩,用(K12+025)-(K12+009)=16m 检核。

(2)将经纬仪安置在 K12+009 点,照准 K12+025 点置仪 0°00′00″,拨角 290°=360°-70°=110°+70°+110°。

(3)在望远镜视线上置尺,用钢尺自 K12+009=K0+200 丈量 24.06m,标定出 K0+175.940 点;丈量 17.249m,标定出 K0+182.751 点。至此,桥轴中线已测设于实地。

为了确保所放点位正确无误,可用下述两种方法检核:

①用钢尺量出 K0+182.751 点至 K0+175.940 点间实地距离(应是6.811m),与设计图上距离 6.811m 应相等。若有误差,应查明原因纠正。

②置仪于 K12+009 点,照准 K12+000 点,置仪 0°00′00″,拨角 110°,其望远镜视线方向应于照准 K12+025 点,拨角 290°的望远镜视线重合。并重新用钢尺量距定出 K0+175.940 点及 K0+182.751 点。两次标定的同一点应重合,若有误差,应查明原因纠正。

(4)经纬仪安置在 K0+182.751 点,照准 K0+200=K12+009 点,拨角70°,在视线上用钢尺丈量 5.959m,标定出桥台基础 1 点;倒镜同法标定出 2 点。

用钢尺丈量实地 1—2 点距离应与设计图上距离 11.918m 相等,并且 1

点、K0+182.751点、2点，应在同一直线上。

(5)经纬仪安置在K0+175.940点，同"4"法标定出3和4点。

由于基础开挖时，所放桩点被挖掉，应根据现场实况用龙门架等方法护桩，以便施工时复桩。

6)桥涵施工中的高程放样技术

(1)测量桥涵基础放样点实地高程，计算下挖深度。

当桥涵基础平面位置在实地放出后，用水准前视法测出桥涵基础实地点位高程，减去相应点位基坑底设计高程，其差值就是下挖深度。

例如××高速公路 K12+620 圆管涵(图 8-5)，其中轴线实地点位左端、中点、右端实测地面高程为：$H_左=122.680m, H_中=122.256m, H_右=121.880m$；相对应点的基坑底设计高程为：$H_{左底}=120.67m, H_{中底}=120.45m, H_{右底}=120.22m$(设计高程计算见表 8-8)；则该圆管涵左、中、右三点各应下挖：

$$h_左 = H_左 - H_{左底} = 122.680 - 120.67 = 2.01(m)$$
$$h_中 = H_中 - H_{中底} = 122.256 - 120.45 = 1.806(m)$$
$$h_右 = H_右 - H_{右底} = 121.880 - 120.22 = 1.66(m)$$

其他如盖板涵、倒虹吸、通道、桥台、桥墩等下挖深度计算与前例同理。

(2)依据下挖深度、坑壁地质条件、施工经验，确定开挖边界线。

实际作业中，施工人员是凭借经验及坑壁地质条件，边挖边调整开挖边界。只要不发生坑壁滑落塌落现象，不必强调坑壁的边坡比，应尽量少挖土(石)方量。

一般来说，圆管涵、倒虹吸等基坑底宽为 2D(D 为管节内径)，如圆管内径 D=1.5m，则基坑底宽为：2×1.5=3m。考虑坑底作业方便安全，坑上边宽常采用 4.5~5.0m。

桥台、桥墩、盖板涵等的基础长度、宽度设计图上已给出，确定开挖边界时，应考虑下挖深度、坑壁地质条件、支模浇砌活动范围及施工人员的安全。

(3)基坑下挖过程中，用皮尺量深以控制下挖深度，以防超挖欠挖。

(4)当基坑基本下挖到设计高程时，在坑壁适宜高度处测设"高程控制桩"，以方便施工人员浇筑基础等构件时掌握基础各结构层的厚度。

在坑壁测设"高程控制桩"的方法如下(图 8-23)：

①在基坑壁四周设置高程控制桩点位，用钢筋或竹、木桩打牢固做标志；

涵洞基坑高程控制桩点位设置见图 8-23；桥台、桥墩基坑高程控制桩点位设置见图 8-24。

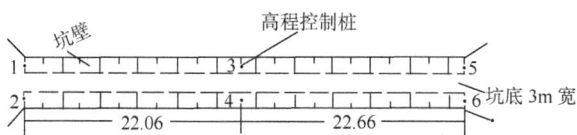

图 8-23　圆管涵坑壁上设置高程控制桩示意图

②用水准"前视法"测出基坑各高程控制桩面高程，记录手簿上，要求点号、高程数据清晰无误，并绘草图表示。

为了方便利用，不用错数据，可将基坑各高程控制桩设置成同一相等高程，方法如下：

如图 8-24 中，先设置"1"号高程控制桩，并测出其桩面高程，然后再测"1"号高程控制桩时的前视读数（应是同一测站前提下），采用"视线高法"在坑壁设置 2、3…6号高程控制桩。这样 6 个基坑高程控制桩即是同一相等高程。

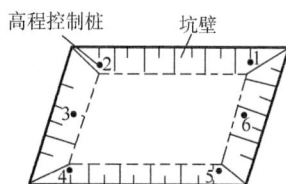

图 8-24　桥台坑壁上设置高程控制桩示意图

"视线高法"进行高程放样方法详见5.3.2 节"水准"视线高法"放样技术"。

（5）在涵洞基础及桥台、桥墩下部基础施工中，利用坑壁上的高程控制桩，控制涵洞、桥台、桥墩等基础各结构层面设计高程。

实践证明，利用坑壁上的高程控制桩，能很方便地放出桥涵基础各结构层面的设计高程，只要把坑壁上高程控制桩的高程与桥涵基础各层面的设计高程差值抄录于纸上，交给施工人员，他们仅利用一把小钢尺，就能很方便地放出所需设计高程。

桥涵基础各结构层面的设计高程计算，见 8.3.5 节。

在计算涵洞基础设计高程时，应注意坡度，注意坑壁上的高程控制桩距洞口的距离，例如圆管涵流水面坡度 $i = 1\%$，坑壁上的高程控制桩距进水洞口 10m，则应计算该涵洞流水面距洞口 10m 处的设计高程。在图 8-5 圆管涵设计图中，进水洞口流水面设计高程是：121.29m，坡度为 -1%，则 10m处流水面设计高程为：

$$H_{10} = 121.29 - (0.01 \times 10.0) = 121.19(\text{m})$$

如果基础坡度为 0,则无需考虑坑壁上的高程控制桩设在何处。

在图 8-25a)中,3、4 两点为圆管涵中点(距进水口端点 22.06m)坑壁上的高程控制桩,其实测高程为:$H_3 = H_4 = 121.246$m,基础面设计高程:$H_基 = 120.93$m;砂砾垫层面设计高程:$H_砂 = 120.65$m,基础坑底设计高程:$H_底 = 120.45$m(见表 8-8),则从 3、4 两点高程控制桩分别下量:

$$121.246 - 120.93 = 0.316\text{m} \quad 基础面高$$

$$121.246 - 120.65 = 0.596\text{m} \quad 砂砾垫层面高$$

$$121.246 - 120.45 = 0.796\text{m} \quad 基础坑底面高$$

检核:

砂厚

$$0.796 - 0.596 = 0.20\text{m}$$

基础厚

$$0.596 - 0.316 = 0.28\text{m}$$

当清理整平基础坑底面后,则从 3、4 号高程控制桩下量 0.796m,在坑壁上打桩标志。同理计算出 1、2 及 5、6 点下量数据打桩标志;然后用线绳将所放坑底桩相连拉紧,该线绳即坑底面高,以此指导清理坑底整平工作,见图 8-25b)。

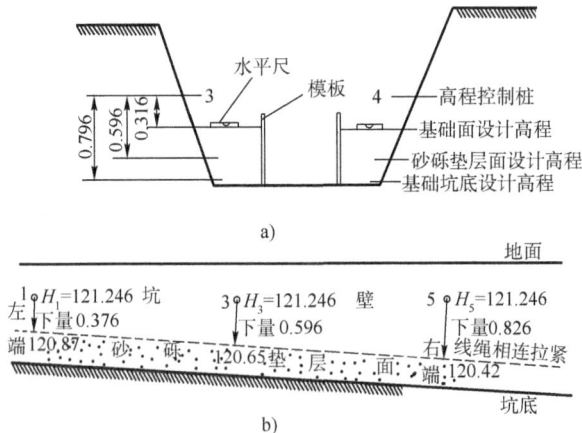

图 8-25 利用坑壁上的高程控制桩进行基础高程放样示意图

填砂、垫层、浇筑混凝土基础时高程放样工作仿此进行。

当向模板上设放基础面高程位置时,为避免目估水平造成的误差,应在拉紧的线绳上放水平尺定位,见图 8-25a)。

(6)向桥墩、台身的模板上测设桥墩、台身的设计高程位置的方法。

方法 1,用水准仪"视线高法"将桥墩、台身顶面设计高程直接放样到模板侧面。

其法如下:

①在桥墩、台身附近用水准复测支线法增设临时水准点。宜增设二个临时水准点,用一个放样,另一个检核。

②在通视桥墩、台身顶面模板的地方设置水准仪,后视临时水准点,依据临时水准点高程、后视水准尺读数及桥墩、台身顶设计高程,用 5.3.2 介绍的方法计算桥墩、台身顶面待放样点的"视线高"读数,随后用 5.3 节的方法步骤放出所需点位高程位置。

例如图 8-11 中,0 号桥台上层基础面设计高程是 127.120m,台身高是5.50m,则 0 号桥台顶面设计高程是:

$$H_{顶} = 127.12 + 5.50 = 132.62(m)$$

在 0 号桥台近处增设的临时水准点 $H_0 = 130.669$m,后视读数是 3.287 m,则 0 号桥台顶面设计高程的视线高是:

$$H_{视} = (H_0 + 后视读数) - H_{顶} = 130.669 + 3.287 - 132.62 = 1.336m$$

在桥台身模板上立尺,使水准仪视线高为 1.336m,则尺底端即为 0 号台身顶面设计高程位置,用油性号笔划线标志;当所需点位全部划出,用线绳依次连接,则线绳面即 0 号桥台身顶面高位置,以此指导浇筑台身控制高程。

方法 2,用水准"前视法"测量桥墩、台身模板顶面高程,减去顶面设计高程,用其差值下量划线即是墩、台身顶面设计高程位置。

例如前例 0 号桥台身顶面设计高程 $H_{顶} = 132.620$m,用水准"前视法"测得其模板顶面高程:

$$H_1 = 132.904m, H_2 = 132.821m, H_3 = 132.834(m)$$
$$H_4 = 132.826m, H_5 = 133.128m$$

则从测点处应下量的差值是:

1 号点:$h_1 = H_1 - H_{顶} = 132.904 - 132.620 = 0.284m$;

2 号点:$h_2 = H_2 - H_{顶} = 132.821 - 132.620 = 0.201m$;

3 号点:$h_3 = H_3 - H_{顶} = 132.834 - 132.620 = 0.214m$;

4 号点:$h_4 = H_4 - H_{顶} = 132.826 - 132.620 = 0.206m$;

5 号点：$h_5 = H_5 - H_{顶} = 133.128 - 132.620 = 0.508m$。

将下量值抄录在测量草图点位旁，交给施工人员自行下量划线(图 8-26)。

桥墩、台身、桥柱施工时各部分的高程放样工作仿前述方法进行。

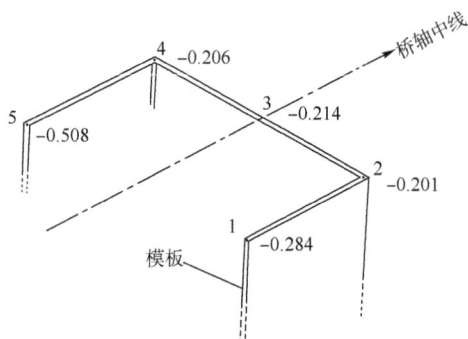

图 8-26　桥墩、台身模板顶面实测高程放样示意图(尺寸单位：m)

第9章 改路工程施工测量

9.1 改路工程施工测量概述

在公路建设中,经常遇到新建公路与原公路、乡村公路、乡村便道、小路相交叉的问题。在此种情况下,通常是用桥梁、通道、盖板涵之类的构造物来解决。由于新建公路的桥涵选址因素较复杂,使得桥涵新址与原公路、乡村公路、便道、小路的地址不一致,这就要求原公路、乡村公路等要服从于新建公路的走向,使乡村路线位置服从新建公路的桥涵位置。因此,就需要原公路、乡村公路改道通过新建公路的桥涵。因为新建公路的桥涵而使原乡村公路改线的工作,称为改路(道)工程,习惯上称呼为"支线"工程。

支线一般长度在 500m 以下,属普通公路等级。实践施工中,"支线工程"有下述两种情况:

(1)有设计资料的改路工程;

(2)没有设计资料的改路工程。

在改路工程施工中,施工测量的任务主要是:

①对于有设计资料的改路工程,施工测量的主要任务

a.根据改路设计图的要求,控制改路线形及走向,并结合实地现状,接顺原有道路。

b.根据改路设计图的要求,控制改路的路面高程。

②对于没有设计资料的改路工程,施工测量的主要任务

a.根据原有道路与新建公路桥涵位置之间的关系,结合实际地形,选择改路线形及走向。

b.测量实地选定的改路纵向高程,进行线路纵向高度设计,并付诸实施。

9.2　有设计资料的改路工程施工测量的实施

9.2.1　收集改路工程设计资料及实地勘察

改路工程设计图件与主线路设计图件是由同一设计部门设计,并同时一并下达给施工单位的。一般情况下,改路设计图件主要有:

(1)改路平面总体设计图(图 9-1)。

(2)改路纵断面图(图 9-2)。

(3)改路直线、曲线及转角表(表 9-1)。

(4)改路横断面结构图(图 9-3)。

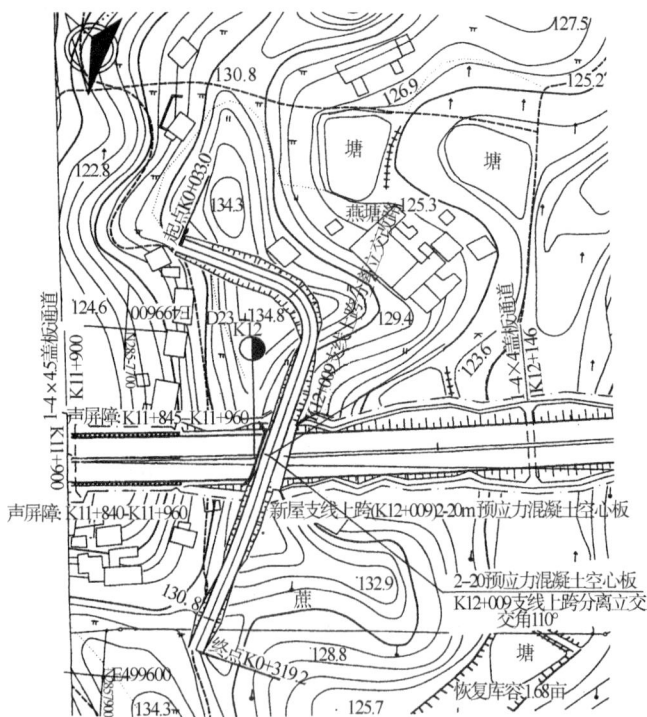

图 9-1　改路平面总体设计图(尺寸单位:m)

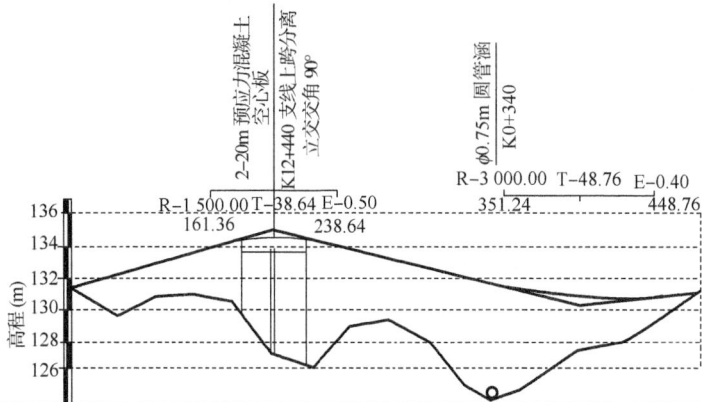

图 9-2 改路纵断面图(尺寸单位:m)

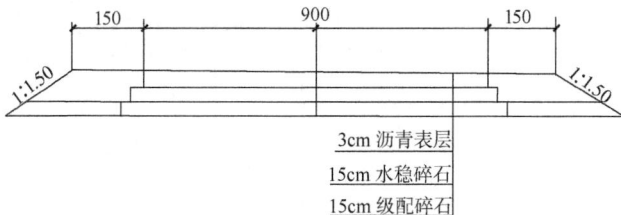

图 9-3 改路横断面结构图(尺寸单位:mm)

表 9-1

直线、曲线及转角表（分离立交）

交点号	交点坐标 X	交点坐标 Y	交点桩号	转角值	半径	缓和曲线长度	切线长度	曲线长度	外距	校正值	第一缓和曲线终点或圆曲线起点	曲线中点	第二缓和曲线或圆曲线终点	第二缓和曲线起点	直线长度(m)	交点间距(m)	计算方位角(°'")	桩号	增减长度(m)	备注
起点	2857650	499573	K0+033.02																	
				K12+009 支线上跨分离立交 交角110° K12+009＝支线 K0+200																
JD1	2857675.94	499994.173	K0+033.02	右 85°57'18"	30	0	27.953	45.006	11.005		K0+087.945	K0+110.447	K0+132.950		99.405	144.995	13°56'34"			
JD2	2857816.317	499529.11	K0+249.992	右 04°29'19"	450	0	17.636	35.255	0.345		K0+232.356	K0+249.983	K0+267.610		51.598	69.235	18°25'54"			施工时要注意与老路跨接顺
终点	2857882	499551	K0+319.209																	
起点	2857576	499079	K0+069.20																	
				K12+440 支线上跨分离立交 交角90° K12+440＝支线 K0+200.236																
JD1	2857663.837	499100.688	K0+150.002	左 26°34'03"	90	0	21.248	41.732	2.474		K0+128.754	K0+149.630	K0+170.486		59.554	80.802	15°34'11"			
JD2	2857804.027	499071.5	K0+302.238	右 89°30'04"	72	0	71.379	112.474	29.385		K0+230.888	K0+287.095	K0+343.332		60.375	153	349°00'08"			
终点	2857845	499273	K0+477.577												134.244	205.604	78°30'22"			

在取得改路工程有关设计图件并全面熟悉后，还应到改路实地现场进行勘察，弄清以下内容：

（1）改路线路实地起点、终点位置，考虑与原有老路接顺方案。

（2）改路线路概貌。沿线农田、作物、植被、水沟、鱼塘、通讯设施等分布情况，考虑施工方案。

（3）附近已知导线点、水准点情况，考虑施工放样方案。

9.2.2 准备改路工程放样数据

（1）计算改路支线中桩坐标 X 与 Y

改路中桩坐标 X、Y 值计算的依据是：改路直线、曲线及转角表。

从该表中，查取改路线路交点元素：交点的里程桩号、交点的 X、Y 坐标值；转角、半径、缓和曲线长以及前直线段的方位角，以此作为计算改路线路上任一点坐标的起算数据。

①绘制交点示意图，掌握计算坐标所需要素，弄清计算范围。

绘制交点示意图的依据：

a. 直线、曲线及转角表；

b. 线路平面总体设计图。

交点示意图见图 9-4。

此交点示意图，是××高速公路某分离立交改路工程 K0+069.2 至 K0+477.577 线路示意图。

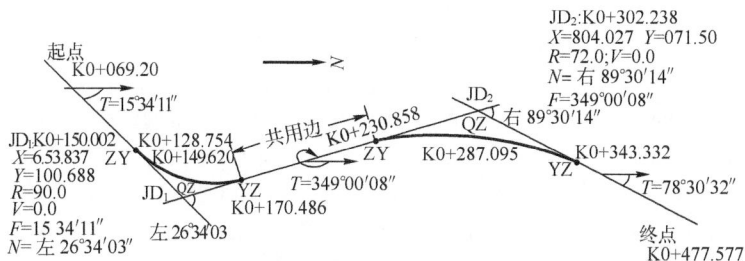

图 9-4 改路线路交点示意图

由图知：

a. 依 JD₁ 为起算点，计算线路任一点 x 与 y 坐标值时，其计算起算要素是：

JD₁ 的里程桩号：	Q＝K0+150.002
JD₁ 的 X 坐标值：	W＝653.837

Y 坐标值: $K = 100.688$

JD$_1$ 处的曲线半径: $\qquad R = 90$

前直线段的方位角:(即起点至 JD$_1$ 边的方位角)
$$F = 15°34'11''$$

JD$_1$ 的转角:
$$N = 左\ 26°34'03''$$

缓和曲线长度:
$$V = 0.000$$

计算范围是:线路起点 K0+69.20 至 JD$_2$ 处曲线 ZY 点(K0+230.858)之间的直线段和曲线段上任意一点的 x、y 值。

b. 以 JD$_2$ 为起算点;计算线路任一点 x 与 y 坐标值时,其起算要素是:

JD$_2$ 的里程桩号: $\qquad Q = K0+302.238$

JD$_2$ 的 x 坐标值: $\qquad W = 804.027$

$\qquad\quad$ y 坐标值: $\qquad K = 71.50$

JD$_2$ 处的曲线半径: $\qquad R = 72$

前直线段方位角(即 JD$_1$ 至 JD$_2$ 边方位角):
$$F = 349°00'08''$$

JD$_2$ 的转角: $\qquad N = 右\ 89°30'14''$

缓和曲线长度: $\qquad V = 0.000$

计算范围是:JD$_1$ 处曲线 YZ(K0+170.486)至线路终点 K0+477.577 之间的直线段和曲线段上任意一点的 x、y 值。

c. 相邻两交点之间的直线段是共用边,例如图 9-4 中的 YZK0+170.486 至 ZYK0+230.858,在此共用边上,用相邻两交点分别计算同一点的坐标值应相等。这一特征可用来检验坐标计算过程中的正确性。在用一个交点的要素计算坐标时,应先计算一个共用点的坐标,以此来保证计算坐标的准确无错。

例如图 9-4 中,前 YZ:K0+170.486 至 ZY:K0+230.858 共用边上,YZ:K0+170.486 的 $X = 674.695$,$Y = 096.634$;ZY:K0+230.858 的 $X = 733.958$,$Y = 085.117$,由 JD$_1$、JD$_2$ 分别计算,其值相等,说明计算正确。

②采用 f_x—5800P 型计算器"坐标计算程序",计算改路线路上任一点的 x、y 坐标值,将计算数据填入"坐标放样数据表"。

"坐标放样数据表"是外业用全站仪进行点位平面位置放样的依据,一定要数字工整、清晰、记录正确无错。

"坐标放样数据表"样式见表 9-2,也可根据使用方便,自行编制。

坐标放样数据表（采用 f_x—5800P 型计算器） 表 9-2

桩　号	X（m）	Y（m）	说　明
K0＋069.20	576.000	079.000	
＋075	581.587	080.557	计算草图
＋100	605.670	087.267	
＋125	629.752	093.977	
ZY＋128.754	633.369	094.985	
QZ＋149.620	653.936	098.216	
＋150	654.316	098.230	
YZ＋170.486	674.695	096.634	
＋175	679.126	095.773	
＋200	703.667	091.004	
＋225	728.208	086.235	
ZY＋230.858	733.958	058.117	
＋250	753.010	083.991	

计算草图：起点 K0+069.20，ZY，JD₁，AZ，YZ，ZY，QZ，JD₂，YZ，终点 K0+477.577

桩　号	X（m）	Y（m）	起算要素	程序符号	JD₁	JD₂
＋275	777.127	090.085	交点里程桩号	Q	K0＋150.002	K0＋302.238
QZ＋287.095	787.699	095.931	交点 x 坐标	W	653.837	804.027
＋300	797.730	104.022	交点 y 坐标	K	100.688	071.50
＋325	812.362	124.139	半径	R	90	72
YZ＋343.332	818.250	141.447	方位角	F	15°34′11″	349°00′08″
＋350	819.579	147.981	转角	N	左 26°34′03″	右 89°30′14″
＋375	824.560	172.480	缓和曲线长	V	0.00	0.00
＋400	829.542	196.979	转角条件	$G_{右1}^{左-1}$	−1	1
＋425	834.524	221.477	中至边桩距离	S	0	0
＋450	839.505	245.976	所求点桩号	H		
＋475	844.487	270.475				
K0＋477.577	845.000	273.00	夹角	$E_{左-}^{右+}$	0	0

表中所举示例,是××高速公路××分离立交改路工程 K0＋069.20 至 K0＋477.577 段线路平面坐标放样数据计算成果。

用 f_x—5800P 型计算器坐标计算程序计算点位坐标的方法步骤详见4.3.2 节。

如果使用 f_x—5800P 型计算器,全站仪技术熟练,放样经验丰富、可在测站上一边计算,一边输入,一边放样,不必事先计算坐标放样数据。

如果使用经纬仪配测距仪进行改道线路平面放样,则要在放样前事先准备好极坐标放样点位平面位置数据,其计算方法详见第四章第三节"一"。

由于改道支线路面不宽,一般为 4~12m,所以外业通常只放中桩,边桩则要现场测量员放出,因此一般不准备边桩坐标数据。

(2)计算改路支线高程放样数据

计算改路支线各桩位的设计高程的依据:

①改路纵断面图;

②改路横断面结构图。

改路纵断面图给出了如下数据(图 9-2):

①改道支线每隔一定间距的中桩设计高程;

②改道支线变坡点的里程桩号及高程;

③变坡点两侧的纵坡度;

④竖曲线的要素等。

改路横断面图给出了如下数据(图 9-3):

①路面各结构层的厚度;

②路面横坡度;

③路基边坡坡度;

④路面宽度。

依据上述两图给出的要素数据,可以计算改路支线上任意一点的中桩、左右边桩的设计高程。其方法步骤是:

①绘制竖曲线示意图,掌握计算高程所需要素,弄清计算范围。

依据"线路纵断面图",绘制竖曲线示意图。

竖曲线示意图图例见图 9-5。将竖曲线图绘制在"高程数据记录簿"前页,用起来非常方便。

此竖曲线示意图,是××高速公路××分离立交改路工程 K0+069.2 至 K0+477.577 线路竖曲线示意图。

由图知:

a.该改路线路有两个竖曲线。

用第一个竖曲线计算线路上任意一点的设计高程时,其计算要素是:

变坡点的高程： $H=135.00(\text{m})$

变坡点的里程桩号： $B=\text{K0}+200(\text{m})$

竖曲线半径： $R=1\,500(\text{m})$

前纵坡坡度： $I=2.75\%$

后纵坡坡度： $J=-2.40\%$

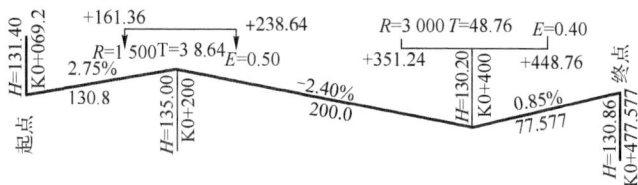

图 9-5 竖曲线示意图(尺寸单位:m)

注:起、终点的 H 为路面设计高程。

计算范围是:线路起点 K0+069.20 至第二个竖曲线起点 K0+351.24 之间的直线段、圆曲线、竖曲线上任意一点的中桩设计高程。

用第二个竖曲线计算线路上任意一点的设计高程时,其计算要素是:

变坡点的高程： $H=130.20(\text{m})$

变坡点的里程桩号： $\text{K0}+400(\text{m})$

竖曲线半径： $R=3\,000(\text{m})$

前纵坡坡度： $I=-2.40\%$

后纵坡坡度： $J=0.85\%$

计算范围是:第一个竖曲线的终点(K0+238.64)至改路线路终点(K0+477.577)之间的直线段、图曲线、竖曲线上任意一点的中桩设计高程。

b. 相邻两竖曲线之间的直线段是共用边,例如图 9-5 中第一个竖曲线的终点(K0+238.64)至第二个竖曲线的起点(K0+351.24)。在此共用边上任意一点的设计高程由两相邻竖曲线要素计算应相等。这一特征可用来检验设计高程计算过程中的正确性。在用一个竖曲线的要素计算设计高程时,应先计算一个共用点的设计高程,以此来保证计算设计高程的准确无错。

例如图 9-5 中,K0+238.64(第一个竖曲线终点):$H_{基中}=133.743\text{m}$;K0+351.24(第二个竖曲线起点):$H_{基中}=131.040\text{m}$;用第一个竖曲线和第二个竖曲线分别计算,其值相等,说明计算正确。

②计算改路各结构层中桩设计高程。

计算改路各结构层中桩设计高程的依据是:改路横断面结构图;改路纵断面图。

图 9-3 是××高速公路××分离支线"改路横断面图",由图知,该支线各结构层:

a. 3cm 沥青表层;

b. 15cm 水稳碎石(水稳层或叫基层);

c. 15cm 级配碎石(底基层);

d. 其最下层是路基。

据此可知各结构层设计高程是:

水稳层(基层): $H_稳 = H_{沥面} - 0.03$

碎石层(底基层): $H_底 = H_{沥面} - (0.03 + 0.15)$

路基: $H_{路基} = H_{沥面} - (0.03 + 0.15 + 0.15)$

式中: $H_{沥面}$——改路沥青路面中桩设计高程,在"改路纵断面图"设计高程栏查取;

　　　0.03——沥青路面至水稳层(基层)的厚度(cm);

　　$(0.03 + 0.15) = 0.18$——沥青路面至底基层的厚度;

$(0.03 + 0.15 + 0.15) = 0.33$——沥青路面至路基的厚度。

施工单位根据自己所做的层面,选用所需厚度,计算自己所做层面的设计高程。本节算例是计算改路路基的设计高程。

③计算改路各结构层中桩至边桩的宽度。

计算改路各结构层中桩至边桩的宽度,必须先计算路面的宽度,然后根据路面至各结构层的厚度及边坡坡度来计算各结构层的中桩至边桩的宽度。

由"改路横断面结构图"(见图 9-3)知:

a. 路面宽度 B:

$B = 9.00 + (1.5 \times 2) = 12.00$m(含土路肩,路面施工时应减去土路肩: $1.5 \times 2 = 3.0$m);

则,半幅路面宽 b: $b = B/2 = 6.0$m(含土路肩 1.5m)。

b. 路面至各结构层厚:

至水稳层:0.03m;

至底基层:$0.03 + 0.15 = 0.18$m;

至路基:$0.03 + 0.15 + 0.15 = 0.33$m。

c. 边坡坡度 I:

$$I = 1 : 1.5$$

d. 路面横坡度 i:

$$i=-0.02$$

根据上述 a、b、c 数据,计算改路各结构层的中心至边桩的距离是:

水稳层:

$b_稳=b/2+h_i \cdot I$

$\quad =6.0+(0.03 \times 1.5)=6.05m$ （施工中要减去土路肩宽 1.5m）

底基层:

$b_底=b/2+h_i \cdot I$

$\quad =6.0+(0.18 \times 1.5)=6.27m$ （施工中要减去土路肩宽 1.5m）

路基:

$$b_{路基}=b/2+h_i \cdot I=6.0+(0.33 \times 1.5)=6.50m$$

计算改路各结构层的中桩至边桩距离的目的作用是:

a. 施工中控制各结构层路幅宽度;

b. 便于计算各结构层边桩坐标;

c. 便于计算各结构层边桩的设计高程。

④采用 f_x—5800P 型计算器"直竖联算程序",计算改路线路上任意一点的中桩,左右边桩的设计高程,将计算数据填入"高程放样数据表"。

"高程放样数据表"是外业用水准仪进行线路点位高程位置放样的依据,一定要计算正确、记录无错误、数字要工整、清晰。其样式见表 9-3。

××改路工程路基设计高程计算表　　　　表 9-3

竖曲线示意图	计算要素	K0+200 竖曲线	K0+400 竖曲线
	变坡点高程 H	135.00	130.200
	变坡点桩号 B	K0+200	K0+400
	竖曲线半径 R	1 500	3 000
	前纵坡度 I	2.75%	-2.40%
	后纵坡度 J	-2.40%	0.85%
	路面至路基厚 N	0.33	0.33
	半幅路宽 M	6.50	6.50
	横坡度 E	-0.02	-0.02
	所求点桩号	L	L

$H_左$(m)	横坡边距(m)	桩号	$H_中$(m)	横坡边距	$H_右$(m)
130.943	6.50	K0+069.20	131.073		
131.103		+075	131.233		
131.790		+100	131.920		
132.478		+125	132.608		
132.581		ZY+128.754	132.711		
133.155		QZ+149.620	133.285		
133.165		+150	133.295		
133.701		YZ+170.486	133.831		
133.791		+175	133.921		
134.043	横坡度-0.02	+200	134.173		
133.878		+225	134.008		
133.779		ZY+230.858	133.909		
133.340		+250	133.470		
132.740		+275	132.870		
132.450		QZ+287.095	132.580		
132.140		+300	132.270		
131.540		+325	131.670		
131.100		YZ+343.332	131.230		
130.940		+350	131.070		
130.434		+375	130.564		
130.136		+400	130.266		
130.047		+425	130.177		
130.165		+450	130.295		
130.378		+475	130.508		
130.399		K0+477.577	130.529		

注:1.本例计算的是 ××改路线路路基设计高程;

2.路面至路基厚 $N=0.33$m;

3.本例 $H_左=H_右$;所以只计算 $H_左$;

4.注意计算范围;

5.本例采用 f_x—5800P 型计算器"直竖联算程序"计算。

表中所举算例,是××高速公路××分离立交改路工程 K0+069.20 至 K0+477.577 段路基设计高程放样计算成果。

用 f_x—5800P 型计算器"直竖联算程序"计算线路上任意一点的中桩,左右边桩设计高程的操作方法步骤详见 4.2 节。

9.2.3　增设改路工程线路施工导线点和施工水准点

(1)增设改路工程线路施工导线点

增设施工导线点的目的是方便线路平面位置放样。

增设施工导线点应考虑下述因素:

①主线路已知导线点分布情况。据此考虑拟定增设施工导线的布设方案。

②改路工程施工现场需要。据此考虑选择布设施工导线点的地点。

③施工导线点应设在能够通视(控制)全线路,且地点牢固又便于架设仪器,又不受施工影响的地方。

④施工导线点密度,宜布设二点。一点放样,一点检核。

改路工程施工导线点的测设方案,实践中常采用支导线方法。

支导线测量施工导线点可用全站仪"坐标测量"功能直接测出点位坐标。也可用经纬仪配测距仪或经纬仪配钢尺,观测水平角和距离,通过计算求得点位的坐标。

关于支导线测量外业工作、内业计算、程序清单,算例及操作方法步骤,详见附录一:"f_x—5800P 型计算器程序编写及操作实例——施工支导线点的测设及程序编写计算方法"。

(2)增设改路工程线路施工水准点

增设施工水准点的目的作用是为了方便线路高程位置放样。

增设施工水准点应考虑下述因素:

①主线路已知水准点分布情况。据此考虑拟定增设施工水准点的布设方案。

②改路工程施工现场需要。据此考虑选择布设施工水准点的地点。

③施工水准应设在便于测设全线中、边桩高程,且地点牢固,又不受施工影响的地方。

④施工水准点的密度,应根据改路线路长度来决定,一般情况下 500m 左右宜布设 2～3 点。原则上是一站到位,尽量避免转点。

改路工程施工水准点的测设方案,视其主线路上水准点的远近而选用:

①若附近有两个以上一级水准点,则应用附合水准路线;

②若附近只有一个一级水准点,可选用闭合水准路线或复测支水准路线。

改路工程水准线路的测设方法及水准点高程计算方法,详见第三章第四节"水准点的复测和加密"。

9.2.4 改路工程实地中线放样及边线加桩

实地标定改路工程中线桩位的依据、仪具器材、放样方法及操作步骤详见第五章第二节"公路工程施工测量平面位置放样技术"。

(1)中桩保护

实地标定的改路线路的中线桩位应妥善保护。实践中,常用下法护桩:

①延长直线法;

②交会法。

在图 9-6 中,要保护 K0+400 中桩,可将 K0+400 中一边桩连线延长至征地界桩外 A 和 B 点,并用皮尺拉出中边桩至 A 及 B 桩距离,记录于记录簿草图上。复桩时,根据草图所示,及 A、B 至中边桩距离,在 A、B 延长线上定出 K0+400 中、边桩即可。此法护桩,在直线段根据实地现状保护 2~3 个中桩,复桩时,根据这 2~3 个中桩用经纬仪定向法即可恢复其他中桩。在弯道尽可能多保护几个中桩,尤其是要保护好弯道主点:ZY、QZ、YZ。

用"交会法"保护中桩,只要用皮尺分别量出 C 至 K0+450,K0+475 距离,量出 D 至 K0+450、K0+475 距离(注意,不要忘了将丈量的数据记录于草图上),则复桩时,以 C、D 为圆心,以各自距离为半径画弧交出中桩(图 9-6)。

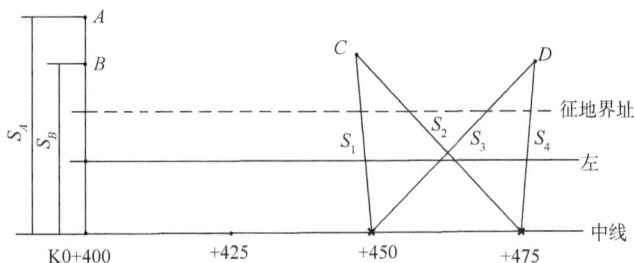

图 9-6 直线法交会法护桩

应说明的是上述护桩复位之法,只可应用于施工初期及中期,施工后期则要用仪器重新放桩。

施工初期中桩的主要作用是:

①在实地标示改路工程总体线形外貌及走向。

②依据实地中桩位置及中桩设计的填、挖高度,计算填方坡脚、挖方堑顶放样距离及征地边距,并实地放桩,以便施工场地清理。

a.计算并标定填方坡脚,挖方堑顶的方法,详见6.3节"路堤底层坡脚放样实用技术"及6.2节"路堑堑顶放样实用技术"。

b.征地界址计算及放桩

征地界址宽度根据设计文件在坡脚外再加水沟宽(0.6~1.0m)及护坡平台宽(0.5~1.0m),即在坡脚外加放1.5~2.0m。

(2)依据中桩加放边桩的实用技术

实践作业中,改路线路边桩、坡脚桩、界桩常用皮尺、十字架、三角样板、丁字尺等放桩,其方法如下:

①在直线段

a.用皮尺交会放桩,详见7.3节"线路直线段皮尺(钢尺)交会法加桩"。

b.用十字架或三角样板或丁字尺标向放桩方法见图9-7。

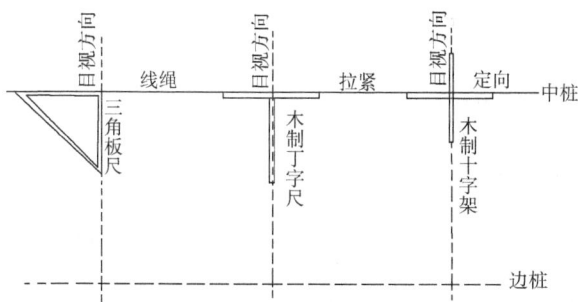

图9-7 借助辅助工具放桩

②在曲线段

若实地只放出中桩桩位,则可用"中央纵距法"加放左右边桩。其操作方法步骤,详见7.3节"线路曲线段中央纵距法加桩"。

在前述改路示例(××高速××分离立交改路工程 K0+069.20 至 K0+477.577 段)中,有两个圆曲线,其要素是(图9-4和表9-1):

第一个圆曲线:

直圆(ZY):K0+128.754m;

曲中(QZ):K0+149.620m;

圆直(YZ):K0+170.486m;

半径(R):$R=90$m;

切线长度:$T=21.248$m。

第二个圆曲线:

直圆(ZY):K0+230.858m;

曲中(QZ):K0+287.095m;

圆直(YZ):K0+343.332m;

半径(R):$R=72.0$m;

切线长:$T=71.379$m。

以第二个圆曲线为例,说明左右边桩加桩方法。

在图 9-8 中,K0+250(A)、K0+275(K)、K0+300(B)、K0+325(D),为实地所放中桩,为了方便施工,需加放左、右边桩,其方法步骤如下:

a. 用公式(7-2)、公式(7-3)计算中央纵距 Y

$$Y = R - \sqrt{R^2 - (C/2)^2}$$

$$= 72 - \sqrt{72^2(50/2)^2} = 4.480(\text{m})$$

式中:R——半径,第二个圆曲线 $R=72$m;

C——即 AB,两里程桩间距 $C=AB=50$m。

用公式(7-3)检核:

$$Y = C^2/(8R) = 50^2/(8\times72) = 4.34\text{m}(\text{近似值})$$

取用 $Y=4.48$m。

b. 用公式(7-4)计算右桩放样数据(外圆):

$$AN = \sqrt{(AB/2)^2 + (B/2+Y)^2} = \sqrt{(50/2)^2 + (13/2+4.48)^2}$$

$$= 27.305(\text{m})$$

式中:B——改路线路基宽度,本例 $B=13.00$m;

AB——含义同上。

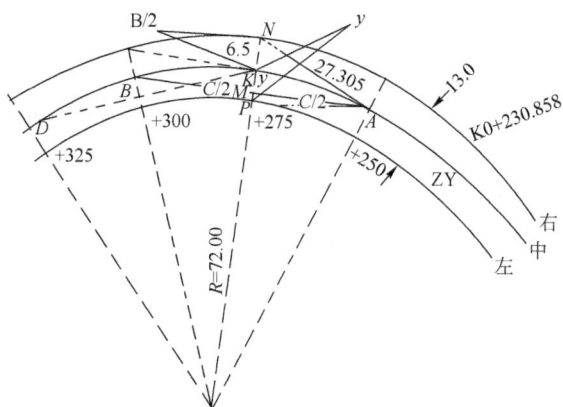

图 9-8　曲线皮尺交会法加放边桩

c. 以 A(K0+250)为圆心,以 $AN=27.305$m 为半径画弧与以 K(K0+275)为圆心,以 $KN=6.5$m(半幅路宽)为半径画弧相交于 N 点,即 K0+275 的右桩。

d. 以 N 为零,在 NK 方向上置尺量 $B=13.00$m(全幅路基宽),获取 P 点,即 K0+275 左边桩。

e. 同法可放出 K0+300、K0+325 等右左边桩。

f. 检查:

以 A 为圆心,以 AP 为半径画弧与以 K 为圆心,以 $KP=6.5$m 为半径画弧相交于 P' 点。应与 P 重合。并 PKN 在一条直线上。其中:

$$AP = \sqrt{(AB/2)^2 + (B/2-Y)^2} = \sqrt{(50/2)^2 + (13/2-4.48)^2}$$

$$= 25.081(\text{m})$$

9.2.5　改路线路施工中高程放样

改路工程线路施工中高程放样方法:

(1)实测点位地面高程进行高程放样;

(2)实测点位桩顶高程进行高程放样;

(3)用待放样点"视线高法"进行高程放样。

施工进行中,具体选用哪一种方法,应依据施工进度实际现状而选用。实践中,施工初、中期,由于填、挖高度大,宜选用(1)法;在施工后期,尤其是路基上路床(0~0.30m)施工,宜选用(2)或(3)法。

用上述(1)、(2)、(3)法进行高程放样的方法步骤,详见5.3节"二、公路施工高程位置放样技术"。

9.3 没有设计资料的改路工程施工测量的实施

没有设计资料的改路工程,应依据主体线路桥涵的实地位置与原道路的实地位置之间的关系,进行实地选线、定线和铺筑。

9.3.1 实地选线定桩

实地选线时,项目部、监理、现场施工员及测量员,应会同当地乡村负责人和村民代表进行实地勘察,在现场根据主体线路桥涵等购造物的位置与原道路位置之间的相互关系。商讨改路方案,并用竹(或木等)桩将改路线路标定出来,并进行调整,使其线形直顺,圆滑。

所选定的线路应尽量少占耕地、农田,尽量避开房屋、鱼塘、电杆等。在征得当地政府及村民同意后,随即进行线路定桩及里程编号。

图 9-9 是××高速公路 K130+620 中桥南北两端便道实地选定线路。北端 110m,南端 129m;南端因避一高压电杆而使线路弯曲,因此段全是稻田,所选便道只好穿越农田。为了少占农田,线路应尽量顺直,且路面不可过宽;根据当地人流、车流情况,此段便道定为 6.0m 宽。这个实地选定的线路就是改道工程线路的平面位置。

9.3.2 测量选线中桩实地高程,进行高程设计

(1)增设施工水准点

进行选线中桩实地高程测量,应就近利用附近的水准点。若线路附近没有施工水准点,则应先进行增设施工水准点工作。此例原简易公路石桥东端有一水准点,所以不需进行增设水准点工作。

若要增设施工水准点,可用复测水准支线路方法。关于增设施工水准点的方法和步骤,可参阅第三章第四节"水准点的复测和加密"。

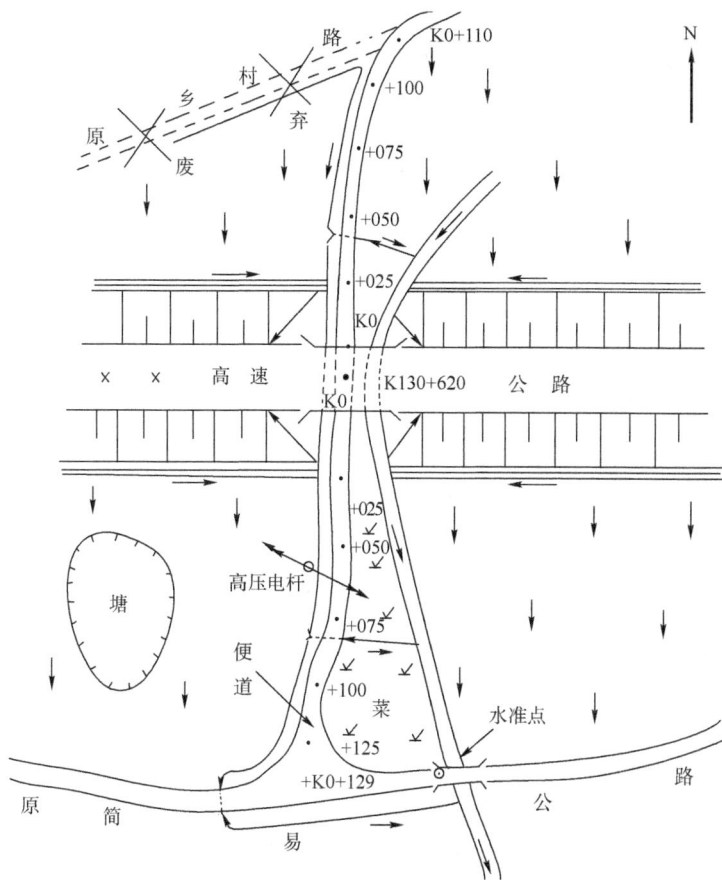

图 9-9 便道实地选线

（2）用水准测量"前视法"测量选线中桩实地高程

用水准"前视法"测量点位高程的方法详见 5.3 节。

桥南支线中桩实测高程见表 9-4。

桥北支线中桩实测高程：略。

后视水准点	BMC46:H=108.01m	后视读数	1.922	设计高程(m)	+填 —挖
桩号	前视读数	实测高程(m)	纵坡(%)		
K0+000	0 632	109.300		109.300	0.000
+025	2 220	107.712		108.932	+1.220
+050	1 680	108.252		108.565	+0.313
+075	1 690	108.242	−0.014 71	108.197	−0.045
+100	2 847	107.085		107.829	+0.744
+125	2 830	107.102		107.461	+0.359
+129	2 530	107.402		107.402	0.000

注:1.实践中,水准测量前视读数不读出"小数点"。

  2.本例主线挖方大于填方,故要求改道应为填方。这样可用弃土(石)填改道路基。

(3)选线路面高程设计

由表 9-4 知:

①桥南支线起点路面高:K0=109.30m;

②桥南支线终点原路面高:K0+129=107.402m;

③桥南支线全长:$\sum D$=129.00m。

据此,用下式计算桥南中线纵坡度 i:

$$i = h/D = (109.30 - 107.402)/129 = 0.014\ 71$$

根据纵坡度 i 和各中桩点到线路起点之距离 D,用下式计算各中桩点设计高程:

$$H_{设} = H_{起} + D \cdot \dot{N}$$

计算结果见表 9-4 第五栏。

(4)实地选线路面中线高程设计的几种类型

改道工程实地选线路面中线纵坡,根据实地地形起伏现状,一般有下述几种类型:

①地形起伏不大,路线较平坦[图 9-10a];

②地形一端高,一端低;例如上例中,地形地势是北高南低[图 9-10b];

③地形中间高两侧低[图 9-10c];

④地形中间低两侧高[图 9-10d]。

在进行实地选线中桩高程设计时,遇到图 9-10 中 a)、b)两种地形,选线路面中线纵坡可根据实地采用一路上坡或一路下坡;但最大纵坡,应不大于 6%,以保证车辆安全顺利行驶为准则。

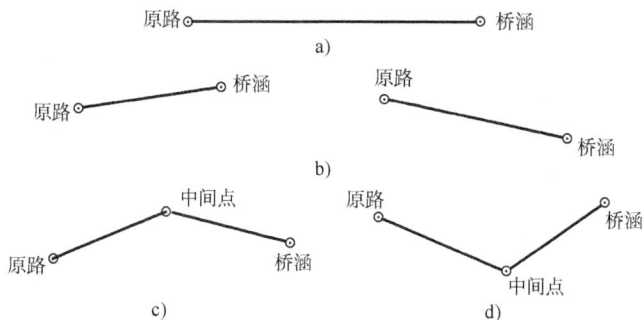

图 9-10 实地选线中线纵坡类型

遇到图 9-10 中 c)、d)两种地形,实质上中间高(或低)处就是变坡点,此时可采用设置竖曲线方法来处理。

(5)设置竖曲线方法

举例说明设置竖曲线方法。见图 9-11(由于改路支线较短,实地地形一目了然,在进行中线纵坡设计时,一般不需绘线路纵剖面图,只要绘草图就可满足设计需要)。

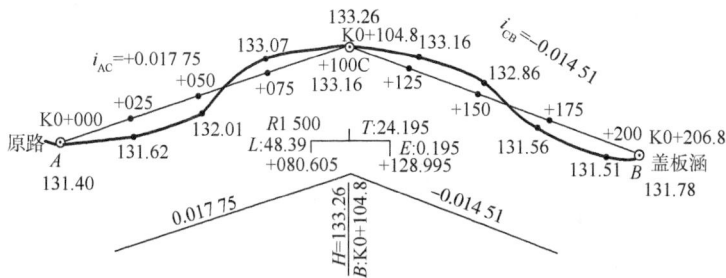

图 9-11 竖曲线设置示意图

图中原路 A 与盖板涵 B 间一条便道,C 为便道实地坡顶处(即变坡点)。K0、K0+025、K0+050……K0+104.8……K0+206.8 为实地选线标定中桩。为进行中线高程设计,应做如下工作:

①用水准"前视法"测出选线中桩实地高程;

②将原路 A、变坡点 C、盖板涵 B 实测高程抄写于草图点旁;

③在草图上计算变坡点两侧纵坡坡度：

AC 纵坡坡度：

$$i_{AC} = (133.26 - 131.40)/(104.8 - 0) = 0.017\ 75$$

CB 纵坡坡度：

$$i_{CB} = (131.78 - 133.26)/(206.8 - 104.8) = -0.014\ 5$$

此纵坡坡道为实地地面坡度。如果此坡度可满足行车行人需要，则可按此考虑设置竖曲线方案，如果此坡度不适应行车，则可适当调整。例中 i_{AC}、i_{CB} 实地纵坡坡度可满足行车需求不需调整。

④竖曲线要素计算：

a.竖曲线的半径

现行行业规范《公路工程技术标准》(JTG B01)规定：各级公路在纵坡变坡处均应设置竖曲线，竖曲线的半径和竖曲线的最小长度规定见表 9-5。通常应采用表中"一般最小半径值"。

各级公路竖曲线半径和最小长度　　表 9-5

公路等级		高速公路		一级公路		二级公路		三级公路		四级公路	
地形		平原微丘	山岭重丘	平原微丘	山岭重丘	平原微丘	山岭重丘	平原微丘	山岭重丘	平原微丘	山岭重丘
凸形竖曲线半径（m）	极限最小值	11 000	3 000	6 500	1 400	3 000	450	1 400	250	450	100
	一般最小值	17 000	4 500	10 000	2 000	4 500	700	2 000	400	700	200
凹形竖曲线半径（m）	极限最小值	4 000	2 000	3 000	1 000	2 000	450	1 000	250	450	100
	一般最小值	6 000	3 000	4 500	1 500	3 000	700	1 500	400	700	200
竖曲线最小长度（m）		100	70	85	50	70	35	50	25	35	20

本例属微丘地形,属四级公路,考虑到变坡点两侧纵坡较缓,以及竖曲线最小长度限制,本例中竖曲线半径 R 选用 1 500m。

b. 竖曲线曲线长度 L 计算

$$L = R \cdot (i_1 - i_2) = 1\,500 \times [0.017\,75 - (-0.014\,51)] = 48.39(\text{m})$$

c. 竖曲曲切线长 T 计算

$$T = L/2 = \frac{1}{2}[R \cdot (i_1 - i_2)] = \frac{1}{2}\{1\,500 \times [0.017\,75 - (-0.014\,51)]\}$$

$$= 24.195\text{m}$$

d. 竖曲线外距 E 计算

$$E = T^2/(2R) = 24.195^2/(2 \times 1\,500) = 0.195(\text{m})$$

本例为凸形竖曲线设置方法介绍,凹型竖曲线设置同理。

(6)实地选定的支线设置竖曲线后其中线桩位设计高程的计算

实地选定的支线,在设置竖曲线后,中线桩位设计高程计算,采用 f_x—5800P 型计算器"直竖联算程序"计算。计算的结果及线路铺筑施工时应填、挖的高度见表 9-6。

关于直竖联算程序计算线路桩位设计高程的方法步骤详见 4.3 节。

自选支线上设置竖曲线后中桩设计高程计算　　表 9-6

（采用 f_x—5800P 型计算器）

	变坡点高程	H	133.26
	变坡点桩号	B	K0+104.8
计算要素	竖曲线半径	R	1 500
	前纵坡度	I	0.017 75
	后纵坡度	J	−0.014 51
	切线	T	24.195

K0+080.605　　K0+128.995
起点　　终点
I　　　　J

$H_边$ 设计（m）	横坡边距	桩号	$H_中$ 设计（m）	$H_中$ 实测（m）	＋填－挖
131.340	M＝3.0	K0＋000	131.40	131.40	0.00
131.784		＋025	131.844	131.62	＋0.224
132.227		＋050	132.287	132.01	＋0.277
132.671		＋075	132.731	133.07	－0.339
132.989		＋100	133.049	133.16	－0.111
133.005	E＝－0.02	＋104.8	133.065	133.26	－0.195
132.902		＋125	132.962	133.16	－0.198
132.544		＋150	132.604	132.86	－0.256
132.181		＋175	132.241	131.56	＋0.681
131.819		＋200	131.879	131.51	＋0.369
131.72		K0＋206.8	131.78	131.78	0.00

9.3.3 没有设计资料的改路工程施工进行中的测量工作

由于没有设计资料的改路工程，其线路走向及外型是结合实际地形自选的，所以在施工进行中不需进行平面位置放样，只要在自选时所标定的线路红线内进行填、挖工作就行了。因此改路工程施工中测量的主要任务是控制线路的高低。

实际作业中，是把中桩填、挖高度书面通知现场施工员，由其指挥挖掘机、推土机等机械进行填挖工作。当填、挖高度估计基本到位时，由改路起点，视线路实际走向重新定出中桩（此时可用上述护桩草图数据恢复线路中桩），并测出其实地高程。与设计高程比较，算出还需填或挖的高度（用水准前视法"H程序"计算），通知现场施工员继续指挥填或挖，当至路基面0～30cm时，则应进行设计高程放样作业。使其路基面达到设计高程。

第10章 山区乡村公路改建工程施工测量

10.1 山区乡村公路改建工程施工测量概述

所谓山区乡村公路,就是沟通县与乡、县与村、乡与乡或是沟通乡与村、村与村的山区公路。按国家公路分级为四级公路。实属支线公路。

这种山区公路路况差,路面填料不是河中沙砾,就是岩石碎粒,或是土砂混料,遇有恶劣气候,通行相当困难.严重影响山区农村经济发展。

山区公路改建的目的主要是改善路面现状,将路面加铺为沥青路面或水泥混凝土路面;其次是改善线形,加宽路基,尽可能地改单行道为双行车道;再次是改善纵坡,尽量减缓大陡坡。通过改建,使其逐步提高使用质量和通行能力,以达到国家规定的等级标准。

在这种山区公路改建工程中的施工单位应向业主(通常情况下业主是乡政府或村政府,而县交通局是主管部门)收集如下资料:

(1)公路改建工程路面横断面结构图;

(2)公路改建工程平面控制数据:交点及中桩控制数据中线测量记录;

(3)公路改建工程高程控制数据:线路纵剖面图;路基设计表;水准点成果表;

(4)公路改建工程横断面设计图;

(5)弯道超高数据表;

(6)弯道加宽数据表;

(7)路基土石方数量计算表;

(8)线路构造物(圆管涵、盖板涵、小桥、挡土墙等)设计图;

(9)线路构造物(圆管涵、盖板涵、小桥、挡土墙等)工程数量计算表。

注意:上述图表数据、通常情况下,由县公路设计部门设计。

施工测量员在取得上述资料后,应对其进行全面熟悉。

随后,应会同业主、县交通局技术人员、现场施工员一同到施工现场沿线进行实地勘察。通过实地勘察,应彻底弄清:

(1)改建公路的实地起、终点及其桩号;

(2)沿线交点实地位置、里程桩号、交点编号及其保护交点的方法及实地标记;

(3)沿线实地中桩标志完好程度;

(4)沿线水准控制点实地位置及编号;

(5)沿线构造物(圆管涵、盖板涵、挡土墙等)实地位置及里程桩号;

(6)沿线需爆破石方段起、终点实地位置及里程桩号;

(7)沿线纵向挖、填段实地位置及其桩号;

(8)沿线填方取土实地位置,挖方弃土实地位置;

(9)沿线通讯、电讯线路,电杆影响施工情况;

(10)沿线横断面挖、填方实地对照等。

经实地勘察,弄清改线工程现状情况后,施工测量员应会同现场施工员,依据上述设计图表数据,结合山区公路特点来制定施工方案和施工测量方案。(山区公路特点见 10.2 节)。

实践经验证明,山区公路改建工程中施工测量员的主要任务是:

(1)根据设计单位提供的交点中桩测量数据,控制改线工程的纵向平面位置;

(2)根据设计单位提供的横断面图,控制改线工程的横向平面位置;

(3)根据设计单位提供的路基中桩设计高程,控制改线工程的纵向高程位置;

(4)根据路基中桩设计高程,路宽和路拱坡度,控制改线工程横向高度。

10.2 山区乡村公路的特点

本节所述的山区乡村公路的特点,是从施工测量角度来讲述的。

在山区乡村公路进行施工测量,必须考虑乡村山区公路的如下特点:

(1)公路线形弯曲弯多弯小弯短,呈 S 形或"之"字形。在这种路形测设的交点每弯一点,交点与交点之间长度较短;弯处曲线的半径较短,交点两侧切线较短;曲线全长较短。

笔者曾在江西省××县××乡—××乡间公路改建工程中搞施工测量。线路全长 4.23km,其间路弯有 91 个,交点就有 91 个。弯处曲线最小半径 13.44m,最大半径 300m,15～30m 的半径居多。切线最长为 25.03m,最短切线为 4.6。曲线全长最长为 46.41m,最短为 9.05m。外距最长 5.91m,最短 0.39m。

交点多、切线短、线路中桩数量增多,为施工测量保护交点桩位,恢复中线桩位增大了工作量。(前述线路 4.2km,中桩点共 319 个)。

另外,线路一弯接一弯,弯与弯之间的直线短,弯处要设超高,而相邻两弯间又无法加设缓和曲线,施工中只有凭经验控制弯道超高变化。

(2)线路纵向坡较陡,纵坡坡度偏大,纵坡长度则较短。这样纵坡变化点增多,竖曲线增多,而竖曲线长度较短。

前例 4.23 公里改建线路,纵坡最大为−11%,最小为+0.68%;全线变坡点 25 个,竖曲线 25 处。平均每公里 6 个竖曲线。竖曲线长度 T 最大为 15.12m,最小为 8.25m。

线路坡陡,高程变更处多,竖曲线长度偏短,使线路水准高程测量,计算工作量增大,施工水准点增多,施工水准控制高程量大而繁,稍有不慎,极易出错。这一点是很值得注意的。为了不测错桩位,并提高工效,应考虑增多施工水准控制点,前例 4.23 公里,布设施工水准点 53 个,平均 80m 一个水准控制点。

(3)线路两侧地势险峻,靠山边是悬岩,邻沟边是峭壁。前例 4.23 公里改建线路,有近一半是这样艰巨的路段。横断面测量相当困难,只能评估。施工中,挖方(实际是爆破)堑顶放线相当困难,填方(实际是砌挡土墙)坡脚(挡土墙基础边线)放线更是困难。设在此弯处的交点桩位极难保护。护桩位置难寻,设置的护桩不是被爆破飞石炸掉,就是在挖机、推土机作业中被毁埋掉。为线路施测恢复中桩带来很大不便。在此种地段,只有先设法恢复被破坏掉的交点桩位,才能恢复线路中桩。

(4)线路横向宽度较窄(路基一般为 4.5～6.0m),放样桩位很容易被毁掉,为线路施工带来很大不便。为此须经常复桩,这就要求妥善保护交点实地的桩位。

10.3　山区乡村公路改建线路中线测设

山区乡村公路改建工程施工测量的主要任务是恢复线路中桩位置。为了能够顺利地熟练地进行此项工作,应了解并掌握山区乡村线路交点、中线测量方法和技术。下面介绍两种方法技术,供选用。

10.3.1 根据外距 E 和转角 N 测设交点和中桩的方法技术

1)测设器具

仪器:J_6 型经纬仪及脚架;

量具:皮尺(30m 或 50m)一个;

工具及材料:花杆四根、铁锤 1 个、铁钉(根据需要准备)和红塑料袋(做标志)、竹签若干、红油漆、毛笔或油性号笔等。

计算工具:中线记录簿、f_x—5800PA 型计算器等。

2)施测组织

共六人,3 人一组,分二组:选线组和施测组。

选线组(或叫选点组)任务:选交点位置;

施测组任务:量外距 E,测转角 N,计算曲线要素、桩号里程、中桩里程定线打桩等。

3)根据外距 E、转角 N 测设交点及中桩的方法概念

图 10-1 是改建线路原线路一处弯道。我们只要用皮尺量出该弯道外距 E,用经纬仪测出夹角 B,则可依据下述公式计算出该弯道曲线的要素 R、T、L、P 和主点的里程桩号。

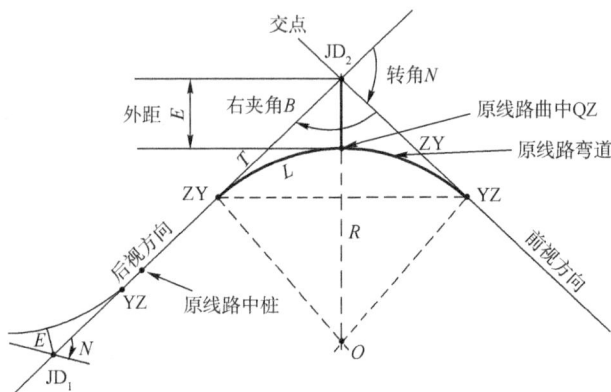

图 10-1 实量外距 E 转角 N 计算圆曲线要素

(1)根据夹角 B 计算转角 N

右转角：$\qquad N=180°-B \qquad (B<180°)$

左转角：$\qquad N=B-180° \qquad (B>180°)$ $\qquad\qquad$ (10-1)

(2)根据外距 E 转角 N 计算 R、T、L 和 P

计算圆曲线半径 R

$$R = E/[1/\cos(N/2)-1] \qquad\qquad (10\text{-}2)$$

计算切线长 T：

$$T = R \cdot \tan\frac{N}{2} \qquad\qquad (10\text{-}3)$$

计算曲线长 L：

$$L = \frac{N}{180°} \cdot \pi R \qquad\qquad (10\text{-}4)$$

计算切曲差 P：

$$P = 2T - L \qquad\qquad (10\text{-}5)$$

(3)计算圆曲线主点桩号里程

计算 ZY 的桩号：

$$ZY = JD 的桩号 - T \qquad\qquad (10\text{-}6)$$

计算 QZ 的桩号：

$$QZ = ZY 的桩号 + L/2 \qquad\qquad (10\text{-}7)$$

计算 YZ 的桩号：

$$YZ = QZ 的桩号 + L/2 \qquad\qquad (10\text{-}8)$$

检查计算：

$$YZ = JD 的桩号 + T - P \qquad\qquad (10\text{-}9)$$

4)实地外距 E 的选测方法

实地外距 E 的选测方法有二种：

方法 1,目估外距 E 法(图 10-1)

(1)在实地用目估方法选定原线路弯道中线曲中点 QZ；

(2)目估原线路弯道外距 E 方向线；

(3)在该 E 方向线上移动花杆,后视 JD_1 花杆；

(4)当原线路多数中线点大致在 $JD_1 \sim JD_2$ 交点连线上,即确定 JD_2 点；

(5)用皮尺丈量曲线中点至 JD_2 间平距,即实地弯道的 E 值。

注意:此法简单,但精度低。所选 E 很难判定是在过曲中的半径方向上。

方法 2,外距 E 垂直弦线法(图 10-1)。

此法容易掌握,且精度较方法一高,所选曲线半径基本上与实地弯道的半径一致。线路的线形更顺适。实践中宜推广应用。其法操作步骤如下:

(1)在实地用目估方法判断选定原线路弯道中线直线变曲线处 ZY 点以及曲线变直线处 YZ 点。并用铁钉标志。(铁钉上应扎红塑袋,以便辨认)。

此时 ZY 与 YZ 连线,即可视为实地曲线的弦线,通过该弦线中点的垂线,一定通过圆心,在该垂线上选定 E 和交点,理论上应在通过圆心的半径上。实际上由于目估所选 ZY 与 YZ 点有误差,所以所选外距 E 方向线亦有误差,但较方法一精度还算是高的。

(2)用皮尺连接 ZY 与 YZ 点,量出该弦线长度。并在该弦长 1/2 处钉一铁钉标志。

(3)通过该弦线 1/2 处,用小钢尺(或花杆等)做弦线的垂线,即是外距 E 的方向线。

(4)在弦线的垂线(即 E 方向线)上移动花杆,后视 JD_1 花杆。

(5)当原线路多数中线点大致在 $JD_1 \sim JD_2$ 交点连线上,即确定 JD_2 点。

(6)在弦线垂上目选原线路中线曲中 QZ 点。

(7)用皮尺丈量曲中点至 JD_2 间平距,即实地弯道的 E 值。

5)外业实测的方法步骤

以图 10-2 为例,说明外业选线的方法步骤。

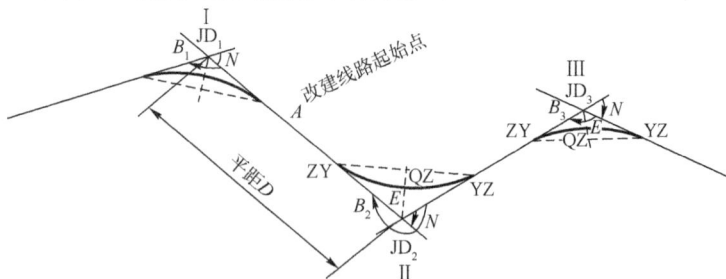

图 10-2　山区乡村公路改建线路选线示意图(EN 法选线)

图中，Ⅰ、Ⅱ、Ⅲ弯道是××—××改建线路中线三个相邻的弯道。第Ⅰ弯道是改建线路起始点 A 前的弯道。选线前应收集该弯道交点 JD_1 的桩号里程。或是选线前设计线路时，根据原线路里程，确定 JD_1 里程或 A 点里程。

实地选线时，作业组织分两组同时进行工作。

第一步，选外距 E，定交点 JD；

选点组（甲组）在弯道Ⅰ，施测组（乙组）在弯道Ⅱ，用前述方法一或方法二，选定外距 E 方向线，并在 E 方向上用铁钉标志 JD_1 和 JD_2 二交点。并在点上树立花杆。用皮尺量出 JD_2 处的 E 值。

第二步，量 JD_1 至 JD_2 间平距 D，计算 JD_2 交点的里程桩号：

$$JD_2 = JD_1 + D - P_1 \tag{10-10}$$

方法：

甲乙两组用花杆进行直线定向，然后由 JD_1 逐段量出平距至 JD_2，则：

$$D = D_1 + D_2 + \cdots D_i$$

注意 JD_1 至 A 点的平距，以便求出改建线路起始点的桩号里程：

或

$$\left.\begin{array}{l} A = JD_1 + D_{JD_1-A} \\ A = JD_2 - D_{JD_2-A} \end{array}\right\} \tag{10-11}$$

丈量 $JD_1 \sim JD_2$ 平距时，应往返量取，当两次差值 ΔD 满足式 $\Delta D \leqslant S/1000 + 0.1m$ 则取两次平均值。这样做的目的是为了保证量距精度。以防止以后再次用此数据恢复交点时发生错误。实践中多有因距离错误，而造成恢复交点困难。应引起足够重视。

第三步，甲组前进至第Ⅲ个弯道，选外距 E，定交点 JD_3，并在点处树立花杆；

第四步，测夹角 $B2$，计算转角 N；

乙组在 JD_2 架设经纬仪，测出夹角 $B2$，按公式（10-1）计算转角 N。

经纬仪测角方法：

线路选线规定观测前进方向的右角。

方法：半测回法，盘左进行：

(1)照准前视方向（JD_3）花杆底部尖端，置 $0°00'00''$；

(2)照准后视方向（JD_1）花杆底部尖端，读取后视方向值。

右夹角 B＝后视方向值－前视方向值。

为了保证测角精度,应再测左夹角 C,则:

$$B+C = 360°$$

若 $B+C \neq 360°$ 但 $|B+C-360°| \leqslant 1'$ 则进行测站平差,取用 B 的平均值。

注:测左角的目的,是为了防止右角测错而未发现,造成以后用此数值再次放线恢复中桩而发生错误。实践中多有此种现象发生,应在第一次测角时持细心慎重态度。

第五步,根据外距 E,转角 N 计算弯道圆曲线要素及主点桩号里程;

当甲组在第Ⅲ弯道定出交 JD_3,乙组在第Ⅱ弯道测出夹角 $B2$,并计算出转角 $N2$ 后,则可用式(10-2)～式(10-9)在测站上立及计算出弯道Ⅱ处的圆曲线要素及主点的桩号里程,并可根据 $JD_2 \sim JD_3$ 的平距,设计 $JD_2 \sim JD_3$ 连线上中桩的里程桩号。

过去这一计算工作,是靠翻查曲线测设表查出曲线各要素,结合手算的。这种翻表加手算的方法,速度慢,又易出错。

为了提高计算工效,保证计算结果准确可靠,笔者在《公路工程施工测量常用公式程序编写及应用》一书中编辑设计了一种程序计算,现介绍如下,供参用。

①程序清单

文件名:　　　EN－RTL

1. LbI 0 ↵
2. "E"? E:"N"? N:"Q"? Q ↵ 　　　　　　(转角输入时不考虑符号)
3. "R=":E÷(1÷cos(N÷2)−1)→R ◣ 　　　　(半径计算值)
4. "T=":Rtan(N÷2)→T ◣ 　　　　　　　(切线长计算值)
5. "L=":RNπ÷180→L ◣ 　　　　　　　(曲线长计算值)
6. "P=":2T−L→P ◣ 　　　　　　　　(切曲差计算值)
7. "ZY=":Q−T→Z ◣ 　　　　　　　　(直圆点桩号计算值)
8. "QZ=":Z+L÷2→K ◣ 　　　　　　　(曲中点桩号计算值)
9. "YZ=":K+L÷2 ◣ 　　　　　　　　(圆直点桩号计算值)
10. "YZ2=":Q+T−P ◣ 　　(yz桩号检查计算:yz=yz2,计算正确)
11. Goto 0

程序中:E?——实地量取的弯道的外距值;

　　　　N?——实地选定交点处测量的线路转角值;输入时不考虑符号;

Q?——实地选定的交点的里程桩号。

当计算出的弯道曲线半径尺值，需调整时则应将上述程序修订为：

文件名：RN－E　T　L

---

1) LbI 0 ↵

2) "R"? R:"N"? N:"Q"? Q ↵

3) "E="：R(1÷cos(N÷2)−1)→E ◢

4) "T="：Rtan(N÷2)→T ◢

5) "L="：RNπ÷180→L ◢

6) "P="：2T−L→P ◢

7) "ZY="：Q−T→Z ◢

8) "QZ="：z+L÷2→K ◢

9) "YZ="：K+L÷2 ◢

10) "YZ2="：Q+T−P ◢

11) Goto 0

程序中：R?——将前述程序计算的尺值调整后的值；

　　　　N?——前述转角值；

　　　　Q?——前述交点的里程桩号。

依据调整后的 R 值及原测转角值 N，采用修订后的程序，重新计算弯道处圆曲线要素及主点的里程桩号。

②算例及操作方法步骤

外业测量数据记录和计算是在表 10-1 中进行的。

交点及中线记录表　　　　　　　　　　表 10-1

线路名称	××线××段	日期：　年　月　日	
交点编号	2	从 YZ 拉 22.41m	备注
前视方向值	JD$_3$　0°00′	打 K11+740	测左角检查：后视方向值：0°00′
后视方向值	JD$_1$　235°05′	+760	前视方向值：124°55′
$\beta_右$＝后−前	235°05′	+	+$\beta_左$＝前−后
转角 N 左(右)	左 55°05′	+	＝124°55′
交点里程	K11+700		$\beta_左$+$\beta_右$＝360
外距 E	5.11		

半径 R	39.98	
切线长 T	20.85	
曲线长 L	38.44	
切曲差 P	3.262	
曲线起点 ZY	K11+679.15	
曲线中点 QZ	K11+698.37	
曲线终点 YZ	K11+717.59	

竹签
3.40 JD₂ E QZ
8.50
电杆

注:电杆8.50m竹签3.40m
　　为交点 JD₂ 的护桩

测角示意图

$\beta_{左}$ JD₃ 前视
$\beta_{右}$
JD₂
JD₁后视

注:39.25m是+760至JD₃的距离

| 余头距离 | | 39.25 | JD₃ 的距离 |

观测:×××　　　　　　记录:×××　　　　　　计算:×××

【算例 10-1】 ××县××乡公路改建工程线路中线测量时,在 JD₂ 弯道处,选测外距 $E=5.11$m,转角 $N=$左 $55°05'$,JD₂ 桩号里程是 $Q=$K11+700,据此,采用 EN—RTL 程序计算的该弯处圆曲线要素及主点桩号结果见表 10-1。

程序执行操作方法步骤:

①开机。按 FILE 键,选择文件名:EN—RTL;

②按 EXE 键,显示:E?,输入实量 E 值5.11;

③按 EXE 键,显示:N?,输入转角 $N=55°05'$;

④按 EXE 键,显示:R＝39.98(圆曲线半径);

⑤按 $\boxed{EXE}$ 键,显示:T＝20.85(切线长);

⑥按 $\boxed{EXE}$ 键,显示:L＝38.44(曲线长);

⑦按 $\boxed{EXE}$ 键,显示:P＝3.262(切曲差);

⑧按 $\boxed{EXE}$ 键,显示:Q?,输入交点桩11 700;

⑨按 $\boxed{EXE}$ 键,显示:ZY＝11 679.15(ZY桩号);

⑩按 $\boxed{EXE}$ 键,显示:QZ＝11 698.37(QZ桩号);

⑪按 $\boxed{EXE}$ 键,显示:YZ＝11 717.59(YZ桩号);

⑫按 $\boxed{EXE}$ 键,显示:YZZ＝11 717.59(检查计算:YZ＝YZZ);

⑬按 $\boxed{EXE}$ 键,显示:E?,输入下弯道实量 E 值。

以下重复计算,略。

第六步,放线路中线桩位。

$\boxed{方法一}$ 边定向边拉距边钉桩边编号;见图 10-3。

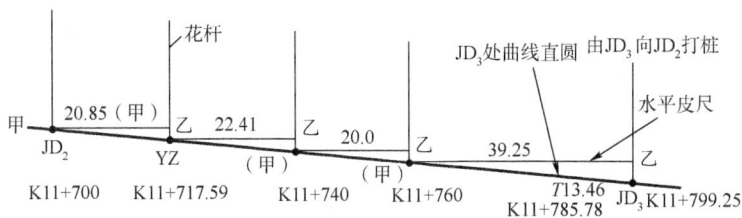

图 10-3　定向拉距钉桩放中桩

(1)在 JD_2、JD_3 交点树立花杆,要求垂直;

(2)定向拉距钉桩编号,由甲乙丙三人进行。甲持尺 0 端在后,乙持尺在前,另外,甲乙还应各持一花杆;丙负责钉桩编号。

甲在 JD_2 花杆后目瞄指示乙的花杆位于 $JD_2\sim JD_3$ 方向线上,并拉紧尺(注意尺面水平)使尺读数为 $T_2=20.85$,乙的花杆下尖端处即是 YZ＝K11＋717.59桩位;丙在其尖端处钉下铁钉标志(铁钉上应扎红塑袋,以便辨认,下同),并在竹签上编写 YZ 空 1 格,K11＋717.59钉于路边。

(3)甲乙持尺前进,甲至 YZ 处立直花杆,目瞄指示乙的花杆位于 $JD_2\sim$

JD_3 方向线上,并拉紧尺(注意尺面应水平)并使尺读数为 22.41m,乙的花杆下尖端处即是中桩 K11+740 桩位;丙在其尖端处钉下铁钉标志,并在竹签上编写 K11+740 钉于路边。

(4)同前述方法,钉出线路中桩 K11+760。

(5)甲乙持尺前进,甲至 K11+760 处,乙至 JD_3 处,拉紧皮尺至水平量出余头距离为 39.25m,计算 JD_3 桩号里程:

方法:

$$JD_3 = JD_2 + (20.85 + 22.41 + 20 + 39.25) - P_2$$
$$= 11\,700 + 102.51 - 3.26 = 11\,799.25(\text{m})$$

或

$$JD_3 = 11\,760 + 39.25 = 11\,799.25(\text{m})$$

(6)甲组(选线组)前进至 JD_4,乙组(施测组)前进至 JD_3,重复以上操作。当计算出 JD_3 曲线元素及主点桩后,则由 JD_3 向 JD_2、向 JD_4 两侧放桩。

方法二 经纬仪定向皮尺拉距放桩,见图 10-4。

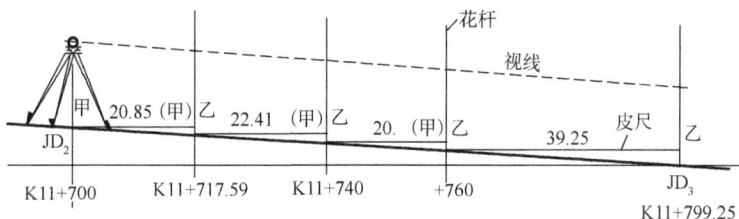

图 10-4　经纬仪定向皮尺拉距放中桩

此法拉距定桩方法基本上同方法一,所不同的是将人为定向改为经纬仪定向。

将经纬仪架置于 JD_2,照准 JD_3,固定制动钮,用望远镜竖丝指挥乙花杆立于望远镜视线方向上逐桩拉距打桩编号。

6)根据外距 E、转角 N 测设交点及中桩应注意事项

(1)由实测的弯道处曲线的外距 E 和线路转角 N,计算的弯道圆曲线半径、圆心等,从理论上分析,与实地圆曲线的半径、圆心等存有误差,我们的工作是尽量减小这种误差,从而使计算的圆曲线要素与实地圆曲线要素基本一致,这样线路线形才符合实地地形。因此,我们应选用精度较高的方法二——外距 E 垂直弦线法来施测。

(2)根据实测外距 E 选定的交点点位,是改建线路放线以及施工中恢复中线的关键。因此实地在 E 方向上选定交点时应认真慎重,多方案比较,考虑改建线路的目的要求、资金等情况,并能使原线路中桩的大多数桩位位于相邻两交点连线上时再定桩。

(3)选定的交点,应保证施测精度,才能发挥其重要的作用。

保证交点精度的两大要素是:夹角 B 和交点间距离 D。

如果这两大要素在手簿记录上有没发现的人为误差,则在第一次放桩后的施工中,是无法恢复原交点点位的。这一点应特别引起施测者的重视和注意。

为了保证交点精度,提供正确可靠的数据,在中线选线施测中应采取如下措施。而这些措施往往因施测者怕麻烦,不愿增加工作量而被忽视,造成施工中复桩的误工误时误进度。这一点应特别引起反省和注意。

现将保证交点精度的措施,列述于下,供参考:

(1)测左、右夹角

若 $\Delta\beta = \beta_左 - \beta_右 \leqslant 1'$,则用测站平差值,即:

$$\beta_平 = \frac{(360° - \beta_左) + \beta_右}{2} \tag{10-12}$$

(2)量往、返距离

方法:由 JD_2 定线拉距钉桩到交点 JD_3,为往测,再由 JD_3 定线拉距钉桩到交点 JD_2,为返测。

若 $\Delta D = D_往 - D_返 \leqslant D/1\,000 + 0.1m$ 则用往返平均值,即:

$$D_平 = \frac{D_往 + D_返}{2} \tag{10-13}$$

(3)计算交点边磁方位角

方法:利用罗盘仪测第一条交点边磁方位角,随后每一公里加测一条交点边的磁方位角,最后再测最后一条交点边的磁方位角。

用下式计算出交点各边的方位角:

$$\left.\begin{array}{l}
T_{磁2-3} = T_{磁1-2} - \beta_{右2} + 180° \\[6pt]
T_{磁3-4} = T_{磁2-3} - \beta_{右3} + 180° \\[6pt]
\vdots \\[6pt]
T_后 = T_前 + \beta_{右后} - 180°
\end{array}\right\} \tag{10-14}$$

当计算至测了磁方位角的那条交点边时,比较计算值与测定值,当较差 $\Delta T \leqslant 2'$ 时,则认为在此以前的夹角测量正确。如相差较大时,应查明原因纠正。一直计算至最后一条交点边,与测量的磁方位角比较,分析取用。

10.3.2 根据弦长 C 和中央纵距 Y 测设交点和中桩的方法技术

1)测设器具

量具:皮尺(30m 或 50m)一个;小钢尺(3~5m);

计算工具:中线记录簿,f_x—5800PA 型计算器 2 部。

工具及材料:花杆四根、铁锤、铁钉、红塑料袋、竹签、红油漆或油性号笔等。

2)施测组织

共六人,三人一组,分二组。

3)根据弦长 C 和中央纵距 Y 测设交点及中桩的方法概念

见图 10-5。该图是原线路一处弯道。我们只要用皮尺量出该弯道实地曲线的弦长 C 和中央纵距 Y,则可依据下述公式计算出该弯道曲线的要素 R、N、T、L、P 和主点的里程桩号。

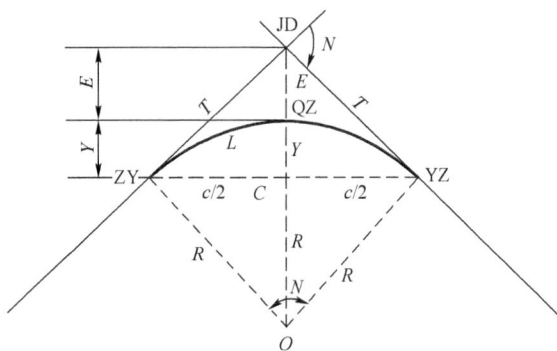

图 10-5 弦长 C 中央纵距 Y 计算圆曲线要素

图中,C 为弦长,即直圆和圆直两点间距离。Y 为中央纵距。

所谓中央纵距,就是曲线上任意两点的弦长中点至曲线中点的距离。在这里我们给中央纵距的特定含意是:ZY 和 YZ 两点弦线中点至 QZ(曲中)的距离。

知道了弦长 C 和中央纵距 Y，我们可计算出曲线半径 R：

$$R = C^2(8Y) \qquad\qquad (10\text{-}15)$$

根据弦长 C 和半径 R，我们可计算出圆心角，即转角 N：

$$N = 2 \cdot \sin C/(2R) \qquad\qquad (10\text{-}16)$$

知道了 N、R，则可计算出外距 E、切线长 T、曲线长 L 和切曲差 P：

$$E = R(1/\cos(N/2) - 1) \qquad\qquad (10\text{-}17)$$

$$T = R\tan(N/2)$$

$$L = \frac{N}{180} \cdot \pi R$$

$$P = 2T - L$$

然后根据交点的桩号，用公式(10-6)～公式(10-8)计算圆曲线主点里程桩号。

4)根据弦长 C，中央纵距 Y 计算圆曲线要素 R、N、E、T、L、P 和圆曲线主点里程桩号的程序计算

为了在实地量出 C 和 Y 后，能够快速地准确计算出圆曲线要素和主点里程桩号，我们根据上述公式(10-15)～公式(10-17)、公式(10-3)～公式(10-8)，编辑设计成程序计算。其程序清单如下：

文件名：C　Y—RNE　T　L　P

```
LbI 0 ↵
"C"? C:"Y"? Y:"Q"? Q ↵
"R=":C²÷(8Y)→R ◢                    (圆曲线半径计算值)
2sin⁻¹(C÷(2R))▶DMS ◢                (转角计算)
"N=":2sin⁻¹(C÷(2R))▶DMS ◢
"E=":R÷(1÷cos(N÷2)−1) ◢             (外距计算值)
"T=":Rtan(N÷2)→T ◢                  (切线长计算值)
"L=":NRπ÷180→L ◢                    (曲线长计算值)
"P=":2T−L→P ◢                       (切曲差计算值)
"ZY=":Q−T→Z ◢                      (zy桩号计算值)
"QZ=":Z+L÷2→K ◢                     (曲中桩号计算值)
"YZ=":K+L÷2                         (圆直桩号计算值)
"YZ2=":Q+T−P ◢                      (检查计算：yz＝yz2)
Goto 0
```

程序中:C?——弯道处圆曲线实地 ZY 点和 YZ 点间距离,即弦长;

　　　　Y?——中央纵距;

　　　　Q?——交点里程桩号。

【算例 10-2】　××县××乡公路改建工程线路中线测量时,在 JD$_{30}$ 弯道处,选测弦长 $C=18.25$m,中央纵距 $Y=1.60$m,JD$_{30}$ 桩号里程是 K13＋346.55,据此,采用 CY—RNE　T　LP 程序计算的该弯处圆曲线要素及主点桩号里程结果见表 10-2。

交点及中线记录表

表 10-2

线路名称	××线××段		
交点编号	30	从 YZ 拉 4.55m	备注
交点里程	K13＋346.55	打＋360	
实量弦长 C	18.25	＋380	
实量中央纵距 Y	1.6		
半径 R	26.02		
转角 N(左)右	左 41°04′		
外距 E	1.77		
切线长 T	9.74		
曲线长 L	18.65		
切曲差 P	0.84		
曲线起点 ZY	＋336.81		
曲线中点 QZ	＋346.13		
曲线终点 YZ	＋355.45		
余头距离		24.67m	

交点护桩图

446

程序执行操作方法步骤

(1)开机。按$\boxed{\text{FILE}}$键,选择文件名:CY—RNETL;

(2)按$\boxed{\text{EXE}}$键,显示:C?,输入实量弦长 $C=18.25\text{m}$;

(3)按$\boxed{\text{EXE}}$键,显示:Y?,输入实量中央纵距 $Y=1.60\text{m}$;

(4)按$\boxed{\text{EXE}}$键,显示:R=26.02(圆曲线半径值);

(5)按$\boxed{\text{EXE}}$键,显示:N=41°03′30″(转角值);

注意:判断转角左或右转,按实地线路前进方向弯道在切线左侧,N 为左偏,弯道在切线右侧,则 N 为右偏。

(6)按$\boxed{\text{EXE}}$键,显示:E=1.765(外距值);

(7)按$\boxed{\text{EXE}}$键,显示:T=9.744(切线长);

(8)按$\boxed{\text{EXE}}$键,显示:L=18.646(曲线长);

(9)按$\boxed{\text{EXE}}$键,显示:P=0.841(切曲差);

(10)按$\boxed{\text{EXE}}$键,显示:Q?,输入交点桩号 346.55;

(11)按$\boxed{\text{EXE}}$键,显示:ZY=336.806(ZY 桩号);

(12)按$\boxed{\text{EXE}}$键,显示:QZ=346.129(QZ 桩号);

(13)按$\boxed{\text{EXE}}$键,显示:YZ=355.453(YZ 桩号);

(14)按$\boxed{\text{EXE}}$键,显示:YZ2=355.453(检查计算:YZ=YZ2)

(15)按$\boxed{\text{EXE}}$键,显示:C?,输入下一弯道曲线实量弦长 C。

以下重复计算,略。

5)外业实测的方法步骤

以图 10-6 为例,说明依据弦线 C 和中央纵距 Y 选测线路中线的方法步骤。

图中Ⅰ、Ⅱ、Ⅲ弯道是××—××改建线路中线三个相邻的弯道。外业选测中线时,关键是在弯道实地选定交点桩,然后根据交点桩再选定线路中线桩位。前一节介绍的是依据外距 E 和转角 N,选定交点和测设圆曲线要素及主点桩位的方法技术。这种方法要用经纬仪测角。本节介绍的是不用经纬仪,只用普通皮尺选测交点和标定中线桩位的方法技术。

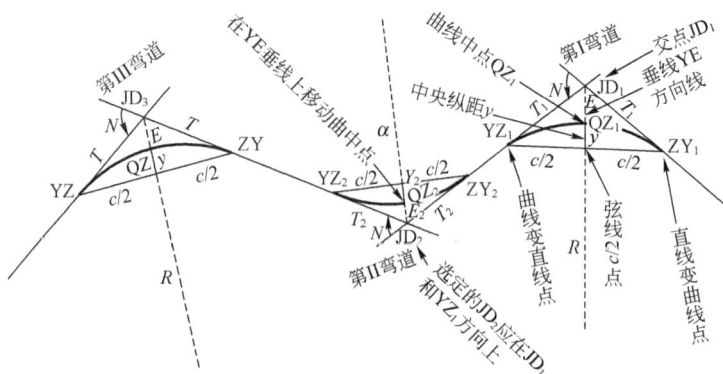

图 10-6　用 CY 选测改建线路交点和测设改建线路中桩示意图

实地选线时,作业组织分甲乙两组同时进行工作。

(1)第一步,选弦线 C,定曲中 QZ 点,丈量弦线 C 和中央纵距 Y,采用 CY—RNE　T　LP 程序计算圆曲线要素:R、N、E、T、L、P;然后根据外距 E 值,在 YE 方向方线上标定交点 JD_1。

①甲组在第 I 弯道,用前述方法二——外距 E 垂直弦线法,在实地根据车轮轨迹和弯道现状判定原线路中线直线变曲线处 ZY_1 点以及曲线变直线点 YZ_1;

②用皮尺量出 ZY_1 点至 YZ_1 点弦线 C 长度,并通过该弦线 $1/2$ 处用小钢尺做弦线垂线 YE;

③在 YE 垂线上根据车轮轨迹,弯道现状,考虑改建线路宽度,左、右两边挖填现状等因素标定曲中 QZ_1 点;

④用小钢尺(或皮尺)量出曲中(QZ)至弦线中点间距离 Y,即中央纵距;

⑤依据实地量出的弦长 C 和中央纵距 Y,采用 CY—R　N　E　T　L 程序计算圆曲线要素:R、N、E、T、L 和 P;

⑥在 YE 方向线上,自曲中(QZ_1)点量 E 值即可标定交点 JD_1。

JD_1 桩号里程可依据原线路公里数推算,或假定。

⑦根据 JD_1 桩号里程,采用 CY—RNETLP 程序计算圆曲线主点 ZY_1、QZ_1 和 YZ_1 的桩号里程。

至此,甲组在第 I 弯道选定交点工作结束。随即在 JD_1 点和 YZ_1 点树立花杆,以便乙组在第 II 弯道选点。

乙组在第 II 弯道的工作:

在甲组在第 I 弯道选点的同时,乙组在第 II 弯道勘察现场,根据改建线路宽度,弯道实地地形考虑选点方案,当甲组在交点 JD_1 和圆直点 YZ_1 树立花杆,便开始选定第 II 弯道的直圆点 ZY_2 和 YZ_2。

选定第 II 弯道直圆点 ZY_2 应满足下述条件:

①第 II 弯道的 ZY_2 点,应与第 I 弯道的 YZ_1 点和交点 JD_1 大致在同一方向上;即 ZY_2、YZ_1、JD_1 基本是一直线;

②原线路中点大多数应在 ZY_2、YZ_1、JD_1 直线上;

③根据改建后线路设计宽度,结合原线路中点左右地形现状,尽可能地少挖少填;在大填方段(一般是深沟),应尽可能考虑向内挖,尽可能避免高填方做挡土墙。

在选定第 II 弯道圆直点 YZ_2 时,在上述条件下主要观察原线路中点以及第 III 弯道交点应选定的位置,为甲组前进到第 III 弯道选点作准备。

在选定第 II 弯道 ZY_2、YZ_2 弦线中点 YE 垂线后,用逐渐趋近法选定第 II 弯道的曲中点 QZ_2。

由于第 II 弯道的交点 JD_2 点,从理论上讲应是弦线垂线 Y_2E_2 与 JD_2 和 JD_1 方向线交点处,但是由于实地选定的弦线中点,曲中点 QZ_2 有误差,这样用皮尺量出的 ZY、YZ 距离就有误差,而用 C_2、Y_2 为起算数据计算的 E 值定出的交点也就有误差;为了减小这种误差,我们用逐渐趋近的方法选定 JD_2 点,当用 Y 值确定的 JD_2 在 $JD_1 \sim YZ_1$ 方向上时,即认为 JD_2 是正确位置。

当乙组用上述方法选定第 II 弯道交点 JD_2 后,即可采用 CY—RNETLP 程序计算第 II 弯道圆曲线要素。

(2)第二步放线路中线桩位,计算第 II 弯道交点 JD_2 桩号里程。

此步操作方法同用外距 E,转角 N 测设线路中线方法。不再重复。

当用下式计算出第 II 弯道交点 JD_2 桩号里程后,采用 CY—RNETLP 程序计算出圆曲线主点桩号。

$$JD_2 = JD_1 + \sum D_{JD_1 - JD_2} - P(切曲差) \tag{10-18}$$

或

$$JD_2 = 前切线最后中点桩号 + 余头里程$$

(3)第三步,甲组前进至第 III 弯道,用第 II 弯道选定交点方法继续作业。以后各弯道仿上第二步和第三步。

6)根据弦长 C 和中央纵距 Y 测设线路交点和中桩应注意事项

用 CY 选测线路中线的方法是笔者在××—××山区乡村公路改建工

程施工测量实践中总结的。并用此法成功地对原误计错误部分予以现场纠正,使其改建线路线形更顺适,更符合实地要求。实践证明此法可用于山区乡村低等级公路改建线路测设中线。由于此法不用经纬仪,只用皮尺,既经济又灵活方便,速度快效率高,且可满足山区公路改建线路精度要求,所以笔者认为在山区公路改建线路工程中应推广使用,今介绍出来,供参用。

在用 CY 选测线路交点时,为了使所选圆曲线更符合实地弯道。作业中应注意:

(1)实地选定直变圆(ZY)和圆变直(YZ)时应考虑如下因素:

①弯道实地车轮碾压痕迹;

②弯道实地地形;

③弯道实际宽度;

④弯道设计宽度;

⑤断面两侧挖、填工程量比较,尽可能地少挖少填,在填方是陡壁阶段,尽可能避免做挡土墙。

(2)用逐渐趋近法选定交点桩位时,关键是选定弯道曲中 QZ 点。选定 QZ 点时,除应考虑前述(1)各因素外,还应满足 QZ 必须在弦线中点垂线上移动这一条件。

每移动一次曲中(QZ)点,就有一个新的 Y 值,也就可选一个新的交点位置,当选定的新交点在前弯道曲线交点和圆变直(YZ)点连线的延长线上时,且原线路中桩多数也在该方向线上时,即认为是最佳位置。

(3)交点是测设改建线路中线桩位的依据,为了保证交点正确,除前述因素要考虑外,还应满足两交点之间距离必须丈量正确这一条件。

为此,可用往、返量距这一措施来解决。这一工作,千万不可因怕麻烦而不做。

10.3.3 交点桩位的保护

用前述方法测设的改建线路的交点的实地桩位是进行线路中线测量的根据,也是改建线路施工测量中恢复线路中桩唯一的根据。

山区乡村公路改建工程中,恢复线路中桩工作是在两相邻交点实地连线上进行的。

如果实地交点桩位被破坏,在没有恢复交点实地桩位前,恢复线路中桩工作则根本无法进行。可见交点实地桩位是改建线路进行平面控制放样的关键。因此对交点实地桩位进行保护是非常需要和必要的。如果交点实地桩位被破坏(拔掉、推掉、挖掉、埋掉、炸掉),则应及时恢复交点实地桩位。

1)交点实地桩位护桩方法

(1)选择护桩位置

山区乡村公路交点实地桩位护桩是件很麻烦的事情,这是山区地形客观造成的。我们知道山区乡村公路大多都是两边陡峭,不是左上陡右下陡,就是右上陡左下陡。加上路宽偏窄,因此护桩位置很难选觅。实践中,护桩位置只有选在路旁树干、树桩或路旁石头或涵洞盖帽或路旁石壁等物体上。

(2)护桩标示应明显醒目

护桩的作用是恢复交点实地位置。因此要求其点位应牢固,便于量距,且点位醒目,容易发现。实践中多用红漆,铁钉扎红塑袋或扎红布条标志。

(3)交点实地桩位护桩方法

实践中,常采用"皮尺交会法"保护交点的实地桩位。

图 10-7 中,JD_1 是交点实地桩位,树干 1、树桩 2 是两个护桩。只要用皮尺分别量出树干 1、树桩 2 至 JD_1 的距离,则复桩时以树干 1、树桩 2 为圆心,以各自距离为半径画弧交出交点桩即可。

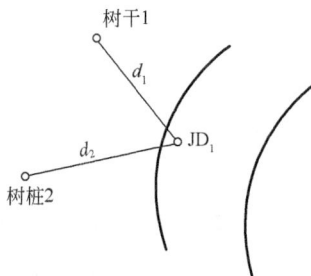

图 10-7　交点实地桩位护桩方法

实践中,亦常采用下法恢复交点桩位:

①甲持尺 0 端于树干 1;

②乙持尺 $d = d_1 + d_2$ 于树桩 2;

③丙持花杆(或其他物件)于皮尺读数 d_1 处,用力拉紧皮尺,则花杆下部尖端即是交点桩位。

2)关于护桩至交点桩量距方法

实践中,常见量斜距来护桩的。例如笔者在××—××乡村公路改建线路施工中,业主提供的交点护桩距离全是斜距。

斜距保护的交点桩位若在路宽外侧,不受路基填高或下挖影响,则用斜距恢复的交点实地桩位是正确的。如是交点实地桩位在路宽内,则用斜距恢复的交点实地桩位,随着路基填高或下挖降低,而不在同一铅垂线上,从而使点位位移。这样会造成路基,垫层,路面中桩每放样一次,就错位一次,使路线线形变样,为施工带来困难。

在图 10-8 中,在路床填高的情况下,用护桩 M 的斜距 d_m 恢复的路基、垫层、基层交点桩位分别是 A、B、C 三点。很显然用 A、B、C 三点放出的线路中桩都错位了。

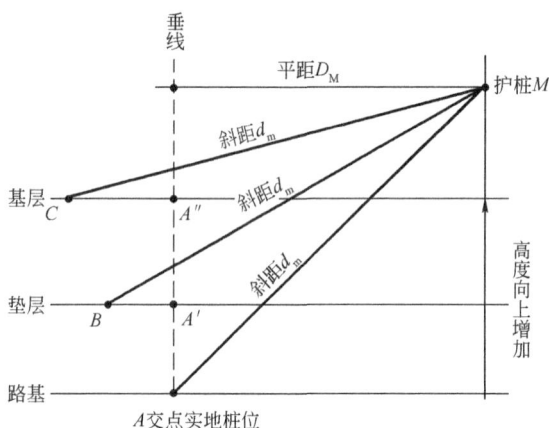

图 10-8　用斜距复桩交点实地点位随高度增加向外移

在图 10-9 中,在路床下挖降低情况下,用护桩 N 的斜距 d_N 恢复的各降低层的交点桩位分别是 E、F、P 三点。很显然用 E、F、P 三点放出的线路中桩都错位了。

为了使交点实地桩位,不论在路床填高,还是下降情况下,恢复的实地桩位在同一铅垂线上,则必须用平距。见图 10-8 中用平距 D_m 放出的 A、A'

和 A'';图 10-9 中用平距 D_N 放出的 E、E' 和 E''。

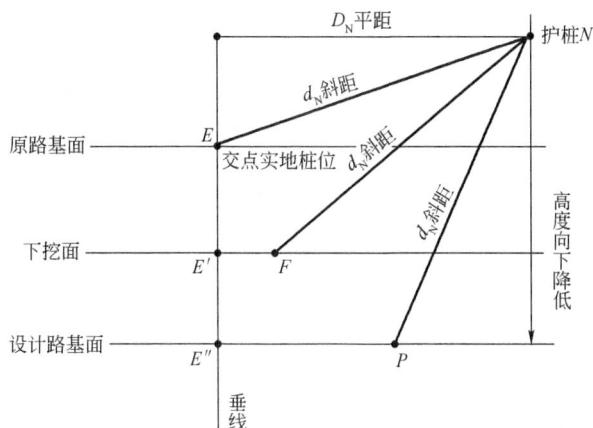

图 10-9   用斜距复桩交点实地点位随高度下降向内移

理论和实践都证明,用斜距放桩,桩位随高度增加而向外移位,如果高度下降变化,则桩位向内移位。只有用平距放桩,桩位在高度变化下,则始终都在同一垂线上。

为了保证改路线形满足设计要求,笔者建议用平距护桩。

10.4   山区乡村公路改建工程施工测量的实施

10.4.1   中线放样及边桩放样技术

1)交点复桩和保护

山区乡村公路改建线路交点的实地桩位,是在设计勘测阶段布设的。施工单位进驻工地后,应到实地对沿线交点逐点勘察核实。一般来说,由业主提供的交点要素有:

(1)交点及其护桩的实地桩位和标志,交点用木桩或竹签标志,护桩常用红油漆(或铁钉)标志。

(2)中线测量记录手簿里记载的交点编号,交点里程桩号(表 10-1 和表 10-2)。

(3)中线测量记录手簿里绘制的交点护桩略图。

实地勘察核实交点时,一看交点实地标志是否完好无损;二看交点的护桩在何处,其完好程度如何,施工中交点桩、护桩会不会被破坏。

实践证明,交点在路宽度以内的,施工中都会被毁掉,但是只要护桩在,恢复交点则是很容易的。若是护桩被破坏了,那恢复交点就麻烦了。因此,在勘察核对中,若发现护桩易被破坏,则要根据现场实地情况,将交点护桩移到能长久保存不易毁坏的地方。且要绘制新的护桩略图。

对于交点桩。护桩都被破坏的情况,则要用本节"三"介绍的方法恢复交点桩位,并重新护桩,绘制护桩略图。

2)放样、复桩仪具及材料

(1)经纬仪 1 台,脚架 1 副;

(2)30m 或 50m 皮尺 1 个;

(3)花杆 4 根;

(4)竹签、小木桩、铁钉、红塑袋或红布条、铁锤、红漆和毛笔、或油性号笔等。

3)交点复桩技术

(1)用EN法测设的交点复桩技术

①实地交点、护桩被破坏,要想恢复交点原桩位,必须知道下述数据(详见图 10-10):

本交点前:后两交点实测的夹角 $\beta_{前}$ 和 $\beta_{后}$;

前交点至本交点之间的平距;或本交点至后交点之间的平距;

前交点的前视边必须已知;或后交点的后视边必须已知。

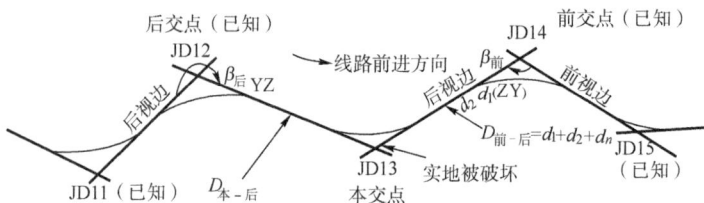

图 10-10 EN 法恢复实地交点桩位的数据和方法示意图

②仪具和材料

a. 仪器:经纬仪,计算器;

b. 量具:皮尺(30m 或 50m),视距尺;

c. 材料:花杆、铁钉、铁锤、竹签、红塑袋或红布条、红油漆、毛笔等。

③实地复桩

a.作业组织:3~4人,称为甲乙丙(丁);

b.复桩资料:线路中线记录中的夹角、交点编号、相邻两交点间平距;

c.复桩方法步骤。

以图10-10为例,说明实地恢复交点桩的操作技术,方法步骤:

当以前交点已知数据复桩时:

a)甲置经纬仪于 JD_{14},对中精密整平。

b)乙立花杆于 JD_{15}。

c)甲盘左位置照准 JD_{15} 花杆底部尖端,置水平度盘读数为 $0°00'00''$,拨夹角 $\beta_{前}$;$\beta_{前}$ 后视边即 $JD_{14}\sim JD_{13}$ 方向线。

d)丙持花杆和皮尺零端,听从甲的指挥立花杆于前交点后视边方向线上;乙持尺后端于 JD_{14} 桩上,使尺读数为 d_1(恢复交点桩位时,可同时恢复线路中桩位置和圆曲线主点桩位),令 $d_1=T_{前}$,即是前交点处圆曲线的直圆点(ZY)此时丙花杆底部尖端就是 ZY 点桩位,丁持铁锤钉桩标志(一般用扎有红塑袋的铁钉标志)。

e)甲指挥乙丙丁前进,乙前进至 d_1(ZY)点,使尺读数为 d_2,丙丁前进至 d_2,听从甲指挥,立花杆于前交点后视方向线上,拉紧皮尺,丁钉标志即是 d_2 点。

f)重复前述操作,致使 $d_1+d_2+\cdots+d_n=D_{JD14-JD13}$ 此时花杆底部尖端即是交点 JD_{13} 的实地桩位。丁钉木桩或竹桩标志,并用红漆编号记录。

g)交点实地桩位恢复后,既用第三节"三"的方法护桩,并绘制护桩略图。

当用后交点已知数据复桩时,经纬仪是架置在后交点 JD_{12} 上,照准交点后视进 JD_{11},拨角 $\beta_{后}$,然后用前述方法立杆、拉尺、打桩、编号。

当用经纬仪视距法恢复交点位置时,此时只要将上述方法中用皮尺拉距,改用视距标尺测距即可,详细操作参考第五章第二节"三"经纬仪视距法放样技术。

(2)用 CY 法测设的交点复桩技术

①复桩已知条件(图10-11):

a.本交点后的后交点的实地桩位 JD_1 和圆直点(YZ_1)的实地桩位应已知,即实地该两点应好无损;例如图10-11中的 JD_1 和 YZ_1 两点。

b.或本交点前的前交点的实地桩位 JD_3 和直圆点(ZY_3)的实地桩位应完好无损,例如图10-11中 JD_3 和 ZY_3 两点。

c.前交点至本交点,或后交点至本交点间距离应已知(其数据可从用CY法测设交点的中线测量记录中查取)。

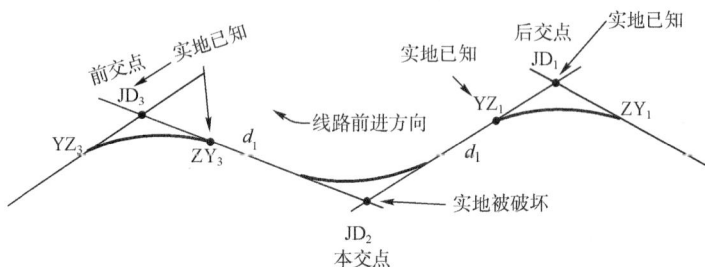

图 10-11　CY 法交点恢复实地桩位的条件和方法示意图

②仪具和材料

用本方法复桩不用经纬仪、视距尺,只用皮尺、花杆,其他材料同上。

③实地复桩

a.作业组织:3~4 人,称为甲乙丙(丁)。

b.复桩资料:线路中线记录中的交点编号、交点桩位,相邻两交点间平距。

c.复桩方法步骤。

以图 10-11 为例,说明实地恢复交点桩的操作技术、方法步骤:

当用后交点已知数据复桩时:

a)甲持花杆和尺后端,将花杆立于后交点 JD_1 上;

b)乙持花杆和尺零端,将花杆立于后交点处圆曲线的 YZ_1 点上;

c)甲乙用平距法丈量 JD_1 至 YZ_1 距离,与中线记录簿上 T_1 比较,检查 YZ_1 点正确性;

d)当确信 YZ_1 点实地点位正确,甲将尺交于丙,指挥丙将花杆立于 JD_1～YZ_1 方向线上;

e)乙、丙量平距 d_1,丁在丙花杆底部尖端钉标志,编写桩号;

f)乙、丙持花杆和尺前进,甲继续瞄向工作,当乙前进至 d_1 点,将花杆立于 d_1 点上,甲指挥丙将花杆立于 JD_1—YZ_1—d_1 方向线上;乙、丙量平距,丁将 d_2 标志于实地;

g)继续前进,重复上复操作,当 $d_1+d_2+\cdots+d_n=DJD_1-JD_2$ 时,其花杆底部尖端即本交点 JD_2 实地桩位,丁钉桩标并编写桩号;然后护桩,绘护桩草图。

当用前交点 JD_3 已知数据复桩时,其操作方法步骤同上。略。

4)中线复桩及边桩放样技术

(1)中线复桩的依据

山区乡村公路改建工程中线复桩是根据业主提供的中线记录来进行的。中线记录样式详见表 10-1 和表 10-2。

中线复桩时用到中线记录的数据有:

①交点里程桩号,交点编号;

②切线长 T;

③圆曲线主点:ZY、QZ、YZ 的里程桩号;

④从 YZ 的拉距;

⑤中线桩位里程桩号及相邻桩间的距离;

⑥余头距离。

实地进行中线复桩是依据前述数据在相邻两交点连线上进行的,因此实地交点桩位是中线复桩的又一重要依据。

(2)中线复桩的实施

山区乡村公路改建工程在勘察设计阶段测设交点时,便同时进行了中线测量,在实地已标志了线路中桩。由于路基施工是在经过一段时间后进行的。所以原布设交点、中线桩难免被破坏,因此,路基施工开始前首先要进行交点的复桩和保护工作;然后要进行线路中线复桩工作。

①中线复桩的仪具和材料

山区乡村公路改建工程中线复桩时所用仪器,工具和材料参阅前节。

②中线复桩的作业组织

山区乡村公路改建工程中线复桩时作业组织人员组成同前节。

③中线复桩的方法步骤(图 10-12)

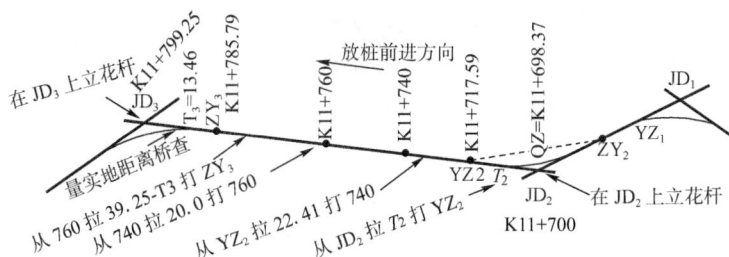

图 10-12　在交点连线上恢复线路中桩示意图

下面用表 10-1 中记载的数据、以图 10-12 为例说明山区乡村公路改建工程中线复桩的方法和步骤。

外业恢复中桩的方法和步骤详见 10.3 节山区乡村公路改建线路中线测设"一"中外业实测的方法步骤中的第六步:放线路中线桩位,方法一和方法二。

这里需要补充说明的是:当用前述第六步恢复了 K11+760 后,在余头距离 39.25 间恢复 ZY$_3$ 的方法:

方法 1,计算 K11+760 至 ZY$_3$ 的距离:

$$D=39.25-T_3=39.25-13.46=25.79(\mathrm{m})$$

从+760 用皮尺拉平距 25.79m 放出实地 ZY$_3$ 打桩,编号;

检查校核:用皮尺量出 ZY$_3$ 至交点 JD$_3$ 的实地距离,应等于交点 JD$_3$ 处曲线的切线 T_3 的设计值:即 $D_{\mathrm{JD_3-ZY_3}实}=T_3=13.46$,其较差应满足 $\Delta d \leqslant S/1\,000+0.1(S$ 为实量间距)

方法 2,在交点 JD$_3$~JD$_2$ 方向线上,用上述方法从 JD$_3$ 拉距 $T_3=13.46$ 放出 ZY$_3$ 打桩编号。

检查校核:用皮尺量出 ZY$_3$ 至+760 的实地距离,应等于 ZY$_3$ 至+760 的计算距离。即:

$$D_{\mathrm{ZY3-760}实}=D_{\mathrm{ZY3-760}计}=39.25-T_3=25.79\mathrm{m}$$

其较差 $\Delta d=D_{\mathrm{ZY_3-760}实} \neq D_{\mathrm{ZY3-760}计}$ 且 $\Delta d \leqslant s/1\,000+0.1\mathrm{m}(S$ 为 ZY$_3$ 至+760 间距)。

关于曲中(QZ)复桩,实践中,常用目估法直接复桩。也可用下法复桩:(图 10-12)。

置皮尺于 ZY$_2$、YZ$_2$ 连线上;

在垂直于 ZY$_2$、YZ$_2$ 连线中点垂线上,从交点 JD$_2$,量外距 E 放出 QZ 桩编号。

(3)山区乡村公路改建线路的边桩放样

山区乡村公路由于路宽较窄,为了方便施工而放出的桩位很易被破坏,根据实践经验,宜采用前边放桩后边施工的方法加放边桩。

施工现场边桩放样方法,可参阅 9.2 节改路工程施工测量。

10.4.2 高程放样技术

1)高程放样的依据

山区乡村公路改建工程线路高程放样的依据是:

(1)线路纵剖面图中下方表中的"设计高程";

(2)路基设计表中的设计高程;

(3)水准点成果表。

2)水准点的复测和加密

山区乡村公路改建线路的高程控制依据的是沿线所布设的水准点。这些水准点是在勘察设计阶段时测设的。由于路基施工是在经过一段时间后进行的,所以原布设的水准点难免被破坏。因此,路基施工前,应实地勘察这些水准点的实地点位完好程度,并对这些水准点进行复测。若实地地形条件许可,应用混凝土对这些水准点进行加固护桩。

公路施工实践证明,勘察设计阶段所布设的水准点在线路沿线分布和密度都不能满足施工现场高程放样的需要。一般来说,勘察设计单位提供的水准点,是1公里左右一个点,这对于线路纵向坡较陡,纵坡坡度偏大,又弯多弯小弯短的山区乡村公路进行高程放样造成诸多不便和困难。在这种地形进行水准测量,一个测站满尺读数(例如前视读数为 0.100～0.300m 间后视读数为 4.900m 以上),前后视距,平均约是 15～25m,这对于 1km 一个水准点来说,是远远不能满足施工现场的需要的。因此,施工单位必须根据现场实际需要,实际地形来加密施工水准点。施工水准点间距应是多少才为合理? 应以能便于高程放样,能保障跟上施工速度、满足施工精度为原则。笔者在××—××山区乡村公路改建线路施工测量中,曾在 4.2km 上布设施工水准点 53 个,平均 80m 左右一个施工水准点。这样布点即使转站测高,也不会超过 2～3 站。

选用什么施测方案进行山区乡村公路水准点复测和加密? 应考虑如下因素:

(1)线路沿线已知水准点分布情况;

(2)线路实地地形情况;

(3)施工中高程放样的需求;

(4)施工中高程放样的精度要求。

一般情况下,在山区乡村公路宜选用复合水准测量方法进行水准点的复测和加密。

关于水准点的复测和加密,详见第三章公路工程施工控制点的复测和加密第四节水准点的复测和加密。

3)山区乡村公路施工中的高程放样技术

山区乡村公路改建线路各结构层面(路基、底基层、面层等)的设计高程

放样,可根据现场条件、使用仪器、自身经验选用下述三种方法中任一方法:

(1)实测点位地面高程进行高程放样;

(2)实测点位桩顶高程进行高程放样;

(3)待放样点视线高法进行高程放样。

上述三种高程放样技术操作方法步骤详见第5章公路工程施工测量的放样技术。

10.5 山区乡村公路改建线路施工
测量常遇到的几个问题

10.5.1 圆曲线中线加桩

通常情况下,山区乡村公路改建线路圆曲线部分只设计了圆曲线主点的桩号里程和设计高程,但是在实际施工中,为了在圆曲线部分合理地设置加宽和超高,则必须在实地对圆曲线中线加桩。然后根据中桩再加放左右边桩。很显然圆曲线中线加桩的目的是为了方便弯道加宽超高放样。当挡土墙设计在弯道部分,圆曲线中线加桩,则为挡土墙放样提供了便利。

施工实践中,山区乡村公路改建线路圆曲线加放中桩,常采用简易切线支距法,或短弦支距法。

1)简易切线支距法

所谓简易切线支距法,即是以圆曲线直圆点(ZY)或圆直点(YZ)为直角坐标原点,切线方向为 x 轴,过 ZY(或 YZ)的半径方向为 y 轴的直角坐标系统。给 x 一个定值,例如 2m、4m、6m 等,采用下述简易公式计算出曲线上各点相对应的 y 值,来加放曲线上各点的桩位。其计算公式是:

$$y = \frac{x^2}{2R} \tag{10-19}$$

式中:x——切线 T 上随机给出的定值 x,一般为整倍数 2m、4m、6m、8m 等;

R——圆曲线半径(m);

y——垂直于切线 T 定值(x)的 y 坐标值。

采用简易切线支距法加放圆曲线中线桩位的仪具只需一把皮尺(30~50m)和一个小钢尺(3~5m),作业组织 3 人,称为甲乙丙。现场操作方法步骤见图 10-13。

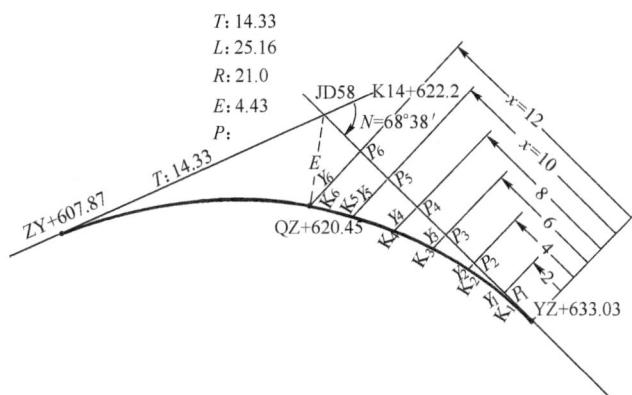

图 10-13　简易切线支距法加放曲线桩示意图

现场放样时、是把一条圆曲线分成两个半圆曲线来操作的。即从 ZY 放至 QZ，再从 YZ 放至 QZ。下面以 YZ 放至 QZ 为例说明放样方法步骤：

第一步：依据公式(10-19)计算放样数据见表 10-3；(若操作熟练，可在现场一边计算一边放样，不需准备此放样数据表)。

简易切线支距法放样数据计算表　　表 10-3

圆曲线要素	交点编号	交点桩号	R(m)	T(m)	L(m)	E(m)	P(m)
	JD_{58}	K14+622.2	21.0	14.33	25.16	4.43	3.5
x(m)	2	4	6	8	10	12	
y(m)	0.10	0.38	0.86	1.52	2.38	3.42	

注：此法适用于低等级公路圆曲线加桩。

第二步：甲持尺零端，将尺置于圆直点(YZ)，乙持尺后端，将尺置于交点 JD58，量实地距离与切线长 T 比较，校核其正确性。

第三步：丙持小钢尺，在皮尺 2m 处定出皮尺垂直方向，量取 y_1(此例 $y_1 = 0.1$m)，定出 K_1 点。

第四步：丙持小钢尺，在皮尺 4m、6m…12m 处分别定出垂直方向，量取 y_2、y_3…y_6，即可定出 K_2、K_3…K_6 各点。

注意：在丙量取 y_i 值过程中，甲或乙可过来帮其钉桩标志。

2)短弦支距法

所谓短弦支距法，即用短弦上任意点 P 距弦中点距离的垂线 YP 加放曲线点的方法。如图 10-14 所示。

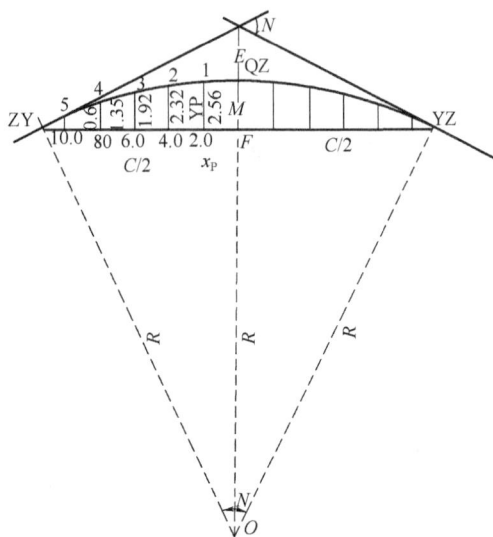

图 10-14　短弦支距法加放曲线中桩示意图

图中,C 为弦长,即直圆点(ZY)与圆直点(YZ)两点间距离,M 为中央纵距,x_P 为任意点 P 距弦中点距离,y_P 为垂直于弦线的支距,R 为圆曲线半径,N 为转角。

用短线支距法加放曲线上点位时,是把一条圆曲线分成两个半圆曲线来操作的,即从弦中点放至直圆点,再从弦中点放至圆直点。

下面以弦中点 Q 放至直圆点(ZY)点为例说明放样方法步骤:

第一步:用前述第四节 4 方法定出曲线的直圆点(ZY)和圆直点(YZ),然后用公式(10-20)计算设计的弦长,与实量弦长比较,当两者较差:

$$\Delta C \leqslant S/1\,000 + 0.1 \quad (S\text{ 为实量弦长})$$

$$C = 2R\sin\left(\frac{N}{2}\right) = 22.61\text{m} \qquad (10\text{-}20)$$

式中:R——圆曲线半径,例中 $R = 25.58\text{m}$;

N——转角,例中 $N = 52°28'$。

第二步:用下述公式计算中央纵距 M。

$$M = R - \sqrt{R^2 - (c/2)^2}$$

式中:R——圆曲线半径;例中$R=25.58$m;

C——弦长,即 ZY 点至 YZ 点间平距,例中$C=22.61$m。

则 $$M=2.63\text{m}$$

第三步计算弦线上任意一点P距弦中点距离x_P的支距y_P见表 10-4。

实践中x_P常取用P点距弦中点 2、4、6、8 等整距离。

$$y_P=\sqrt{R^2-x_P^2}+M-R \qquad (10\text{-}21)$$

短弦线支距法放样数据计算 表 10-4

放样要素	交点编号	交点桩点	R(m)	T(m)	L(m)	E(m)	N($°'''$)
	JD31	K12+404.67	25.58	12.61	23.42	2.94	52°28′
x_p(m)	2	4	6	8	10	12	14
y_p(m)	2.56	2.32	1.92	1.35	0.6		
计算公式	弦长$C=2R\sin(N/2)=22.61$; 中央纵距$M=R-\sqrt{(R+C/2)(R-C/2)}=2.63$; 弦线垂距$y_p=\sqrt{R^2-x_P^2}+M-R$						

注:由于弦中点两侧对称只需计算 ZY 至中点或 YZ 至中点的Y_p。

为了在现场放样时方便、快速、准确地计算出弦线C,中央纵距M和弦线垂距y_p值,我们将公式(10-20)、公式(7-2)、公式(10-21)用f_x—5800P 计算器编写成程序计算。其程序清单如下:

文件名:DXZJ

"R"? R :"N"? N↵	
"C＝":2Rsin(N÷2)→C ◢	(弦长)
"M＝":R−$\sqrt{(R^2-(C÷2)^2)}$→M ◢	(中央纵距)
LbI 0↵	
"X"? X↵	
"Y＝":$\sqrt{(R^2-X^2)}$+M−R→Y ◢	
Goto 0	

程序中:R?——圆曲线半径;

N?——曲线转角,输入时不考虑符号;

X?——ZY、YZ 连线(弦线)上任意一点 P 距弦线中点之距离。

算例及操作方法步骤：

××乡——××乡山区乡村改建线路 JD31 弯道处圆曲线半径 $R=25.58$m，曲线转角 $N=52°28'$，由于该弯道外侧要做挡土墙，为了方便放样，需对曲线中线加桩。根据实地地形条件，采用短弦线支距法加放曲线中桩。现场用 f_x—5800PA 计算放样数据——Y_P 操作方法步骤如下：

(1)开机，选择文件名：F_i.DXZJ

(2)按 $\boxed{\text{EXE}}$，显示：R?，输入 $R=25.58$m；

(3)按 $\boxed{\text{EXE}}$，显示：N?，输入 $N=52°28'$；

(4)按 $\boxed{\text{EXE}}$，显示：$C=22.61$(弦长，即 ZY、YZ 间距离)；

(5)按 $\boxed{\text{EXE}}$，显示：$M=2.63$(中央纵距，即垂直于弦中点的支距)；

(6)按 $\boxed{\text{EXE}}$，显示：X?，输入弦线上一点距弦中点距离 $X=2.0$；

(7)按 $\boxed{\text{EXE}}$，显示：$Y=2.56$(距弦中点 2.0 处的支距)；

(8)重复上述操作：(略)。

实际作业中，用短弦线支距法加放曲线中桩方法很简便：只要把皮尺置于弦线上，令 $F=0.0$m，然后在 2m、4m、6m、8m、10m 处用小钢尺分别量出垂距 $M=2.63$，$Y_P=2.56$、2.32、1.92、1.35、0.6 各点，钉出 QZ、1、2、3、4、5 各点即是半边曲线了。同法放出另半半边曲线各点。

10.5.2　山区乡村公路改建线路弯道加宽

现行行业标准《公路工程技术标准》(JTG B01)规定：平曲线半径等于或小于 250m 时，应在平曲线内侧加宽。按照这一规定，山区乡村公路改建线路的弯道处一般都要加宽，这是由于山区公路弯小，半径短，受地形限制之故。

现场施工中，山区乡村路弯道加宽是件困难的事情。一方面是因为地形困难，弯道内侧山坡较陡，沙、土质山坡挖去较易，逢到岩石山坡，挖(打)进很困难；另一方面的原因是资金短缺，山坡向内挖(打)进要增大费用开支，而县、乡、村财政较困难，一般情况下，是保主线宽度，对于加宽，则是根据地形尽力而为。在这样的情况下，山区乡村公路弯道加宽是很难满足规范有关规定的。尽管如此,我们还是强调应按规范要求进行弯道加宽。为了方便现场施工,下面将曲线加宽值列于表 10-5,供参考:

圆 曲 线 加 宽 值　　　　表 10-5

加宽类别	汽车轴距加前悬（m）	圆曲线半径(m)								
		250～200	<200～150	<150～100	<100～70	<70～50	<50～30	<30～25	<25～20	<20～15
1	5	0.4	0.6	0.8	1.0	1.2	1.4	1.8	2.2	2.5
2	8	0.6	0.7	0.9	1.2	1.5	2.0			
3	5.2+8.8	0.8	1.0	1.5	2.0	2.5	—	—	—	—

注:1. 本表为双车道路面的加宽值;单车道路面加宽值将表中数值折半;
　　2. 四级公路和山岭、重丘区的三级公路采用表中第 1 类加宽值;
　　3. 二级公路以及三级公路平原、微丘区应采用第 3 类加宽值,对不经常通行集装箱运输的半挂车的公路,可采用第 2 类加宽值。

山区乡村公路改建线路施工实践中,弯道实地加宽是根据上表第 1 类加宽值规定,结合实地地形地质条件,凭施工经验,并征得业主同意来实施的。

10.5.3　山区乡村公路改建线路弯道超高

现行行业标准《公路工程技术标准》(JTG B01)规定、山岭、重丘的四级公路,圆曲线半径小于"不设超高最小半径 150m 时,应在曲线上设置超高。"按照这一规定,山区乡村公路改建线路施工中几乎是逢弯都要设置超高。但是如何在山区乡村公路弯道处设置合理的超高是个值得探讨的课题。

笔者在前述第二节山区乡村公路的特点中曾说山区乡村公路弯多弯小弯短,半径小,且弯道是一弯接一弯,弯与弯之间的直线段很短。在这样情况下,弯道设置超高缓和段很困难,实际施工中只有凭经验控制弯道超高变化。

通常情况下,业主提供的由勘测设计部门设计的线路纵剖面图上都未设计超高和超高缓和段,只是提供下表(表 10-6)供施工单位施工中按实际地形条件,相邻两弯道实际情况来调整弯道超高。

山岭重丘的四级公路弯道超高值　　　表 10-6

半径(m)	<150～95	<95～60	<60～40	<40～25	<25～15
超高(%)	2	3	4	5	6

笔者在实践中,是将超高设置在圆曲线内,即由直圆点至曲中点,再由曲中点向圆直点逐渐按比例变化。在直圆、圆直两侧直线段视其长度作适当调整。

10.5.4　扩挖边坡增加工程量计算

山区乡村公路弯道内侧山坡向外凸出,影响行车视线,又看不见对方来车,只有靠鸣喇叭示警。为了方便行车,保障安全,业主要求将内侧凸出山坡向内挖进,致使工程量增加。这种向内扩挖情况见图 10-15～图 10-17。

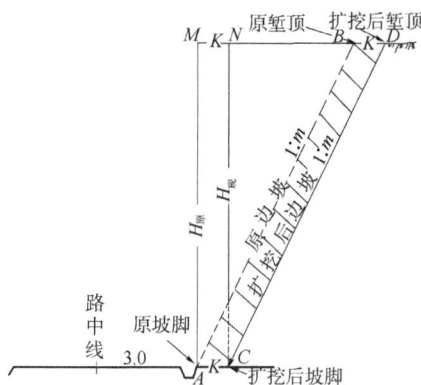

图 10-15　扩挖边坡增挖面积计算示意图

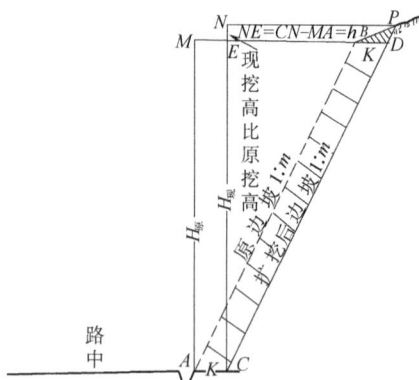

图 10-16　$H_{现} > H_{原}$ 扩挖边坡增挖面积计算示意图

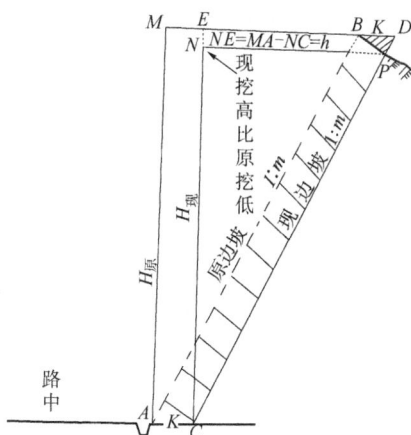

图 10-17 $H_{现} < H_{原}$ 扩挖边坡增挖面积计算示意图

在图 10-15 中,AB 为扩挖前原边坡,CD 为扩挖后现边坡,ABCD 为扩挖的断面面积,$H_{原}$ 为扩挖前边坡高度,$H_{现}$ 为扩挖后边坡的高度,$H_{原} = H_{现}$,AC 为扩挖宽度,1:M 为扩挖前、扩挖后边坡坡度。则,扩挖后增挖的面积 S 等于 MDCA 的面积减去 MBA 的面积。即:

$$MDCA \text{ 梯形面积} = \frac{MD + AC}{2 \times H}$$

$$= \frac{MB + K + K}{2 \times H}$$

$$= \frac{Hm + 2K}{2 \times H} \qquad (10\text{-}22)$$

$$= \frac{H(Hm + 2K)}{2}$$

式中:H——边坡扩挖的高度;扩挖前 $H_{原}$ = 扩挖后 $H_{现}$ = H;

K——坡脚处扩挖的宽度,$AC = K$;

m——扩挖前、扩挖后边坡坡度比。

$$MBA \text{ 三角形面积} = \frac{MB \times H}{2} = \frac{Hm \cdot H}{2} = \frac{H^2 m}{2} \qquad (10\text{-}23)$$

扩挖后增挖的面积ABCD:

$$\Delta S = \text{公式}(10\text{-}22) - \text{公式}(10\text{-}23)$$

$$= \frac{H(Hm + 2K)}{2} - \frac{H^2 m}{2}$$

$$= \frac{1}{2}H(Hm - Hm + 2K)$$

$$= HK \qquad\qquad (10\text{-}24)$$

式中：H——扩挖后堑顶至坡脚实量高度（m）；

K——扩挖后坡脚处向内挖的高度。

由公式（10-24）知，当扩挖的堑顶处山坡缓平，则 $H_{原} = H_{现}$，此时扩控增加面积等于扩挖高度乘以扩挖宽度之积。

当扩挖后堑顶到坡脚高度 $H_{现}$ 高于原堑顶至坡脚高度 $H_{原}$ 时，扩挖后增加面积 $ABDC$ 应加 BDP 的面积。见图 10-15。此时，扩挖后增挖面积：

$$\Delta S = H_{原}K + \frac{Kh}{2} \qquad\qquad (10\text{-}25)$$

式中：$H_{原}$——扩挖前原边坡堑顶至坡脚高度，可从横断面图量取数据；

K——扩挖后坡脚处向内挖的宽度；

h——$H_{现} - H_{原}$ 即扩挖后堑顶至坡脚高度减扩挖前堑顶至坡脚高度之差；

$\dfrac{Kh}{2}$——图 10-16 应加 BDP 面积的近似面积，实践中 $H_{现}$ 实量高度是近似值，当坡很陡，$H_{现}$ 实量高度是目估值，且原边坡面、扩挖后边坡面的边坡 1：m 也是近似值，因此 BDP 用近似公式计算。

当扩挖后堑顶到坡脚高度 $H_{现}$ 低于原堑顶至坡脚高度 $H_{原}$ 扩挖后增加面 $ABDC$ 应减 BDP 的面积。见图 10-17。此时，扩挖后增挖面积：

$$\Delta S = H_{原}K - \frac{Kh}{2} \qquad\qquad (10\text{-}26)$$

式中：$H_{原}$——意义同上；

K——意义同上；

h——$H_{原} - H_{现}$，即扩挖前堑顶至坡脚高度减去扩挖后堑顶至坡脚高度之差；

$\dfrac{Kh}{2}$——意义同前。

综前所述，扩挖边坡处地形有三种情形：山坡平缓；山坡向上陡；山坡向下降。

我们在讨论扩挖增加面积时，是以山坡平缓为基础的。在计算增挖面积时，只要取得如下数据，就可用公式（10-24）～公式（10-26）分别视情况算出。

当各断面边坡扩挖面积计算出后，再按第八章第一节填、挖方工程量计算介绍的方法计算出边坡扩挖的工程量。

【算例 10-3】 ××乡—××乡改建线路,JD$_{31}$弯道处内侧山坡扩挖数据见表 10-7 第 2、3、4 栏,用公式(10-22)计算的扩挖增加面积见第 6 栏,用公式(10-23)、三角形面积见第 7 栏。第 6 栏减第 7 栏应等于第 5 栏,以资检核。

边坡扩挖增挖面积计算   表 10-7

桩　号	$H_原$(m)	$H_现$(m)	打进(m)	面积(m²)	$S_梯$(m²)	$S_\triangle$(m²)
K15+712.88	11.3	11.3	1.1	12.43	44.35	31.92
+722.83	11.7	11.7	2.5	29.25	63.47	34.22
+732.78	10.3	10.3	1.45	14.94	41.46	26.52

注:边坡比:1:0.5。

根据相邻断面间距,断面面积计算的边坡扩挖工程量见表 10-8。

边坡扩挖增加工程量计算   表 10-8

桩　号	横断面积 (m²)	平均面积 (m²)	间距 (m)	工程量 (m³)
K15+712.88	12.43			
		20.84	9.95	207.36
+722.83	29.25			
		22.095	9.95	219.84
+732.78	14.94			
		Σ	19.90	427.20

第11章 公路工程施工测量常遇到的几个问题

11.1 线路填、挖方量计算公式

11.1.1 线路填、挖方量计算公式

公路施工实践中,计算土石方体积,最常用的方法是根据线路横断面面积计算每段工程量。习惯上将工程量称为方量。

常用计算土石方体积公式是:

$$V = \frac{A_1 + A_2}{2} \cdot L \tag{11-1}$$

式中:V——相邻两横断面间的填(或挖)方土(石)方体积,即方量(m^3);

A_1、A_2——相邻两横断面的填(或挖)方面积(m^2);

L——相邻两横断面的间距(m)。

11.1.2 线路填、挖方横断面面积计算公式

线路结构层横断面面积计算公式是(见图 11-1):

$$A = 1/2[(h_1 + h_2)G + (h_2 + h_3)D + mh_1^2 + nh_3^2] \tag{11-2}$$

式中: A——线路结构层横断面面积(m^2);

h_1、h_2、h_3——线路横断面左、中、右桩位实测地面高程与其设计高程之差(m);

G、D——线路左、右半幅路宽(m);

m、n——线路左、右边坡坡度。

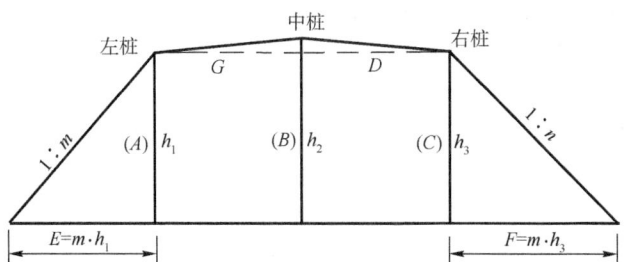

a) 填方横断面

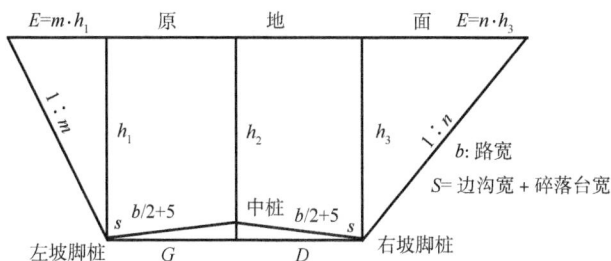

b) 挖方横断面

图 11-1　线路结构层横断面几何图形

11.1.3　线路方量计算程序清单

线路方量计算分两步进行,第一步计算横断面面积,第二步计算方量。其程序清单如下:

(1)计算横断面面积程序清单

文件名:WTMJ

```
LbI 0 ←
"A"? A : "B"? B : "C"? C : "G"? G :
"D"? D : "M"? M : "N"? N ←
"S="：0.5((A+B)G+(B+C)D+MA²+NC²) ◢
Goto 0
```

程序中:A?、B?、C?——线路横断面左、中、右桩位实测高程与设计高程之差;

　　　　G?、D?——线路横断面左、右半幅路宽;

　　　　M?、N?——线路左、右边坡坡度;

S——线路横断面面积。

(2)线路填、挖方量计算程序清单

文件名:FL

```
LbI 0 ↵
"A"? A ："B"? B ："S"? S ↵
"K＝"：(A＋B)÷2→K ◣
"V＝"：KS ◣
Goto 0
```

程序中:A?、B?——线路两相邻横断面的面积;

S?——线路两相邻横断面间距;

K＝——线路两相邻横断面的平均面积;

V＝——线路两相邻横断面间的填(挖)方工程量。

11.1.4　算例及计算方量的方法步骤

【算例 11-1】　交工中的方量计算。××高速公路××施工段,甲施工队因工作需要,将正在填土的 K129＋325～K129＋500 段路基移交给乙施工队继续上填。为此,两施工队会同监理人员对此段路基实地恢复桩位和测高工作,并以实地测高结果为据,计算此段剩余工程量,见表 11-1 和表 11-2。

K129＋325～K129＋500 段实测高程及应填高度计算　表 11-1

桩　号		后视读数	前视读数	实测高程 (m)	设计高程 (m)	(＋)填	(－)挖
	左	$H_{后}$:112.333	4 461	109.011	114.661	＋5.65	(A)
K129＋325	中	a:1 139	4 131	109.341	114.944	＋5.60	(B)
	右		4 023	109.449	114.661	＋5.21	(C)
	左		3 271	110.201	114.801	＋4.60	
K129＋350	中		3 117	110.355	115.084	＋4.73	
	右		3 091	110.381	114.801	＋4.42	
	左		2 179	111.293	114.973	＋3.68	
＋375	中		2 000	111.472	115.256	＋3.78	

桩 号	后视读数	前视读数	实测高程 (m)	设计高程 (m)	(+)填	(一)挖
右		2 021	111.451	114.973	+3.52	
左		1 182	112.290	115.176	+2.89	
+400 中		1 070	112.402	115.459	+3.06	
右		1 273	112.199	115.176	+2.98	
左		0 436	113.036	115.410	+2.37	
+425 中		0 310	113.162	115.694	+2.53	
右		0 497	112.975	115.410	+2.44	
左	$H_后$ 112.333	3348	113.887	115.676	+1.79	
+450 中	a4902	2 150	115.085	115.959	+0.87	
右		1 448	115.787	115.676		—0.111
左		1 919	115.316	115.973	+0.66	
+475 中		0 981	116.254	116.256	0	
右		(堆料)		115.973	0	
左		1036	116.199	116.301	+0.10	
+500 中		0744	116.491	116.584	+0.09	
右		(堆料)		116.301	0	

观测者:彭刚(甲方)　　　记簿者:彭刚(甲方)　　　2003.6.11
　　　　××(乙方)　　　　　　　　××(乙方)　　　监理:×××签字

K129+325～K129+500填方段剩余工程量计算　表 11-2

桩 号	横断面积 (m²)	平均面积 (m²)	间距 (m)	工程量 (m³)	备 注
K129+325	200.48				甲乙于2003
		180.920	25.00	4 523.00	年6月11日
+350	161.36				
		142.655	25.00	3 566.38	交于乙方施工
+375	123.95				计余方量:
		110.880	25.00	2 772.00	14 882.9m³
+400	97.81				
		88.185	25.00	2 204.62	
+425	78.59				
		52.98	25.00	1 324.50	
+450	27.40				监理:
		16.20	25.00	405.00	×××签字
+475	5.00				
		3.495	25.00	87.38	
+500	1.99				
		小计	175.00	14 882.88	

计算:　　　　　甲方:×××签字　　　　　乙方:×××签字

计算方法步骤：

(1)计算实测高程与设计高程之差：

$$h = H_设 - H_实$$

比项计算，用前述"H"程序，在实地测高时，与高差一并算出，见表 11-1 第 4 栏及第 6 栏。

(2)根据应填高度，路宽及边坡比，采用 WTMJ 程序计算 K129＋325～K129＋500 段每一横断面的面积，见表 11-2 第 2 栏。

WTMJ 程序机行操作方法步骤：

①开机，按 $\boxed{\text{FILE}}$ $\boxed{\blacktriangledown}$ 键，将光标移至文件名 WTMJ 旁；

②按 $\boxed{\text{EXE}}$ 键，显示：A？，输入左边桩应填高度 A＝5.65m；

③按 $\boxed{\text{EXE}}$ 键，显示：B？，输入中桩应填高度 C＝5.60m；

④按 $\boxed{\text{EXE}}$ 键，显示：G？，输入中桩—左边桩距离(左半幅路宽)14.16m；

⑤按 $\boxed{\text{EXE}}$ 键，显示：C？，输入右边桩应填高度，C＝5.21m；

⑥按 $\boxed{\text{EXE}}$ 键，显示：D？，输入中桩—右桩距离(右半幅路宽)14.16m；

⑦按 $\boxed{\text{EXE}}$ 键，显示：M？，输入左侧边坡坡度：1.5；

⑧按 $\boxed{\text{EXE}}$ 键，显示：K？，输入右侧边坡坡度：1.5；

⑨按 $\boxed{\text{EXE}}$ 键，显示：S＝200.48m² (K129＋325 横断面面积)；

⑩重复 2～9 步操作，计算其余横断面面积。

(3)根据"(2)"计算的横断面面积，两相邻横断面间距。采用"FL"程序计算方量见表 11-2 第 5 栏。

FL 程序执行操作方法步骤，略。

【算例 11-2】 根据"路基横断面图"计算线路挖、填方量

通常情况下，设计单位提供的"路基横断面图"已计算了每个横断面的面积，在"路基横断面图"下方用 W_A 表示挖方横断面面积，用 T_A 表示填方横断面面积。施工单位在核算本施工段工程量时，只要把本施工段内各相邻横断面的填、挖方体积按公式(11-1)计算出来，加以汇总就可求得本施工段的总工程量。

例如××高速公路 K129＋500，K129＋525，K129＋550，K129＋571，K129＋575 横断面图已知其填、挖面积(见图 11-2)，求 K129＋500 至 K129＋

575 段填、挖方工程量。

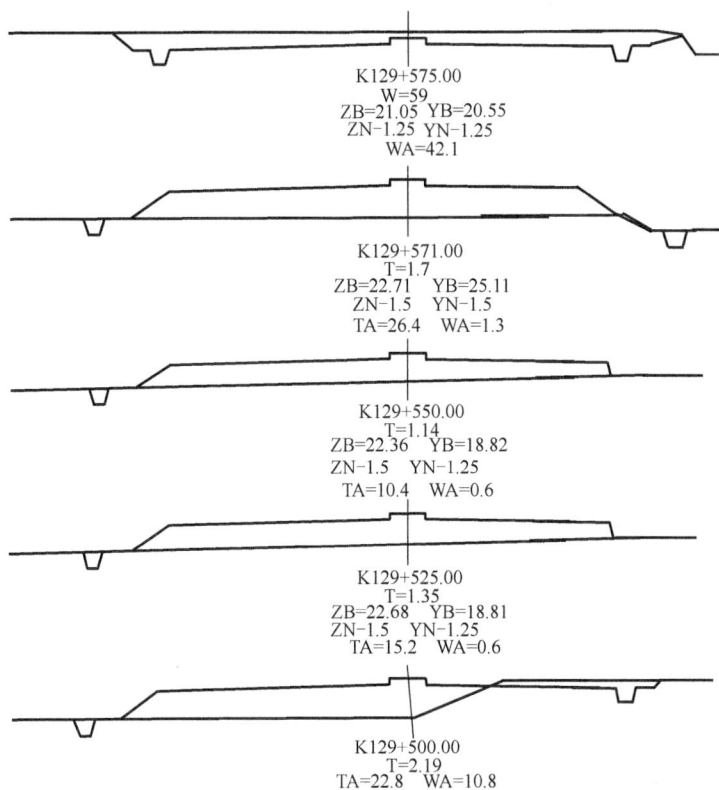

K129+575.00
W=59
ZB=21.05 YB=20.55
ZN-1.25 YN-1.25
WA=42.1

K129+571.00
T=1.7
ZB=22.71 YB=25.11
ZN-1.5 YN-1.5
TA=26.4 WA=1.3

K129+550.00
T=1.14
ZB=22.36 YB=18.82
ZN-1.5 YN-1.25
TA=10.4 WA=0.6

K129+525.00
T=1.35
ZB=22.68 YB=18.81
ZN-1.5 YN-1.25
TA=15.2 WA=0.6

K129+500.00
T=2.19
TA=22.8 WA=10.8

图 11-2 用路基横断面图计算方量

计算方法步骤:

(1)用公式$(A_1+A_2)/2$计算相邻两横面的平均面积;

(2)计算相邻两横断面的间距 L,如(K129+525)-(K129+500)=25.00m;

(3)用公式(11-2)计算相邻两横断面间方量,并加以累计。

计算是在设计好的表格上进行。见表 11-3。

一般来说,施工段少则 1 公里,多则几公里,每 25m 一个横断面,每公里40 多个横断面,虽然计算简单,但量大而繁。为了准确快速的运算,应用前述"FL"程序计算。其程序执行操作方法步骤如下:

①开机,按$\boxed{\text{FILE}}$ $\boxed{\blacktriangledown}$键,将光标移至 FL 旁;

②按$\boxed{\text{EXE}}$键,显示 A?,输入 22.80;

③按$\boxed{\text{EXE}}$键,显示 B?,输入 15.20m;

④按$\boxed{\text{EXE}}$键,显示 K＝19.00.(相邻两横断面平均面积);

⑤按$\boxed{\text{EXE}}$键,显示 S?,输入间距,25.00m;

⑥按$\boxed{\text{EXE}}$键,显示 V＝475m³(相邻两横断面间方量);

⑦同法继续操作下去。

K129＋500 至 K129＋575 填方方量计算　　表 11-3

桩　号	横断面积 (m²)	平均面积 (m²)	间距 (m)	工程量 (m³)	备　注
K129＋500	22.8				
		19.00	25.00	475.00	用横断
＋525	15.2				面图上填、
		12.80	25.00	320.00	挖方面积
＋550	10.4				核算施工
		18.40	21.00	386.40	段方量
＋571	26.4				
		13.20	4.00	52.80	
＋575	0.0				
		Σ	75.00	1 234.20	
K129＋500 至 K129＋575 挖方方量计算					
K129＋500	10.8				
		5.70	25.00	142.50	
＋525	0.6				
		0.60	25.00	15.00	
＋550	0.6				
		0.95	21.00	19.95	
＋571	1.3				
		21.70	4.00	86.80	
＋575	42.1				
		Σ	75.00	264.25	

11.1.5　WTMJ 程序,FL 程序计算范围及注意事项

WTMJ 程序的功能是计算线路横断面面积,适用于线路结构层横断面积和挖方面积计算。

应用此程序必须已知线路中桩,左及右边桩应填的高度;挖方应已知线

路中桩,左及右坡脚桩应挖的高度。此高度可以实测线路各桩位实地高程,通过与其相对应之设计高程计算求得。

如果是计算横断面设计图之方量,则此高度可从横断面图上按比例尺量取。

另外应用此程序还必须已知路宽及填(挖)方两侧之边坡比。

FL 程序的功能是根据相邻横断面面积和相邻两横面的间距计算线路填(挖)方工程量。

11.2 路堑边坡改坡工程量计算

11.2.1 根据实量边坡斜距计算修坡工程量

挖方路基施工中,发现路堑边坡不稳固。易滑坡或塌方,为了安全,将原设边坡改缓(只是坡面改缓,而原坡脚位置不动),此时修坡的工程量,可根据实量改后边坡的斜距计算出每一横断面的面积,然后用前述"FL"程序计算修改工程量。其方法步骤如下:

由图 11-3 知,AE 是改后边坡,其边坡坡度实测为 $1:n=1:1.5$;AJ 是改前边坡,其边坡坡度为 $1:m=1:1.25$;改后坡角 $\alpha=33°44'$。A 是坡脚,改后边坡坡脚与改前坡脚是同一位置。

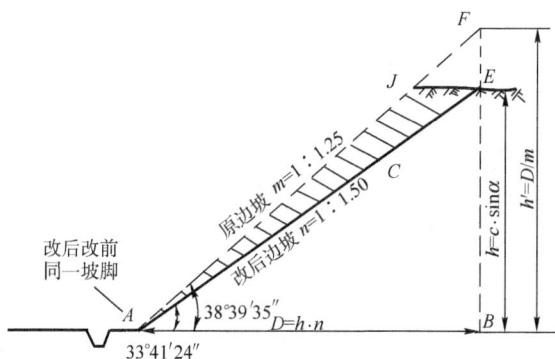

图 11-3　改坡横断面图

我们只要用皮尺在实地量出改后边坡坡面斜距 AE,则可用下式计算因改坡而挖去的面积

$$A = \frac{1}{2}C^2 \sin^2 \alpha (n - m) \qquad (11\text{-}3)$$

式中:A——因改坡而挖去部分的截面积;

  C——改后边坡坡面斜距,可用皮尺在现场直接量取;

  α——改后坡面与水平面夹角,即坡角。边坡坡度不同,坡角不同。坡角可根据边坡坡度求得。为了方便计算,下面将"边坡坡度及坡角表"列出,供查用。见表 11-4;

  n——改后边坡坡度;

  m——改前边坡坡度。

边坡坡度及坡角表   表 11-4

坡 度 比	坡 角 α	坡 度 比	坡 角 α
1∶0.75	53°07′48″	1∶1.50	33°41′24″
1∶1.0	45°00′00″	1∶1.75	29°44′42″
1∶1.25	38°39′35″	1∶2.00	26°33′54″

依据公式(11-3),我们可将其编写成程序计算,其程序清单如下:

文件名:GP-WMJ

```
"I"? I∶"N"? N∶"M"? M↵
LbI 1↵
"C"? C↵
"A="∶0.5C²(sin(I))²(N−M) ◢
Goto 0
```

程序中:I?——改后边坡坡角;

  N?——改后边坡坡度;

  M?——改前边坡坡度;

  C?——改后边坡面斜距,即用皮尺实地量取的改后边坡堑顶至坡脚的斜距。

用 GP—WMJ 程序计算出各横断面因改坡而挖去的面积后,再用"FL"程序计算出因改坡而挖修的工程量。

GP—WMJ 程序使用范围及注意事项:

GP—WMJ 程序可计算路堑边坡因改坡而挖去部分的截面积。但要求改后边坡与改前边坡的坡脚应是同一位置。

【算例 11-3】 ××高速公路××施工段 K128＋985～K129＋075 段左侧路堑边坡，因放炮震边坡面，有下滑趋势。为了消除隐患，经业主驻地办、监理、项目部、施工队四方现场勘察，决定将原边坡 1：1.25 改为 1：1.5。按照这一决定，施工队重新挖修了这段边坡。为了计量，需计算改坡挖修的工程量。为此：

(1)现场用皮尺丈量各横断面的坡脚至堑顶的斜距，计入表 11-5 第 2 栏；

(2)根据各断面实地斜距，改前及改后边坡坡度，改后的坡角，用 GP—WMJ 程序计算的改坡段各横断面挖去的面积见表 11-5；

(3)根据(2)计算的面积，用 FL 程序计算的改坡修挖工程量见表 11-6。

改坡修挖面积计算表 表 11-5

桩 号	斜距 C (m)	改角坡度 M	改后坡度 N	改后坡角 I	面积 A (m²)	略图及计算公式
K128＋985	6.40	1：1.25	1：1.50	33°4′1″	1.57	
K129＋000	9.80	1：1.25	1：1.50	33°4′1″	3.69	
＋025	18.00	1：1.25	1：1.50	33°4′1″	12.46	
＋050	16.40	1：1.25	1：1.50	33°4′1″	10.34	
＋075	7.30	1：1.25	1：1.50	33°4′1″	2.05	

略图： $A=0.5C^2\sin^2 I(n-m)$

工 程 量 计 算 表 表 11-6

桩 号	横断面积 (m²)	平均面积 (m²)	间距 (m)	工程量 (m³)	计 算 公 式
K128＋985	1.57				
		2.63	15.00	39.45	
K129＋000	3.69				
		8.08	25.00	201.88	
＋025	12.46				
		11.40	25.00	285.12	
＋050	10.35				$V=\frac{1}{2}(A_1+A_2)\cdot L$
		6.20	25.00	155.00	
＋075	2.05				
		Σ	90.00	681.5m³	

11.2.2 用"路基横断面图"计算改坡挖方工程量

路堑边坡是根据"路基横断面图"设计数据挖修的。当边坡因故改坡时,亦可直接从"路基横断面图"上量取挖方面积而计算方量。其方法介绍如下(图 11-4)。

在路基横断面图上量改坡斜距

1 : 200

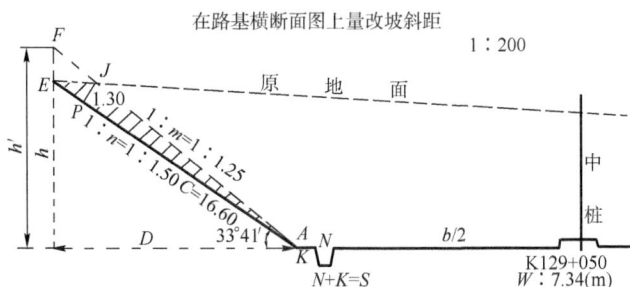

图 11-4 图解法计算改坡挖方

方法 1,图量改坡后的斜距,用 GP—WMJ 程序计算挖方面积。

方法步骤:

(1)在"路基横断面图"上作改后斜坡线。

例如改后斜坡度比为 1 : 1.5,则坡角为 33°41′,用此坡角在图 11-4 作斜坡线 AE;

(2)用"路基横断面图"比例尺 1 : 200,量取斜坡 AE 长度,精确至 cm,例如此例 AE=16.60m。

(3)用 GP—WMJ 程序计算此横断面挖修面积 $S=10.60m^2$。

(4)同法求得其余各横断面因改坡而挖修的面积。

方法 2。

(1)用"方法 1"的(1)和(2)步骤量取斜坡 AE 长度;

(2)自原边坡堑顶向改后斜坡 AE 作垂线 JP,并量取长度,例如此例 JP=1.30m;

(3)用公式 $S_{\triangle AEJ}=(底×高)/2$ 计算改坡挖去面积 $S_{\triangle AEJ}$:

$$S_{\triangle AEJ}=(16.60×1.30)/2=10.79(m^2)$$

由于作图误差,量图误差,实地量距误差,用前述解析法、图解法算得的挖修面积不等,但用于土石方量计算精度已够。相对来说,用实地丈量改后斜坡斜距的方法计算路堑因故改坡的挖修面积精度更高。

11.3　压实度的测定和计算方法

路基压实度是反映路基每一压实层的紧密强度,只有使每一压实层的紧密强度都符合规定,才能使路基的整体强度、稳定性和耐久性满足要求。如某一层压实度不合格就填筑上一层,则路基的整体强度、稳定性和耐久性将受到影响,此时再进行返工处理,则造成浪费且严重影响施工进度,延误工期。

为了保证路基的整体强度,稳定性和耐久性满足要求,《公路路基施工技术规范》(JTG F10—2006)规定:路基"施工过程中,每一压实层均应检验压实度,"合格后方可填筑其上一层,否则应查明原因,采取措施进行补压。"检测频率为每1 000m² 至少检验2点,不足1 000m² 时检验2点,必要时可根据需要增加检验点。"检验标准,土质路基压实层应符合表11-7 的规定。

土质路基压实度标准　　　　　　　表 11-7

填 挖 类 型		路床顶面以下深度(m)	压实度(%)		
			高速公路、一级公路	二级公路	三、四级公路
路堤	上路床	0～0.3	≥96	≥95	≥94
	下路床	0.3～0.8	≥96	≥95	≥94
	上路堤	0.8～1.5	≥94	≥94	≥93
	下路堤	>1.5	≥93	≥92	≥90
零填及挖方路基		0～0.3	≥96	≥95	≥94
		0.3～0.8	≥96	≥95	—

公路路基施工测定压实度的方法有灌砂法、灌水法(水袋法)、环刀法、核子仪法、钻芯法等,而最常用的方法是挖坑灌砂法。

下面介绍挖坑灌砂法实践中的操作方法。这是现场测量员应掌握的方法,因为在小规模施工队是要经常做这一工作的。

1)仪具与材料

(1)灌砂筒:有大小两种,根据需要采用。

(2)金属标定罐。

(3)基板。

（4）玻璃板。

（5）试样盘。

（6）天平或台秤。

（7）含水量测定器具：如铝盒等。

（8）酒精。

（9）量砂、（标准砂）。

（10）盛砂的容器：塑料桶等。

（11）其他：凿子，改锥，铁锤，长把勺，长把小簸箕，毛刷，筛子，塑料袋等。

2）操作方法步骤

（1）选择取样地点（按《规范》要求选取）。

（2）打坑：按照基板中心圆大小打坑，打坑深度至底面位置为每一压实层底部，一般为15cm深。

（3）取湿试样：即将坑内填料取出，并全部装入塑料袋内或试样盘内。

（4）称湿试样重并记录，单位克。

（5）向坑内灌砂前称筒＋砂重取至克；一般为9 000g左右。

（6）向坑内灌砂，灌入过程中不准敲击灌砂筒，顺其自然灌入坑内，待砂停稳后，关闭留口，轻取下砂筒。

（7）称灌砂后筒＋砂重，取至克。

（8）将坑内砂、取出筛净留存。

以上为打坑取样灌砂阶段，目的是取得湿试样重和坑内砂重。

以下介绍做样阶段：

①称盒重：取用两个铝盒，分别编号称重记录，单位0.1g。

②称盒重＋湿试样重量：将不少于300g的湿试样重放入盒内，称重记录，取至0.1g。

③烧烤盒内湿试样：分别向两个盒内倒入酒精，烧烤试样，至火熄样干为止。

④称盒＋干样重量：精确至0.1g，记录。

3）程序计算压实度

做样阶段完毕，即可计算压实度。

灌砂法压实度检测计算在表11-8中进行。

表中最大干密度，标准砂密度，最佳含水率，要求压实度为已知数据，向项目部索取。其测定方法,按有关规程进行。

表中锥体内砂重测定方法如下:

(1)称灌砂筒+砂重。

(2)将其放在玻璃板上,打开留口,向玻璃板留砂、待筒内砂稳定不留时,关掉留口。

(3)将筒拿开,玻璃板留有锥体砂体。

(4)精确称此锥体重量。

(5)以上1~4步反复操作数次,则锥体砂重为:

$$m_{平} = \frac{m_1 + m_2 + m_n}{n}$$

式中:n——操作次数。

压实度计算方法步骤表中以序号写明,此处不再表述。

为了快捷而准确地计算压实度,可将表中计算方法步骤编成程序,其程序清单如下:

文件名:GS

```
"A"? A:"C"? C:"P"? P:"N"? N↵

LbI 0 ↵

"B"? B:"F"? F:"M"? M↵

"D3="：A－B－C→D ◢

"V4="：D÷P→V ◢

"G6="：F÷V→G ◢

"W15="：G÷(1+M÷100)→W ◢

"I17="：(W÷N)×100 ◢

Goto 0
```

程序中:A?——灌砂前筒重+砂重,g(表中以序号1表示);

C?——锥体内砂重,g(表中以 m_2 表示);

P?——标准砂密度,g/cm³(表中以 ρ_s(g/cm³)表示);

N?——最大干密度,g/cm³;

B?——灌砂后筒重+砂重,g(表中以序号2表示);

F?——湿试样重,g(表中以序号5表示);

M?——平均含水率,%;平均含水率计算见GS-M程序清单(表中以序号 14 表示）；

　　"D3＝"——灌入试坑砂重,g(表中以序号 3 表示)；

　　"V4＝"——试坑体积,cm³(表中以序号 4 表示)；

　　"G6＝"——湿密度,g/cm³(表中以序号 6 表示)；

　"W15＝"——干密度,g/cm³(表中以序号 15 表示)；

　"I17＝"——压实度,%(表中以序号 17 表示)。

　　平均含水量 M 计算程序清单：

　　文件名:GS-M

```
LbI 0 ↵
 "K"? K："E"? E："Z"? Z ↵
 "X11＝"：Z－K→X ◢
 "Y12＝"：E－Z→Y ◢
 "Q13＝"：(Y÷X)×100 ◢
Goto 0
```

程序中:K?——盒重,g(表中以序号 8 表示)；

　　　　Z?——盒重＋干土重,g(表中以序号 10 表示)；

　　　　E?——盒重＋湿土重,g(表中以序号 9 表示)；

　"X11＝"——干土重,g；

　"Y12＝"——水重,g；

　"Q13＝"——含水率,%。

　　灌砂法压实度计算程序适用范围及注意事项：

　　(1)灌砂法压实度计算程序只适用于采用挖坑灌砂法检测路基、底基层、基层、路面压实度计算压实度。

　　(2)程序中 A、C、P、N 是常量。即在一个测段计算每一测点的压实度,A、C、P、N 都是同一个数值(不变量),因此,在计算下一个测点的压实度,只要输入本次测定的 $B^?$、$F^?$、$M^?$ 就可计算出该算点的 D、V、G 和 I。

　　(3)在用 GS 程序计算压实度前,先用 GS—M 程序计算出平均含水量 M。

　　(4)本程序计算结果以数字号码显示,其数字号码与表 11-8 序号相对应,例如显示：“3＝3975”,就是说灌入砂坑砂重计算结果等于 3 975g,其余仿此。

　　算例及程序执行操作方法步骤：

　　算例见表 11-8。

程序执行操作方法步骤:略。

灌砂法压实度检测记录表 表 11-8

项目名称			施工单位			合同段		
监理单位			单项工程名称			范围		
层次			锥体内砂重:m_2(g)		730	标准砂密度 ρ_s(g/cm³)		1.426
最大干容量(g/cm³)	2.320		最佳含水率(%)		5.4	要求压实度(%)		96

序号	试验项目公式	试验位置(桩号)					
		K225+840		+790		+740	
1	灌砂前筒+砂重(g)	9 000		9 000		9 000	
2	灌砂后筒+砂重(g)	4 295		4 905		4 500	
3	灌入试坑砂重(g):(1)－(2)－(m_2)	3 975		3 365		3 770	
4	度坑体积(cm³):(3)/ρs	2 788		2 360		2 644	
5	湿试样重(g)	6 705		5 580		6 295	
6	湿密度(g/cm³):(5)/(4)	2.405		2.365		2.381	
7	盒号	1 号	2 号	1 号	2 号	1 号	2 号
8	盒重(g)	65	70	65	70	65	70
9	盒+温土重(g)	565	570	565	570	565	570
10	盒+干土重(g)	541	547	542	548	540	545
11	干土重(g):(10)－(8)	476	477	477	478	475	475
12	水重(g):(9)－(10)	24	23	23	22	25	25
13	含水率(%):(12)/(11)·100	5.0	4.8	4.8	4.6	5.3	5.3
14	平均含水率 w(%)	4.9		4.7		5.3	
15	干密度(g/cm³)(6)/(1+0.01w)	2.293		2.259		2.261	
16	最大干密度(g/cm³)	2.32		2.32		2.32	
17	压实度(15)/(16)·100%	98.8		97.3		97.5	
18	压实层厚度(cm)	17.0		16.0		16.50	

11.4 弯沉检验现场随机取样测定位置的计算

11.4.1 弯沉检验现场测试随机选点方法

路基路面的弯沉值是反映路基路面的整体强度。弯沉检验的目的,是评定路基路面整体承载能力。交通运输部有关公路施工规范规定,路基路面压实完成后应进行弯沉检验。

关于弯沉检测方法,详阅现行行业标准《公路路基路面现场测试规程》(JTG 3450)。

施工单位现场施工测量员在弯沉检测工作中的主要任务是计算本测段弯沉随机取样测定位置,并在现场弯沉检测工作中协助工作。

弯沉检验现场测点位置不应带任何倾向性,应该根据随机数来确定。现行行业标准《公路路基路面现场测试规程》(JTG 3450)规定:测点位置的选择除连续测定或另有规定者外,应遵照本规程附录 A 随机取样选点方法确定(附录 A"公路路基路面现场测试随机选点方法"附本节后)。其方法归纳如下:

(1)确定检测总段长

作为一个检测评定对象,它可以是一个作业段,一天完成的路段或路线全程,一般情况下以 1km 为一个检测路段。例如检测路段为 K250+240~K251+000,则该检测段总长为:

$$(K251+000)-(K250+240)=760(m)$$

该段起点桩号为 K250+240。

(2)计算该段检测点数量

弯沉值检验频度,每一评定段不超过 1km,每车道 40~50 个测定点,平均 45 个测定点。则 K250+240~K251+000;检测段测点数为 n:

$$n=0.760×45=34 个$$

注意:当检验总量 n 大于 30 时,应分段进行。

(3)随机取样位置的确定

随机取样点位的确定是用"一般取样的随机数表"中的"栏号数"下的 A、B、C 三个子栏与检测段总长计算得出的。

①栏号:表中共有28个栏号,从栏号1至栏号28,它是供抽栏号用的;用28块边长2.5cm的方硬纸块,编上1~28个号,放入容器摇动,打乱次序,从中抽出一块,纸块上的号即为所要的栏号。

②表中每一个栏号下有ABC三个子栏:

A子栏:选取检测段测点个数,A子栏共30个数,从0~30不按顺序排列,而是随机的,但是选取检测段测点数时,必须按A子栏从上至下顺序选取。例如栏号6,测点为20个,则只能选≤20的号,其A子栏顺序是10,20,14,01,06,02,05,17,09,04,13,15,11,16,19,07,08,18,12,03共20个数。

B子栏:用于计算检测点的纵向距离或桩号。共30个数,其排列顺序与A子栏的数相对应,例如栏号6,A子栏10,所对应的B子栏数必是0.100;

计算检测点纵向距离或桩号公式是:

B子栏系数×检测段长度(m)+该段起点桩号。

例如6栏A子栏10对应B子栏系数0.100×600+250 240=250 300,即该点纵向距离为K250+300处。

C子栏:用于计算检测点的横向距离。共30个数,其排列顺序与A子栏的数相对应,例如栏号6,A子栏10,所对应的C子栏数必是0.161:

计算检测点的横向距离(即检测点纵向距离车道中心向左或向右量的距离。)公式是:

$$C子栏系数×每一车道路宽-\frac{1}{2}每一车道路宽$$

例如栏号6,A子栏10对应的C子栏系数0.161×(26/2)-(13/2)=-4.41m

此计算值有正负,如是正值(+),表示在车道中线右侧,如是负值(-),表示在车道中线左侧。

11.4.2 弯沉检验现场测试随机选点步骤

当某一施工段要检测弯沉时,现场随机选点按下列步骤进行:

(1)计算检测段总长度,测点数,确定该检测段起点里程桩号;

(2)抽栏号;

(3)抄、录抽中栏号的A、B、C三子栏中相对应的数值;

(4)计算测点纵向里程桩号和横向距离;

(5)在测试路段布置测点,用石灰或白粉笔画上标记。

11.4.3 弯沉检测点计算程序清单及算例

侧点纵向里程桩号及横向距离计算在表 11-9 中进行。此计算虽然简单，但是如检测段多而且线路长，则计算起来量大而繁，耗时费力，为了方便计算并提高工效，实践中，我们将计算测点纵向里程桩号，横向距离编入 f_x—5800P 型计算器进行计算，其程序清单如下：

文件名：WC

```
"S"? S："D"? D："M"? M ↵
LbI 0 ↵
"B"? B："C"? C ↵
"E="：BS+D ◢
"F="：CM－M÷2 ◢
Goto 0
```

程序中：S?——弯沉检测段总长，m；

D?——检测段起点里程桩号，m；

M?——检查段每一车道路宽，m；一般为路面宽为 1/2，即半幅路宽；

B?——同一栏号下 A 子栏中相对应的 B 子栏数值；

C?——同一栏号下 A 子栏中相对应的 C 子栏数值；

E=——程序计算的检测点的纵向里程桩号；

F=——程序计算的检测点的横向距离。计算值为正，表示检查点在车道中线右侧；值为负，表示检测点在车道中线左侧。

弯沉检测随机取样测点位置计算表　　　　表 11-9

栏号	检　测　路　段		总长(m)	检测点数计算	每一车道宽：7.5m
6	K250＋240～K250＋700		460	0.46×45＝21(个)	1/2 车道宽：3.75m
测点序号	A 子栏	B 子栏	纵向里程桩号(m)	C 子栏	横向距车道中线距离(m)	备注
1	21	0.096	K250＋284.2	0.198	－2.265	1.检测段起点桩号：K250＋240
2	10	0.100	＋286	0.161	－2.543	
3	20	0.168	＋317.3	0.564	＋0.480	2.计算的横向距离为正(＋)，在车道中线右侧；为负(－)，在车道中线左侧
4	14	0.259	＋359.1	0.217	－2.123	
5	01	0.275	＋366.5	0.195	－2.288	
6	06	0.277	＋367.4	0.475	－0.188	
7	02	0.296	＋376.2	0.497	－0.023	

栏号	检测路段		总长(m)	检测点数计算	每一车道宽:7.5m
6	K250＋240～K250＋700		460	0.46×45＝21(个)	1/2车道宽:3.75m
测点序号	A子栏	B子栏	纵向里程桩号(m)	C子栏	横向距车道中线距离(m)	备注
8	05	0.351	＋401.5	0.141	－2.693	
9	17	0.370	＋410.2	0.811	＋2.333	
10	09	0.388	＋418.5	0.484	－0.120	
11	04	0.410	＋428.6	0.073	－3.203	
12	13	0.486	＋463.6	0.779	＋2.093	
13	5	0.515	＋476.9	0.867	＋2.753	
14	11	0.618	＋524.3	0.502	＋0.015	
15	16	0.711	＋567.1	0.508	＋0.060	
16	19	0.778	＋597.9	0.812	＋2.340	
17	07	0.804	＋609.8	0.675	＋1.313	
18	08	0.806	＋610.8	0.952	＋3.390	
19	18	0.841	＋626.9	0.414	－0.645	
20	12	0.918	＋662.3	0.114	－2.895	
21	03	0.992	＋696.3	0.399	－0.758	

【算例 11-4】 ××一级公路××段中 K250＋240～K251＋160 基层完工,要进行弯沉检测,检测段每一车道路宽 7.50m,随机抽栏号 6。计算在表 11-9 中进行,程序执行操作方法步骤:略。

该检测段总长:(K251＋160)－(K250＋240)＝920m,检测点:0.920×45＝41(个),超过 30 个,因此应分两段检测。第一段为:K250＋240～K250＋700,第二段为 K250＋700～K251＋160。此例只计算第一段的随机测点。

11.5 路面宽度、高程、横坡检测断面现场随机选点计算

当按《路基路面几何尺寸测试方法》(T 0911—2008)检测路基路面宽度、高程、横坡时,应按其附录 A 公路路基路面现场测试随机选点方法,在一个检测路段内选取测定的断面位置及里程桩号,并在测定断面作上标记。通常将路面宽度、高程、横坡选取在同一断面位置,且宜在整桩号上测定。

下面介绍在一个检测路段内选取测定断面位置及里程桩号的方

法步骤：

（1）确定检测段总长

作为一个检测评定对象，它可以是一个作业段，一天完成的路段或路线全程，在路基路面工程检查验收时，通常以 1km 为一个检测路段，例如 K251＋000～K252000＝1000m＝1km。

（2）确定检测段桩号间距

通常情况下，路基桩号间距为 25m，路基层、路面层桩号间距为 20m。

（3）确定检测段断面数 T

断面数 T 计算公式：

$$T = \frac{检测段总长}{桩号间距}$$

例如 1km 总长的断面数 $T＝1\,000/20＝50$ 个，其断面编号为 1，2，3…50。

（4）计算断面号，计算公式

$$断面号 ＝ B 系数 \times T$$

将其乘积四舍五入得到断面号。

式中 B 为"一般取样的随机数"中 A 子栏相对应的 B 子栏系数。其中 A，B 子栏的选定方法参考本章第四节。

（5）计算断面的里程桩号

计算公式：

$$断面的里程桩号 ＝ 检测段起点桩号＋断面号 \times 桩距$$

（6）程序计算检测段断面位置及里程桩号

程序清单

文件名：KGHDZ

```
"L"？ L："K"？ K："D"？ D↵
"T＝"：L÷K→T↵
LbI 0↵
"B"？ B："P"？ P↵
"N＝"：BT ◢
"Z＝"：D＋PK ◢
Goto 0
```

程序中：L?——检测路段总长；

K?——路基路面桩号间距；

D?——检测段起点桩号；

B?——《一般取样的随机数》中 B 子栏系数；

T＝——检查段断面数编号；

N＝——BT 乘积数,即没有四舍五入的断面数；

P——BT 乘积经四舍五入后的断面数；

Z——检测点断面位置的里程桩号。

算例用 f_x—5800P"KGHDZ"程序计算结果见前节附录 A 表 A-2。程序执行操作方法步骤：

(1)开机；

(2)按 $\boxed{\text{FILE}}$ 键,将光标移至文件名 KGHDZ 旁；

(3)按 $\boxed{\text{EXE}}$ 键,显示：L?,输入检测段总长 1 000m；

(4)按 $\boxed{\text{EXE}}$ 键,显示：K?,输入检测段桩号间距 20m；

(5)按 $\boxed{\text{EXE}}$ 键,显示：D?,输入检查段起点桩号：D＝36 000；

(6)按 $\boxed{\text{EXE}}$ 键,显示：B?,输入 B 子栏系数,例如 B＝0.970；

(7)按 $\boxed{\text{EXE}}$ 键,显示：N＝48.5,(将此数四舍五入填入)断面号栏,N≈49。

(8)按 $\boxed{\text{EXE}}$ 键,显示：P?,输入 N≈P＝49；

(9)按 $\boxed{\text{EXE}}$ 键,显示：Z＝36 980 检测点断面的里程桩号。(断面编号：20)

以下只要输入 B?,P?,即可计算 N 及 Z。

11.6 坐标反算程序清单及应用

公路工程施工测量中,经常要进行坐标反算,以求得已知坐标两点间的平距及方位角。

11.6.1 坐标反算常规计算公式

(1)坐标方位角计算公式

$$\tan T_{A-B} = \frac{Y_B - Y_A}{X_B - X_A} = \frac{\Delta Y_{A-B}}{\Delta X_{A-B}}$$

(2)距离计算公式

$$D = \frac{\Delta Y_{AB}}{\sin T_{AB}} = \frac{\Delta X_{AB}}{\cos T_{AB}} = \sqrt{\Delta Y_{AB}^2 + \Delta X_{AB}^2}$$

以上式中，X_A、Y_A，X_B、Y_B 是两个已知点的坐标值。

11.6.2 f_x—5800P 程序清单

文件名:ZFS

"A="? A："B="? B ↵	（常量）
LbI 0 ↵	
"C"? C："D"? D ↵	（变量）
C−A→X：D−B→Y ↵	（坐标增量）
Pol(X,Y) ↵	（距离、方位角计算）
I→S ↵	
"S="：S ◣	（两点间平距）
J→F	
If J<0：Then J+360→F：	
Else J→F：IfEnd ↵	（条件转移）
"F="：F ▶ DMS ◣	（方位角）
Goto 0	

程序中:A?、B?、C?、D?——两个已知点的坐标值;

S=——两已知点间的平距;

F=——两已知点边的方位角。

11.6.3 程序功能及注意事项

(1)本程序计算已知坐标的两点间平距及方位角。

(2)注意方位角方向。例如Ⅰ点坐标 A、B，Ⅱ点坐标 D、C，则本程序方位角是Ⅰ-Ⅱ边的方位角;反之,为Ⅱ-Ⅰ边的方位角。

11.6.4 实 操 案 例

(1)算例见表 11-10。

(2)程序执行操作方法步骤:略。

| 测站点名 | 后视点名 | 放样点里程桩号 | 中桩坐标 | | 方位角 | 边长 |
			x(m)	y(m)	(°　′　″)	(m)
K128＋850I			363.567	814.454	78 45 11	218.895
	K129＋100II		406.260	1 029.145		
		K128＋600	354.618	553.341	268 02 14	261.266
		＋625	351.890	578.192	267 10 14	236.550
		＋650	349.288	603.056	266 08 09	211.880
		＋675	346.809	627.932	264 51 58	187.273
		＋700	344.455	652.821	263 15 23	162.759
		＋725	342.226	677.721	261 07 44	138.388
		⋮				
		K129＋100	323.066	1052.163	99 44 09	241.135

放样段起点桩号:K128＋600
放样段终点桩号:K129＋100
放样段总长:500(m)

(甲)I　　　　　　　□II(乙)

K128+600(乙)　　　　　　　K129+100(乙)

11.7　缓和曲线、圆曲线弦长计算程序清单及应用

用偏角法放样曲线线路桩点,若是从 ZH(HZ)点或 HY(YH)点设站,直接从设站点用距离(长度)与偏角方向线交会定桩,则随着桩距的增长,其弦长与弧长相差也随之增大,此种情况下,则要将弧长(曲线长)改算为弦长,此时,可用下述 f_x—5800P 程序来计算。

11.7.1　圆曲线弦长计算的 f_x—5800P 程序清单

(1)圆曲线弦长的常规计算公式

$$C=2R\sin\left(\frac{\alpha}{2}\right)$$

式中：R——圆曲线半径；

α——圆心角，即圆曲线上曲线长所对应的圆心角，$\alpha = \dfrac{I}{R} \cdot \dfrac{180°}{\pi} = $

$57.295\,78 \dfrac{I}{R}$；

I——曲线长(弧长)；

π——圆周率，取 3.141 593。

(2)程序清单

文件名：Y-XZJS

"R"? R∶"E"? E↵	(常量)
LbI 0↵	
"F"? F↵	(变量)
If F≤0∶Then Goto 1∶IfEnd↵	(条件转移)
"K="∶Abs(E−F)→K ◢	(曲线长)
57.295 78(K÷R)→N↵	
"YX="∶2Rsin(N÷2) ◢	(圆曲线弦长)
Goto 0↵	
LbI 1↵	
"R"? R∶"E"? E↵	(F 输入 0，重新显示常量)
Goto 0	

程序中：R?——圆曲线半径；

　　　　E?——HY(或 YH)点的桩号，当圆曲线从 HY 点测设曲线时，E 输入 HY 点的桩号，当圆曲线从 YH 点测设曲线时，E 输入 YH 点的桩号，这一转换，只要给 F 输入 0 就可以了；

　　　　F?——圆曲线上任一点的桩号，当给 F 输入 0，重新显示：R?、E?，又从头开始运算。

(3)程序功能及注意事项

①可计算圆曲线上任一曲线的弦长。

②可计算从 HY(或 YH)点测设至 QZ 点的弦长，或全圆曲线段的弦长。

③计算不设缓和曲线的圆曲线弦长时，HY=ZY、YH=YZ。

11.7.2 缓和曲线弦长计算的 f_x—5800P 程序清单

(1)缓和曲线弦长计算的常规公式

$$C = l - \dfrac{l^5}{90R^2 l_0^2}$$

式中：l——缓和曲线上的曲线长，即弧长；

　　　R——圆曲线半径；

　　　l_0——缓和曲线长度。

(2)程序清单

文件名：F-XZJS

"R"? R："I"? I："A"? A↵	（常量）
LbI 0↵	
"B"? B↵	（变量）
If B≤0：Then Goto 1：IfEnd↵	（条件转移）
"K＝"：Abs(A−B)→K　◢	（曲线长）
"FX＝"：K−K^5÷(90R^{2}I^2)　◢	（弦长）
Goto 0↵	
LbI 1↵	
"R"? R："I"? I："A"? A↵	（B输入0，重新显示常量）
Goto 0	

程序中：R?——圆曲线半径；

　　　I?——缓和曲线长度；

　　　A?——ZH(或 HZ)点的桩号，当缓和曲线从 ZH 点向 HY 点测设时，A 输入 ZH 点的桩号，当从 HZ 向 YH 点测设时，A 输入 HZ 点的桩号，这一转换，只要给 B 输入 0 就可完成；

　　　B?——缓和曲线上任一点的桩号，当给 B 输入 0 时，计算器自动重新显示 R?、I? 和 A?，程序又从头开始运算。

(3)程序功能及注意事项

①本程序可计算前、后缓和曲线上任一曲线长(弧长)的弦长。

②当前缓和曲线弦长计算完成，只要给 B 输入 0，计算器又从头又显示 R?、I?、A?，此时只要给 A 输入 HZ 点的桩号，就可计算后缓和曲线的弦长。

11.7.3　实操案例及程序执行操作方法步骤

算例及计算结果见表 11-11。读者可用 4.3 节坐标法计算偏角程序验算(表 4-8 和表 4-16)。

程序执行操作步骤，略。

缓和曲线,圆曲线弦长计算表   表 11-11

R(m)	550		I(m)	70
桩号	桩点至 ZH、HY、YH、HZ 点的曲线长(m)		桩点至 ZH、HY、YH、HZ 点的弦长(m)	
ZH:K249+459.31	0.000			
+460	0.69		0.69	
+480	20.69		20.69	
+500	40.69		40.689	
+520	60.69		60.684	
HY +529.31	70.00	0.000	69.987	
+540		10.69		10.69
+560		30.69		30.686
+580		50.69		50.672
+600		70.69		70.641
+620		90.69		90.587
+640		110.69		110.503
+660		130.69		130.383
+680		150.69		150.219
+700		170.69		170.006
QZ +707.331		178.021		177.245
+720		165.352		164.730
+740		145.352		144.929
+760		125.352		125.081
+780		105.352		105.191
+800		85.352		85.266
+820		65.352		65.314
+840		45.352		45.301
+860		25.352		25.350
+880		5.352		5.352
YH +885.352	70.000	0.00	69.987	
+890	65.352		65.343	
+900	55.352		55.348	
+920	35.352		35.352	
+940	15.352		15.352	
HZK249+955.352	0.000			

注:符号"———→"表示计算方向及计算范围。

附录1 现行行业标准《公路路基施工技术规范》(JTG/T 3610) 有关施工测量的规定

3.2 测量

3.2.1 控制性桩点,应进行现场交桩,并保护好交桩成果

3.2.2 控制测量

1.各级公路的平面控制测量等级应符合表 3.2.2-1 的规定。

平面控制测量等级　　　　　　　　　表 3.2.2-1

公 路 等 级	平面控制网等级
高速公路、一级公路	一级小三角、一级导线、四级 GPS 控制网
二级公路	二级小三角、二级导线
三级及三级以下公路	三级导线

2.三角测量技术要求应符合表 3.2.2-2 的规定。

三角测量技术要求　　　　　　　表 3.2.2-2

等　　　级	平均边长 (m)	测角中误差 (″)	起始边边长 相对中误差	最弱边边长 相对中误差	三角形闭合差 (″)	测回数	
						DJ$_2$	DJ$_6$
一级小三角	500	±5.0	1/40 000	1/20 000	±15.0	3	4
二级小三角	300	±10.0	1/20 000	1/10 000	±30.0	1	3

3.导线测量技术要求应符合表 3.2.2-3 的规定。

导线测量技术要求　　　　　　　表 3.2.2-3

等级	附合 导线长度 (km)	平均 边长 (m)	每边测距 中误差 (mm)	测角 中误差 (″)	导线全长 相对闭合差	方位角 闭合差 (″)	测　回　数	
							DJ$_2$	DJ$_6$
一级	10	500	17	5.0	1/15 000	±10$\sqrt{n}$	2	4
二级	6	300	30	8.0	1/10 000	±16$\sqrt{n}$	1	3
三级	—	—	—	20.0	1/2 000	±30$\sqrt{n}$	1	2

4. 四级 GPS 控制网的主要技术参数应符合表 3.2.2-4 的规定。

四级控制网技术参数要求　　表 3.2.2-4

级别	每对相邻点平均距离 d（m）	固定误差 a（mm）	比例误差系数 b（10^{-6}）	最弱相邻点点位中误差 m（mm）
四级	500	≤10	≤20	50

注：每对相邻点间最小距离应不小于平均距离的 1/2，最大距离不宜大于平均距离的 2 倍。

5. 各级公路的水准测量等级应符合表 3.2.2-5 的规定。

水 准 测 量 等 级　　表 3.2.2-5

公 路 等 级	水准测量等级	水准路线最大长度(km)
高速公路、一级公路	四等	16
二级及二级以下公路	五等	10

6. 公路高程测量应采用水准测量。在水准测量确有困难的地段，四、五等水准测量可以采用三角高程测量。采用三角高程测量时，起讫点应为高一个等级的控制点。

7. 水准测量精度应符合表 3.2.2-6 的规定。

水准测量精度要求　　表 3.2.2-6

等级	每公里高差中数中误差（mm）		往返较差、附合或环线闭合差（mm）		检测已测测段高差之差（mm）
	偶然中误差 M_Δ	全中误差 M_W	平原微丘区	山岭重丘区	
三等	±3	±6	$±12\sqrt{L}$	$±3.5\sqrt{n}±15\sqrt{L}$	$±20\sqrt{L_i}$
四等	±5	±10	$±20\sqrt{L}$	$±6.0\sqrt{n}±25\sqrt{L}$	$±30\sqrt{L_i}$
五等	±8	±16	$±30\sqrt{L}$	$±45\sqrt{L}$	$±40\sqrt{L_i}$

注：1. 计算往返较差时，L 为水准点间的路线长度(km)。

2. 计算附合或环线闭合差时，L 为附合或环线的路线长度(km)。

3. n 为测站数，L_i 为检测测段长度(km)。

8. 路基施工与隧道、桥梁施工共用的控制点，应分别满足《公路隧道施工技术规范》(JTJ 042—94)、《公路桥涵施工技术规范》(JTJ 041—2000)的规定。

9. 路基施工期间应根据情况对控制桩点进行复测。季节性冻土地区，在冻融以后应进行复测。

10. 其他方面应符合《公路勘测规范》(JTG C10—2007)的规定。

3.2.3 导线复测

1. 导线测量精度应符合表 3.2.2-3 的规定。

2. 原有导线点不能满足施工需要时，可增设满足相应精度要求的附合导线点。

3. 同一建设项目内相邻施工段的导线应闭合，并满足同等级精度要求。

4. 对可能受施工影响的导线点，施工前应加以固定或改移，从开工至竣工验收的时间段内应保证其精度。

3.2.4 水准点复测与加密

1. 水准点测量精度应符合表 3.2.2-6 的规定。

2. 沿路线每 500m 宜有一个水准点。在结构物附近、高填深挖路段、工程量集中及地形复杂路段，宜增设水准点。临时水准点应符合相应等级的精度要求，并与相邻水准点闭合。

3. 当水准点有可能受到施工影响时，应进行处理。

3.2.5 中线放样

1. 路基开工前，应进行全段中线放样并固定路线主要控制桩，高速公路、一级公路宜采用坐标法进行测量放样。

2. 中线放样时，应注意路线中线与结构物中心、相邻施工段的中线闭合，发现问题应及时查明原因，进行处理。

3. 设计图纸和实际放样不符时，应查明原因后进行处理。

3.2.6 路基放样

1. 路基施工前，应对原地面进行复测，核对或补充横断面，发现问题时，应进行处理。

2. 路基施工前，应设置标识桩，对路基用地界、路堤坡脚、路堑坡顶、取土坑、护坡道、弃土堆等的具体位置标识清楚。

3. 对深挖高填路段，每挖填 3～5m 或者一个边坡平台(碎落台)应复测中线和横断面。

4. 高速公路和一级公路施工中，高程控制桩间距不宜大于 200m。

5. 施工过程中，应保护好所有控制桩点，并及时恢复被破坏的桩点。

3.2.7 每项测量成果必须进行复核，原始记录应存档。

附录2 f_x—5800P型计算器程序编写及操作实例——施工支导线点的测设及程序编写计算方法

公路工程线路构造物施工中,为了方便放样,常采用支导线法(或叫引点法)测设施工导线点(或叫引点,也叫测站点)。

支导线法测设施工导线点的概念详见附图2-1。

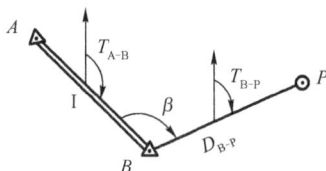

附图2-1 支导线法概念图

图中,A、B是已知控制点,P是施工支导线点,即未知点,也叫所求点。

为了求得未知点P的坐标,必须知道:

(1)已知数据:

①A、B点的坐标x、y值。

②AB边的方位角T_{A-B}。如果T_{A-B}未知,则用A、B坐标反算求得。

(2)观测数据:

①B点(即设站点,下同)处的水平角β。

②B点(即设站点,下同)至P点的平距D_{B-P}。

由此可知,支导线法的外业工作就是:

(1)测角,即测β角。

(2)测距,即测D_{B-P}。

测角可采用经纬仪,也可利用全站仪测水平角功能。

测距可采用测距仪,也可利用全站仪测距功能。要求测平距。若测斜距,则要测取垂直角,改算成平距。

对于没有测距仪或全站仪的施工单位,可用钢卷尺量取平距。

外业测角、测距、设站及施测方法、步骤详见本书第三章第三节"四"。

本节重点讲述 CASIO f_x—5800P 型计算器计算支导点的程序编写方法及程序执行操作方法步骤。

1)支导线点坐标计算常规公式

(1)方位角计算公式

$$T_{B-P} = T_{A-B} + \beta - 180° \qquad (附 2-1)$$

式中:T_{A-B}——已知控制边 AB 的方位角;

   β——已知边与未知边之夹角;一般情况下,测左角。

(2)P 点坐标计算公式

$$x_P = x_B + D_{B-P} \cdot \cos T_{B-P}$$
$$y_P = y_B + D_{B-P} \cdot \sin T_{B-P} \qquad (附 2-2)$$

式中:x_B、y_B——已知控制点 B 的 x、y 坐标值;

   D_{B-P}——已知点 B 至未知点 P 间的平距;

   T_{B-P}——BP 边的方位角,公式(附 2-1)的计算值。

计算 P 点坐标时,第一步依据公式(附 2-1)计算方位角 T_{B-P};第二步依据公式(2)计算 P 点的 x_P、y_P 坐标值。

2)支导线点坐标计算程序的编辑

前述用公式(1)及(2)手算施工导线点 x、y 坐标值的方法,速度慢,效率低,又易出错;在现场实际施工中需要一边加密施工导线点,一边立即放样,这种手算就是难以满足现代化施工的要求。为了解决这一难题,我们可利用可编程式科学计算机的"程序计算"功能,将支导线点坐标的计算编成程序,这样在测站上就可快速、准确地计算出施工导线点的坐标,以满足现场放样需要。

下面详细讲述 CASIO f_x—5800P 计算器程序计算支导线点坐标的程序编辑方法、步骤。

第一步:把支导线点坐标计算常规公式改写成计算器认可的公式。

(1)改写方位角计算公式

常规公式为:

$$T_{B-P} = T_{A-B} + \beta - 180° \qquad (附 2-3)$$

计算机认可公式:

$$T = F + B - 180° \qquad (附 2-4)$$

式中:F——已知边的方位角;

B——已知边与未知边之夹角(左夹角),即在已知点 B 设站所观测的水平角;

T——所求点边的方位角。

(2)改写 P 点坐标计算公式

常规公式为:

$$x_P = x_B + D_{B-P} \cdot \cos T_{B-P}$$
$$y_P = y_B + D_{B-P} \cdot \sin T_{B-P}$$

(附 2-5)

计算机认可公式:

$$X = W + D\cos T$$
$$Y = K + D\sin T$$

(附 2-6)

式中: X、Y——支导线点(所求点)的坐标值;

   W、K——已知控制点(即设站点,下同)的 X、Y 值;

   T——改后方位角,即公式(附 2-3)计算的未知边的方位角;

$D\cos T$、$D\sin T$——已知点 B 与所求点 P 间纵、横坐标增量。

程序中,纵横坐标增量可用公式 $D\cos T$、$D\sin T$ 计算,亦可用计算机"坐标变换"功能计算。

f_x—5800P 型计算器"坐标变换"功能计算的坐标增量,用英文字母 I、J 表示。

利用计算机"坐标变换"功能计算坐标增量的公式是

$$\mathrm{Rec}(D, T)$$

(附 2-7)

式中:D——已知点与所求点间平距;

   T——该两点边的方位角。

程序中,若用"坐标变换"功能计算坐标增量,则所求点 P 的坐标计算公式可写成

$$\mathrm{Rec}(D, T)$$
$$X = W + I$$
$$Y = K + J$$

(附 2-8)

式中:D、T、W、K——意义同前;

I、J——f_x—5800P 型计算器计算的坐标增量。此值在计算器
内部运算。

第二步:编辑程序清单。

依据计算机编辑支导线点坐标计算程序清单如下。

文件名:ZDXJS(支导线计算)

程序清单:

①"M"? M:"N"? N:"W"? W:"K"? K ↵

②pol(W−M,K−N)↵

③"I=":I ◢

④If J<0:Then J+360→J:Else J→J:Ifend ↵

⑤"J=":J▶DMS ◢

⑥L6I 0 ↵

⑦"B"? B:"D"? D ↵

⑧If J+B>180:Then
J+B−180→T:Else J+B+180→T:If End ↵

⑨"T=":T▶DMS ↵

⑩"X=":W+DCOS(T) ◢

⑪"Y=":K+Dsin(T) ◢

⑫Go to 0

程序中:M?、N?——后视已知点的 x、y 值;

W?、K?——已知点(设站点)的 x、y 值;

J——计算的已知边方位角;

B?——已知边与未知边之夹角;

D?——已知点与所求点间平距;

T——未知边方位角;程序中不显示,若要显示,则需在最后加
显示符号 ◢;

X=、Y=——所求点坐标值。

程序中:M、N;W、K:已知导线边(即后视定向边)两端点的 x、y 坐标,
M、N 是 A 点的 x、y,W、K 是 B 点的 x、y;

I:导线边 AB 的距离;

J:已知导线边 AB 的方位角;

B:已知导线边与支点边之夹角;

D:已知点(测站)与支点之平距；

T:已知点与支点边之方位角；

X、Y:支点的坐标。

程序功能及注意事项：

①本程序可计算支导线点的坐标；

②当由一个测站支设 n 支导线点时,程序中 M、N、W、K 为定值常量,计算下一个支点时,不需重新输入这些程序,此时只要输入下一个支点夹角 B? 边长 D? 就可计算出下一个支点的 x、y 值。

在编辑程序清单时,应注意：

a.搞清程序公式中的常量和变量。本例中,常量是 AB 边两端点 A 和 B 的坐标 M、N 和 W、K。变量是水平角 B 和平距 D。

在一个程序中,常量是不变的值,在程序执行过程中,只要输入第一次数据后,则在计算每个支点坐标时,不再输入。只要给变量输入不同的值,则有不同的计算结果。本例中,在已知点 B(测站)可支出若干个所求点 P,每一个所求点都有一组观测元素 B 和 D。在计算所求点 P 的坐标时,只要输入该所求点的 B 和 D,就可计算出其对应的 X、Y 值。

b.本例中,1 至 5 行,是坐标反算,根据 A、B 两点的坐标,计算 A 和 B 两点间平距 I 和 AB 边的方位角 J。此属常量计算部分。目的是计算出 AB 边的方位角 J。有了这个方位角 J,才可计算出未知边的方位角 T。程序中,I、J 显示,如不显示,则将"◢"换成"↵"。

由于起算点 B 的坐标和计算出的方位角,在程序中是常量,不参与下述无条件转移,故编辑在程序无条件转移语句前边。

c.本例中,6 至 12 行,是计算未知点的坐标 x 与 y。此属变量计算部分。在语句:LbI 0 与 Goto 0 之间无条件的循环运算,只要给未知点的水平角 B 和平距 D,赋于一个值,则程序主动计算出 P 的一个坐标 x 与 y。由于计算出的 J＋B 有大于 180°或小于 180°情况,为了正确计算未知边方位角 T,则要附加条件转移:J＋B＞180°或 J＋B＜180°计算方位角 T 的命令,在 f_x—5800 中,该命令是 If＜条件＞:Then＜语句块 1＞E/se＜语句块 2＞IfEnd ↵。本例中,If 条件是 J＋B＞180;Then 执行 J＋B－180→T(语句块 1):E/se(如果 J＋B＜180),则执行 J＋B＋180→T(语句块 2):IfEnd。在程序第 4 句中,J＜0,执行语句块 1:J＋360→J;J＞0 则执行 J→J 语句块 2。

注意:在程序编辑中,条件转移命令经常要用。这是 f_x—5800 编程中较难掌握的关键技术。读者一定要熟练掌握。关于条件转移语句,读者可参阅作者著作《公路工程施工测量现场使用程序计算技术》。

d. 注意换行符号的应用。编辑程序应本着语句短,易输入,不出错,计算快的目的。这就要求正确应用分行符号。f_x—5800P 型计算器的分行符号是"↵"。一般来说,只要一个语句成立,就可分一行。但应注意的是f_x—5800P 型计算器在条件转移语句中,不能含有任何分行符号。如果在条件转移中有分行符号,则在程序执行时会出现错误信息,Syntax ERROR(句法错误)。

e. 程序清单编辑中,关于其他字符的应用,详见该机使用说明书。

第三步:向计算器输入程序清单。

依据程序清单向 f_x—5800P 型计算器输入的方法,详见作者著作《公路工程施工测量现场实用程序计算技术》(下同)第一章第二节、第三节和第七节。

在向计算机输入程序内容时,如果按错字符键,此时可按 DEL 键,删除错误字符,重新输入正确字符。

在程序输入过程中,如果要更改文件名,修改程序内容,详见作者前述著作第九节。

当程序清单内容输入完毕,按退出键 EXIT 两次以储存程序。接着按 EXE 键执行程序,以检查程序能否正常执行。如果输入有错,则会显示错误信息,此时应对错处修正,直至正常执行。

3)支导线点坐标程序计算算例及操作方法步骤

【算例附 2-1】 ××高速公路在 K12+009 分离立交桥施工中,为了方便桥基础放样,采用支导线法在施工现场附近加密一施工导线点I,其施测方案详见图附图 2-2。

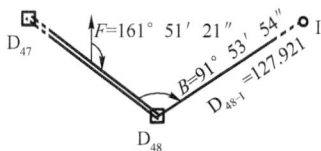

附图 2-2 支导线外业草图

在图附图 2-2 中,D_{47}—D_{48} 是一条已知导线边,其方位角 $F=161°51'21''$,D_{47} 点坐标为 $X=533.526$m,$Y=624.215$m;D_{48} 点坐标为 $X=327.782$m,$Y=691.638$m。在 D_{48} 设站后视 D_{47} 测得水平角 $B=91°53'54''$,平距 $D_{48-I}=$

127.921m。为了及时算出加密点Ⅰ的坐标,在现场(测站上)采用 fx—5800P 型计算器程序进行支导线点坐标计算,其操作方法步骤如下:(见附图 2-1)

(1)按 AC 键开机、清除屏幕上次保留的内容;

(2)按 FILE ▼ 键,选择文件名:ZDXJS;

(3)按 EXE 键,显示:M?,输入 D_{47} 点的 x 值:533.526;

(4)按 EXE 键,显示:N?,输入 D_{47} 点的 y 值:624.215;

(5)按 EXE 键,显示:W?,输入测站点 D_{48} 点的 x 值:327.782;

(6)按 EXE 键,显示:K?,输入测站点 D_{48} 点的 y 值:691.638;

(7)按 EXE 键,显示:I=216.5097($D_{47}-D_{48}$ 间平距);

(8)按 EXE 键,显示:J=161°51′21″08($D_{47}\sim D_{48}$ 边的方位角);

(9)按 EXE 键,显示:B?,输入支导线水平角:91°53′54″;

(10)按 EXE 键,显示:D?,输入测站至支导线点间平距:127.921;

(11)按 EXE 键,显示:T=73°45′15″08(测站~支导线点边的方位角);

(12)按 EXE 键,显示:X=363.569(支导线点Ⅰ的 x、y 值);

(13)按 EXE 键,显示:Y=814.451(支导线点Ⅰ的 x、y 值);

(14)按 EXE 键,重复显示:B? 计算另一个支导点的水平角。

附录3 一个施工标段线路任意断面中边桩高程计算程序——线路高程计算全线通 f_x—5800P 程序

文件名:XL—GZ—TS

```
LbI 0 ↵

"L"? L："N"? N："M"? M："E"? E ↵

If  L<59 934. 32：Then 59 800→B：41. 0→H：15 000→R：−2. 00÷
100→I：0. 7÷100→J：If End ↵

If  L>59 934. 32：Then  ：60 600→B：46. 6→H：60 000→R：0. 7÷
100→I：−0. 4÷100→J：If End ↵

If  L>60 930：Then 61 400→B：43. 4→H：32 000→R：−0. 4÷100→
I：0. 7667÷100→J：IfEnd ↵

If  L>61 586. 67：Then 62 000→B：48. 0→H：28 000→R：0. 766
7÷100→I：1. 979 6÷100→J：IfEnd ↵

R  Abs(J−I)÷2→T ↵

1→F ↵

I>J ⇒−1→F ↵

If  L<B−T：Then B−L→C：0→Z：I→P：H−N−CP+ZF(T−
Abs(C))²÷(2R)→G：G+ME→U："G="：G ◢

"U="：U ◢

IfEnd ↵                                    (计算竖曲线前直线段)

If  L<B：Then B−L→C：1→Z：I→P：H−N−CP+ZF(T−Abs
(C))²÷(2R)→G：G+ME→U："G="：G ◢

"U="：U ◢
```

IfEnd ↵ 　　　　　　　　　　（计算竖曲线内前段即竖起点至 B 段）

　　If　L＜B＋T：Then B−L＝C：1→Z：J→P：H−N−CP＋ZF(T−Abs(C))²÷(2R)→G：G＋ME→U："G＝"：G ◤

　　"U＝"：U ◤

　　IfEnd ↵ 　　　　　　　　　（计算竖曲线内后段，即竖终点至 B 段）

　　If　L＞B＋T：Then B−L＝C：0→Z：J→P：H−N−CP＋ZF(T−Abs(C))²÷(2R)→G：G＋ME→U："G＝"：G ◤

　　"U＝"：U ◤　　　　　　　　　　　（计算竖曲线后直线段）

　　IfEnd

　　Goto　0

程序中：

　　L?——一个施工标段线路上任意横断面中桩桩号，即所求点中桩桩号；

　　N?——线路横断面结构层厚度，例如路面至路基厚度；

　　M?——L 至边桩宽度；

　　E?——线路横断面坡度，习惯上称为路拱；输入时带符号；

　　B——竖曲线变坡点桩号；

　　H——竖曲线变坡点的高程；

　　R——竖曲线半径；

　　I——前纵坡坡度，输入时要带符号；

　　J——后纵坡坡度，输入时要带符号；

　G＝——中桩设计高程；

　U＝——边桩设计高程。

　　程序功能及注意事项：

　　(1)本程序可计算一个施工标段(例如该标段长 5km)线路上任意横断面中、边桩的设计高程。

　　(2)本程序已知起算数据是一个施工标段内所有竖曲线要素：竖曲线变坡点里程桩号及高程；竖曲线起、终点里程桩号；前、后纵坡坡度；竖曲线半径。

　　(3)程序中"N"，是路面层至各施工层的厚度。只要知道了"N"，就可算出本施工段的各层(基层、垫层、路基等)的设计高程。N? 输入 0，计算面层的设计高程。

(4)本程序输入方法和技巧,读者可参阅附图 3-1。

注意:程序中输入的起算已知数据,取自业主设计单位提供的"纵坡、竖曲线表"。

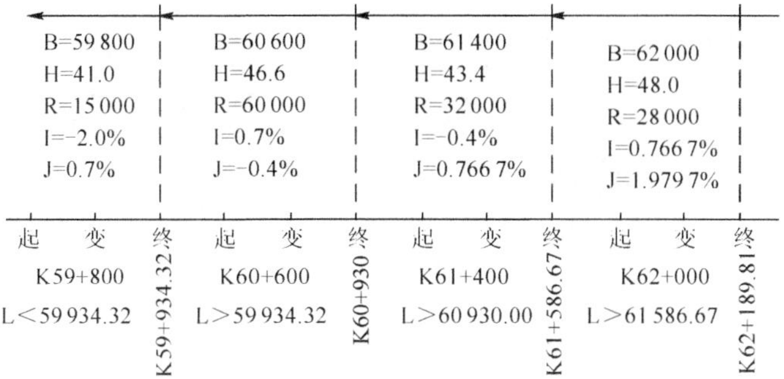

B=59 800	B=60 600	B=61 400	B=62 000
H=41.0	H=46.6	H=43.4	H=48.0
R=15 000	R=60 000	R=32 000	R=28 000
I=-2.0%	I=0.7%	I=-0.4%	I=0.766 7%
J=0.7%	J=-0.4%	J=0.766 7%	J=1.979 7%

起　变　终	起　变　终	起　变　终	起　变　终
K59+800	K60+600	K61+400	K62+000
L<59 934.32	L>59 934.32	L>60 930.00	L>61 586.67

K59+934.32　　K60+930　　K61+586.67　　K62+189.81

附图 3-1　XL-GZ-JS 程序输入方法和技巧示意图

附录4 一个标段线路上任意桩号中边桩坐标计算程序——线路坐标计算全线通 f_x—5800P 程序

文件名:XL—XY—TS

LbI 0 ↵

"H"？ H："S"？ S："E"？ E ↵

If H≤61 195.812：Then 60 330.564→Q：3 193 343.962→W：496 198.785→K：26°57′29″→N：1→G：261°27′49″→F：3 100→R：300→V：IfEnd：

If H≥61 195.812：Then 62 988.176→Q：3 194 192.658→W：493 650.723→K：15°54′09″→N：−1→G：288°25′18″→F：5 500→R：0→V：IfEnd：

If H≥63 746.508 Then 65 009.854→Q：3 194 281.948→W：491 621.132→K：15°44′44″→N：1→G：272°31′09″→F：2 800→R：300→V：IfEnd ↵

V÷2−V³÷(240R²)→M ↵

V²÷(24R)−V⁴÷(2 688R³)→P ↵

(R+P)tan(N÷2)+M→T ↵

RNπ÷180+V→L ↵

Q−T→A：A+V→B：A+L→D：D−V→C ↵

4→DimZ ↵

W+T cos(F+180)→Z[1]：K+Tsin(F+180)→Z[2] ↵

W+Tcos(F+GN)→Z[3]：K+Tsin(F+GN)→Z[4] ↵

If H≤A：Then Rec(Q−H,F+180)："XZ1="：W+I ◢

"YZ1="：K＋J ◢　　　　　　　　　　　　(前直线段中桩坐标)

"MZ1="：W＋I＋Scos(F＋180－(180－E))◢　　　(前直线段

"NZ1="：K＋J＋Ssin(F＋180－(180－E))◢　　　边桩坐标)

Else If H≤B：Then H－A→Z：90Z^2÷(RVπ)→O：Z－Z^5÷(40R^{2}V^2)＋Z^9÷(3 456R^{4}V^4)→X：Z^3÷(6RV)－Z^7÷(336R^{3}V^3))＋Z^{11}÷(42 240R^{5}V^5)→Z：Rec(X,F)：Z[1]＋I→X：Z[2]＋J→Y：Rec(Z,F＋90G)↵

"XF1="：X＋I ◢　　　　　　　　　　　　(前缓和曲线段中桩坐标)

"YF1="：Y＋J ◢

"MF1="：X＋I＋Scos(F＋OG＋E)◢　　　　(前缓和曲线段边桩坐标)

"NF1="：Y＋J＋Ssin(F＋OG＋E)◢

Else If H≤C：Then H－A－V→Z：180V÷(2Rπ)→T：180Z÷(Rπ)＋T→O：Rsin(O)＋M→X：R(1－cos(O))＋P→Z：Rec(X,F)：Z[1]＋I→X：Z[2]＋J→Y：Rec(Z,F＋90G)：

"XY="：X＋I ◢　　　　　　　　　　　　(圆曲线段中桩坐标)

"YY="：Y＋J ◢

"MY="：X＋I＋Scos(F＋OG＋E)◢　　　　　(圆曲线段边桩坐标)

"NY="：Y＋J＋Ssin(F＋OG＋E)◢　　　　　(圆曲线段边桩坐标)

Else If H≤D：Then D－H→Z：90Z^2÷(RVπ)→O：Z－Z^5÷(40R^{2}V^2)＋Z^9÷(3 456R^{4}V^4)→X：Z^3÷(6RV)－Z^7÷(336R^{3}V^3)＋Z^{11}÷(42 240R^{5}V^5)→Z：Rec(X,F＋GN＋180)：Z[3]＋I→X：Z[4]＋J→Y：Rec(Z,F＋NG＋180－90G)：

"XF2="：X＋I ◢　　　　　　　　　　　　(后缓和曲线段中桩坐标)

"YF2="：Y＋J ◢

"MF2="X＋I＋Scos(F＋GN＋180－OG－E)◢　　(后缓和曲线段

"NF2="Y＋J＋Ssin(F＋GN＋180－OG－E)◢　　边桩坐标)

Else If H＞D：Then Rec(H－D,F＋GN)：

"XZ2="：Z[3]＋I ◢

"YZ2="：Z[4]＋J ◢　　　　　　　　　　(后直线段中桩坐标)

"MZ2="：Z[3]＋I＋Scos(F＋GN＋E)◢　　　　(后直线段边桩坐标)

"NZ2="：Z[4]＋J＋Ssin(F＋GN＋E)◢

IfEnd：IfEnd：IfEnd：IfEnd：IfEnd↵

Goto　0

程序中:$H^?$——一个标段线路上任意点(即所求点)的桩号;

　　　　$S^?$——与 H 同一横断面中一边桩距离;

　　　　$E^?$——上述横断面中边桩连线与线路中线之夹角:－E 计算左边桩坐标,E 计算右边桩坐标;

　　　　Q——交点的桩号;

　　W、K——交点 Q 的 X、Y 坐标;

　　　　N——转角(偏角),输入时不带符号;

　　　　G——控制 N 的条件,右偏角 G 输入 1,左偏角 G 输入－1;

　　　　F——前切线方位角;

　　　　R——半径;

　　　　V——缓和曲线长。

程序功能及注意事项:

(1)本程序可计算一个施工标段(例如该标段长 5km)线路上对称曲线任意所求点的中边桩坐标。

(2)本程序已知起算数据是一个施工标段内所有交点要素:交点桩号及坐标、线路转角,前切线方位角、半径、缓和曲线长。只要把标段内所有这些交点的要素一次性全部输入计算器,就可方便迅速、准确地计算出任意所求点的中边桩坐标。

(3)偏角输入时不带符号,用 G 来控制,右偏角输入:$1\rightarrow G$;左偏角输入:$-1\rightarrow G$。

(4)输入方位角时,应输入交点前切线正方位角。

(5)本程序计算结果显示的符号意义如下:

①$XZ1=$、$YZ1=$:前直线段中标坐标;

　$MZ1=$、$NZ1=$:前直线段边标坐标;

②$XF1=$、$YF1=$:前缓和曲线段中桩坐标;

　$MF1=$、$NF1=$:前缓和曲线段边桩坐标;

③$XY=$、$YY=$:圆曲线段中桩坐标;

　$MY=$、$NY=$:圆曲线段边桩坐标;

④$XF2=$、$YF2=$:后缓和曲线段中桩坐标;

　$MF2=$、$NF2=$:后缓和曲线段边桩坐标;

⑤$XZ2=$、$YZ2=$:后直线段中桩坐标;

　$MZ2=$、$NZ2=$:后直线段边桩坐标。

(6)本程序输入方法和技巧,读者可参阅附图 4-1:

注意:程序中输入的起算已知数据,取自业主或设计单位提供的"直线、曲线及转角一览表"。

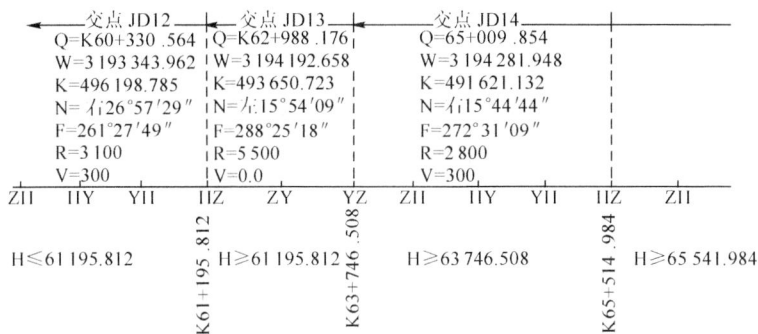

附图 4-1　XL-XY-TS 程序输入方法和技巧示意图

附录5 f_x—5800P与f_x—9750G Ⅱ 语句置换表

项　目	f_x—5800P		f_x—9750P Ⅱ
常量或变量	"A＝"? A："B＝"? B：……		"A＝"? →A："B＝"? →B：……
	"A"? A："B"? B：……		"A"? →A："B"? →B：……
添加额外变量	12→Dim Z	(12＝(n＋2)×2)	12→Dim List 1
	Z[2N−1]		List 1 [2N−1]
	Z[2N]		List 1 [2N]
极坐标函数 （计算边长和方位角）	Pol(△X，△Y)	(△X，△Y)：坐标增量	Pol(△X，△Y)
	"I＝"：I	(边长)	"I＝"：List Ans[1] ▮
	"J＝"：J ▶Dim ▮	(方位角)	"J＝"：List Ans[2]→J ▶Dms ▮
直角坐标函数 （计算 △X，△Y）	Rec(S,F)	(S：边长，F：方位角)	Rec(S,F)
	△X→I	(坐标增量)	I(△X)→List Ans[1]
	△Y→J	(坐标增量)	J(△Y)→List Ans[2]

项　　目	$f_x-5800P$	$f_x-9750P\,II$
XY程序坐标计算	2)4→Dim Z	2)4→Dim List 4
	8)W+Tcos(F+180)→Z[1]↵	8)W+Tcos(F+180)→List 4[1]↵
	9)K+Tsin(F+180)→Z[2]↵	9)K+Tsin(F+180)→List 4[2]↵
	10)W+Tcos(F+GN)→Z[3]↵	10)W+Tcos(F+GN)→List 4[3]↵
	11)K+Tsin(F+GN)→Z[4]↵	11)K+Tsin(F+GN)→List 4[4]↵
	16)Rec(Q−H,F+180)↵	16)Rec(Q−H,F+180)
	17)"XZ1=":W+I ◢	17)"XZ1=":W+List Ans[1] ◢
	18)"YZ1=":K+J ◢	18)"YZ1=":K+List Ans[2] ◢
	19)"MZ1=":(W+I)+Scos(F+180−(180−E)) ◢	19)"MZ1=":(W+List Ans[1])+Scos(F+180−(180−E)) ◢
	20)"NZ1=":(K+J)+Scos(F+180−(180−E)) ◢	20)"NZ1=":(K+List Ans[2])+Ssin(F+180−(180−E)) ◢
	27)Rec(X,F)↵	27)Rec(X,F)↵
	28)Z[1]+I→X:Z[2]+J→Y ↵	28)List 4[1]+List Ans[1]→X:List 4[2]+List Ans[2]→Y↵
	29)Rec(Z,F+90G)↵	29)Rec(Z,F+90G)↵
	30)"XF1=":X+I ◢	30)"XF1=":X+List Ans[1] ◢
	31)"YF1=":Y+J ◢	31)"YF1=":Y+List Ans[2] ◢

续上表

项　目	f_x—5800P	f_x—975CPⅡ
XY程序坐标计算	32)"MF1="：(X+I)+Scos(F+OG+E) ▲ 33)"NF1="：(Y+J)+Ssin(F+OG+E) ▲ 41)~47)参照27)~33)输入 55)Z[3]+I→X：Z[4]+J→Y ↵ 64)"XZ2="：Z[3]+I ▲ 65)"YZ2="：Z[4]+J ▲	32)"MF1="：(X+List Ans[1])+Scos(F+OG+E) ▲ 33)"NF1="：(Y+List Ars[2])+Ssin(F+OG+E) ▲ 41)~47)参照27)~33)输入 55)List 4[3]+List Ans[1]→X：List 4[4]+List Ans[2]→Y ↵ 64)"XZ2="：List 4[3]+List Ans[1] ▲ 65)"YZ2="：List 4[4]+List Ans[2] ▲
备注	f_x—9750 常用字符按键方法：①"Dim:按 OPTN F1 F3 ；②List:按 SHIFT 1 ；③PO11:按 OPTN F6 F5 F6 F1 ；④Recl:按 OPTN F6 F5 F2 ；⑤Ans:按 SHIFT (—) ；⑥ ▶DMS:按 OPTN F6 F5 F6 F3 ；⑦[ ]按 SHIFT + [ ] SHIFT -] ；⑧ ▲:按 SHIFT PRGM F5	

附录6 公路工程施工测量现场实用程序一览表

（采用 f_x —5800P 型计算器）

序号	项 目	文 件 名	程 序 功 能
1	公路工程施工导线平差计算程序	导线近似平差分步计算程序:DXJS	计算附合(闭合)导线点坐标平差值。一个程序,可显示角闭合差角改正数、改正前后方位角、改正前后坐标增量、增量改正数及坐标平差值。精度评定值
2	复测支导线坐标计算程序	复测支导线计算程序:FCDXJS及FCDXJS2	计算复测支导线点坐标平差值
3	支导线(引点)坐标计算程序	支导线(引点)坐标计算程序:ZDXJS	计算一个测站点发展 n 个支点的坐标
4	公路工程施工水准测量近似平差计算程序	附(闭)合水准路线高程计算程序:SZJS	计算单一附(闭)合水准路线各点的高程平差值。一个程序,可显示高差附合差、高差改正数、高差改正后数、高程平差值

序号	项 目	文 件 名	程 序 功 能
5	复测支水准线计算程序	复测支水准线计算程序:FCSZJS	计算复测支水准路线上点的高程平差值
6	公路工程施工高程放置放样数据计算程序	线路直线、平曲线段设计高程计算程序:ZY-H	计算线路直线段、圆曲线段上任一点的中桩和边桩的设计高程
7		竖曲线段设计高程计算程序:FGJS	计算竖曲线段上任一点的中桩和边桩的设计高程
8		直线竖曲线段设计高程联算程序:ZFLS	计算前竖曲线终点至后竖曲线起点间前直线段、本竖曲线、后直线段上任一点的中桩和边桩的设计高程
9		缓和曲线超高段设计高程计算程序:ZHD-1和ZHD-2	计算缓和曲线起点至全超高段段起点、缓和曲线终点至全超高段终点间任一横断面的超高横坡度及左、右边桩的设计高程
10	水准仪高程放样数据计算程序	水准前视测高计算程序:H	计算水准前视法测量桩位处地面或桩顶的实测高程及其该点的挖、填高度
11		水准视线高计算程序:S×G	计算水准视线高法放样的视线高(前视标尺读数)

序号	项　目	文　件　名	程　序　功　能
12		偏角法测设圆曲线的程序:Y-PJ	计算 ZY 点至 YZ 点曲线上任一点的偏角值
13		偏角法测设缓和曲线的程序:H-PJ,H-PJ2	计算前、后缓和曲线上任一点的偏角值
14	公路工程施工平面位置放样数据计算程序	前、后缓和曲线偏角、圆曲线偏角联算程序:HY-PJLS	联算在 ZH 点设站,后视支点 JD.放样前、后缓和曲线上任一点的偏角值
15		切线支距法测设圆曲线的程序:Q-XY	计算 ZY 点至 YZ 点圆曲线上任一点的切线支距法要素 X,Y 值
16		切线支距法测设有缓和曲线的程序:Q-HY-XY	计算有缓和曲线的圆曲线上任一点的切线支距法要素 X、Y 值
17		缓和曲线上任一点的切线支距要素计算程序:Q-H-XY	计算前、后缓和曲线上任一点的切线支距要素 X,Y 值
18		坐标法计算缓和曲线上点点偏角的程序:ZPF-F-PJ	计算前、后缓和曲线上任一点的切线支距要素 X,Y 值及用 X,Y 计算的偏角值
19	公路工程施工平面位置放样数据计算程序	坐标法计算圆曲线上任一点的偏角程序:ZPF-Y-PJ	计算圆曲线上任一点的切线支距法要素 X,Y 值及用 X,Y 计算的偏角值
20		极坐标法放样数据计算程序:JZBF-1 和 JZBF-2	计算待放样点的放样要素:距离和角度。还可应用于坐标为已知的两点的坐标反算
21		坐标法放样点位平面位置数据计算程序:XY	计算线路直线、曲线上任一点的中桩及边桩的 X,Y 值。计算范围:①HZ 点至 ZH 点,②ZH 点至 HY 点,③HY 点至 YH 点,④YH 点至 HZ 点,⑤HZ 点至 ZH 点

序号	项 目	文 件 名	程 序 功 能
22	低等级公路导线测量计算程序	经纬仪视距法平距及高程计算程序:JSF	在路基施工初期或低等级公路施工,用极坐标法放样采用经纬仪视距法时,计算测站点至放样点间的平距及坐标放动量,计算点位实地高程及挖、填高度
23		地形测量平距及高程计算程序:DXZL-DH	平板仪测图时,计算测站点至地形点间的平距及地形点的高程
24		低等级导线测距及测高程程序:JSF-2	计算低等级导线点间的平距及导线点高程
25	公路工程施工测量其他有关计算程序	圆曲线要素及主点桩号计算程序:ZY-QZ-YZ	计算圆曲线要素 T,L,E,P 及主点 ZY、QZ、YZ 的桩号
26		有缓和曲线的圆曲线要素及主点桩号计算程序:ZH-HY-YH-HZ	计算有缓和曲线的圆曲线要素 T,L,E,S 及主点 ZH、HY、QZ、YH、HZ 的桩号
27		非对称曲线要素及主点桩号计算程序:FDZYZ	计算非对称曲线的圆曲线要素 T,S,L,G,D 及主点 ZH、HY、QZ、HZ、YH 的桩号
28		竖曲线要素及起、终点桩号计算程序:F-TLE	计算竖曲线要素 T,L,E 和竖曲线起、终点桩号
29		坐标反算程序:ZFS	计算已知坐标的两点间的平距和方位角
30		缓和曲线、圆曲线弧长改算为弦长计算程序:DXZG	计算缓和曲线、圆曲线上任一弧长的弦长

序号	项 目	文 件 名	程 序 功 能
31	公路非对称曲线平面坐标计算程序	非对称曲线中边桩坐标计算程序:FDZXYJS	计算非对称曲线、对称曲线中边桩坐标。计算范围同 XY 程序。计算对程曲线时,V=U,即前后缓和曲线长相等
32		线元法程序计算任意线路中边桩坐标程序:XYFXYJS	计算任意线路(主线路、匝道、复曲线等)上任意一点中边桩坐标

参 考 文 献

[1] 中华人民共和国交通运输部.公路路基施工技术规范:JTG/T 3610—2019[S].北京:人民交通出版社股份有限公司,2019.

[2] 中华人民共和国交通运输部.公路路面基层施工技术细则:JTG/T F20—2015[S].北京:人民交通出版社股份有限公司,2015.

[3] 中华人民共和国交通运输部.公路路基路面现场测试规程:JTG 3450—2019[S].北京:人民交通出版社股份有限公司,2019.

[4] 聂让,付涛.公路施工测量手册:第2版[M].北京:人民交通出版社,2008.

[5] 韩山农.公路工程施工测量[M].北京:人民交通出版社,2004.

[6] 韩山农.公路工程施工测量常用公式程序编写及应用[M].北京:人民交通出版社,2006.

[7] 韩山农.公路工程施工测量现场使用程序计算技术[M].北京:人民交通出版社,2010.

[8] 韩山农.现代公路与铁路工程施工测量[M].北京:人民交通出版社股份有限公司,2015.